T. Miller / S. Pankofer

Empowerment konkret!

Dimensionen Sozialer Arbeit und der Pflege Band 4

Herausgegeben von der Katholischen Stiftungsfachhochschule München

Abteilungen Benediktbeuern und München

Empowerment konkret!

Handlungsentwürfe und Reflexionen
aus der psychosozialen Praxis

herausgegeben von
Tilly Miller und Sabine Pankofer

Lucius und Lucius

Anschrift der Herausgeberinnen:
Professor Dr. Tilly Miller
Professor Dr. Sabine Pankofer
Kath. Stiftungsfachhochschule München
Preysingstr. 83
81667 München

Die Deutsche Bibliothek – CIP-Einheitsaufnahme

Miller, Tilly:
Empowerment konkret! : Handlungsentwürfe und Reflexionen aus der psychosozialen Praxis / hrsg. von Tilly Miller und Sabine Pankofer. – Stuttgart : Lucius und Lucius, 2000

   (Dimensionen sozialer Arbeit und der Pflege ; Bd. 4)
   ISBN 3-8282-0131-8

© Lucius & Lucius Verlagsgesellschaft mbH, Stuttgart 2000
Gerokstr. 51, D-70184 Stuttgart

Das Werk einschließlich aller seiner Teile ist urheberrechtlich geschützt. Jede Verwertung außerhalb der engen Grenzen des Urheberrechtsgesetzes ist ohne Zustimmung des Verlages unzulässig und strafbar. Das gilt insbesondere für Vervielfältigung, Übersetzungen, Mikroverfilmungen und die Einspeicherung, Verarbeitung und Übermittlung in elektronischen Systemen.

Druck und Einband: Druckhaus Thomas Müntzer, Bad Langensalza
Printed in Germany

Einleitung

Empowerment! Modell, Haltung, Arbeitsansatz oder nur Worthülse? Und ist das, was sich unter dem Begriff verbirgt, etwas, was in der Sozialen Arbeit nicht immer auch schon praktiziert worden ist? Oder verweist der Begriff auf mehr?

Der vorliegende Band ist nicht der Versuch, diesen Fragen in allen Details nachzuspüren, jedoch wollen wir exemplarisch darlegen, wie die psychosoziale **Praxis** mit diesem Begriff, den dahinter stehenden Modellen, Arbeitsansätzen und Haltungen verfährt. Das Anliegen ist unseres Erachtens berechtigt, denn die Fachdiskussion um Empowerment kreist im deutschsprachigen Raum weitgehend noch um die Darlegung eines grundlegenden Zugangs. Wie dieser umzusetzen ist, tatsächlich umgesetzt wird und welche praktischen Erfahrungen damit einhergehen im Sinne von Chancen, Risiken und (un) erwünschten Nebenwirkungen, bedarf deshalb einer eingehenderen Beschäftigung. So haben wir Praktikerinnen und Praktiker, die sich diesem (Begriffs-) Paradigma anschließen und damit arbeiten, um Praxisbeiträge gebeten. Die verschiedenen Zugänge reichen, wie kann es anders sein, von originellen-kreativen Ansätzen bis hin zu Bekanntem, das nun mit begrifflicher und/oder handlungspraktischer Prägnanz versehen wird. Auffallend bei allen Praxisbeiträgen ist die lustvolle Konsequenz, mit der ‚empowert' wird und gerade hier zeigt sich, dass das Praktizierte mehr ist als ein begriffliches Etikett. Es ist mehr, weil sich nicht nur Haltungen zu erkennen geben, sondern Sicht- und Handlungsweisen, die jeweils auf einer konzeptionellen Linie liegen. Empowerment wird gezielt angestrebt, und damit verliert es an Unverbindlichkeit.

Konkretes Empowerment zeigt, dass Menschsein in eine ganzheitliche Wahrnehmung rückt, indem mit Fähigkeiten und Stärken gearbeitet wird. Ganzheitlichkeit bedeutet gleichsam, dass das, was fehlt, zu wenig oder unterentwickelt ist, nicht aus dem Blick gerät. Jedoch setzt es dort an, wo es Ankerpunkte gibt: Bei Einzelnen, Gruppen und in Gemeinwesen dort, wo etwas wachsen und sich entwickeln kann; Empowerment korrespondiert mit Selbstbewusster werden, Spaß und Freude haben, Neugierde wecken, um Neues zu entdecken. Es setzt Energien frei. Jedoch, Empowerment ist kein Sonnenschein-Konzept ganz im Gegenteil. Manchmal ist es für die Beteiligten regelrechte Knochenarbeit und ist keinesfalls frei von Grenzen und Rückschritten. Wie auch immer: Es setzt Vertrauen in die Kräfte und Fähigkeiten, die da sind und die entwickelt werden können. Keinesfalls wird erwartet, dass sich diese so stark erweisen, dass sie in allen Lebenslagen optimal wirksam werden können, sondern dass sie helfen mögen, Leben besser und eigenständiger zu bewältigen. Und das gilt unserer Ansicht nach nicht nur für die AdressatInnen, sondern auch für die AnbieterInnen Sozialer Arbeit. In diesem Sinn verstehen wir Empowerment als konsequenten Ansatz, Ganzheitlichkeit zu entwickeln.

Das Grenzen überschreitende Potenzial zeigt sich nicht nur in der Praxis, sondern darüber hinaus auch in einer weiterführenden theoretischen Diskussion des Konzeptes, die es voranzutreiben gilt. Empowerment muss durch kritische Reflexion eine theoretische Präzisierung erfahren, um das wissenschaftstheoretische Profil weiter zu schärfen, was nicht zuletzt für einen tragfähigen Praxistransfer unabdingbar ist. Dahingehend bietet der Theorieteil des Bandes Hinweise und Denkrichtungen an, die es weiter zu entwickeln gilt.

Empowerment gilt als ein Ansatz, der als Arbeits-, Analyse- und Lebensunterstützungskonzept dem Reflektieren eigener Gedanken und Narrationen Raum gibt. Literatur als Reflexion von Erfahrungen war und ist eine der Möglichkeiten schlechthin, dem Erlebten, Gedachten und Gefühlten Raum zu geben und dadurch individuelle, kollektive, aber auch politische Ziele zu formulieren. Die Kraft der in Worte gefassten Gedanken in Form von Literatur ist unbestritten. So verstanden ist es nur ein konsequenter Aspekt unserer Auseinandersetzung mit dem Konzept Empowerment, auch Literatur auf ‚empowernde' Anteile hin zu untersuchen.

In diesem Sinne baut sich der Band folgendermaßen auf:

Der Prolog und Epilog umfasst das Thema Empowerment und Literatur. Die beiden Texte sind eine Art Klammer, in die die Theorie- und Praxisbeiträge eingebunden sind als Symbol dafür, dass Empowerment nicht etwas genuin professionell Sozialarbeiterisches ist. Empowerment ist individuelle Alltagspraxis und gehört zum Menschen. Am Beispiel von zwei Literaturtexten zeigt *Tilly Miller* individuelle Empowermentprozesse auf, die ohne fachliche Hilfe vonstatten gehen. Literatur fungiert hier also exemplarisch; gleichzeitig soll dargelegt werden, dass Literatur impulsgebend für SozialarbeiterInnen und AdressatInnen sein kann, um Empowermentprozesse anzuregen und bewältigen zu helfen.

Im Teil I des Bandes erfolgt eine allgemeine und kritische Einführung in das Empowermentkonzept vor allem aus theoretischer Perspektive.
So gibt der Beitrag von *Sabine Pankofer* einen grundlegenden Abriss über Definitionen und historische Entwicklungen des Empowermentkonzeptes. Der Überblick über die Anwendungsfelder von Empowerment zeigt die mittlerweile vielfältige Verortung des Konzeptes in mehrere Wissenschafts- bzw. Praxisbereiche. Ein Blick auf die bisher systematisierten Handlungsansätze bietet methodische Hinweise, aber auch erste Kritikpunkte bezüglich Anwen-

dungs- bzw. Umsetzungsmöglichkeiten von Empowerment im Kontext der psychosozialen Praxis.
Der Beitrag, Kompetenzen, Fähigkeiten, Ressourcen: Eine Begriffsklärung von *Tilly Miller* möchte ein Defizit ausgleichen, da in der deutschsprachigen Empowerment-Literatur diese Begriffe zwar einen wichtigen Stellenwert einnehmen, jedoch wenig konturiert und voneinander abgegrenzt werden.
Die beiden folgenden Artikel setzen sich kritisch mit dem Konzept bzw. den Implikationen von Empowerment auseinander:
Ralf Quindel und *Sabine Pankofer* diskutieren Chancen und Risiken des Empowermentkonzeptes in der psychosozialen Praxis anhand der Frage nach verdeckten und offenen Machtstrukturen in der Empowermentarbeit. Ausgehend von vier Thesen entwickeln sie Kriterien für eine kritisch-reflexive Praxis mit dem Ziel einer Erweiterung der Chancen von Empowerment für Professionelle.
Auch *Tonia Schachl* beleuchtet die Frage, was Empowerment für Professionelle bedeutet bzw. bedeuten kann. Ausgehend von einem Witz über SozialpädagogInnen untersucht sie mit Hilfe der Metaphernalayse sozialpädagogische Narrationen bezüglich der eigenen Profession im Hinblick auf Empowerment. Daraus ergeben sich neue Perspektiven darüber, was als professionelle Empowerment-Identität von SozialarbeiterInnen/SozialpädagogInnen bereits da ist, aber auch das, was im Sinne des eigenen Empowerment noch entwickelt werden könnte.

In Teil II werden Beispiele von Handlungs- und Umsetzungsentwürfen von Empowerment aus verschiedenen Feldern der psychosozialen Praxis zusammengefasst.
Elke Pflaumer zeigt Schnittstellen zwischen Empowerment und Gesundheitsförderung auf. Am Beispiel Kommunaler Gesundheitsförderung im Stadtteil werden Umsetzungsmöglichkeiten des Empowementgedankens in die Praxis dargestellt und mit Blick auf Möglichkeiten und Grenzen diskutiert. Aufgezeigt wird, wie Stadtteilgesundheitsförderung einen Beitrag zur Förderung der gesundheitlichen Chancengleichheit erwirken möchte.
Maria Lüttringhaus beschäftigt sich im Rahmen des Themas Stadtteilarbeit mit sozial Benachteiligten und deren Problembündeln. Spaltungen vollziehen sich eben nicht nur zwischen Armut und Wohlstand, sondern zwischen den Benachteiligten selbst, die sich als Gruppen gegenseitig bedrohen, z.B. Sozialhilfeempfängerinnen gegen Flüchtlinge, türkische Jugendbanden gegen deutsche usw. Die Autorin macht deutlich, dass, um darauf zu antworten, nicht nur auf allen Systemebenen Förderprogramme notwendig werden, sondern dass es diese im Sinne der Zusammenarbeit der Akteure sinnvoll zu vernetzen und koordinieren gilt. Vor diesem Hintergrund beschreibt und konkretisiert sie einen lebensweltorientierten Empowermentansatz im Stadtteil.

Was Empowerment von psychiatrieerfahrenen Menschen bedeuten kann, stellt *Ralf Quindel* am Beispiel einer Freizeitgruppe im Kontext eines sozialpsychiatrischen Dienstes vor einem Feld, das als ideales Betätigungsfeld für HelferInnen im Sinne des Empowermentkonzepts bezeichnet werden kann, es aber nicht automatisch ist. Ralf Quindel benennt daher Faktoren und Bedingungen, in denen und durch die Empowerment konkret wird und entwickelt daraus Empowerment-Perspektiven für die sozialpsychiatrische Praxis.

Gegen die herkömmliche Theaterarbeit mit Menschen mit geistiger Behinderung wendet sich das Autorenteam *Aßmann, Hoffmann und Theunissen*. Als Defizitarbeit wird sie entlarvt, weil die Betroffenen im Nachspielen von dramaturgischen Vorgaben gegenüber Nichtbehinderten stets im Nachteil seien. Eine stärkenorientierte Theaterarbeit dagegen nimmt Elemente der Improvisation sowie avantgardistische Implikationen auf. Nicht auf die Reproduktion vorgegebener Kriterien kommt es an, sondern auf das Überschreiten von Grenzen. Aufgezeigt wird das Ganze am Beispiel eines Projekts mit langjährig hospitalisierten Menschen.

Claudia Bauernfeind stellt einen therapeutischen Ansatz vor, mit dessen Hilfe Frauen mit Essstörungen durch Ressourcenaktivierung dazu ermächtigt werden, ihre individuellen Handlungskompetenzen zu erkennen und in Würde mit sich selbst umzugehen. In einem ambulanten und gruppentherapeutischen Setting werden Frauen mit Essstörungen zur Aktivierung ihrer sozialen Kompetenzen ermuntert. An mehreren Fallbeispielen beschreibt die Autorin, welche Empowermentprozesse bei einzelnen Frauen auf der Ebene der Gruppen- und Vernetzungserfahrung möglich sein können.

Auch *Ruth Back* setzt sich mit der spezifischen Situation von Frauen auseinander: Am Beispiel von wohnungslosen Frauen diskutiert sie die Frage, ob und wodurch Empowerment in dieser (bis vor wenigen Jahren weitgehend marginalisierten) Gruppe entstehen oder unterstützt werden könnte. Ruth Back stellt fest, dass es in der Empowermentarbeit mit wohnungslosen Frauen vor allem um die Schaffung von Möglichkeitsräumen geht, ob für einzelne Frauen oder auch für Gruppen. „Frauenorte" sind dabei nicht nur Räume und Chancen von und für Selbstorganisation, sondern haben auch eine politische Wirkung und auch Wirkungen auf die professionelle Praxis, die, um Möglichkeiten zur vermehrten Partizipation der NutzerInnen zu eröffnen, einer größeren Flexibilität bedarf.

Mit der Frage nach Empowermententwürfen im Kontext der Jugendsozialarbeit setzen sich die drei folgenden Beiträge auseinander:

Heide Trautwein und *Rainer Schwarz* stellen ein innovatives und neues Jugendhilfekonzept für den Umgang mit Kindern und Jugendlichen, deren Verhalten als extrem auffällig, bedrohlich und gefährdend wahrgenommen wird, vor. Das Projekt Ambulante Intensive Begleitung (AIB) hat das Ziel, ein effektives und praktisch handhabbares Konzept zu sein, um langwierige ‚Karrieren' von Jugendlichen mit auffälligem Verhalten im Hilfe- und Sanktionssystem zu vermeiden bzw. frühzeitig zu unterbrechen. Kernpunkte des Ansatzes sind Netzwerkförderung und hohe Partizipation von Kindern und Jugendlichen. Anhand eines Fallbeispiels werden Konzept und erste Erfahrungen beschrieben.

Auch der Beitrag von *Sabine Pankofer* setzt sich mit den Umsetzungsfragen von Empowerment im Kontext der Arbeit mit als besonders schwierig geltenden Kindern und Jugendlichen auseinander. Auf der Basis einer grundsätzlichen Diskussion der Begriffe Zwang und Freiwilligkeit diskutiert sie die Frage, ob Empowerment nur auf der Basis von Freiwilligkeit und nur mit bestimmten AdressatInnen oder auch unter schwierigen personalen und strukturellen Bedingungen möglich sein kann. Anhand eines Beispiels aus der Arbeit mit einem sog. delinquenten Jugendlichen entwickelt sie Perspektiven, wie Empowermentprozesse unter Bedingungen von Zwang und Verbindlichkeit für Jugendliche und SozialarbeiterInnen aussehen kann.

Bernhard Weyer stellt ein weiteres Projekt mit Empowermentwirkungen im Kontext der Jugendsozialarbeit vor: Das Konflikt-Training des Projekts KISKO (Konflikte in Schulklassen kommunikativ lösen) bietet weiterführenden Schulen Unterstützung bei der Bearbeitung und Lösung von Konflikten in und mit Schulklassen aller Jahrgangstufen an. Bernhard Weyer zeigt auf, welche Interventionsstrategie es braucht, damit aus einer Konfliktbearbeitung ein Empowermentprozess werden kann, indem er charakteristische Merkmale eines Konfliktklimas in Klassen weiterführender Schulen beschreibt und bewährte Interventionsstrategien vorstellt. Eine Analyse von Struktureigenarten von Schule, an denen Empowermentprozesse mitunter scheitern, führt zu einer vertiefenden Bestimmung des Begriffs ‚Empowerment' im Kontext von schulischen Konflikten.

Einen Meta-Blick auf psychosoziale Praxis bietet der letzte Beitrag des zweiten Teils:

Carmen Tatschmurat thematisiert Empowerment vor dem Hintergrund systemischer Supervision. Supervisorin und Supervisand konstruieren ihre Wirklichkeit und die des jeweils anderen. Die Autorin fragt, wie aus lebensgeschichtlichen Erfahrungen Empowermentprozesse in Gang gesetzt werden können. Dabei gewinnen nicht nur Fragen, beispielsweise nach den Überlebenskünsten, nach gelingenden Strategien, intelligenten Umwegen eine wichtige Bedeutung, sondern auch Haltungen im Umgang mit biographischen Reflexionen. Auch der eigene Lebensentwurf des Supervisors steht zur Disposition.

Die Beiträge des Teil III beschäftigen sich mit Empowermentprozessen im Kontext des Sozialarbeitsstudiums. So stellt *Sabine Pankofer* die Frage, ob, wo und wie Empowerment an einer Fachhochschule gelernt und erfahren werden kann. Ausgehend von drei Ebenen des Empowerments individuelle, Gruppen- und politische Ebene stellt sie drei Beispiele aus ihrer Praxis als Hochschullehrerin vor, in denen Empowermentprozesse und weitere Potenziale sichtbar werden.

Brigitte Irmler und *Tilly Miller* zeigen auf, wie anhand fähigkeitsorientierter Familienrekonstruktionen Empowermentprozesse bei StudentInnen angeregt werden können. Der Fokus liegt hier auf den Grundfähigkeiten des Gebens und Nehmens, des Teilens, des Bindens und Brauchens, des Haltens und Lassen Grundfähigkeiten, die für stabile Austauschbeziehungen notwendig sind und die in der Primärgruppe entwickelt werden. Die Autorinnen zeigen am Beispiel eines Blockseminars, wie StudentInnen im Rahmen biographischer Arbeit unterstützt werden, Fähigkeiten zu erkennen und weiterzuentwickeln.

Empowerment bedeutet immer auch Vernetzung und Entwicklung neuer Ideen. So verstanden kann die gemeinsame Arbeit an einem solchen Buch selbst als Empowermentprozess gesehen werden. Die Vorbereitung und Zusammenstellung der Beiträge, die sich daraus resultierenden Diskussionen mit den AutorInnen und die Entwicklung neuer Gedanken im Team oder alleine haben zu höchst anregenden Gedanken und der Entwicklung von sozialer Fantasie geführt. Dafür bedanken wir uns ganz herzlich bei allen Autorinnen und Autoren, aber auch bei den uns empowernden Familienangehörigen, FreundInnen und KollegInnen.

Ein weiterer Dank geht an die Studentinnen Simone-S. Kastner und Daniela Waldmann für ihre Mitarbeit bei der technischen Erfassung und Bearbeitung der Texte, vor allem Simone-S. Kastner für das unermüdliche Einarbeiten von vielen Änderungen und die Erstellung der Endfassung. Ebenso danken wir Alexander Buck vom Zentrum für Medienpädagogik an unserer Hochschule, der uns das technische System nutzbar gemacht hat.

Auch für die gute und konstruktive Zusammenarbeit mit dem Lucius-Verlag, insbesondere Herrn Dr. von Lucius und Frau Grässer, möchten wir uns ebenfalls herzlich bedanken und freuen uns auf eine weitere Zusammenarbeit bei der Weiterentwicklung der Schriftenreihe der Katholischen Stiftungsfachhochschule München.

München, im Juli 2000

Sabine Pankofer / Tilly Miller

Inhaltsverzeichnis

Einleitung V
Tilly Miller / Sabine Pankofer

Es sind die Stärken und nicht die Defizite 1
Empowerment am Beispiel einer literarischen Figur, Teil 1
Tilly Miller

Empowerment - eine Einführung 7
Sabine Pankofer

Kompetenzen - Fähigkeiten - Ressourcen: 23
Eine Begriffsbestimmung
Tilly Miller

Chancen, Risiken und Nebenwirkungen von Empowerment - 33
Die Frage nach der Macht
Ralf Quindel / Sabine Pankofer

Sehen was da ist. Empowerment und die Profession 45
Sozialarbeit
Tonia Schachl

Der Widersprüchlichkeit Aufmerksamkeit schenken - 63
Empowerment als Denk- und Handlungsansatz in der
Gesundheitsförderung
Elke Pflaumer

Empowerment und Stadtteilarbeit 79
Maria Lüttringhaus

Alle Macht dem Wahnsinn? Empowerment in der 99
Sozialpsychiatrie
Ralf Quindel

Von den Stärken zum Empowerment – Theaterarbeit mit 111
ehemals hospitalisierten geistig schwer behinderten
Menschen
Milly Aßmann / Claudia Hoffmann / Georg Theunissen

Von der Anpassungskünstlerin zur Lebenskünstlerin 119
Empowerment von essgestörten Frauen
Claudia Bauernfeind

Frauen ohne Wohnung - (k)ein Ort für Empowerment? 129
Ruth Back

Individuelle Netzwerke als Instrument der Jugendhilfe 145
am Beispiel Ambulante Intensive Betreuung
Heide Trautwein / Rainer Schwarz

Empowerment und Zwang - eine unmögliche Beziehung? 167
Sabine Pankofer

Konfliktmanagement in Schulklassen als Empowerment- 187
prozess
Oder: „Irgendwie ist alles anders ... irgendwie ist es gleich"
Bernhard Weyer

Supervision und Empowerment: Durchblick macht stark! 205
Carmen Tatschmurat

Kann man Empowerment lernen? Und wie! 221
Sabine Pankofer

Empowerment im Studium 231
Fähigkeitsorientierte Familienrekonstruktionen zur Erweiterung der beruflichen Handlungskompetenz von Sozialpädagoginnen und Sozialpädagogen
Brigitte Irmler / Tilly Miller

Von der Durchhalte-Power zum Empowerment 249
Empowerment am Beispiel einer literatischen Figur, Teil 2
Tilly Miller

AutorInnenverzeichnis 257

Auftakt

Es sind die Stärken und nicht die Defizite
Empowerment am Beispiel einer literarischen Figur, Teil 1

Tilly Miller

John Franklin war schon zehn Jahre alt und noch immer so langsam, daß er keinen Ball fangen konnte. Er hielt für die anderen die Schnur. Vom tiefsten Ast des Baums reichte sie herüber bis in seine emporgestreckte Hand. Er hielt sie so gut wie der Baum, er senkte den Arm nicht vor dem Ende des Spiels. Als Schnurhalter war er geeignet wie kein anderes Kind in Spilsby oder sogar in Lincolnshire. Aus dem Fenster des Rathauses sah der Schreiber herüber. Sein Blick schien anerkennend.

Vielleicht war in ganz England keiner, der eine Stunde und länger nur stehen und eine Schnur halten konnte. Er stand so ruhig wie ein Grabkreuz, ragte wie ein Denkmal. „Wie eine Vogelscheuche!" sagte Tom Barker.

Dem Spiel konnte John nicht folgen, also nicht Schiedsrichter sein. Er sah nicht genau, wann der Ball die Erde berührte. Er wußte nicht, ob es wirklich der Ball war, was gerade einer fing, oder ob der, bei dem er landete, ihn fing oder nur die Hände hinhielt. Er beobachtete Tom Barker. Wie ging denn das Fangen? Wenn Tom den Ball längst nicht mehr hatte, wußte John: das Entscheidende hatte er wieder nicht gesehen. Fangen, das würde nie einer besser können als Tom, der sah alles in einer Sekunde und bewegte sich ganz ohne Stocken, fehlerlos.

Bereits auf der ersten Seite seines Romans „Die Entdeckung der Langsamkeit" deutet Sten Nadolny auf die Handicaps seines Romanhelden. Der ist langsam in seinen Reaktionen nicht nur was die Bewegungen anbetrifft. Ziemlich bald wird deutlich: John Franklin ist langsam im Denken, langsam im Sprechen, ist träge im Hören, er hat einen starren Blick, ist begriffsstutzig, kann mit den anderen nicht mithalten, ja, er ist reduziert. Die traurige Geschichte eines Verlierers ist zu erwarten. Doch weit gefehlt. Sten Nadolny gibt dem Leser wenig Chance, seinen Helden zu bedauern oder gar zu bemitleiden.

John Franklin geht seinen Weg, einen Weg, den er nur über seine Stärken zu gehen vermag, der ihn in seiner Karriereleiter weit nach oben führt, der ihm die Erfüllung seines innigsten Traumes erlaubt, trotz seiner Langsamkeit, trotz der Tatsache, dass andere schneller, flinker, aufnahmefähiger und intelligenter sind. John Franklin ist ein Sieger, ein Mensch, der seine Schwächen kennt und sie mit seinen Stärken zu überwinden trachtet.

Nicht detailgetreu, sondern mit der Phantasie eines virtuosen Schriftstellers erzählt Nadolny die Geschichte eines Mannes, der tatsächlich gelebt hatte. Ein Seefahrer und Entdecker des Nordpols.

John leidet unter seinen Schwächen, leidet, wenn er nicht mitkommt, beim Spielen, in der Schule, im Gespräch ... Seine Stärke ist, dass er seine Defizite wahrnimmt, dass er sie nicht verdrängt, sondern sie in sein Bewusstsein holt. Das erlaubt ihm, sich Ziele zu setzen: Er will aufholen, immer aufholen, etwas schneller werden, etwas routinierter. *Ich möchte richtig rasen können, dachte er.* Doch wenn er auf eine Ulme kletterte, dauerte es eine Ewigkeit. Also musste er die Ulme studieren! Er *legte sich auf den Rücken und lernte die ganze Ulme auswendig, jeden Ast, jeden Handgriff von unten her. Dann band er sich einen Strumpf ums Gesicht, tastete nach dem untersten Ast und bewegte seine Glieder aus dem Kopf, während er laut zählte ... Er nahm sich vor, so schnell zu werden, daß der Mund mit dem Zählen nicht mitkam.*

Ja, er will dem schnellsten Sprecher folgen können und er übt das Ballspielen: *Binnen einer Stunde wollte er den Ball gegen eine Wand werfen und wieder auffangen können.* Doch es gelingt nicht. Und in seinem Heimatort, wo ihn jeder kennt, kann es seiner Meinung nach auch nicht gelingen. Also will er fort, um zu lernen, am besten in Richtung Küste. Mit 14 kommt er auf ein Kriegsschiff und macht dort eine Ausbildung. Nachts buchstabiert er die Worte, lässt alles, was er tagsüber erlebte, Revue passieren, lernt die routinierten Fragen und die darauf folgenden Antworten auswendig. Er buchstabiert die schwierigen Worte. *Straf... Straf-voll-zug. Das mußte doch zu sprechen sein.* Strafvollzug. Ganze Flotten von Wörtern lernt er auswendig. Seine Langsamkeit will er mit geistigem Drill bekämpfen. Mit Akribie studiert er die Navigationsinstrumente, die Chronometer, vertieft sich Stunden über Stunden in die Land- und Seekarten. Wo ihm jedoch niemand das Wasser reichen kann, ist der Ausguck. Eine gute Viertelstunde lang kann er bewegungslos spähen. Mit stoischer Sicherheit vermag er ein feindliches Schiff fern am Horizont rechtzeitig zu erkennen, so dass noch alle Geschütze in Stellung gebracht werden können. John wird plötzlich in seinen Fähigkeiten entdeckt. Man gebe ihm nur Zeit - Zeit zum Denken und Handeln. Er braucht Zeit, um das Gelernte zu speichern, doch war es einmal in seinem Kopf, dann für immer. Zu wichtigen Vorgängen wird er gefragt und man lässt ihm Zeit für die Antwort. Zeit ist seine Ressource. Rivalen, die weniger klug, aber dafür Schnelligkeit besitzen, haben es auf ihn abgesehen. Mit hurtiger Sprechgeschwindigkeit und bruchstückhaften Mitteilungen wollen sie John an die Wand spielen, doch John lässt sich seine Ressource nicht nehmen, er lässt sich nicht aus der Ruhe bringen und das war eine weitere Stärke. *Er bewegte sich in seiner eigenen Gangart. Er gab seine Befehle ... Er machte die Pausen da, wo er sie haben wollte, und nicht, wo andere ihn unterbrachen.* Souverän überlässt er das Schnelle anderen: *Überprüfen Sie die Vollzähligkeit der Wache, Mr. Warren, Sie können das schneller!*

John Franklin weiß was er kann und was er nicht kann, vor allem aber hat er einen Wunschtraum, den er nicht aus den Augen verliert und den er sich zum Ziel steckt. Er will in das Land, wo die Zeit nicht drängt. Er will zum Nordpol; da war noch keiner. John denkt lange darüber nach. Alsdann weiß er, an wen er sich wenden muss, welche Leute er für sein Vorhaben braucht und in der Zwischenzeit liest er Bücher über Bücher. Ausserdem muss er Kapitän werden! Es gelingt ihm, denn es wird ihm angeboten, ein Schiff zu übernehmen. Der Spitzname wartet schon auf ihn: *Käpt'n Handicap.*

Die erste Nacht an Bord verschafft ihm Fieberträume. *Im Halbschlaf hörte er zahllose Stimmen, die Unverständliches mitteilten, Entscheidungen verlangten oder Kritik an etwas übten, was er angeordnet hatte.* Er verspürt Angst, die Angst, *daß niemand sich seinem Tempo anpassen würde und daß er bei dem Versuch, sich dem der anderen anzupassen, elend scheitern würde.*

Es ist eine alte Angst und auch dieses Mal würde er sie überwinden. Durch lernen! John lernt die Instruktionen der Admiralität. Er lernt, auf routinierte Fragen zügige Antworten zu geben, er lernt zu befehlen. Er lernt das Schiff auswendig. Als Kapitän hat er den Mut, *Wiederholungen zu verlangen, Ungeduld nicht zuzulassen, anderen die eigene Geschwindigkeit aufzuzwingen zum Besten aller: „Ich bin langsam. Richten Sie sich bitte danach!"*

Auf einer Fußwanderung auf dem vereisten Polarmeer verirrt sich John mit einem Teil der Mannschaft. Er nimmt sich lange Zeit, um eine Lösung zu finden. Er findet sie schließlich und rettet sich und die Mannschaft. Auf den Kapitän kann man also zählen! John ist überzeugt: *Die langsame Arbeit ist die wichtigere. Alle normalen, schnellen Entscheidungen trifft der Erste Offizier.*

Seine zweite Entdeckungsfahrt zum Nordpol, eine Landreise, mündet in eine Katastrophe, die von qualvollem Hunger und Sterben eines Teils der Mannschaft gekennzeichnet ist. John Franklin erntet Spott und Tadel. Doch diese hindern ihn nicht daran, neuen Mut zu fassen: *Nordwestpassage, offenes Polarmeer, Nordpol. Mit oder ohne die Admiralität würde er diese drei Ziele auf seinen nächsten Reisen erreichen, und keinesfalls würde unter seinem Kommando jemals wieder einer verhungern...*

Johns Stärke ist, dass er sich nicht nur Ziele setzt, sondern dass er sie beinahe in seinen Kopf einmeißelt und Teilschritte entwirft, um sich ihnen zu nähern.

Als ersten Schritt nimmt er sich vor, die Dinge, die geschehen waren, offen zulegen. Zu seiner Rechtfertigung schreibt er ein Buch. John Franklin schreibt ein Buch, obwohl er weiß, dass Bücherschreiben etwas ist, was er überhaupt nicht kann. Doch John schreibt, quält sich durch und weil er sich Zeit lässt und akribisch an den Worten und Sätzen feilt, gelingt ihm das Projekt. Er zieht eine Dichterin zu Rate, die er später heiratet. Das Buch wird eine Sensation! John Franklin wird von allen möglichen Größen geehrt und sogar in die Royal Society aufgenommen. Plötzlich ist er ein Held und schon bald bekommt er ein neues Kommando für eine Landreise in die kanadische Arktis. Die Reise verläuft erfolgreich. Daraufhin machte man ihn in Oxford *zum Ehrendoktor der Rechte, in London schlug ihn der König zum Ritter und fügte seinem Namen einen Henkel an: „Sir" John Franklin.*

Trotz der vielen Ehrungen verläuft sein weiterer Werdegang nicht nach seinen Vorstellungen und es bedarf noch einiger Umwege, bis er seinem Traum wieder etwas näher kommt. Endlich bekommt er noch einmal das Kommando über eine Expedition zum Nordpol. Die Nordwestpassage soll gefunden werden. Es ist Franklins letzte Fahrt. Tatsächlich findet er die Nordwestpassage. Sie ist vollkommen vereist und von daher nutzlos.

Am 11. Juni 1847 starb Sir John Franklin, Konteradmiral der königlichen Marine, in seinem zweiundsechzigsten Lebensjahr an einem weiteren Schlaganfall.

Empowerment richtet den Blick auf die Eigenkräfte des Menschen, auf dessen Ressourcen, um belastende Lebenssituationen zu meistern. Sten Nadolny legt nicht nur einen Abenteuer- und Entwicklungsroman vor, sondern ebenso einen Empowerment-Roman. Mit unverkennbarer Zuneigung zu seiner Hauptfigur zeichnet er deren Profil. Er lässt John Franklin durch die Schule des Lebens gehen, lässt ihn reisen, fahren und Erfahrungen machen, die ihn schmerzen und zugleich stärken. Der Autor leuchtet seinen Helden aus, verliert ihn nie in seiner Ganzheit aus dem Blick und achtet darauf, dass sich auch John Franklin selbst nie aus dem Blick verliert. Unfähigkeiten und Grenzen, Furcht und Panik erwachsen John Franklin aus einem Teil seiner Persönlichkeit; Ziele, Träume, Entscheidungen, Handlungen, Lösungen, ein eiserne Wille, Selbsteinschätzung, Fairness anderen und sich selbst gegenüber sowie die Fähigkeit, die Zeit für sich als Ressource zu nutzen, aus dem anderen Teil.

Über den historischen Franklin wissen wir wenig, doch wir kennen Nadolnys Franklin. Der wird zum Empowerment-Helden, der dem Leser, der Leserin Botschaften zu vermitteln vermag:

Akzeptiere deine Schwächen und konzentriere dich auf deine Stärken. Mute dir und deiner Umwelt ruhig deine Schwächen zu und antworte auf sie mit deinen Stärken. Wage dich zum Nordpol vor! Gehe auf Entdeckungsreise! Finde deinen Nordpol! Lerne zu navigieren! Lerne! Entdecke die Menschen um dich herum, die in dich Vertrauen setzen und die dich unterstützen und lass dich von denen nicht aus der Bahn werfen, die dir übelgesonnen sind. Und: Nimm dir Zeit!

Literatur

Sten Nadolny [29]1998: Die Entdeckung der Langsamkeit. Roman. München, Zürich.

Empowerment – eine Einführung

Sabine Pankofer

Das Empowerment-Konzept erobert in den letzten Jahren mehr und mehr Aufmerksamkeit in der Theorie- und Praxisentwicklung Sozialer Arbeit. Es gilt als ein besonders zukunftsweisendes Modell in der Bewältigung der komplexen Aufgaben Sozialer Arbeit im Kontext gesellschaftlicher Veränderungsprozesse, die mit Begriffen wie Globalisierung (vgl. Staub-Bernasconi 1995) und Individualisierung (vgl. Beck 1997) zusammengefasst wurden und zu Verschärfungen von Lebenslagen vieler AdressatInnen Sozialer Arbeit führen. Für PraktikerInnen und TheoretikerInnen Sozialer Arbeit ergeben sich daraus neue Fragen bzw. alte Fragen in neuem Gewand, denn obwohl in hoch technisierten, westlich-kapitalistischen Gesellschaften zwar grundsätzlich mehr individuelle Entscheidungen möglich sind, ist die soziale Realität vieler Menschen weiterhin von sozialer Ausgrenzung, Selektion, Einordnung durch Diagnosen und ungerechte Verteilung materieller Ressourcen geprägt. Ein „gerechter Austausch" (vgl. Staub-Bernasconi 1994) auf individueller und auch gesellschaftlicher Ebene steht für viele Menschen in den Sternen. Da die meisten AdressatInnen Sozialer Arbeit als Individualisierungs- und GlobalisierungsverliererInnen bezeichnet werden können und müssen, braucht es sozialarbeiterische Konzepte, die diese Ohnmachtserfahrungen nicht weiter verstärken. Und es braucht Professionelle, die sich auf Lebenswelten ihres Gegenübers einlassen und Gleichberechtigung zwischen Professionellen und Betroffenen zulassen.

In dieser Bemühung ist das Empowermentkonzept zu sehen, in dem auf der Basis eines humanistischen Menschenbildes die Potenziale und Ressourcen eines jeden Menschen in den Vordergrund gestellt werden. Durch diesen Perspektivenwechsel wird ein Ausweg aus deprivierenden Lebenssituationen erst denk- und dann lebbar gemacht. Das soll nicht zuletzt durch ein verändertes professionelles HelferInnen- oder ExpertInnenverständnis überwunden werden. Bereits in diesen Aspekten zeigt sich die Stärke und die Bedeutung des Empowermentkonzeptes für die Soziale Arbeit, das verschiedenste ressourcenorientierte Gedanken und Modelle in einem Erkenntnisknoten verbindet (vgl. Keupp 1993b; Pankofer et al. 1998).

In diesem Sinne sind die folgenden Hauptfragen des Empowermentkonzeptes (vgl. Stark 1993) zu verstehen:

- Unter welchen Bedingungen gelingt es Menschen, sich aus einer machtlosen und demoralisierenden Situation heraus zu entwickeln, die eigene Stärke zusammen mit anderen zu erkennen und ihre Lebensbedingungen zumindest teilweise nach eigenen Vorstellungen zu gestalten?
- Wie werden solche und ähnliche Formen der Selbstorganisation gefördert?
- Welche Auswirkungen hat das auf die beteiligten Menschen und Organisationen?

Begriffliches

Das englische Wort ‚Empowerment' ist ein Substantiv, das sich vom Verb ‚to empower' herleitet und durch das Anhängen des Suffixes –*ment* substantiviert wird. Dessen Grundstamm ist das Wort ‚power', das Verb und Substantiv sein kann; damit ist das Thema der Macht der zentrale Aspekt von Empowerment. Das Präfix em- erweitert das Wort *‚power'* insofern, als dadurch auf eine Kraft hingewiesen wird, die ein Objekt auf bzw. in einen spezifischen Stand bringen kann (vgl. Mager 1994, 3). ‚*To empower*' meint demnach, jemanden zu ermächtigen oder jemanden die Vollmacht zu erteilen, etwas zu tun (vgl. Stark 1996, 16). Daneben hat das Verb auch folgende transitive Bedeutung: *‚to be empowered'* bedeutet, ermächtigt oder befugt sein und die Vollmacht haben, etwas zu tun. Darüber hinaus kann *‚to be empowered'* aber auch als Seinszustand verstanden werden, quasi als Produkt eines Prozesses. Im Kontext der Sozialen Arbeit bedeutet das: „Empowerment ist in diesem transitiven Wortsinn programmatisches Kürzel für eine psychosoziale Praxis, deren Handlungsziel es ist, Menschen vielfältige Vorräte von *Ressourcen für ein gelingendes Lebensmanagement* zur Verfügung zu stellen, auf die diese ‚bei Bedarf' zurückgreifen können, um Lebensstärke und Kompetenz zur Selbstgestaltung der Lebenswelt zu gewinnen" (Herriger 1997b, 15).

Empowermentsituationen können sich auf die handelnden Subjekte aber auch negativ auswirken, indem sie unerwünschte Eigenschaften mit sich bringen bzw. dort *‚disempowerment'* erzeugt wird, wo Empowerment erwartet wird. Das Präfix dis- weist auf den Prozess und das Resultat von Minderung bzw. Wegfallen von Empowerment hin. Dabei muss festgestellt werden, dass sowohl Empowerment sowie Disempowerment negative oder positive Eigenschaften beinhalten, es aber vom Kontext bzw. von den Bedingungen oder Zielen abhängt, ob und für wen Empowerment oder Disempowerment stattfindet. Beispielhaft dafür sind Effekte globaler Kommunikation, die zum einen neue Macht- aber auch neue Hilflosigkeitsformen hervorrufen (vgl. Hamelink 1995). Der zentrale Begriff ist hier wiederum der Begriff der Macht[1], der jedoch von einer hohen theoretischen Komplexität geprägt ist und vielfach gedeutet wurde und wird.

Der Begriff des Empowerment weist demnach grundsätzlich zwei Blickrichtungen auf, die sich auch in zentralen Forschungsperspektiven zum Empowerment erkennen lassen:

1. Untersuchungen, die versuchen, Empowerment von seiner Entstehung her zu erklären. Hier wird der Zusammenhang von Empowerment und ‚powerlessness' betont und politisch bewertet. Die Frage nach Macht bzw. gerechter oder ungerechter Machtverteilung steht, z.B. in der marxistischen Diskussion (vgl. Kieffer 1984), im Mittelpunkt und wird dort grundsätzlich diskutiert. Im Vordergrund stehen hierbei die Subjekte des Empowerment. Ein Beispiel dafür sind Studien über politische und gesellschaftliche Strukturen, die zur Benachteiligung und zum politischen Widerstand spezifischer Gruppen (z.B. Minoritäten) führen (vgl. Kieffer 1984, Mager 1994).

2. Untersuchungen, die versuchen, eine Beziehung zwischen Empowerment-Situationen und den effektiven Konsequenzen für die Subjekte herzustellen und zu erklären (vgl. Stark 1991, Herriger 1997b, Pankofer et al. 2000, 261ff). Hierbei stehen die Situationen des Empowerment im Mittelpunkt. Beispielhaft dafür steht das Empowerment durch Selbsthilfegruppen (vgl. Stark 1996).

Geschichtliches

Der Begriff ‚Empowerment' existiert seit Anfang der amerikanischen Demokratie, wobei sich seine Bedeutung kontinuierlich erweitert hat. Auf ihm basiert das Konzept der Demokratie und dessen Übernahme durch politische

---

[1] Im Kontext des Empowermentdiskurses wird vor allem auf die Foucaultsche Machttheorie Bezug genommen. Foucaults Ansatz ist es nicht, das Phänomen der Macht an sich zu untersuchen, sondern die geschichtliche Herstellung von verschiedenen Arten der Subjekt-Objektivierung (im Sinne von Unterwerfung) aufzuzeigen. Dabei verlässt er mittels Dekonstruktion das Objekt der Macht an sich und beschreibt vielmehr den geschichtlichen Prozess der Entstehung des Machtbegriffes, wobei im Zentrum seines Interesses steht, wie zwischenmenschliche Beziehungen aussehen, die durch Machtbeziehungen gekennzeichnet und geprägt sind, z.B. am Beispiel des Umgangs mit Straffälligen (vgl. Foucault 1992).

Institutionen auf dem Prinzip der Machterteilung („empowering"), so dass sich BürgerInnen an Entscheidungen beteiligen sollen, die ihr soziales, aber vor allem ökonomisches Leben betreffen (vgl. Mager 1994, 3 f.). Trotz dieses Ansatzes war und ist das amerikanische (wie auch das deutsche) Demokratieverständnis von einem paternalistischen Staat-BürgerInnen-Verhältnis geprägt. Empowerment wird daher vor allem von den Gruppen eingefordert und durchgesetzt, deren Teilhabe an Entscheidungsprozessen gering bzw. gar nicht gegeben ist. So zeigt sich, dass das Konzept des Empowerment überall dort herangezogen wird bzw. sich dort entwickelt hat, wo benachteiligte Gruppen für mehr Mitsprache- und Entscheidungsmöglichkeiten kämpften. Die Wurzeln des Empowerment-Konzeptes liegen dementsprechend v.a. in der amerikanischen Bürgerrechtsbewegung und der radikal-politischen Gemeinwesenarbeit.

Barbara B. Solomons Verdienst liegt darin, mit ihrem 1976 erschienenen Buch „Black Empowerment: Social work in oppressed communities" verschiedene Stränge sozialarbeiterischer Professionalität unter dem definitorischen Dach des Empowerment zusammengefasst zu haben (vgl. Herriger 1997b, 18). Danach wurde der Begriff auf weitere Bereiche angewendet: Vor allem Rappaport (1981) entwickelte das Konzept des Empowerments weiter, indem er es als Alternative zu paternalistisch-vorbeugenden Haltungen in der amerikanischen Public Health Politik anwandte. Empowerment bedeutet für Rappaport ein Prozess, der sich allerdings vor allem negativ definiert im Sinne von etwas Fehlendem, wie z.B. fehlende Macht, erlernte Hilflosigkeit, Verlust des Gefühls der Kontrolle über das eigene Leben (vgl. Mager 1994, 3). Kieffer wandte den Begriff 1984 auf die Gemeindepsychologie an (vgl. Stark 1996). Zu Beginn der 90er Jahre wird das Empowerment-Konzept vor allem von Stark (1991), Keupp (1990) und Herriger (1991) auch in Deutschland thematisiert. Seither gewinnt es vor allem im Kontext der Theorie und Praxis Sozialer Arbeit weiter an Bedeutung (vgl. Galuske 1998). Das erfolgreiche Importprodukt aus dem angloamerikanischen Raum gilt als moderne Konzeptualisierung des klassischen Ansatzes der ‚Hilfe zur Selbsthilfe' im Kontext Sozialer Arbeit.

Ein knapper Überblick zeigt die Vielfalt von Gruppen bzw. Feldern, in denen das Konzept Empowerment mittlerweile Relevanz hat, theoretisch entwickelt und praktisch gelebt wird:

Bürgerrechtsbewegung / Minoritäten:
Seit den Anfängen des Empowerment-Gedankens in der Bürgerrechtsbewegung der schwarzen Minderheitsbevölkerung in den USA zeigen sich neue soziale Bewegungen als radikale Gegenkulturen und Zeichen des zivilen Ungehorsams (vgl. Herriger 1997b, 20f.).

Geschlechterverhältnisse / Internationaler Feminismus:
Ein Überblick über internationale feministische Literatur zeigt, dass das Empowerment-Konzept im Kontext der feministischen Diskussion zu einem wichtigen theoretischen und praktischen Grundpfeiler emanzipatorischer Ansätze wurde (vgl. z.B. Afshar 1998, Heward et al. 1998 und im Überblick Herriger 1997b, 23f.).

Gesundheit:
Die Selbsthilfebewegung trat seit den 70er Jahren in den USA und anderen Staaten der Ersten Welt ihren Siegeszug in Form von selbstorganisierten bürgerschaftlichen Vernetzungen mit lokalräumigen und überregionalen Fokus an und hat mittlerweile vor allem auf drei Ebenen innerhalb des Gesundheitswesens eine besondere Bedeutung gewonnen:

1. Gesundheitsselbsthilfe in Form von Selbstorganisation chronisch kranker Menschen:
   Selbsthilfegruppen bzw. ihre Organisationen haben sich in Deutschland flächendeckend entwickelt und sind mehr und mehr zu einem unverzichtbaren Bestandteil des Gesundheitssystems geworden (vgl. Stark 1996), was zu erfolgreichen, aber immer noch erweiterbaren Kooperationen zwischen Selbsthilfe- und professionellem Versorgungssystem führte (vgl. Schachl et al. 1999).

2. KonsumentInnen-Kontrolle:
   Der VerbraucherInnenschutz wurde verstärkt, indem Beschwerdezentren aufgebaut wurden und dadurch externe Qualitätskontrollen durchgeführt werden können (vgl. zusammenfassend Herriger 1997b, 29).

3. Independent-Living-Bewegung der Behinderten:
   Ausgehend von den USA hat diese Bewegung zu wichtigen Veränderungen im System entwürdigender Strukturen für Behinderte geführt, z. B. dass behinderte Menschen trotz z. T. schwerer Behinderungen (vgl. Theunissen 1999) nicht lebenslang und quasi automatisch in Behinderteneinrichtungen leben müssen, sondern neue Versorgungsstrukturen geschaffen wurden, die ein eigenständigeres soziales Leben ermöglichen.

Erziehung:
Vor allem in den USA und GB werden zum einen pädagogische Ansätze in der Aus- und Weiterbildung von LehrerInnen mit einer Empowerment-Perspektive entwickelt (vgl. Briton 1996) und zum anderen im Hinblick auf größere Partizipationsmöglichkeiten von SchülerInnen im Kontext ihrer Ausbildung (vgl. Adams 1991) diskutiert.

Entwicklungs(hilfe) / Politik / Ökonomie:
Im Kontext der Debatten um Globalisierung und Weltkommunikation (Hamelink 1995) werden internationale und nationale Strategien des politischen Empowerment im Sinne gerechterer Verteilung von Ressourcen diskutiert (z.B. McLaverty 1996, Bolick 1998). Dabei wird vor dem Hintergrund sich verändernder politischer Strukturen untersucht, welche Arten von Macht ‚Empowerment', ‚Dis-Empowerment' oder ‚Re-Empowerment' bewirken (vgl. Cheater 1999). In Deutschland werden die Fragen nach einer ‚solidarischen Ökonomie' z.B. auch im Bereich der Gemeinwesenarbeit (vgl. Klöck 1998) und im Hinblick auf die sich abzeichnende Krise des Wohlfahrtsstaates bezüglich sozialpolitischer Problematiken bei der Verteilung von Ressourcen (vgl. Staub-Bernasconi 1995, Keupp 1998) gestellt.

Philosophie:
Auch im Kontext der Philosophie gibt es einen Diskurs zum Empowerment. Aus einer philosophischen Perspektive werden die personalen und sozialen Bedingungen von Empowerment im Sinne eines gelingenden Lebens reflektiert. Einen der grundlegenden Denkansätze verfolgt dabei z. B. Fromm mit seiner transitiven Frage nach dem ‚Haben oder Sein' (1982) im Sinne von: Empowerment kann gemacht, aber auch erfahren werden.

Arbeits- und Organisationspsychologie:
Empowermentkonzepte haben Einzug in moderne Unternehmenskulturen gehalten. Der Titel einer aktuellen Veröffentlichung „Management durch Empowerment. Das neue Führungskonzept. Mitarbeiter bringen mehr, wenn sie mehr dürfen" (Blanchard et al. 1998) zeigt deutlich, wie Empowerment hier verstanden wird: Durch mehr Partizipationsmöglichkeiten von MitarbeiterInnen und dadurch größerer Übernahme von Eigenverantwortung soll die Produktivität von Unternehmen erhöht werden.

Gemeindepsychologie / Gemeindepsychiatrie:
Im Kontext der Gemeindepsychologie hat der Empowerment-Diskurs seit Rappaport (1981) und Kieffer (1984) Tradition und wurde – nicht zuletzt als Reaktion auf gesellschaftliche Individualisierungsdynamiken und ‚fürsorgliche Belagerungen' von Betroffenen durch Profis (vgl. Keupp 1998) – theoretisch und praktisch vertieft. Im Mittelpunkt steht die zentrale Dialektik von Rechten und Bedürfnissen aller Menschen, was zur Schaffung von gemeindenahen Angeboten führte, um gesellschaftlich bedingten Vereinzelungsprozessen entgegenzuwirken. Dazu wurden dementsprechende, möglichst flächendeckende Angebote (z.B. sozialpsychiatrische Dienste) entwickelt, die eine an Menschenrechten orientierte, komplementäre ambulante Versorgung von Menschen mit psychosozialen Schwierigkeiten anbieten. Darüber hinaus wurde der Bezugsrahmen durch eine kritische Adaption des Kommunitarismus im Sinne einer Aktivierung von gesellschaftlichen Kräften durch bürgerschaftli-

ches Engagement erweitert – nicht zuletzt vor dem Hintergrund der aktuellen Krise des Sozialstaates (vgl. Keupp 1998).

Definitorisches

Empowerment kann zum einen als Haltung als auch als Handlungsansatz in der psychosozialen Praxis verstanden werden. Zentraler Ausgangspunkt ist dabei das grundsätzliche Vertrauen in die Stärken von AdressatInnen Sozialer Arbeit. Dabei ist nach Herriger „Grundlage allen Empowerment-Handelns (...) die Anerkennung der Gleichberechtigung von Professional und Klient, die Konstruktion einer symmetrischen Arbeitsbeziehung also, die auf die Insignien einer ‚wohlmeinenden' Bevormundung verzichtet, die Verantwortung für den Arbeitskontrakt gleichverteilt und sich auf einen Beziehungsmodus des partnerschaftlichen Aushandelns einlässt (»sharing power«)" (Herriger 1997a, 33). Unter diesen Prämissen verändert sich das professionelle Selbstverständnis von Professionellen und damit auch die Machtverteilung zwischen ihnen und AdressatInnen[2] Sozialer Arbeit. Demnach ist Soziale Arbeit nicht mehr Produktion von Dienstleistungen oder stellvertretendes Eintreten für Interessen der KlientInnen. „Soziale Arbeit wird zu einer einfühlenden und unterstützenden Lebenswegbegleitung, die Menschen zusammenbringt und miteinander vernetzt, strukturelles Rückgrat für kollektive Prozesse der Selbstbefreiung ist und neue Perspektiven der Umweltgestaltung eröffnet" (ebd. 33).

Diese Aspekte können in drei Ebenen zusammengefasst werden (vgl. Stark 1993, 41f.). Empowerment beinhaltet:

1. Ziele, Normen und Werte, z.B. Selbstbestimmung, Fähigkeitenorientierung, Gegenmacht zu professionellen ExpertInnen;

2. Methoden, Techniken und Verfahren, z.B. Gemeinwesenarbeit, Bürgerbeteiligung, Partizipationsprozesse;

3. eine Grundhaltung in der therapeutischen, beratenden oder politischen Arbeit, indem vor allem katalytisch gearbeitet werden soll, um andere nicht von den professionellen Fähigkeiten abhängig zu machen und professionelle Hilfe letztlich am besten so schnell wie möglich überflüssig zu machen.

---

[2] In diesem Zusammenhang ist es auch zumindest problematisch, von ‚KlientInnen' zu sprechen. Der Prozess der ‚Klientifizierung' beinhaltet immer ein Machtverhältnis (vgl. Kardorff 1986), das sich jedoch nicht durch ein reines Umbenennen auflöst. Es braucht ein tatsächlich anderes Verständnis von Macht bzw. einen anderen Umgang damit (vgl. Pankofer / Quindel im selben Band).

Darüber hinaus lassen sich folgende zentrale Dimensionen von Empowermentprozessen beschreiben, wobei die Kraft der Prozesse gerade in der wechselseitigen Abhängigkeit und Integration von Veränderungen auf der individuellen, gruppenbezogenen und strukturellen Ebene liegt (vgl. Stark 1993, 43f.):

- **psychologisches Empowerment auf der individuellen Ebene:**
  Individuelle Empowermentprozesse zeigen die andere Seite der so weit verbreiteten 'erlernten Hilflosigkeit' (Seligman); das Gegenkonzept ist nun die 'learned hopefulness', also die 'erlernte Hoffnungsfreudigkeit'. Durch psychologisches, d.h. individuelles Empowerment beginnen Menschen in Situationen, die von Hilflosigkeit, Machtlosigkeit, Resignation und Demoralisierung geprägt sind, ihr Leben wieder selber in die Hand zu nehmen und sich, auch mit anderen zusammen, selbst zu organisieren.

- **Empowerment auf der Ebene von Gruppen und Organisationen:**
  Um in Gruppen oder Organisationen Selbstbewusstsein zu entwickeln und die eigenen Stärken wahrzunehmen und zu nutzen, sind partizipative Entscheidungsstrukturen von Nöten. Motivierende Faktoren von sog. ‚empowering organizations' sind beispielsweise, durch aktive Mitarbeit in der Gruppe neue Fähigkeiten herauszubilden, soziale Beziehungen innerhalb der Organisation zu pflegen oder eine soziale Struktur zu implementieren, die die Weitergabe eigener Kompetenzen an andere stimuliert. Wesentliche strukturelle Merkmale sind eine gemeinsame Entscheidungsfindung, eine offene Leitungsstruktur und die Durchführung gemeinschaftlicher Projekte und Aktivitäten, um ein optimales Zusammenwirken der Motive des Einzelnen und der Organisation im Sinne eines 'person-environment-fit' zu ermöglichen, wozu die Entwicklung von gemeinsamen Zielen und dadurch gemeinsame Motivation beiträgt.

- **Empowerment auf der strukturellen Ebene:**
  Strukturelle Empowermentprozesse bedeuten ein erfolgreiches Zusammenspiel von Individuen, organisatorischen Zusammenschlüssen und strukturellen Rahmenbedingungen unter einer fördernden Atmosphäre, die große Auswirkungen auf den gesamtgesellschaftlichen Zusammenhang haben. Dafür gibt es viele erfolgreiche Beispiele, wie z.B. Ökologiebewegung, Frauenbewegung, Bürgerinitiativen etc.

Praktisches

Folgende methodische Handlungsansätze sind für die Praxis Sozialer Arbeit bisher erkennbar und theoretisch gefasst:

Empowerment-Phasen

Empowermentprozesse vollziehen sich in vier Phasen, wobei von den Professionellen jeweils spezifische Fähigkeiten und Tätigkeiten verlangt werden (vgl. Phasenmodell von Kieffer 1984; zusammenfassend vgl. Galuske 1998, 232f.):

1. *Mobilisierung:* Menschen beginnen sich bei schmerzhaften Erlebnissen gegen ihr Schicksal zu wehren, aktiv zu werden und sich zusammenzuschließen.

2. *Engagement und Förderung:* Nach ersten, spontanen und an direkte Ereignisse gebundenen Aktivitäten braucht es eine Überführung dieser Energien in ein stabileres Engagement durch regelmäßigen Austausch mit Gleichbetroffenen.

3. *Integration und Routine:* Aufgrund der Stabilisierung von Gruppen und der Entwicklung eigener Diskurse und Forderungen werden die Betroffenen sichtbar und hörbar. Dabei reift die Einsicht und das Wissen um soziale und politische Zusammenhänge (vgl. Stark 1996, 123) und führt dazu, dass sich die Außen- und Eigenwahrnehmung der Betroffenen verändert: Sie sind ExpertInnen ihrer Sache und verlangen als solche im Kontakt von Professionellen wahrgenommen zu werden.

4. *Überzeugung und ‚brennende Geduld':* In der Auseinandersetzung zum einen innerhalb der Gruppe und zum anderen im Umgang mit Professionellen wird Organisations- und Konfliktfähigkeit entwickelt. Dem liegt die Überzeugung zu Grunde, „daß es möglich ist, am gesellschaftlichen Leben aktiv teilzuhaben und gemeinsam mit anderen Ziele zu erreichen und Veränderungen herbeizuführen" (Stark 1996, 124).

Empowerment-Rollen

Empowerment benötigt ein spezifisches Verständnis von Hilfe und ein spezifisches Selbstverständnis von Professionellen. Darauf basierend entwickelt Herriger – in Anlehnung an das amerikanische Modell von Swift/Levin

(1987) – sechs Empowerment-Rollen für MitarbeiterInnen im psychosozialen Feld (Herriger 1997a, 33ff):

1. Lebenswelt-AnalytikerIn[3]:
Aufgabe der Professionellen ist eine sensible Lebenswelt-Analyse, um Zusammenhänge und Wirkungen alltäglicher sozialer Ungleichheiten zu erfassen und dabei Transparenz über Zusammenhänge von gesellschaftlichen und individuellen Strukturen herzustellen. Ziel einer solchen Analyse ist es, individualisierende Selbstattributionen wahrzunehmen und zu entschlüsseln und damit kognitive und emotionale Auswege aus erlernten Hilflosigkeitsprozessen möglich zu machen.

2. Kritische/r LebensinterpretIn:
Die Aufgabe Professioneller besteht darin, stellvertretende Lebensdeutungen zu entwickeln, wodurch ein verständigungsorientierter biografischer Dialog inszeniert wird, den Herriger „Kompetenzdialog" nennt (ebd. 34). Dieser Dialog kann sowohl retrospektiv (eine gemeinsame interpretative Aufarbeitung des bisherigen Lebenswegs, Beziehungen, Abhängigkeiten etc.) als auch prospektiv (wünschenswerte persönliche Zukünfte) erfolgen. Die Gratwanderung besteht zum einen darin, sich vorbehaltlos auf die Selbstinterpretationen einzulassen, dabei zum anderen aber auch Lebenskritik zu üben in Form von deutlichen Grenzziehungen gegenüber z.B. verletzendem oder nicht tolerierbarem Verhalten.

3. NetzwerkerIn und RessourcenmobilisiererIn:
Neben der Erweiterung von individuellen Netzwerken des Einzelnen ist das Ziel von Empowerment-Arbeit immer auch die Mobilisierung von Ressourcen auf gemeinschaftlicher / gesellschaftlicher Ebene. Das Ziel professioneller Arbeit ist zum einen das Herstellen eines transparenten Bildes verfügbarer Ressourcen, z.B. im Gemeinwesen. Zum anderen geht es um die Vermittlung von bürokratischen Kompetenzen (z.B. in Verständnis, Sprache und Logik von Verwaltung), um die Kräfte zur Selbstorganisation bei der Ressourcenerschließung zu unterstützen.

4. Intermediäre/r BrückenbauerIn:
Es sollen Möglichkeitsräume für BürgerInnenpartizipation geschaffen werden, wobei die Rolle der Professionellen darin besteht, eine ‚Brückenperson' zwischen BürgerInnen und administrativen und / oder politischen Entscheidungsträgern zu sein. Dazu bedarf es zum einen einer ‚Entzauberung der

---

[3] Herriger verwendet in der Darstellung der Rollen nur die männliche Form, wodurch zumindest ein Machtverhältnis trotz allem Empowerment unangetastet bleibt: Die patriarchale Definitionsmacht und männliche Dominanz gegenüber Frauen mittels Sprache – ungeachtet der Tatsache, dass der Großteil der Professionellen im psychosozialen Feld weiblichen Geschlechts ist.

Macht' durch Dekonstruktionen von pessimistisch-kognitiven Mustern kollektiver Ohnmacht und Entwicklung politischer Strategien z.b. durch neue, ‚unmögliche' Allianzen. Außerdem bedeutet das Moderations- und Mediationstätigkeiten, um Gesprächs- und Dialogfähigkeit auf beiden Seiten zu ermöglichen.

5. NormalisierungsarbeiterIn:
Ansatzpunkt ist das Recht von allen AdressatInnen auf unkonventionelle Lebensentwürfe und ein daraus resultierender Respekt vor dem Eigensinn und der Selbstverantwortung, auch dort, wo Lebensverläufe anders als erwartet laufen. Aufgabe der SozialarbeiterInnen ist die Sicherung der Rechte der Einzelnen gegen institutionelle Bevormundungen und Besserungs- bzw. Kontrollvorstellungen, wenn sie von den AdressatInnen nicht befürwortet werden. Dabei müssen SozialarbeiterInnen auf dem schwierigen und schmalen Grad der Wahrung der Selbstbestimmung und der Notwendigkeit eines schützenden oder kontrollierenden Eingreifens balancieren.

6. Organisations- und SystementwicklerIn:
Es bedarf einer neuartigen sozialpolitischen Professionalität Sozialer Arbeit, die sich in einer Öffnung administrativer und politischer Strukturen für Partizipation und BürgerInnenbeteiligung darstellt. Als zentrales Zukunftsziel sind neue Einmischungsformen von SozialarbeiterInnen, wie Beratung des Gesetzgebers und ausführender Akteure auf allen politischen Ebenen, parteiübergreifende Lobbyarbeit für die Interessen machtloser Populationen oder direkte Einmischung in Politikentwürfe und Implementierungen zu entwickeln. „Das Projekt Empowerment mündet hier also in einer spezifischen sozialpolitischen Fachlichkeit, die die MitarbeiterInnen im sozialen Feld in die Lage versetzt, sich in engagierter Parteilichkeit und jenseits der Schwerkraft institutioneller Loyalitäten auf einen kritischen Umgang mit der Macht einzulassen" (Herriger 1997a, 35).

Empowerment-Aufgaben

Auf der Basis eines solchen beruflichen Selbstverständnisses ergeben sich folgende Aufgaben der professionellen Sozialarbeit zur Entwicklung von Empowerment (vgl. Stark 1996), die zum Teil bereits Einzug in die sozialarbeiterische Praxis gehalten haben (vgl. Bock 1995, Schachl et al. 1999), zum Teil jedoch noch große Entwicklungspotenziale haben:

- Angebote von beratenden Dienstleistungen für ratsuchende Personen;
- Angebote von materiellen Ressourcen (Räume, Infrastruktur, Finanzmittel etc.);

- Förderung von gemeinschaftsbildenden Prozessen der Selbstorganisation und gegenseitiger Unterstützung;
- Sozialpolitische Unterstützung;
- Kooperationen zwischen Betroffenengruppen und Professionellen;
- Anerkennung des Erfahrungswissens von Betroffenengruppen als ExpertInnenwissen und gleichberechtigte diskursive Vernetzung dieses Wissens mit wissenschaftlichen Konzepten;
- Professionalisierung von durch Erfahrung gewonnenem ExpertInnenwissen durch institutionalisierte und bezahlte Einbeziehung von Betroffenen in die Soziale Arbeit.

Kritisches

Die Stärke des Empowermentkonzeptes liegt vor allem in seinem spezifischen Hilfeverständnis und dem daraus resultierenden Blick auf professionelle HelferInnen- oder ExpertInnen: Empowerment widersetzt sich entmündigender Hilfe, und auf der Basis der Philosophie der Menschenstärken sind Angebote auch als solche zu verstehen, wodurch Wünsche und Bedürfnisse von Menschen wirklich ernst genommen und unterstützt werden. Die Stärke des Konzeptes liegt darüber hinaus auch darin, dass mit dem Begriff Empowerment viele Aspekte synergetisch zusammengefasst werden, was den komplexen individuellen und gesellschaftlichen Realitäten entspricht. Der Empowermentbegriff hat dabei eine optimistische, kraftvolle und kämpferische Konnotation, was für Professionelle und AdressatInnen gleichermaßen bekräftigend wirkt.

Was jedoch Stärke ist, ist zugleich auch Schwäche des Konzepts: Die begriffliche Unschärfe von Empowerment macht Operationalisierungen nur schwer möglich – was zwar durchaus im Sinne der VertreterInnen des Konzeptes ist, es aber gerade dadurch für PraktikerInnen im psychosozialen Kontext tendenziell ‚ungreifbar' macht. Galuske fasst die Problematik folgendermaßen zusammen: „Da die Vertreter des Empowerment sich ausdrücklich gegen ein methodisch akzentuiertes Verständnis wenden, sondern vielmehr „Haltungen" erzeugen wollen, geraten sie in ein Dilemma, das viele Handlungskonzepte der Sozialen Arbeit kennzeichnet: Sie lässt die Sozialarbeiter mit der Umsetzung der neuen „Philosophie weitgehend allein. (...) Notwendig wäre folglich, den Empowermentansatz methodisch weiterzudenken, d.h. vorhandene Ansätze zu strukturierten Hilfen zur Gestaltung sozialpädagogischer Praxis zu entwickeln" (Galuske 1998, 234). Dies fehlt noch weitgehend, soll jedoch nicht zuletzt durch dieses Buch angegangen werden, in dem Umsetzungsbeispiele aus der Praxis psychosozialer Arbeit vorgestellt werden.

Dennoch: In Diskussionen wird immer wieder argumentiert, dass der Empowermentansatz einen verdeckten Mittelschichtbias enthält und vor allem für diejenigen AdressatInnen gilt, die zwar Probleme haben, aber noch immer mit spezifischen mittelschichtorientierten Kompetenzen und Ressourcen bzgl. Kommunikation und Erkenntniskompetenzen (vgl. Staub-Bernasconi 1994) ausgestattet sind. Auch auf der Seite der Professionellen scheint es als Handlungskonzept ebenfalls besser geeignet für die, die in privilegierten Positionen und Institutionen mit wenig fixierten Arbeitsplatzbeschreibungen tätig sind. Was aber bedeutet Empowerment bei AdressatInnen, die Hilfe nur dann als Hilfe empfinden, wenn sie fürsorglich belagert werden? Was bedeutet Empowerment bei KlientInnen, deren Suchtproblematik eine Empowermentperspektive nur an 'klaren Tagen' zuläßt? Was bedeutet Empowerment in institutionellen Zusammenhängen, die in der Arbeit wenig Flexibilität lassen oder durch einen Zwangskontext geprägt sind? Ist dann Empowerment noch möglich? Oder welches Empowerment? Der Empowermentansatz zeigt seine Probleme und auch – was sich an den hier vorliegenden Beispielen erkennen läßt – seine Stärke demnach in der Umsetzung gerade mit denjenigen AdressatInnen Sozialer Arbeit, die aufgrund von Sozialisationserfahrungen und Hospitalisierungseffekten dazu neigen, Verantwortung an Professionelle abzugeben und / oder zumindest in den ersten Phasen des Kontaktes keine eigenständigen Perspektiven entwickeln wollen oder auch können. In der Entwicklung spezifischer empowernder Angebote auch für als schwierig geltende KlientInnen bedarf es findiger Kreativität und soziale Fantasie (vgl. Stark 1993, 42). Nicht zuletzt die Beiträge dieses Buches zeigen, dass die Potenziale des Ansatzes noch längst nicht immer und für alle AdressatInnengruppen genutzt werden.

Dazu kommt die Problematik, dass gut gemeint noch lange nicht gut gemacht bedeutet (vgl. Galuske 1998, 234). Es braucht – trotz oder gerade wegen einer notwendigen Offenheit – neben strukturierten Hilfen für die sozialpädagogische Praxis eine theoretische Weiterentwicklung des Ansatzes, denn zu kritisieren ist weiterhin, dass Empowerment trotz theoretischer Differenzierungen (vgl. Keupp 1998) noch immer nicht als wissenschaftstheoretisch abgesicherte Theorie des sozialen Handelns bezeichnet werden kann. Eine weitere Theoretisierung ist nicht zuletzt die notwendige Basis für die Entwicklung von flexiblen, aber dennoch operationalisierbaren Standards, um notwendige Qualitätssicherungsprozesse und dementsprechende Evaluationen und Einschätzungen darüber möglich zu machen, wann, wie und warum gute Arbeit geleistet wurde. Ansonsten besteht die Gefahr, dass die Potenziale dieses spannenden Konzeptes im Sand gutgemeinter Ansätze versickern, was nicht zuletzt aus sozialpolitischer Perspektive ein großer Verlust wäre, denn die wirkliche Brisanz des Konzeptes steckt in der Forderung der Umgestaltung der Strukturen und Ansätze Sozialer Arbeit in Richtung größerer Beteiligung und Partizipation von AdressatInnen. Dazu braucht es zum einen sozial- und fachpolitischen Willen, aber vor allem auch Ressourcen, denn wie Keupp in Anlehnung an Rappaport treffend bemerkt: „Rechte ohne Ressourcen zu besitzen ist ein grausamer Scherz" (Keupp 1998, 89).

Literatur

Adams, Robert 1991: Protests by Pupils: Empowerment, Schooling and the State. Hampshire.

Afshar, Haleh 1998: Women and Empowerment. Illustrations of the Third World. Hampshire.

Beck, Ulrich (Hrsg.) 1997: Kinder der Freiheit. Frankfurt am Main.

Blanchard, Kenneth H./ Carlos, John P. / Randolph, Alan 1998: Management durch Empowerment. Das neue Führungskonzept. Mitarbeiter bringen mehr, wenn sie mehr dürfen. Reinbek bei Hamburg.

Blätter der Wohlfahrtspflege - Deutsche Zeitschrift für Sozialarbeit, Nr. 2, 1993: Empowerment: Menschen helfen, die Kontrolle über ihr Leben zurückzugewinnen.

Bock, Theresa 1995: Empowerment als methodischer Ansatz in der Sozialen Arbeit. In: Jugendwohl, 76. Jg., 543 - 550.

Bolick, Clint 1998: The Promise and Politics of Empowerment. Oakland.

Briton, Derek 1996: The Modern Practice of Adult Education. A Postmodern Critique. Albany.

Cheater, Angela 1999: The Anthropology of Power. Empowerment and disempowerment in changing structures. London.

Foucault, Michel 1992: Überwachen und Strafen. Die Geburt des Gefängnisses. Frankfurt/M.

Fromm, Erich 1982: Haben oder Sein. München.

Galuske, Michael 1998: Methoden der sozialen Arbeit. Eine Einführung. Weinheim / München, 229 - 234.

Hamelink, Cees 1995: World Communication. Disempowerment & Self-Empowerment. London / New-Jersey.

Herriger, Norbert 1991: Empowerment - Annäherungen an ein neues Fortschrittsprogramm der sozialen Arbeit. In: Neue Praxis, 21. Jg., 221 - 229.

Herriger, Norbert 1997a: Das Empowerment-Ethos. In: Sozialmagazin, 22. Jg., Heft 11, 29 - 35.

Herriger, Norbert 1997b: Empowerment in der sozialen Arbeit: Eine Einführung. Stuttgart / Berlin / Köln.

Herriger, Norbert 2000: Empowerment in der pädagogischen Arbeit mit „Risiko-Jugendlichen". In: Bendit René, Erler Wolfgang, Nieborg Sima, Schäfer Heiner: Kinder- und Jugendkriminalität: Strategien der Prävention und Intervention in Deutschland und den Niederlanden. Opladen, 263 - 267.

Heward, Christine / Sheila, Bunwaree 1998 (eds.): Gender, Education & Development. Beyond Access to Empowerment. London / New-Jersey.

Kardorff, Ernst von 1986: Klienten. In: Rexilius, Günther / Grubitzsch, Siegfried (Hrsg.): Psychologie. Theorien – Methoden – Arbeitsfelder. Ein Grundkurs. Reinbek bei Hamburg, 121 - 143.

Keupp, Heiner 1990: Lebensbewältigung im Jugendalter aus der Perspektive der gemeindepsychologischen Förderung präventiver Netzwerkressourcen und Empowermentstrategien. Weinheim / München, 1 - 51.

Keupp, Heiner 1993a: Die (Wieder-)Gewinnung von Handlungskompetenz: Empowerment in der psychosozialen Praxis. In: Verhaltenstherapie und psychosoziale Praxis, 25. Jg., 3, 365 - 381.

Keupp, Heiner 1993b: Aufrecht gehen lernen. In einer Welt riskanter werdender Chancen: Eine Empowermentperspektive für die Arbeit mit Kindern und Jugendlichen. In: Blätter der Wohlfahrtspflege - Deutsche Zeitschrift für Sozialarbeit, Nr. 2, 140. Jg., 52 - 54.

Keupp, Heiner 1997: Ermutigung zum aufrechten Gang. Tübingen.

Keupp, Heiner 1998: Ohne Angst verschieden sein. Von der fürsorglichen Belagerung zum Empowerment. In: Bock Thomas, Weigand Hildegard (Hg.): Hand-werks-buch Psychiatrie. Bonn, 76 - 92.

Kieffer, Charles 1984: Citizen empowerment: A developmental perspective. In: Rappaport Julian, Swift Carolyn, Hess Robert (eds.): Studies in Empowerment. Steps toward understanding and action. New York.

Klöck, Tilo (Hrsg.) 1998: Solidarische Ökonomie und Empowerment. Neu-Ulm.

Mager, Miryam 1994: Ein Fall von Empowerment in Minas Gerais / São Paulo Brasilien. Regensburg.

McLaverty, Peter 1996: The Politics of Empowerment? Adershot / Brookfield/ Singapore / Sydney.

Pankofer, Sabine / Weber, Klaus 1998: Empowerment. In: Grubitzsch Siegfried, Weber Klaus (Hrsg.) 1998: Psychologische Grundbegriffe. Ein Handbuch. Reinbek bei Hamburg, 117 - 118.

Pankofer, Sabine / Hermanns, Jo 2000: Empowerment statt Ausgrenzung schwieriger Jugendlicher. In: Bendit, René / Erler, Wolfgang / Nieborg, Sima/ Schäfer, Heiner: Kinder- und Jugendkriminalität: Strategien der Prävention und Intervention in Deutschland und den Niederlanden. Opladen, 261 - 311.

Quindel, Ralf 2000: Außer Kontrolle. Foucaultsche Analyse und psychiatrische Praxis. In: Psychologie & Gesellschaftskritik, Nr. 93, 24. Jg., 9 - 29.

Rappaport, Julian 1985: Ein Plädoyer für die Widersprüchlichkeit. Ein sozialpolitisches Konzept des Empowerments anstatt präventiver Ansätze. In: Verhaltenstherapie und psychosoziale Praxis. 2 / 85, 257 - 278.

Schachl, Tonia / Findeiß, Petra / Stark, Wolfgang 1999: Laien und professionelle Fachkräfte – Synergieeffekte durch die Kooperation verschiedener Expertensysteme? In: PH-Forum. 26 / 99, 7. Jg., 22 - 23.

Stark, Wolfgang 1991: Prävention und Empowerment. In: Hörmann, Georg / Körner, Wilhelm (Hrsg.): Klinische Psychologie. Ein kritisches Handbuch. Reinbek bei Hamburg, 213 - 232.

Stark, Wolfgang 1993: Die Menschen stärken. Empowerment als eine neue Sicht auf klassische Fragen von Sozialpolitik und sozialer Arbeit. In: Blätter der Wohlfahrtspflege, 140. Jg. 2, 41 - 44.

Stark, Wolfgang 1996: Empowerment. Neue Handlungsperspektiven in der psychosozialen Praxis. Freiburg im Breisgau.

Staub-Bernasconi, Silvia 1995: Systemtheorie, soziale Probleme und Soziale Arbeit: lokal, national, international. Oder: vom Ende der Bescheidenheit. Bern.

Staub-Bernasconi, Silvia 1994: Soziale Probleme - Soziale Berufe – Soziale Praxis. In: Heiner Maja (Hrsg.): Methodisches Handeln in der Sozialen Arbeit. Freiburg i. B., 11 - 101.

Theunissen, Georg 1999: Wege aus der Hospitalisierung. Empowerment in der Arbeit mit schwerstbehinderten Menschen. Bonn.

Kompetenzen - Fähigkeiten - Ressourcen: Eine Begriffsbestimmung

Tilly Miller

Einleitung

Um den Empowermentbegriff gruppieren sich Begriffe wie Fähigkeiten, Fertigkeiten, Kompetenzen und Ressourcen. Ihre Verwendung erfolgt in feststellenden und auffordernden Konnotationen:

„Das Empowerment-Konzept richtet den Blick auf die Selbstgestaltungskräfte der Adressaten sozialer Arbeit und auf die Ressourcen, die sie produktiv zur Veränderung von belastenden Lebensumständen einzusetzen vermögen" (Herriger 1997, 7).

Empowerment zielt darauf, „die Menschen zur Entdeckung ihrer eigenen (vielfach verschütteten) Stärken zu ermutigen, ihre Fähigkeiten zur Selbstbestimmung und Selbstveränderung zu stärken ..." (Herriger 1997, 7).

Nach Stark (1996, 18) berufen sich Empowerment-Konzepte u.a. auf

„(a) die Erkenntnis, daß psychosoziales Wohlbefinden in unterschiedlichen Lebenslagen wesentlich von der Existenz und der Nutzbarkeit sozialer Ressourcen (Netzwerke, Unterstützungssysteme) abhängt;
(b) die Erfahrung der Stärkung individueller und kollektiver Kompetenzen und eines damit korrespondierenden Handlungspotentials durch die Entwicklung selbstorganisierter Gruppen."

Eine ausgearbeitete Explikation der jeweiligen Begriffe gibt es in der deutschsprachigen Empowerment-Literatur nicht. Damit ist einer Deutungsvielfalt Tür und Tor geöffnet, was einer professionellen Arbeit nicht dienlich sein kann.
Nachfolgender Beitrag verfolgt nicht das Ziel, eine Synopse der in der allgemeinen Fachliteratur angebotenen Definitionen hinsichtlich Fähigkeiten, Kompetenzen und Ressourcen zusammenzustellen, sondern will als ein Angebot verstanden werden, die Begriffe zu differenzieren und voneinander abzugrenzen, damit ihre Bedeutungsgehalte zielgerichtet in fachliche Diskurse und Handlungsansätze einmünden können.

Von Schlüsselqualifikationen zu Kompetenzen

Die Diskussion um Fähigkeiten und Kompetenzen setzte vor allem in den 70er Jahren ein. Der damalige Leiter des Forschungsinstituts der Bundesanstalt für Arbeit, Dieter Mertens (1977), prägte den Begriff der *Schlüsselqualifikationen* und zwar auf die Frage hin, was der Mensch mit Blick auf Arbeitsmarktanforderungen können und wissen muss. Berufliche Handlungskompetenz, so wurde schließlich gefolgert, bedarf insbesondere der Fach-, Methoden- und Sozialkompetenz.

Unter Qualifikationen verstehen wir i.d.R. „die Gesamtheit der Kenntnisse, Fähigkeiten, Fertigkeiten, Einstellungen und Werthaltungen, über die eine Person als Voraussetzung für eine ausreichende Breite in der beruflichen Einsetzbarkeit verfügen muss" (Lenzen 1998, 35).

Die Diskussion über Schlüsselqualifikationen ist vor allem im Rahmen der allgemeinen Erwachsenenbildung geführt worden, mit dem Ziel, den Begriff der Schlüsselqualifikationen breiter zu fassen, d.h. ihn nicht nur auf die berufliche Weiterbildung zu fokussieren. Die Begründung war offensichtlich: Angesichts der zeitlich immer dichter werdenden Veränderungsprozesse brauchen Menschen Schlüsselqualifikationen, um das eigene Leben bewältigen zu können.

Vor allem die *sozialen und personalen Kompetenzen* rückten mehr und mehr in den Mittelpunkt der Diskussion. Daraufhin hat sich ein Begriffswechsel vollzogen; seitdem wird zunehmend (vor allem auch in der beruflichen Bildung) von *Kompetenzen* statt von Schlüsselqualifikationen gesprochen. Mit dem Begriff der Kompetenzen einher geht eine stärkere Subjektorientierung und damit verbunden eine Abkehr von beschreibbaren und messbaren Qualifikationen. Leontjew (1977) beschreibt Kompetenzen[1] als innerpsychische Voraussetzung, die sich in sichtbaren Handlungen niederschlägt. Jedoch die Handlungen zeigen immer nur einen Teil der vorhandenen Kompetenzen. Diese sind vorhandene Wissens- und Könnensbestände, offengelegt oder verborgen, aktiviert oder ruhend. Kompetenzen sind an das Individuum und an eine Tätigkeit, Anforderung, Aufgabe gebunden; über letztere lassen sie sich erschließen.

Mit dem Kompetenzbegriff wird nicht mehr die perfekte, kompetente, messbare Persönlichkeitsentwicklung anvisiert. Ziel ist die Handlungsfähigkeit des

---

[1] Zu den verschiedenen Lesarten des Kompetenzbegriffs siehe Anhang A: Lesearten des Kompetenz- und Qualifikationsbegriffs. In: Arbeitsgemeinschaft Qualifikations-Entwicklungs-Management 1997, 301 ff.

Individuums im Kontext seiner Umwelt, um auch unter Bedingungen von Unsicherheit und Kontingenz (Unbestimmtheit) Handlungsspielräume zu erkennen und zu nutzen (vgl. Heyse/Erpenbeck 1997, 49 ff).

Bei der Typologisierung von Kompetenzen[2] werden genannt:

- *kognitive Kompetenz*, die das Denkvermögen umfasst, einmal auf einen Gegenstand, zum anderen auf die eigene Person (Metakognition) gerichtet (vgl. Kaiser 1992),

- *soziale Kompetenz*, z.b. Kooperations- und Konfliktfähigkeit,

- *personale Kompetenz*, z.b. Fähigkeit der Selbstreflexion,

- *instrumentelle Kompetenz* als Voraussetzung für konkretes Handeln und Tun - hierzu gehören u.a. auch die *Fertigkeiten*,

- *psycho-motorische Kompetenz*, in Form von Reaktions- und Konzentrationsfähigkeit,

- *technologische Kompetenz*, z.B. mit EDV zu arbeiten, und

- *ökologisches Kompetenz*, um mit der Natur bewahrend umzugehen.

Kompetenzen sind Fähigkeiten, die gebraucht werden, um spezifische Aufgaben und Rollen zu bewältigen.

Fertigkeiten beziehen sich auf das psycho-motorische Können, z.B. manuelle Geschicklichkeit, Reaktionsschnelligkeit, Konzentrationsfähigkeit, Kondition und Ausdauer.

Von der Kompetenz zur Fähigkeit

Der Bedeutungswechsel von Schlüsselqualifikationen zu Kompetenzen hat zwar eine Verschiebung zum Subjekt hin bewirkt, trotzdem bleibt die Frage, was ist der Unterschied zwischen *Kompetenz* und *Fähigkeit*? Anerkannte Definitionen gibt es hier noch nicht.[3] Michael Eraut unterscheidet zwischen Capability (Fähigkeit) und Competence:

---

[2] Vgl. dazu auch Heyse/Erpenbeck 1997; Lenzen 1998; Kaiser 1992; Negt 1990; Siebert 1977; Tietgens 1990.

[3] Vgl. hierzu u.a. Heye/Erpenbeck 1997; Hänggi 1998.

„Capability is defined as everything a person can think or do, and competence is defined as the ability to perform the tasks and roles required to the expected standard" (Eraut 1998, 195).

Der Kompetenz-Begriff wird hier aufgabenbezogen verwendet, woraus zu schließen ist, dass Fähigkeiten dann als Kompetenzen bezeichnet werden, wenn es gilt, Aufgaben entsprechend den Anforderungen zu bewältigen. Damit bleibt der Kompetenzbegriff im aufgabenbezogenen, meist beruflichen Handeln verortet und wird auch von dort her, was die Kompetenzniveaus betrifft, bestimmt. Dagegen werden alltagsbezogene Kompetenzen von Individuen *Fähigkeiten* genannt.

Einen Bedeutungszuwachs hat die Diskussion um personale und interpersonale (soziale) Fähigkeiten durch Daniel Goleman, klinischer Psychologe an der Harvard Universität, erhalten. Goleman prägte den Begriff der emotionalen Intelligenz. Seine Grundfrage lautet: „Woran liegt es beispielsweise, wenn Menschen mit einem hohen IQ straucheln und solche mit einem bescheidenen IQ überraschend erfolgreich sind?" (Goleman 1998, 12). Seine Antwort: Für eine erfolgreiche Lebensbewältigung bedarf es bestimmter Fähigkeiten. Dazu gehören Selbstbeherrschung als Grundlage für Wille und Charakter, Eifer und Beharrlichkeit, die Fähigkeit, sich selbst zu motivieren, die Fähigkeit der Empathie, d.h. die Fähigkeit, Gefühlsregungen anderer zu erkennen und zu verstehen. Goleman greift hier auf die Arbeiten Gardners zurück.

„Interpersonale Intelligenz ist die Fähigkeit, andere Menschen zu verstehen: was sie motiviert, wie sie arbeiten, wie man kooperativ mit ihnen zusammenarbeiten kann." Darüber hinaus geht es um die „Fähigkeiten, die Stimmungen, Temperamente, Motivationen und Wünsche anderer Menschen zu erkennen und angemessen darauf zu reagieren" (Gardner zit. nach Goleman 1998, 60f.).

Erst aus diesen Fähigkeiten, so Goleman, erwachsen Fürsorge und Mitgefühl. Der Autor macht deutlich, dass ethische Grundhaltungen emotionaler Fähigkeiten bedürfen. Das Spektrum der Fähigkeiten wird noch erweitert. Goleman benennt die Fähigkeit der Selbststeuerung, z.B. Regulierung der eigenen Stimmungen, Emotionen wahrzunehmen, zu unterscheiden und zu zügeln, und schließlich auch die Fähigkeit der Frustrationstoleranz.

Die von Goleman genannten sozialen Fähigkeiten werden in der fachlichen Diskussion noch durch weitere Kriterien ergänzt (siehe Typologie von Fähigkeiten). Auch wird im Rahmen der Fähigkeitendiskussion im Kontext personaler und sozialer Fähigkeiten auf Grundfähigkeiten des Gebens und Nehmens, Teilens, Bindens, Lassens, Haltens, Brauchens (vgl. Strauß 2000 und Irmler/Miller in diesem Band) verwiesen.

Fähigkeiten sind individuell angelegt. Personale und interpersonale (soziale) Fähigkeiten sind als Fähigkeiten zu verstehen, die Einzelne im Umgang mit sich selbst und im Umgang mit anderen Menschen wie überhaupt für das gemeinschaftliche Zusammenleben benötigen. Sie sind Voraussetzung für eine erfolgreiche Lebensbewältigung und für ein verantwortungsvolles Handeln.

Die folgende Tabelle zeigt eine Typologie von Fähigkeiten. Diese erfolgt aufzählend, d.h. die Kriterien in den einzelnen Rubriken sind nicht systematisch geordnet im Sinne von Basisfähigkeiten und zugeordneten Fähigkeiten. Die Typologisierung soll einen Überblick geben, um daraus feld- und adressatInnenspezifische Zuordnungen treffen zu können. Um Fähigkeiten wahrzunehmen, bedarf es zunächst einmal ihre Benennung.

Die Typologie ist keinesfalls vollständig, wie auch die einzelnen Fähigkeiten nicht immer eindeutig nur einem Bereich zuzuordnen sind.

Typologie von Fähigkeiten

Kognitive Fähigkeiten	Abstraktes Denken, analytisches Denken, Entschlüsseln von Symbolen, Erkennen von Gesetzmäßigkeiten, Fähigkeit der komplexen Informationsverarbeitung, Kombinatorik, konzeptionelles Denken, logisches Denken, Prognostizität, Reflexivität, Unterscheidungsfähigkeit, Urteilsfähigkeit, vernetztes Denken, Vollzug von Rechenoperationen.
Personale Fähigkeiten	Authentizität, Beharrlichkeit, Disziplin, Eifer, Fähigkeit zum Bedürfnisaufschub, Interessen, Kreativität, Lernfähigkeit, Selbständigkeit, Selbstbeherrschung, Selbstdarstellung, Selbstdisziplin, Selbsteinschätzung, Selbstkontrolle, Selbstmotivation, Selbstorganisation, Selbststeuerung, Selbstvertrauen, Selbstwahrnehmung, Selbstwertgefühl, Verantwortungsgefühl, Wille, Zielorientiertheit, Zivilcourage.
Soziale Fähigkeiten	Achtung, Respekt vor dem Anderen/Fremden, Ambiguitätstoleranz, Anpassungsfähigkeit, Aufrichtigkeit, Ausdauer, Belastbarkeit, Distanzfähigkeit, Durchsetzungsfähigkeit, Empathie Engagement, Experimentierfreude, Fairness, Flexibilität, Führungsfähigkeit, Geduld, Gruppen- u. Teamfähigkeit, Kommunikationsfähigkeit, Kompromissfähigkeit, Konfliktfähigkeit, Kooperationsfähigkeit, Kritikfähigkeit, Leistungsbereitschaft, Neugier, Offenheit, Solidarität, Toleranz, Verantwortungsbereitschaft, Verlässlichkeit.
Psychomotorische Fähigkeiten	Konzentrationsfähigkeit, körperliche Ausdauer, Motorik, Reaktionsfähigkeit.
Instrumentelle Fähigkeiten	Durchführen, effektiv arbeiten, entscheiden, Fertigkeiten, informieren, kontrollieren, koordinieren, methodische Fähigkeiten, mit Ressourcen haushalten, planen, Problemlösen, Strategien entwickeln, Stressmanagement, systematisches Vorgehen, technologische Fähigkeiten, Zeitmanagement.

Grundsätzlich sind Fähigkeiten in ihren Wechselwirkungen und synergetischen Wirkungen zu sehen. So unterstützen beispielsweise kognitive und psychomotorische Fähigkeiten die Fähigkeit kreativ zu sein bzw. Kreativität zum Ausdruck zu bringen. Die Fähigkeit der Selbstwahrnehmung unterstützt die soziale Fähigkeit Kritik zu üben und Kritik anzunehmen. So geht es vor allem auch mit Blick auf Empowerment um die Frage, über welche vorhandenen Fähigkeiten weitere Fähigkeiten (weiter-)entwickelt werden können.

Ressourcen sind mehr als Fähigkeiten

Fähigkeiten sind eine wichtige Voraussetzung für bewusstes und verantwortungsvolles Handeln und damit verbunden für eine möglichst autonome Lebensbewältigung im Rahmen sozialer Eingebundenheit. Jedoch, Fähigkeiten sind keine hinreichende Voraussetzung dafür. Eine bloße Fähigkeitsorientierung hieße, das Subjekt lediglich daraufhin wahrzunehmen, welche Fähigkeiten vorhanden bzw. nicht vorhanden sind, mit der Gefahr, Bewältigungsprobleme auf das Fehlen bestimmter Fähigkeiten zu reduzieren.

Autonome wie auch teilautonome Lebensgestaltung hängt von den im Subjekt vorhandenen Möglichkeiten ab *und* von den Möglichkeiten, die die Umwelt bietet. Erst in diesem Zusammenspiel sind Aussagen darüber zu machen, inwieweit es einer Person gelingt, ihr Leben zu bewältigen.

Voraussetzung für ein menschenwürdiges Leben ist, dass Individuen ihre Grundbedürfnisse befriedigen können. Das sind vor allem: biologische Bedürfnisse, das Bedürfnis nach Schutz und Sicherheit, nach sozialer Eingebundenheit, das Bedürfnis, ein authentisches Leben führen zu können und das Bedürfnis nach innerem Lebenssinn. Dazu müssen nicht nur Fähigkeiten entwickelt werden, sondern dazu bedarf es ebenso *Ressourcen*.

Der Begriff der *Ressource* ist zu einem zentralen Schlüsselbegriff Sozialer Arbeit geworden und findet sich in den verschiedenen theoretischen Konzepten. Ursprünglich stammt er aus der Ökonomie und Ökologie. Die Ökonomie verbindet mit diesen Begriff insbesondere das Haushalten mit Geld-, Sach- und Personalmitteln. Die Ökologie spricht von natürlichen Ressourcen, solchen die regenerierbar sind (Wald- und Fischbestände) und solchen, die nicht regenerierbar sind (Kohle, Erdgas).

Vor allem im Gesundheitsbereich, der in der Praxis eng mit Sozialer Arbeit verknüpft ist, hat sich, motiviert durch den israelischen Gesundheitsforscher Aaron Antonovsky (1987), ein Paradigmawechsel von der Pathogenese zur Salutogenese entwickelt, was den Blick für eine Ressourcenorientierung freigibt. Im Mittelpunkt steht die Frage, welche Ressourcen eine Person benötigt, um mit belastenden Situationen umzugehen. Gefragt ist also nicht, was krank macht, sondern was Menschen hilft, gesund zu bleiben und eine stabile Lebensführung zu praktizieren. Es wird von vier Ressourcenkategorien ausgegangen: körperlichen, psychischen, materiellen und psychosozialen Ressourcen.

Ressourcen umfassen mehr als Fähigkeiten, umgekehrt sind Fähigkeiten zugleich Ressourcen. Ressourcen sind innerhalb *und* außerhalb des Individuums lokalisiert. Ebenso verfügen Paare, Familien, Gruppen, Gemeinschaften und Gesellschaften über Ressourcen.

Soziale Arbeit richtet den Blick auf Ressourcen und hilft diese zu pflegen, (weiter-) zu entwickeln und zu mobilisieren. Ziel ist, die Personen und Systeme, in die Personen eingebunden sind, in ihrer Bedürfnisbefriedigung, Entwicklung und Stabilisierung grundlegend zu unterstützen (vgl. Miller 1999, 82 ff.). Um dies zu realisieren, bedarf es eines Settings an Ressourcen, das Soziale Arbeit mit Blick auf ihre personale und soziale Orientierung zu berücksichtigen hat.

Im folgenden stelle ich eine Typologie von Ressourcen vor (vgl. Miller 1999, 86), die keinesfalls den Anspruch hat, vollständig zu sein. Sie erfasst zentrale Ressourcenkategorien, die Voraussetzung sind für eine stabile und gelingende Lebensführung und -bewältigung von Menschen und der qualitativen Stabilität von sozialen Systemen im Kontext moderner Gesellschaften. Auch hier gilt dasselbe, wie bei den Fähigkeiten: die Wechselwirkungen und die synergetischen Effekte von Ressourcen sind im Blick zu behalten. In der Arbeit mit AdressatInnen zeigt sich häufig, dass ganze Ressourcenbündel fehlen und damit verbunden auch objektive Chancen, um zentrale Ressourcen wie beispielsweise Bildung und Arbeit erschließen zu können. Trotz dieses Fehlens zeigt sich auch, dass Ressourcen vorhanden sind häufig auch in Form von Fähigkeiten.

Typologie von Ressourcen

Materielle und Instrumentelle Ressourcen	Geld, Einkommen, Vermögen, Sach- und Gebrauchsgüter, Dienstleistungen, Arbeit/Beschäftigung; Obdach/Wohnung, Infrastruktur; Fertigkeiten, Techniken, Information, Wissen, (Alltags-) Theorien, Ideen, Ratschläge, praktische Hilfen, Macht, Einfluss, Strukturen, Funktionen, Zeit.
Körperliche, kognitive und psychomotorische Ressourcen	Körperliche Gesundheit u. Unversehrtheit, Vitalität; Denk-, Wahrnehmungs-, Erkenntnis-, Urteils-, Reflexionsvermögen, Konzentrations-, Reaktionsfähigkeit, Motorik.
Psychische Ressourcen	Authentizität, Beharrlichkeit, Eifer, Fähigkeit zum Bedürfnisaufschub, Interessen, Kreativität, Lernfähigkeit, Selbständigkeit, Selbstbeherrschung, Selbstdarstellung, Selbstdisziplin, Selbsteinschätzung, Selbstkontrolle, Selbstmotivation, Selbstorganisation, Selbststeuerung, Selbstvertrauen, Selbstwahrnehmung, Selbstwertgefühl, Verantwortungsgefühl, Wille, Zielorientiertheit, Zivilcourage.
Soziale Ressourcen	Bindungen, Zugehörigkeit, Kontakte, Austausch, Netzwerke, Interaktion und Kommunikation, emotionale Unterstützung, Sicherheit, Wertschätzung, Zuneigung, Liebe, Anerkennung, Status, Position, Regeln; Handlungsfähigkeit und damit verbundene Grundfähigkeiten und soziale Fähigkeiten.
Kulturelle Ressourcen	Erziehung, Bildung, Ausbildung, Wissen, interkulturelle Kompetenz, Erfahrungen, Sinnsysteme, Recht/e, Werte, Normen, Traditionen, Sprache/n, Ästhetik.
Ökologische Ressourcen	intakte natürliche Umwelt (Boden, Wasser, Luft, Flora, Fauna).

Schluss

Soziale Arbeit zielt darauf, über Ressourcenarbeit materielle, soziale und kulturelle Teilhabe zu ermöglichen bzw. Teilhabeprobleme zu mindern.

Mit den *Fähigkeiten* zu arbeiten bedeutet für die Soziale Arbeit, in den Nahbereich des Individuums einzutauchen, es zu stärken, zu unterstützen und zu trainieren. *Fähigkeitenorientierung* bedeutet demzufolge die Konzentration auf die Person. *Kompetenzorientierung* zielt darauf, AdressatInnen darin zu unterstützen, diejenigen Fähigkeiten zu entwickeln, die sie brauchen, um bestimmte Aufgaben und Rollen zu bewältigen.

Ressourcenorientierung öffnet den Blick in Richtung Meso- und Makroebene. Die Kooperationsnatur des Menschen, seine Handlungsorientierung und sein soziales Angewiesensein bedürfen gesellschaftlicher Ressourcen, damit Leben im sozialen Kontext bewältigt werden kann. Gesellschaftliche Strukturen, Traditionen und Werte spielen bei der Zuteilung von Ressourcen und bei der Chance, an ihnen partizipieren zu können, eine zentrale Rolle. So gewinnt Soziale Arbeit über die Ressourcenorientierung eine kritische und politische Aufgabe.

Literatur

Antonovsky, Aaron 1987: Unraveling the mystery of health. How people manage stress and stay well. San Francisco.

Arbeitsgemeinschaft Qualifikations-Entwicklungs-Management 1997: Kompetenzentwicklung '97. Berufliche Weiterbildung in der Transformation - Fakten und Visionen. Münster, New York, München, Berlin.

Eraut, Michael 1998: Disentangling the Confusion Over Competence. In: Grundlagen der Weiterbildung (GdWZ). 9. Jg., 5, 195 - 198.

Goleman, Daniel [9]1998: Emotionale Intelligenz. München.

Hänggi, Gerhard 1998: Macht und Kompetenz. Ausschöpfung der Leistungspotentiale durch zukunftsgerichtete Kompetenzentwicklung. Freichen-Königsdorf.

Heyse, Volker/Erpenbeck, John 1997: Der Sprung über die Kompetenzbarriere. Kommunikation, selbstorganisiertes Lernen und Kompetenzentwicklung von und in Unternehmen. Bielefeld.

Leontjew, Alexej Nikolajewitsch 1977: Tätigkeit, Bewußtsein, Persönlichkeit. Stuttgart.

Merten, Dieter 1977: Schlüsselqualifikationen. In: Siebert, Horst (Hrsg.): Begründungen gegenwärtiger Erwachsenenbildung. Braunschweig, 99 - 121.

Miller, Tilly 1999: Systemtheorie und Soziale Arbeit. Ein Lehr- und Arbeitsbuch. Stuttgart.

Negt, Oskar 1990: Ein neuer Lernbegriff. In: Forum Pädagogik 3.

Herriger, Norbert 1997: Empowerment in der Sozialen Arbeit. Eine Einführung. Stuttgart, Berlin, Köln.

Stark, Wolfgang 1996: Empowerment. Neue Handlungskompetenzen in der psychosozialen Praxis. Freiburg i. Br.

Strauß, Heinz 2000: Weniger ist mehr - Fähigkeiten als Musterbildner. In: Systemis - Zeitschrift für systemische Studien. München (in Druck.)

Tietgens, Hans 1990: Geschichte und aktuelle Diskussion des Begriffs „Schlüsselqualifikationen". In: EB 4, 149 - 152.

Chancen, Risiken und Nebenwirkungen von Empowerment – Die Frage nach der Macht

Ralf Quindel / Sabine Pankofer

Das Empowermentkonzept gilt aktuell als das zukunftsweisende Konzept in der Sozialen Arbeit, vor allem aufgrund des spezifischen Hilfeverständnisses, das sich entmündigender Hilfe widersetzt und auf Gleichberechtigung in der Beziehung zwischen AdressatInnen und Professionellen drängt. Nicht zuletzt die hier in diesem Band vorgestellten gelungenen Umsetzungen zeigen die Chancen von solchen partizipativen Prozessen, die emanzipatorische Wirkungen haben.

Festzustellen ist jedoch auch, dass es trotz veränderter und zunehmend gleichberechtigter Beziehungen zwischen AdressatInnen und Professionellen weiterhin ein Machtgefälle gibt, das auch der Empowermentansatz nicht auflösen kann, da – so unsere These – das Empowermentkonzept potentiell im Widerspruch zu dem gesellschaftlichen Kontrollauftrag psychosozialer Arbeit steht. In dem Satz „Wir werden Dir schon helfen!" steckt die ganze Spannung des in der psychosozialen Praxis und Theorie wohl bekannten und ungeliebten Zusammenhanges von Hilfe und Kontrolle, der nicht zuletzt wegen konzeptioneller Vorgaben und gesellschaftlichem Auftrag der Sozialen Arbeit nur schwer zu überwinden ist. Wird diese Problematik nicht gesellschaftlich und als solche auch politisch zu lösende Frage gedeutet, kann es bei einer individuellen Bemühung, eine gleichberechtigte Beziehung zwischen Professionellen und AdressatInnen Sozialer Arbeit herzustellen, dazu führen, dass inhärente Machtpositionen in der Beziehung verwischt oder gar verleugnet werden. So kann auch dieses Konzept das altbekannte Doppelmandat der Sozialen Arbeit von Hilfe und Kontrolle nicht lösen bzw. bedient eventuell sogar den verschleiernden Diskurs. Polemisch gesagt: Die gesellschaftliche Kontrollfunktion Sozialer Arbeit scheint dann durch Empowerment quasi durch Hilfe (zur Selbsthilfe) aufgelöst, verschluckt oder einfach nur softer, denn festgestellt werden muss, dass nicht zuletzt der Empowermentdiskurs dazu beigetragen hat, dass eindeutige Fronten zwischen Hilfe und Kontrolle diskursiv und praktisch immer schwerer bezogen werden können, was Verschleierungen von Macht Vorschub leisten kann. Insofern beinhalten die Chancen des Empowerments auch Risiken, die es im folgenden genauer zu beleuchten gilt.

Chancen und Risiken?

Der Empowermentansatz steht für die Ermächtigung der Betroffenen, für das Ermöglichen von selbstbestimmten Lebensentwürfen. Macht in Form von Gestaltungsmöglichkeiten soll von den Professionellen auf die Betroffenen übergehen. Was aber ist mit der professionellen Macht, die in Form von Kontrolle und Anpassungsdruck an gesellschaftliche Regeln ausgeübt wird? Festzustellen ist ein Widerspruch zwischen gesellschaftlichen Anpassungsforderungen auf der einen und Ermächtigung für selbstbestimmte Lebensentwürfe auf der anderen Seite. Im sozialpsychiatrischen Feld beispielsweise wird der doppelte Charakter psychosozialer Arbeit besonders deutlich (vgl. Quindel im selben Band). Die Betroffenen sollen bei der Integration in ihrer Lebenswelt unterstützt werden, andererseits soll die Umgebung vor den ‚verrückten' und störenden Verhaltensweisen der KlientInnen Sozialer Arbeit geschützt werden. Der Empowermentansatz löst diesen Widerspruch einseitig in Richtung von Hilfe und Unterstützung auf. Dadurch verführt er die Professionellen, sich nur als ErmächtigerInnen und FörderInnen der Selbstbestimmung zu verstehen. Die andere Seite, die Aufgabe als AgentInnen der sozialen Kontrolle wird solange verleugnet, bis dies nicht mehr möglich ist. Folgen sind z.B. Burn Out oder auch der Wechsel der Seiten: Häufig zeigt sich die Desillusionierung in Form einer besonders starken Orientierung an rigiden Strukturen bzw. Konzepten, die eine Ordnung – und damit scheinbar Sicherheit – vorgeben.

Aus diesem Grundwiderspruch heraus ergeben sich kritische Thesen, die im folgenden diskutiert werden sollen. Dabei muss eines noch einmal festgestellt werden: Empowerment bedeutet einen wichtigen Schritt gegenüber herkömmlichen psychosozialen Hilfekonzepten. Dieser Schritt besteht darin, Machtverhältnisse in der Beziehung von Professionellen und KlientInnen zum Thema zu machen – einer der zentralen blinden Flecke, die gut gemeinte Hilfe in Bevormundung umschlagen lassen können. Insofern ist Empowerment für die Praxis der psychosozialen Arbeit ein wichtiger emanzipativer Ansatz, wenngleich nicht ohne potentielle Gefahren, die wir hier deutlich machen möchten.

These 1:
Empowerment individualisiert gesellschaftliche Ungleichheiten

Im Gegensatz zu Präventionsansätzen und bedürfnisorientiertem Arbeiten wird im Empowermentdiskurs die gesellschaftliche Produktion menschlicher Bedürfnisse kritisch reflektiert. So ist z.B. die Rede von der „Macht der

Knappheit" (vgl. Stark 1991): Die gesellschaftliche Verknappung von Ressourcen produziert entsprechende Bedürfnisse, die wiederum von professioneller Seite bedient werden. Ein knappes Gut wird wertvoll, das ist ein marktwirtschaftliches Prinzip. Eben dieses Prinzip produziert KlientInnen[1] als abhängige, bedürftige HilfeempfängerInnen oder KonsumentInnen psychosozialer Dienstleistungen. Gegen diese Form der Produktion von Bedürfnissen durch psychosoziale Hilfsangebote ist Empowerment angetreten.

In den meisten Texten zu Empowerment wird jedoch nicht reflektiert, dass Subjekte von ihren scheinbar ureigensten Bedürfnissen bis in ihre Körper gesellschaftlich konstruiert sind. Größtenteils herrscht statt dessen ein kognitivistisches Menschenbild und vor allem die Attributionen der Subjekte werden untersucht (z.b. der ‚sense of empowerment' oder ‚sense of community', vgl. Stark 1996). Komplementär dazu wird ein Blick auf die Gesellschaft geworfen, in der Ressourcen und Macht sozial ungleich verteilt sind. Diese dualistische Individuum-Umweltspaltung, die auch in der Unterscheidung zwischen psychischem und politischem Empowerment (vgl. Herriger 1997, 169) aufscheint, reproduziert damit genau jene psychologisierende Sicht auf den Menschen, die von VertreterInnen des Empowermentkonzepts selbst kritisiert wird.

Neben der Fähigkeit von Menschen, sich selbst als aktiv und wirkmächtig einzuschätzen, ist das zweite zentrale Erklärungsmuster für gelungene Empowermentprozesse die Verfügbarkeit von Ressourcen. Entsprechend ist Demoralisierung und Misslingen von Empowerment eine Funktion von Machtverhältnissen, die Ressourcen ungleich verteilen und benachteiligten Menschen vorenthalten. Dem Empowermentkonzept liegt somit als Machtkonzept auch die Repressionshypothese im Sinne von ‚Macht unterdrückt' zugrunde. In den Worten von Staub-Bernasconi könnte man es folgendermaßen ausdrücken: Macht – die der anderen und auch die eigene - wird in einem solchen Verständnis vor allem als „Behinderungsmacht" wahrgenommen, als illegitime Macht, die den Großteil der Menschen einseitig behindert und benachteiligt (vgl. Staub-Bernasconi 1994, 32f).

Das hat Folgen für die psychosoziale Arbeit. Professionelle erleben sich in ihren tatsächlichen Unterstützungsmöglichkeiten im Kontext von gesellschaftlichen Problematiken wie Sozialabbau, Arbeitslosigkeit und steigenden Lebenshaltungskosten hilflos. In der Arbeit mit sozial benachteiligtem Klientel führt die Repressionshypothese – Macht unterdrückt und verhindert durch Ressourcenverknappung – eher zu einem Gefühl der Unterlegenheit und

---

[1] Zum Prozeß der Klientifizierung, d.h. den Prozeß, wie Menschen zu KlientInnen gemacht werden, vgl. die auch heute noch hochaktuellen und brisanten Ausführungen von v. Kardorff 1986.

Ohnmacht, da eine Veränderung der Machtverhältnisse illusorisch erscheint. Professionelle glauben selbst oft nicht daran, Behinderungsmacht in Begrenzungsmacht – im Sinne einer den Menschen gerechten und legitimen Macht (vgl. Staub-Bernasconi 1994, 28f) – verwandeln zu können.

Erscheint die gesellschaftliche Ebene wenig beeinflussbar, kommt es dazu, dass sich Professionelle in ihrer beraterischen und unterstützenden Arbeit vor allem auf die psychologischen, individuellen Prozesse beschränken. So besteht die Gefahr, lediglich die individuelle Anpassung und die Fähigkeit zur Selbstdisziplinierung der KlientInnen zu fördern. Gesellschaftliche Machtverhältnisse, die Ressourcen verknappen und ungleich verteilen, bleiben unangetastet.

These 2:
Empowerment transportiert die Ideologie des autonomen Subjekts

Stephanie Riger hat sich mit der Frage auseinandergesetzt, welche Problematiken dem Empowermentkonzept inhärent sind. Demnach zeichnet sich das Bild des gesunden Subjekts im Empowerment-Diskurs durch ein abgegrenztes, stabiles und unabhängiges Selbst aus (vgl. Riger 1993). Dieses Subjekt kann sich gut behaupten, die Umwelt beeinflussen und verhält sich nach abstrakten Prinzipien von Fairness. Riger macht deutlich, dass dieses Subjektverständnis nur ein männliches sein kann, denn für Frauen ist diese Position nie die normale, die selbstverständliche gewesen. Ein solcher Subjektentwurf verleugnet die Abhängigkeit in menschlichen Beziehungen. Die Anderen und die Umwelt sind Objekte, über die man(n) verfügt. Diese Sichtweise gerät also in Gefahr, selbst Herrschaft und Dominanz auszuüben: Sollten die KlientInnen nur mal richtig ‚empowert' sein, dann sind sie ‚am Drücker'. Zwischenmenschliche Beziehungen dieser Art sind gefangen im Spiel von Dominanz und Unterwerfung, die Dialektik von Autonomie und Anerkennung (vgl. Benjamin 1990) wird zuwenig berücksichtigt.

Dieses Bild des Menschen ist geprägt durch die westlich/kapitalistische Gesellschaftsform: Konkurrenz und Autonomie wird auf Kosten von Verbundenheit, Abhängigkeit und Bezogenheit durchgesetzt. Männer besetzen dabei üblicherweise den Autonomiepol, Frauen den der Bezogenheit. Der Empowerment-Diskurs reproduziert diese Ideologie des autonomen Subjekts durch „eine radikale Absage an Metaphern der Schwäche, des Defizits, und des Nicht-Gelingens" (Herriger 1997, 73). Menschen sollen „Umweltkontrolle" (ebd. 54) erlangen und ihnen soll „gelingendes Lebensmanagement in Selbstbestimmung" (ebd. 169) ermöglicht werden. Menschen sollen „handelnd das lähmende Gewicht von Fremdbestimmung und Abhängigkeit ablegen" (ebd. 73) und das „Schneckenhaus der Resignation verlassen und zu Aktivposten in der Gemeinde werden" (ebd. 183). All diesen Begriffen und Metaphern liegt ein autonomer Subjektbegriff zu Grunde, in dem das Subjekt als eine aus gesellschaftlichen Bedingungen herausgelöste Denkfigur verstanden wird, die frei auf die Welt einwirken und sie so bestimmen kann (vgl. Weber 1996). Es wird ein kohärentes Subjekt entworfen, mit klaren Bedürfnissen und Zielen, dem sich eine Krise störend in die Lebensbahn wirft. Diese Krise bringt zwar die Ordnung in Unordnung, aber aus dieser Krise erwächst auch das Bedürfnis nach Empowerment, nach Kontrolle über die eigenen Lebensbedingungen (vgl. Herriger 1997, 57). In einem solchem Bild hat ‚schwach sein' und ‚nicht-gelingen' keinen Platz. Hier wird deutlich, dass ein solches Subjekt- und Gesundheitsverständnis gegenüber psychischen Krisen keine neutrale Haltung einnehmen kann. Gerade AdressatInnen Sozialer Arbeit erleben sich häufig nicht als kohärent. Sie sind oft abhängig und alles andere als autonom. Sie erscheinen passiv oder sperren sich gegen die Hilfsangebote der Professionellen – häufig nicht ohne Grund. Die eindeutige Wertigkeit, die das Konzept eines gesunden Subjekts transportiert, das aktiv, autonom, kontrollierend, selbstbewusst sein soll, widerspricht ihren Erfahrungen, negiert ihr Anders-Sein und hat implizit oder explizit das Ziel, sie zu vernünftigen, funktionierenden Subjekten zu machen.

Der Widerstand der Betroffenen kann wiederum als deren Gegenmacht verstanden werden: Ausgehend von Foucaults Machtbegriff (vgl. Foucault 1976), der Macht nicht hierarchisch, sondern zirkulierend versteht als Prozesse von ‚Macht – Widerstand – Gegenmacht', kann die Verweigerung von Hilfe bzw. Unterstützung als vielleicht letzte, aber durchaus als äußerst kraftvolle Machterfahrung gedeutet werden, indem sie die professionellen HelferInnen mit ihren Angeboten einfach auflaufen lassen. In einem solchen Verständnis sind und bleiben die AdressatInnen nicht nur Zielscheibe von Macht (wie bei der Repressionshypothese), sondern auch in ihrer scheinbaren Passivität aktive AkteurInnen. Das Empowermentkonzept selbst lässt diese Form der Macht theoretisch erst einmal grundsätzlich zu, z.B. in der prinzipiellen Akzeptanz von eigensinnigen Lebensentwürfen. Doch aufgrund der strukturellen und hierarchisch organisierten Verankerung von Macht in Institutionen und Organisationen kann dieser Eigensinn schnell zur Kampfansage werden, auf die mit, wenngleich subtilerer Kontrollmacht, reagiert wird. Das daraus entstehende Dilemma – einerseits Empowerment und anderseits der Kontrollauftrag – wird individualisiert und in die Person verlagert, die wiederum individuell damit klarkommen muss, entsprechend des Verständnisses des autonomen Subjektes, das ja auch für die Professionellen gilt.

These 3:
Empowerment enthält neoliberalistische Tendenzen

Der Empowerment-Diskurs ist wohl auch ein Ausdruck der gesellschaftlichen Veränderungsprozesse, der Pluralisierung und Individualisierung (vgl. Beck 1986). Um sich in der zunehmenden Vielfalt der Lebensstile und Lebenswelten zurechtzufinden, ist Ziel von Empowerment „nicht mehr die Normalisierung von aus Fugen geratenen verrückten Lebensentwürfen, sondern die Entwicklung von Fähigkeiten, ein Leben mit nur wenig ‚normativen' Halteschlaufen zu gestalten" (Stark 1996, 63).

Das Bild des kohärenten Subjekts, des geradlinigen Lebenslaufs, herrscht also nicht unangefochten als Gesundheitsideal. Doch auch der postmoderne Entwurf der ‚Patchwork-Identität' (vgl. Keupp et al. 1999) steht nicht außerhalb der Machtfelder von Disziplinierung und Kontrolle. Richard Sennett hat in „Der flexible Mensch: Die Kultur des neuen Kapitalismus" (Sennett 1999) gezeigt, dass Pluralisierung und Individualisierung ökonomisch initiierte soziologische Prozesse beschreiben, die neben der Freisetzung aus normativen Zwängen auch Anpassung und Marktgängigkeit von Menschen fordern. Der Neoliberalismus mit seinen immer rasanteren Umstrukturierungen benötigt den flexiblen Menschen, nicht den sesshaften.

Auch das Empowermentkonzept transportiert dieses marktgängige Menschenbild. So listet Herriger eine Reihe von „Persönlichkeitsmerkmalen" auf, die Personen zeigten, die sich trotz „gravierender Risikobelastung immun gegen Gesundheitseinschränkungen erwiesen" (Herriger 1997, 177):

- Selbstakzeptanz: Ein fester Glaube an die eigenen Lebensziele;

- Internale Kontrollüberzeugung: ein fester Glaube in die Gestaltbarkeit der Umwelt und der eigenen Bewältigungskompetenz;

- Aktiver Umgang mit Problemen: kein resignatives Geschehen-lassen;

- Flexible Anpassung an Lebensumbrüche, nicht vorhergesehene Veränderungen als sinnhaft anzusehen (‚change as challenge').

Natürlich lassen sich dem Empowermentkonzept auch explizit gegenteilige Tendenzen zuschreiben. Kritische Reflexion dieser gesellschaftlichen Veränderungen und Unterstützung von Partizipation, z.B. in Form von BürgerInnenbeteiligung und gemeinschaftlichen Vergesellschaftungsformen wie Selbsthilfe, sind elementare Bestandteile des Konzeptes und der Empowermentkultur – wenn auch mit nicht immer ausreichender Reichweite. Denn Partizipation findet meist auf kommunaler, politischer Ebene statt, während der Einfluss auf die globalen ökonomischen Prozesse durch die Politik immer kleiner wird. So droht eine partizipative Schrebergarten-Landschaft zu entstehen, in der die BürgerInnen ihre demokratische Beteiligung üben können, während sich über ihren Köpfen und auch über den Köpfen der gewählten PolitikerInnen der neoliberale Kapitalismus austobt.

Wie steht der Empowermentansatz zu dieser Situation? Stephanie Riger wirft dem Empowermentansatz vor, reale Machtverschiebungen zu wenig zu berücksichtigen. So hätten sich in der Forschung zu Empowerment Veränderungen in Form von individuellen kognitiven Prozessen (Kontrollüberzeugungen, Selbstwirksamkeit) anstatt tatsächlicher Veränderungen der Machtverhältnisse als Erfolgsindikatoren etabliert. Während bei Rappaport noch der Glauben an **und** die tatsächliche Fähigkeit von sozialer Einflussnahme zu Empowermentprozessen führten, seien sie später zunehmend durch kognitive Prozesse ersetzt worden. Als Beispiel führt Riger ein Empowermentprogramm von schwarzen, männlichen Studenten an. Es gilt als erfolgreich, weil die Empowerment-Studenten besser abschneiden als Schwarze, die nicht im Programm sind. Was nicht berücksichtigt wurde, sind die strukturellen Machtverhältnisse in Form von Entscheidungs- und Prüfungsstrukturen der Universität. So wird eine Illusion von Macht geschaffen, ohne die tatsächliche Machtverteilung zu verändern (vgl. Riger 1993).

Übertragen auf das Beispiel des bürgerschaftlichen Engagements wäre dort genau zu ergründen, ob sich die Verfügungsgewalt über Ressourcen tatsächlich zugunsten der Bürger verschoben hat. Partizipation fördert ohne Zweifel den „sense of empowerment", dazu reicht aber das **Gefühl** der Mitbestimmung. Betroffene bekommen ein Mitspracherecht, vielleicht sogar Einfluss auf Entscheidungen, aber ob sich die Machtverteilung verschiebt oder ob sie z.B. Einfluss auf den Spielraum der Entscheidungen haben, ist eine andere Frage.

These 4:
Empowerment als Umarmungsstrategie zur Disziplinierung widerständiger Diskurse

Michel Foucault zeigt in seinen Arbeiten zur Funktionsweise von modernen Disziplinierungs- und Kontrolltechniken, dass diese Gegnerschaften (z.B. soziale Bewegungen) nutzen, um sich über sie fortzupflanzen. In „Sexualität und Wahrheit" (vgl. Foucault 1998) erläutert er am Beispiel der ‚sexuellen Revolution', wie diese zu einem weiteren Vordringen von Kontrolle und Disziplinierung von menschlichen Fühlen und Handeln führen. Wie ein Scheinwerfer fällt der wissenschaftliche Blick auf vorher unbeleuchtete Gebiete des menschlichen Lebens und unter dem Anspruch der Befreiung des Sexuallebens wird dieses bis in die dunkelsten Ecken verfolgt.

Das Empowermentkonzept begreift sich als professioneller Ansatz, hervorgegangen aus sozialen Bewegungen und hat den Anspruch eine fortschrittlichere, demokratischere, im Sinne der Selbstbestimmung von KlientInnen agierende Alternative psychosozialer Arbeit darzustellen. Es ist ein Konzept, das eher auf der alternativen Seite der psychosozialen Arbeit verortet ist, aber zunehmend Märkte erobert, wovon nicht zuletzt die Vielfalt der Felder zeugt, in denen das Empowermentkonzept theoretisch und praktisch relevant ist (vgl. Pankofer im selben Band). Aus machttheoretischer Perspektive stellt sich die Frage, inwiefern es als Trittbrett für die Kontrolle und Disziplinierung der Menschen im Sinne eines instrumentalisierten Widerstands zu gebrauchen ist. Welche ‚Potenziale' der modernen Macht stecken im Konzept Empowerment?

An drei exemplarischen Rollen, die Herriger (1997, 213ff) für Professionelle im Rahmen des Empowermentkonzeptes vorschlägt[2,] sollen inhärente und verschleierte Machtpotenziale im Sinne einer Behinderungsmacht beschrieben werden:

1. LebensweltanalytikerInnen stehen im Dienste der Wissensproduktion über die Menschen und ihrer Lebenswelt. Dieses Wissen ermöglicht eine kostengünstigere, weichere, weil passgerechtere Form von Kontrolle. Indem KlientInnen Nähe und Gleichberechtigung suggeriert wird, werden sie dazu verführt, mehr Nähe zuzulassen und mehr Vertrauen zu entwickeln als gegenüber ‚klassischen ExpertInnen'. Die freundlichen SozialpädagogInnen und PsychologInnen dringen so tiefer in die Lebenswelt der Menschen ein und üben eine Kontrollfunktion aus, die zwar weniger Widerstand hervorruft, aber nicht weniger machtvoll ist. Jeder Hausbesuch der Lebenswelt-AnalytikerInnen hat aus dieser Perspektive eine Kontrollfunktion, die effektiv ist, da sie verschleiert bleibt.

2. LebensinterpretInnen geraten in die Gefahr der Psychologisierung, wenn sie die Beziehungsgeschichte und die Abhängigkeitserfahrungen von KlientInnen aufspüren und durch Refraiming-Techniken umstrukturieren. Obwohl Empowerment gegenüber anderen psychosozialen Konzepten den sozialen Faktoren, der Lebenswelt der KlientInnen mehr Beachtung schenkt, wird auch hier, allein durch das Auftauchen psychologischer Hilfe auf spezifische Art ein Problem, ein Bedürfnis produziert. Das interpretative Handwerkszeug, auch wenn es dialogisch mit den KlientInnen

---

[2] Zur näheren Erläuterung der Empowermentrollen vgl. Einführung in das Empowermentkonzept von Pankofer im selben Band und Herriger (1997, 209ff).

angewandt wird, hat eine spezifische Eigendynamik, einen verengenden Blick auf die Welt: Erscheinungen werden durch zugrundeliegende Bedeutungen und Zusammenhänge erklärt. Pointiert gesagt: Das Leben erscheint als Symptom zugrundeliegender Prozesse, die nur mit der Deutungs- und Interpretationsmacht psychologischer Wissenschaft zu Tage gefördert werden können, wodurch Menschen klientifiziert werden (vgl. von Kardorff 1986, 121ff).

3. Die Arbeit von NetzwerkerInnen und RessourcenmobilisierInnen übt Konformitätsdruck auf die einzelnen Initiativen aus. Gruppen, die sich nicht dem kollektiven Austausch und der verwaltungsgerechten Strukturierung und Finanzierung unterstellen, bleiben auf der Strecke. So verlieren feministische und politische Projekte im Zuge der Professionalisierung oft ihren kritischen Charakter bzw. müssen sich bestehenden Strukturen (z.b. in der Regelfinanzierung) soweit anpassen, dass frühere Intentionen wie z.b. Niedrigschwelligkeit im Anpassungsdruck verloren gehen. Diese Veränderungen geschehen schleichend und können beispielsweise bereits in der Sprache beginnen, in der sich Projekte verständigen.

Schlußfolgerungen für eine kritisch-reflexive Praxis

Der Empowermentdiskurs wird von engagierten PraktikerInnen und TheoretikerInnen geführt und ist wohl häufig an Empowerment-Erfahrungen aus der eigenen Biografie gekoppelt, die dazu anregen, weitergegeben zu werden. Entsprechend begeistert und optimistisch, teilweise mit missionarischem Eifer, wird der Ansatz propagiert. Dabei wird Empowerment als eine professionelle Haltung verstanden, die zwar von den organisatorischen Verhältnissen befördert oder gebremst werden kann, vor allem aber eine individuelle persönliche Einstellung der HelferIn darstellt.

Man kann jedoch davon ausgehen, dass Empowerment im Sinne tatsächlicher Veränderung von Machtverhältnissen nur solange ohne Widerstand geduldet werden wird, wie sich dominante Gruppen in ihrer Position nicht bedroht fühlen. Wenn Empowerment scheitert, ist das meist den strukturellen Machtverhältnissen zu verdanken, die nicht auf partizipative Strukturen angelegt sind und/oder Empowerment-ArbeiterInnen nicht mit nötigen Ressourcen ausstatten (vgl. Keupp 1998, 89). Man kann es nicht nur der falschen Einstellung der Professionellen anlasten. PraktikerInnen werden überfordert und allein gelassen, wenn diese Zusammenhänge in Texten zum Empowerment-Ansatz individualisiert werden. Alles, was an Kontext nicht reflektiert wird, wird so auf dem Rücken der PraktikerInnen ausgetragen.

Welche Kriterien lassen sich nun für ein Empowermentkonzept entwickeln, das PraktikerInnen hilft, Widersprüche und Machtverhältnisse, in denen sie sich bewegen, wahrzunehmen? Welche Handlungsmöglichkeiten kann ein solches Konzept entwerfen?

Wenn Professionelle mit sozialen Bewegungen, wie z.B. Psychiatrie-Erfahrenen, zusammenarbeiten wollen, dürfen sie Machtgleichheit, Empathie und Offenheit nicht voraussetzen, da sich unter diesem Mantel der Gleichheit die Macht und die Interessen der Professionellen durchsetzen werden (vgl. Quindel 2000). Die Reflexion der Machtverhältnisse, der Diskurse und Sprachregelungen, der unterschiedlichen Interessen und Aufgaben sind notwendige Bedingungen für Empowerment.

Zum Abschluss sollen daher weitere Bedingungen einer kritisch-reflexiven Praxis dargestellt werden:

1. Jede HelferIn hat Vorstellungen, die sie/er vielleicht nicht bewusst, aber unbewusst in die Arbeit mit KlientInnen einbringt. Ein erster Schritt wäre sich die eigene politische und weltanschauliche Position bewusst zu machen und ein zweiter, diese in der Arbeit offen zu vertreten. Dabei gilt es vor allem, zu idealistische Positionen, wie sie in politisch-korrekten Alltagstheorien von SozialarbeiterInnen und PsychologInnen häufig festzustellen sind, und daraus resultierende Definitionsfantasien über ‚gelungenes Leben' kritisch zu hinterfragen. Denn auch Empowerment ist nicht neutral: Niemand würde auf die Idee kommen Neonazis zu empowern, obwohl sie eine ausgegrenzte gesellschaftliche Gruppe sind. Empowerment ist also notwendigerweise mit einer politischen Position verknüpft. Man kann im psychosozialen Feld nicht unpolitisch handeln.

2. AdressatInnen psychosozialer Hilfsangebote sind genauso wie HelferInnen in vielfältigen diskursiven (z.B. sozialpädagogische Theorien und Methoden) und nicht-diskursiven (z.B. institutionelle Regelungen) Praxen eingebunden, die Denk- und Entscheidungsmöglichkeiten hervorbringen und kontrollieren. Eine kritische Praxis würde diese Abhängigkeiten anerkennen, die Diskurse und Praktiken aufdecken und strategisch nach Möglichkeiten der Veränderung suchen.

3. Die HelferIn ist in ihrer/seiner gesellschaftlichen Funktion für die Kontrolle sozial unverträglicher Verhaltensweisen verantwortlich. Sie ist dazu mit spezifischer gesellschaftlicher Macht und mit Wissen ausgestattet. Eine reflexiv-kritische Position bedeutet, sich der unterschiedlichen Machtpositionen und unterschiedliche Interessen von Professionellen und KlientInnen bewusst zu sein und zu versuchen, in diesem Feld zu gemeinsamen Plänen und Veränderungen zu finden. Die Reflexion der eigenen Position kann dabei nur in der Anerkennung des Anderen und der Inter-

aktion mit ihm/ihr stattfinden. Es bedarf einer Außensicht, um die eigene Position zu erkennen. In diesem Sinne müssen beispielsweise SupervisorInnen gerade bei sich evtl. selbst idealisierenden empowermentorientierten Institutionen oder in emanzipatorisch orientierten Arbeitsformen[3] besonders hellhörig und scharfäugig sein, um verdeckte und verschleierte Machtpositionen zu erkennen und zu benennen (vgl. Tatschmurat im selben Band).

Literatur

Benjamin, Jessica 1990: Die Fesseln der Liebe. Psychoanalyse, Feminismus und das Problem der Macht. Frankfurt am Main.

Fellner, Markus 2000: Perspektiven einer kunsttherapeutischen Ästhetik. Kunsttherapie im Spannungsfeld zwischen Psychopathologie des Ausdrucks, beziehungsanalytischer Kunsttheorie und emanzipativer Praxis. In: Psychologie & Gesellschaftskritik, Nr. 93, 24. Jg., 31-54.

Foucault, Michel 1976: Mikrophysik der Macht. Berlin.

Foucault, Michel 1998: Der Wille zum Wissen. Sexualität und Wahrheit. Frankfurt am Main.

Herriger, Norbert 1997: Empowerment in der sozialen Arbeit: Eine Einführung. Stuttgart/Berlin/Köln.

Kardorff, Ernst von 1986: Klienten. In: Rexilius Günther, Grubitzsch Siegfried (Hrsg.): Psychologie. Theorien – Methoden – Arbeitsfelder. Ein Grundkurs. Reinbek bei Hamburg, 121-143.

Keupp, Heiner 1998: Ohne Angst verschieden sein. Von der fürsorglichen Belagerung zum Empowerment. In: Bock Thomas, Weigand Hildegard (Hg.): Hand-werks-buch Psychiatrie. Bonn, 76-92.

Keupp, Heiner u.a. 1999: Identitätskonstruktionen. Das Patchwork der Identitäten in der Spätmoderne. Reinbek bei Hamburg.

Quindel, Ralf 2000: Außer Kontrolle. Foucaultsche Analyse und psychiatrische Praxis. In: Psychologie & Gesellschaftskritik, Nr. 93, 24. Jg., 9-29.

Riger, Stephanie 1993: What's Wrong with Empowerment. In: American Journal of Community Psychology, Vol. 21, No. 3, 279-292.

---

[3] Ein spannendes Beispiel dafür, wie sich Machtverschleierungen auch in emanzipatorischen Arbeitsweisen zeigen können, entwickelt Fellner in seiner kritischen Analyse von emanzipatorischer Kunsttherapie (Fellner 2000).

Sennett, Richard 1999: Der flexible Mensch. Die Kultur des neuen Kapitalismus. Berlin.

Stark, Wolfgang 1991: Prävention und Empowerment. In: Hörmann Georg, Körner Wilhelm (Hrsg.).: Klinische Psychologie. Ein kritisches Handbuch. Reinbek bei Hamburg, 213-232.

Staub-Bernasconi, Silvia (1994): Soziale Probleme -. Soziale Berufe – Soziale Praxis. In: Heiner Maja (Hrsg.): Methodisches Handeln in der Sozialen Arbeit. Freiburg im Breisgau. 11-101.

Weber, Klaus 1996: Die Veränderung der Welt hat kein Subjekt – Im Gedenken an Klaus Holzkamp. In: Psychologie & Gesellschaftskritik, Nr. 80, 20. Jg., 5-20.

Sehen was da ist
Empowerment und die Profession Sozialarbeit

Tonia Schachl

Ein Witz als kommunikatives Zeichen des Negativen

Sitzen zwei Sozialpädagogen auf einem Ast und sägen an der dem Baum zugewandten Seite. Kommt ein Informatiker vorbei und sagt: „He, ihr fallt doch so gleich runter!" Ungestört sägen die beiden weiter. Kurz darauf kracht es und beide sausen hinunter. Kommt der Informatiker wieder vorbei. Sagt der eine Sozialpädagoge zum anderen: „Schau mal, der Hellseher!"

Was kann ein SozialpädagogInnen-Witz zur Betrachtung von Schwächen, Stärken und Ressourcen im Fachbereich beitragen?
Als humoristisch verdichtete Version der Narration einer bestimmten Gruppierung ist ein Witz zunächst eine kontextspezifische Selbstaussage und eine kürzestmögliche Zustandsbeschreibung des Kontextes. Witze erzählen ist eine Form von Kommunikation. Die Pointe kennzeichnet dabei einen Wendepunkt des Verstehens, Neu-Sehens, Wieder-Erkennens, Einsehens oder auch Umdenkens. Die darauffolgende Auflösung der Spannung zeigt sich in der Freisetzung von Kräften: Im Gelächter der Hörenden.

Um die Pointe des hier zitierten Witzes trotz inhaltlicher Verdichtung zu verstehen, ist zuerst metaphorische Transfer-Arbeit nötig: Der Ast, auf dem die SozialarbeiterInnen sitzen, den sie schädigen, ist die Sozialarbeit, das eigene Berufsfeld. Auch wenn Außenstehende über den Witz lachen können, wirklich ‚witzig' im Sinne von ‚ergiebig' ist er für Insider; geht es doch um deren existentielle Auseinandersetzung mit ihrer Berufs-Identität, humorvoll problematisiert in einer Art Gegenentwurf zum Empowerment-Konzept. Besonders die Härte der Selbstkritik und die hemmungslos negative Grundhaltung scheinen schwer mit der Betonung von Stärke, einem Grundpfeiler von Empowerment, vereinbar.

Der Ansatz witzvoll-belebender Erschütterung kann aber auch als Zeichen der Eröffnung von Freiräumen gesehen werden: Die irritierende Brutalität selbstkritischer Betrachtung eines Berufszweiges, der sich angesichts gesellschaftspolitischer Veränderungen in einer Phase der Neudefinition von Qualität

Sozialer Arbeit und Umstrukturierung von Theorie-Praxis-Bezügen - nicht zuletzt in der Ausbildung - befindet, zeigt deutlich, wie groß das Potential an Beweglichkeit und das Bedürfnis nach Prozessorientierung in der Sozialpädagogik grundsätzlich sind.

Wie wird die gegenwärtige Situation des Negativen in der Sozialarbeit verstanden?

Pädagogik ist die Lehre der Erziehungswissenschaften, das Präfix ‚Sozial' zeigt dabei die Blick- und Handlungsrichtung des traditionsreichen Gebietes an, dessen spezifische Wissensbestände Winkler als geradezu üppig beschreibt, denn „die wissenschaftliche Produktivität der Sozialpädagogik ... ist umfassend und findet kontinuierlich statt; die ... Qualifikationsarbeiten genügen offensichtlich den Standards der scientific community. So erforscht die Sozialpädagogik ihren Gegenstandsbereich mit einer Vielzahl von Arbeiten, die durchaus produktiv Ansätze und Methoden der Sozialwissenschaften einsetzen und verwerten ... sie ist im Grunde die einzige Disziplin, deren Forschungstätigkeit legislativ gefordert ist ..." (Winkler 1997, 63).

Trotz dieser guten Basis besteht nach Winklers Auffassung eine ausgeprägte Kultur „professioneller Selbstignoranz", die darauf gründet, dass „Pädagogen ihr Gewerbe schlechthin, seine institutionellen Rahmenbedingungen und die eigenen Leistungen geradezu notorisch infrage stellen ... sie diskutieren ihr Geschäft als Einschließen und Ausschließen, als Disziplinieren und soziale Kontrolle, Klientifizierung, Kolonisierung, auch als Pädagogisierung der Klienten und der Sozialpädagogik selbst" (ebd. 60).

Die durchaus vorhandenen Ressourcen können also nicht für eine Selbst-Bemächtigung im Sinn von Empowerment genutzt werden, ganz im Gegenteil: Die abwertende Form des Diskurses zerstört jeden Ansatz professionellen Selbstbewusstseins, lässt den Widerhall auf bereits bestehende gute Grundlagen wahlweise regressiv oder zwanghaft verläppern, denn die „Theorie der Sozialpädagogik erzeugt keine Resonanz in der Disziplin, solange diese permanent den Jargon der Weinerlichkeit pflegt oder dem Hypermoralismus verfallen ist, sich somit selbst nur in Negativbildern wahrnehmen kann ..." (ebd.).

Im Kontext dieser Anklage bekommt auch der Witz ein neues Gesicht: Dient er am Ende auch nur einer Art Selbst-Entschuldigung, einer Rechtfertigung für die Unlust an der Mitarbeit am gemeinsamen professionellen Fundament, einer im Grunde selbstgerechten Selbstzerfleischung? Winklers Analyse geht noch einen Schritt weiter, wenn er feststellt, dass „diese Negativbilder ... nämlich das Geschäft der Theorie (erledigen) - wenngleich in einem doppelten Sinne: Einerseits kann man sich um die Bestimmung und Analyse dessen, was man tut, herumdrücken, indem man das Gegenbild entwirft und kultiviert, dieses Konstrukt dann auf das Ganze projiziert. Andererseits lassen sich solche Diskurse als Zeichenketten verselbständigen ... Beispiele kann man in den Debatten über Heimerziehung finden, die auch in seriösen Publikationen geführt werden, als wären wir immer noch ausschließlich mit verkappten Kinderknästen konfrontiert ..." (ebd. 60/61).

Die Soziale Arbeit ist mit ihrer theoretischen Negativ-Positionierung und der gleichzeitigen Betonung von Pragmatik offensichtlich in einer Art Werkzeug-Krise angekommen: Die positiven Errungenschaften der Praxis von gestern und heute werden theoretisch entweder ignoriert oder negativ verfälscht. Auf Bestehendes kann daher schlecht Bezug genommen werden, eine kontinuierliche Entwicklung ist erheblich behindert; der Griff zur Säge statt zum Erntekorb erscheint angesichts solcher Realität nur logisch.

Die negative Aussage als Wegbereiter für Empowerment

Der Witz bildet also auf klarsichtige und unsentimentale Weise eine selbstproduzierte Lähmung, eine gewissermaßen konstruierte oder kultivierte Variante der „gelernten Hilflosigkeit" Seligmans (1980) ab: Die kultivierte Hilflosigkeit wird zur Abwehrleistung, sie ist damit aber auch eine Mitteilung im professionellen Diskurs. Eine stilisierte Metakommunikation dieser Güte ist Selbsterkenntnis, ist ein erster, vielleicht noch zaghafter oder unbewusster, Schritt in Richtung Rückeroberung des eigenen Berufsstandes, der dazugehörenden Werkzeuge und deren Weiterbearbeitung.

In solchen Zeiten krisenhafter Erneuerung sind scheinbar praktische und unkomplizierte Konzepte wie Empowerment (zunächst) dazu angetan, zusätzlich Verwirrung zu stiften oder einfach falsch verstanden zu werden. Bei näherer Betrachtung scheint der Praxisanteil zu schrumpfen, die intellektuelle Anforderung dafür um so größer zu werden: Ein Zeichen dafür ist beispielsweise die Tatsache, dass es für Empowerment im deutschen Sprachraum keine Verbform gibt, was entweder zu umständlichen Formulierungen (etwa „Empowerment-Konzepte umsetzen") oder zur pragmatischen ‚neudeutschen' Einverleibung des englischen Verbs ‚to empower somebody' (= „jemanden empowern") führt.

Außerdem wird Empowerment primär als professionelle Anforderung diskutiert, KlientInnen bei der Erschließung ihres Potentials zu unterstützen und weniger als eine Chance für Profis, sich im Feld und in der Theorie der eigenen Berufsidentität zu bemächtigen. Auch erschließt sich zunächst noch kein einfach zu handhabendes Werkzeug, sondern eine Haltung von intellektuellen TheoretikerInnen, die erst im Kontext spezifischer Praxisfelder, also besonders im Austausch mit KlientInnen konkrete Gestalt annimmt. Dabei geht es für den Profi zumeist darum, etwas nicht zu tun, z.B. sein Profiwissen nicht als Reservoir von guten Vorschlägen paternalistisch ins Feld zu bringen, nicht im klassischen Sinn zu helfen und damit zu entmündigen usw. Entscheidend ist hier mehr den Raum der Möglichkeiten, die Ebene selbstreflexiven Handelns zur Verfügung zu stellen und damit vorhandenes Potential zu aktivieren, jede Menge Fehlerquellen auszuhalten. Denn es geht um einen demokratischen Prozess, der Betroffene unter Berücksichtigung und Wertschätzung ihrer individuellen Persönlichkeiten, Geschichten, Wertvorstellungen als Beteiligte integriert, im Handeln an Kompetenz gewinnen und sie zu ExpertInnen der eigenen Sache werden lässt.

Dieser Idealvorstellung wirkt in der Realität jedoch oft sowohl die ‚erlernte Hilflosigkeit' der KlientInnen als auch die besagte konstruierte oder kultivierte Hilflosigkeit von SozialpädagogInnen entgegen - ein systematisches Verhaltensmuster, dessen nähere Betrachtung allerdings der erste Schritt in Richtung Empowerment sein kann.

Empowermentprozesse finden bekanntlich auf drei Ebenen statt, die untrennbar miteinander verflochten sind, sich gegenseitig bedingen: Der individuellen, der Gruppen- und der strukturellen Ebene. Strukturelle Bedingungen werden maßgeblich durch handlungsfähige Profis beeinflusst, der Zugang zu vorhandenen Ressourcen entsteht nicht zuletzt durch konstruktive, dynamische Theorie-Praxis-Bezüge: Erfahrungen zunehmender gleichberechtigter Mitsprache durch Betroffene bei der Definition ihrer Lebensbedingungen illustrieren die Theorie der Kosten-Nutzen-Balance, also der Wirtschaftlichkeit von Konzepten wie Partizipation und NutzerInnenorientierung.

Professionelle verfügen hier theoretisch über ein großes Feld der Möglichkeiten. Praktisch müssen sie selbst das Konzept Empowerment leben, ihre vorhandenen Ressourcen wahrnehmen, bestehende Stärken fördern und ausbauen, Rückschläge konstruktiv reflektieren - kurz: Ihre professionelle Identitätsarbeit professionell betreiben, damit nicht das eigene Negativ-Berufsbild zur definitorischen Abgrenzung gebraucht wird, und damit indirekt unweigerlich auch KlientInnen benutzt werden.
Power heißt Macht: Profis müssen auf souveräne Art Macht abgeben können, d.h. ihr Feld muss sicher definiert und gleichzeitig flexibel diskutierbar sein, sonst wird aus dem Potential Em-*Power*-ment eine *Imperial*-Struktur und die KlientInnen im Endeffekt zu Unterworfenen, die hauptsächlich der Bestätigung professionellen Seins dienen.

So wie ein Hauptwerkzeug des Imperialismus die gewaltsame Ausdehnung des Eigenen auf Kosten der Anderen, also eine Sieger-Verlierer-Konstellation ist, bedeutet Empowerment als Handwerkszeug der Demokratie die Mobilisierung eigenen Potentials zur Eröffnung von Freiräumen für Andere eine win-win-Situation, einen allgemeinen Gewinn.

Die Möglichkeit der Wortwahl eröffnet „Wegenetze"

Empowerment, Demokratie, Dialog-Orientierung, Selbstreflexion usw., das alles sind Prozesse, die untrennbar mit Sprache zu tun haben; mit der Versprachlichung emotionaler Inhalte, mit dem Vorgang des konstruktiven Streitens, des Debattierens, des Konzipierens, des zwischenmenschlichen Austausches überhaupt. Die Sprache ist das Medium der Mitteilung, ein Vehikel des Dialog, die allerdings durch die Wort*wahl* nicht nur Inhalte transportiert, sondern auch selbst Bahnen zu legen vermag – also Verläufe bestimmt.

Die Integration der eigenen Entwicklung und das Interesse für die Verlaufsform der Dinge, die für die menschliche Gemeinschaft eine Rolle spielen, ist nachvollziehbar z.B. durch eine, wenngleich großzügig interpretierte, Empowerment-Version der Bedeutung von Lesen als demokratische Ressource:

Giambattista Vico, ein humanistischer Geschichtsphilosoph des 17. und 18. Jahrhunderts, sieht die Entwicklung der „menschlichen Dinge" über den Verlauf von drei „Zeitaltern": Das der Götter, das der Heroen und endlich das der Menschen. Diese drei Zeitalter bilden sich in drei Sprachen ab, nämlich in der „stummen Sprache" der Gebärden, als die Familien in den Wäldern lebten und Befehle von den Göttern über Orakel mitgeteilt bekamen, in der „heroischen Sprache" der über die Plebejer herrschenden aristokratischen Republiken, die durch Vergleiche und Metaphern gekennzeichnet ist, und schließlich in der „menschlichen Sprache", die die „Übereinkünfte der Völker" fasst, indem sie die Gesetze, für alle lesbar und damit gleichermaßen gültig, in der „Vulgärsprache" formulierbar macht (Vico 1966, 18f.). Vico erklärt sich aus dieser Entwicklung von den Wäldern zu den Hütten, zu den Städten und letztlich zu den Akademien ein „wichtiges etymologisches Prinzip: denn entsprechend dieser Reihenfolge menschlicher Dinge muss sich auch die Geschichte der ursprünglichen Sprachen erzählen lassen, wie wir etwa bei der lateinischen Sprache beobachten, dass fast ihr gesamter Wortschatz seinen Ursprung von Waldleben und Landbau hat. So muss *lex* anfangs das Einsammeln der Eicheln bedeutet haben, wovon, wie wir glauben, *ilex*, die Eiche, stammt ... denn die Eiche bringt die Eichel hervor, bei der sich die Schweine versammeln dann wurde *lex* für das Einsammeln von Gemüse gebraucht, weshalb diese *legumina* genannt wurden; später, als die Buchstaben der Verkehrsschrift noch nicht erfunden waren, mit denen man hätte Gesetze aufzeichnen können, wurde aus dem natürlichen Bedürfnis des politischen Lebens *lex* zur Versammlung der Bürger, dem öffentlichen Parlament, wo die Anwesenheit des Volkes das Gesetz war ... endlich wurde das Sammeln von Buchstaben, so dass jedes Wort gleichsam ein Bündel wurde, *legere*, lesen genannt" (ebd. 38).

Ein Ort, „wo die Anwesenheit des Volkes das Gesetz" ist, wo also verschriftlichtes Sprechen, gemeinsame Einigungsprozesse für alle gleich verbindlich gemacht werden, um individuelle, gruppenorientierte und strukturelle Rechtsverhältnisse zu sichern - so ein Ort kann als einer gesehen werden, an dem ‚Empowerment' eine Rolle spielt. Bei den Austauschprozessen innerhalb und zwischen den Ebenen, die dazu führen, dass gemeinsam Beschlossenes zum Gesetz wird - etwas Konkretes wie das Sammeln von Buchstaben abstrakt verfasst Geltung für alle erhält - geht es auch um die sprachliche Bewegung, um kontextuelle Übertragung, um die Metaphern einer Sprachgemeinschaft, die bestimmte Verläufe befördern, andere nicht.

Was genau ist eine Metapher? Ein launiges Sprachbild, ein poetisches Stilelement, intellektuelle Haarspalterei - und zugleich unumgänglicher Bestandteil alltäglicher Gespräche: Das, was wir an Bildern sehen, fassen wir in Worte. Das was wir nicht direkt sehen können (Beziehungen, Probleme, Psychodynamik usw.), fassen wir in Bilder, um es in Worten ausdrücken zu können. Wir benutzen andauernd massenhaft Metaphern, um Realitäten zu verhandeln (z.B. Liebe als Temperaturverlauf von „entbrannt / entflammt" bis „abgekühlt" oder im Aggregatzustand des „Eisblocks", als Einverleibung „zum Fressen gern", als Geschmacksempfindung je nach Verlauf „süß" oder „bitter"; das Leben als „Weg" mit „Um-Irr-Abwegen", „Meilensteinen" und „Grenzbereichen"; Denken als „Hellsehen", als „Blitz", als „Aufklären", „Umnachten" u.ä.).

Der Zusammenhang zwischen Wort und Bild ist dabei viel grundlegender, bedeutungsvoller und komplizierter als man gewöhnlich im Alltag wahrnimmt, trotzdem man unablässig kommunikativ Bilder in Form von Metaphern verwendet.

„Wenn jemand die Übertragung eines Ausdrucks vom Einen auf das Andere vollzieht, blickt er zwar auf etwas Gemeinsames hin, aber das muss keineswegs eine Gattungsallgemeinheit sein. Er folgt vielmehr seiner sich ausbreitenden Erfahrung, die Ähnlichkeiten - sei es solche der Sacherscheinungen, sei es solche ihrer Bedeutsamkeit für uns - gewahrt. Darin besteht die Genialität des sprachlichen Bewusstseins, dass es solchen Ähnlichkeiten Ausdruck zu geben weiß" (Gadamer 1990, 433).

Oftmals handelt es sich dabei um Sprachbilder, die allgemein verständlich und abrufbar sind und trotzdem unbewusst bleiben. Das Bild ist so selbstverständlich geworden, dass es mit dem Wortsinn zusammenfällt und nicht mehr für sich gesehen werden kann: Die Verwendung von Sprache in der alltäglichen Kommunikation bewirkt, dass die Farbigkeit der „Übertragung eines Ausdrucks vom Einen auf das Andere" zugunsten der allgemeinen Benutzbarkeit verblasst und immer wieder neue, leuchtende, bildhafte „Übertragungen" stattfinden, die „solchen Ähnlichkeiten Ausdruck zu geben" vermögen. Diese neuen Metaphern gehen dann ihrerseits wieder - im Dienst der allgemeinen Verständigung instrumentalisiert - als Alltagsworte in den Verwendungskreislauf ein. Für die alltägliche sprachliche Kommunikation und die Lebendigkeit einer Sprache stellt dieser Vorgang eine wichtige Dynamik dar:

„So gewiss also Sprechen das Gebrauchen von vorgegebenen Worten, die ihre allgemeine Bedeutung haben, voraussetzt, ist es doch zugleich ein ständiger Prozess der Begriffsbildung, durch den sich das Bedeutungsleben der Sprache selber fortentwickelt" (ebd.).

Seit Ende der 60er Jahre wird mit der Sprechakttheorie (z.B. Searle 1969) in der Linguistik nicht mehr nur der *wohlgeformte Satz*, sondern verstärkt der sprachliche Bezug auf Handlung thematisiert. Mit einer Arbeit von George Lakoff und Mark Johnson (1980) wird besonders deutlich, dass nicht nur durch das Sprechen an sich - also der *interpersonellen* Ausrichtung - eine Handlung gegeben ist: Durch frühe Körpererfahrungen entstehen *in einer Person* kognitive Umrisse als Zugänge zu den Begriffen der Welt, die dann als metaphorische Konzepte den Denk- und Handlungsmustern zugrunde liegen.

Über metaphorische Konzepte werden Erfahrungen strukturiert und Interpretationsmuster aufgebaut, die bestimmte Denkweisen und Begriffsmöglichkeiten fördern, dafür andere verhindern: Brünner (zitiert nach Schmitt 1995, 89f.) hat verschiedene metaphorische Konstruktionen für „Kommunikation" herausgefunden und betont, dass je nach Wahrnehmung Sprache und Handeln anders verläuft. Es werden einfach verschiedene Bereiche des Wissens, der Erfahrung und des Fühlens aktiviert (z.B. „Kommunikation ist Kampf": Es wird *verteidigt* und *angegriffen*, für jemanden in die *Bresche* gesprungen, eine *Lanze* gebrochen usw.; „Kommunikation ist ein Bauwerk": Es werden Zusammenhänge *rekonstruiert*, die *Grundlagen* einer Argumentation *untermauert* oder *abgesichert*, ein Argumentations*aufbau* gestützt, ein *Zugang* gewählt, *Fundamente* einer Theorie *begründet*, bestehende Strukturen *zementiert* usw.; „Kommunikation ist Spinnen oder Weben": Ein roter *Faden* wird verfolgt, etwas wird *eingeflochten*, jemand *verheddert* sich in seinen Gedanken, *verstrickt* sich in Widersprüche, der Gesprächs*faden* reißt ab, Argumente nach einem *Muster gestrickt, verworrene* Gedanken ausgesprochen, Gedanken sind miteinander *verwoben*, eine Theorie wird *entwickelt* usw.).

Je nach kognitivem Konzept, das kommunikativ verfolgt wird, ist das Gesprächsergebnis durch spezifische Wahrnehmungen und Handlungsweisen geprägt: Jemand, der z.b. Kommunikation als Kampf sieht, wird mit einem Partner („Feind / Gegner"), der Kommunikation als Spinnen oder Weben betrachtet („Wir suchen den roten Faden") nicht zu einem befriedigenden Ergebnis kommen. Sie werden aneinander vorbeireden, wenn nicht der „Kämpfer" den „Spinner" einfach „abschießt".

Die tiefe Verbundenheit von Sprache und Handlungsmustern erläutert auch Oswald Schwemmer, der Sinnordnungen in unseren Sprachstrukturen verankert sieht, in ihren Metaphern und Bildern und damit im menschlichen Handeln und Leben. Er meint, dass „... die Geradlinigkeit und Sicherheit vieler Argumentationsgänge sich gerade nicht der inneren >Logik< der Argumentationen, sondern dem >Wegenetz< verdanken, das durch die ursprüngliche Sprache der Argumentationen vorgegeben worden ist und auf dem diese Argumentationen überhaupt ihren Gang nehmen konnten." (Schwemmer 1987, 280)

Der eingangs zitierte Witz birgt hier mit seiner Metaphorik bei näherer Betrachtung unterschiedliche Möglichkeiten, solche „Wegenetze" der Logik zu sehen. Eine mögliche Lesart hat ihre Wurzeln im Metaphernfeld Natur: Ein alter Baum (nämlich einer der so groß ist, dass auf seinen Ästen zwei Leute Platz finden), Wachstum, Jahreszeiten, Ernte usw. An einem Ast dieses Baumes zu sägen könnte z.B. als destruktiv anmutende Manipulation durch Angehörige einer jüngeren Generation von Profis, als eine unbekümmertrevolutionäre Handlungsweise angesichts eines altehrwürdigen Berufsstandes interpretiert werden. Es wäre interessant zu erfahren, was die Erfinderin oder der Erfinder des Witzes dazu meinen.

In der sozialpädagogischen Metakommunikation zum Thema Berufsidentität ist der Witz natürlich nur eine Möglichkeit der Äußerung. Andere Formen sind Lehrbücher, Zeitschriftenartikel, Vorlesungskonzepte usw. Die jeweils gewählte Form, in der Inhalte präsentiert werden, spielt dabei oft eine genauso große Rolle wie die Inhalte selbst. Auf jeden Fall wirken sich beide Ebenen auf die berufliche Identität aus, denn hier wird *Image* produziert, Strukturelles kritisiert, verändert und geschaffen, eine diskursive Außenhaut des Fachbereichs aufgespannt.

Welche Wegenetze beschreiten AutorInnen, die sich über Sozialarbeit als Thema Gedanken machen und welche Konsequenzen ergeben sich daraus für die Inhalte?

Drei ausgewählte Beispiele:

- Das Sehen des Eigenen als Tor zur Rettung aus dem Minus professioneller Identität

Aktivitäten der Selbstzerstörung dienen zur Bildung von professioneller Identität: Es gibt ein „gebrochenes Verhältnis zur Theorie", einen „historischen Bruch" der Rezeptionsgeschichte, Theorie-Orientierung „löst sich auf", wird „überflüssig und obsolet", lässt „die Sozialpädagogik als Theorie erodieren" - Realitäten, die durch „Totschweigen" aus der Welt sind. Dieser Destruktion wird mit dem Aufsaugen fremden Materials begegnet, Sozialpädagogik zeigt sich „absorptionsfähig für so ziemlich alles von Beck bis Weber ... von den stärker psychologisch-therapeutischen Konzepten ganz zu schweigen, die insbesondere in den Fachhochschulen und Akademien den Kern", also das Zentrum ausmachen. Zur äußeren Fragmentierung und der inneren Fremdheit kommen nun noch die fatalen Funde auf der Suche nach dem Ausweg: Die Entfernung von der eigenen Theorie führt zunächst zur Konzentration auf das Praktische, zum „Import von Handlungsorientierungen aus anderen Bereichen professioneller Tätigkeit". Nicht-Theorie und fremde Praxis führen zur Schwächung der Disziplin, sie „taumelt", sie „verliert aber zugleich zunehmend ihren Inhalt" wie ein leckes Schiff - die „Flucht in die Depression" beginnt, die Ersatzhandlung massiver Selbstkritik und der professionelle Verfall in „Weinerlichkeit" als Leistung von Selbst-Definition lässt nachfolgende Generationen von Profis verzweifeln, „an ihrer Sache zunehmend irre werden". Als Rettung auf diesem Abweg muss „das Eingangstor" gefunden werden, ein Schlüssel dazu ist „die Selbstreflexion", also die Spiegelung des Eigenen der Sozialpädagogik anstatt „der Dramatisierung ihres Negativimages" (Winkler 1997, 55 - 63).

- Stellenbesetzung ist kriegerische Konkurrenz um die beste Show

Meuser und Nagel verwenden zur Illustration ihrer kritischen Analyse der Stellenbesetzung in der Sozialen Arbeit Kriegsmetaphern, als gehe es um die Bildung einer Armee gleichförmiger, zur Institution passender SoldatInnen, denn über „die Rekrutierung des Personals" werde „die Modernisierung der Sozialarbeit vorangetrieben". Die Modernisierung erscheint selbst als eine Art gehetztes Tier, ein Ergebnis der „Konkurrenzsituation, in der die Sozialkonzerne untereinander stehen". Krieg herrscht also zunächst zwischen molochartigen Institutionen, eine Situation, die „sich dort wiederholt, wo die Sozialarbeiterinnen und Sozialarbeiter, die Sozialpädagoginnen und Sozialpädagogen um die Arbeitsplätze im sozialen Dienstleistungssektor konkurrieren". Auch in dieser Situation geht es um Leben und Tod, es gibt ein „ungeschriebenes Gesetz für das Überleben im Beruf". Nur wird hier der Krieg zum kreativen Schauspiel, denn als Überlebensstrategie gilt „die Kunst der Selbstinszenierung der Bewerberinnen und Bewerber nach dem Modell einer effizienten Repräsentantin bzw. eines effizienten Repräsentanten des entsprechenden Verbandes." Die BewerberInnen müssen also die kriegerischen Bestrebungen verinnerlicht und diese Tatsache als Performanz im Einstellungsgespräch parat haben, ansonsten trifft sie eine Art Todesstrahl der Institutionen, nämlich der „Selektionsmechanismus" (Meuser/Nagel 1994, 184 - 187).

- Ein Käfig der Machtungleichheit wird zum wertvollen Behältnis von Empowerment

Herriger lässt zur Illustration der Realisations-Problematik von Empowerment das Bild der `alten Tretmühle` aufleben: Die psychosoziale Praxis ist ein Käfig oder ein Gefängnis für die Profis, es sind „enge Grenzen gesteckt", die „berufsalltäglichen Zwänge" bedingen „in ihrem Vollzug normierte Problemlösungspakete". Diese normative Unterwerfung wird monetär ausgeglichen, denn „der institutionelle Zwang zu einer `sparsamen` Fallbearbeitung" schont die Ressourcen, das „knapp kalkulierte Zeitbudget" wird durch einen hohen „Falldurchlauf" eingehalten. Zeit ist Geld und die KlientInnen werden daher oft in ihrer „Passiv-Rolle" mit „sozialen Fertigprodukten", und „mundgerecht abgepackten Versorgungsleistungen" fließbandgleich abgefertigt. Die Kehrseite bilden die professionell aktiven DespotInnen in „festen Bastionen von Expertenmacht", deren berufliche Identität auf der „Ungleichverteilung der Macht zwischen beruflichem Helfer und Klient" und dem „systematischen Gefälle von Kompetenz" fußt. Profis sitzen an den entscheidenden Positionen, von der „Kontrolle des Zugangs zu institutionellen Ressourcen" über die „Definitionsmacht ... die zur Verhandlung anstehende Wirklichkeit ... zu konstruieren" bis hin zur „Beziehungsmacht ... die geltenden Regeln der Kommunikation ... festzulegen" liegt alles in ihrer Hand. „Stille Verführungen zum Mächtig-Sein" sind auch spezifische Verhaltensweisender Machthörigkeit, z.B. das „Verharren der Klienten in einer Position der Fügsamkeit und Abhängigkeit." Veränderungsansätze angesichts dieser problematischen Dynamik werden schlicht durch die „Schwerkraft der Routine" als hochfliegende Pläne auf den Boden der Tatsachen geholt, denn „die Beharrungsmacht der Amtsroutine" ist ein nicht zu unterschätzendes „Gift für Prozesse des Empowerment." Eine Chance positiver Bewegung besteht in einer besonderen Gestaltung des einengenden Gehäuses der Institution: Füllt man sie mit dem richtigen Element, entsteht „Sicherheit jetzt, dass die anderen KollegInnen auf der gleichen Welle schwimmen". Dies zeigt sich dann auch finanziell lohnenswert, „in einer akzeptierenden und stärkenorientierten Arbeitshaltung fortzufahren, das ist mit Geld nicht zu bezahlen" (Herriger 1997, 195 - 208).

Eine kurze Zusammenfassung dieser drei zufällig herausgegriffenen, „Wegenetze" der Logisierung problematischer professioneller Identität ergibt folgende Ansatzpunkte für Veränderung im Sinne von Empowerment:

Um die fortschreitende Zerstörungsarbeit der eigenen Ressourcen und die steigende Unmöglichkeit, sich als SozialpädagogIn zu identifizieren, aufzufangen, schlägt Winkler die „Selbstreflexion" vor, die eingehende Betrachtung dessen, was an spezifischem Bereichswissen vorhanden ist - also sich tatsächlich wie ein Spiegel dem Bestand zuwenden, die Fläche zur Verfügung stellen und das Gespiegelte zur Kenntnis nehmen. Es geht aber auch um die interaktive, selbstkritische Auseinandersetzung mit dem Umgang des Gesehenen, um die Integration dieser eigenen Ressourcen, um die Weiterarbeit am fachspezifischen Theoriegebäude, am Theorie-Praxis-Bezug.

Bereiche, die innen fremddefiniert und nach außen hin negativ bestimmt sind, sind unsicheres Gelände für die Entwicklung des professionellen Selbst: Die Mechanismen der Stellenbesetzung in der Sozialen Arbeit haben einen Rückkoppelungseffekt auf die BewerberInnen - sie passen sich den gegebenen Machtstrukturen an, ergeben sich dem militärischen Drill und legen sich eine zur Institution passende Mimikry, eine Fassade zu, die schließlich zu ihrer Berufsidentität wird: Ein gutes Aushängeschild für die jeweilige Institution.

Um in eben solchen Institutionen, mit eben solchermaßen institutionalisierten SozialpädagogInnen empowermentorientierte Veränderungen umzusetzen, bedarf es praktisch einer Naturkatastrophe oder eines großen Wasserrohrbruchs: Damit alle auf der gleichen Welle schwimmen können, müssen strukturelle Veränderungen größeren Ausmaßes allgemein akzeptiert und umfassend implementiert werden, d.h. mit Hilfe von externen Einflüssen.

Mit dem Blick auf die drei Ebenen von Empowerment bleibt als positives Element der komplexe Handlungsbedarf auf der Gruppenebene. Denn mit Blick auf die strukturelle Ebene der geforderten Anpassungsleistungen an den Arbeitsmarkt und den damit verbundenen ‚Disempowerment-Prozessen' liegt zunächst wenig Kraft oder Macht für die Entfaltung und Nutzung der individuellen Ressourcen von SozialarbeiterInnen. Bleibt die Hoffnung auf eine Ausnahmesituation, die den Individuen auf der Gruppenebene Luft schafft: Insofern ist mit dem Witz der Sägenden und Abstürzenden auch eine Hoffnung benennbar, nämlich der nach Boden unter den Füßen.

Was hat der Theorie-Diskurs zum Thema Empowerment an dieser Stelle zu bieten? Auf welchen „Wegenetzen" - nicht zuletzt dem suggestiven, begriffs-immanenten von 'Machbarkeit' - bewegt sich das Konzept? Und wie kann das für das Dilemma der Machtlosigleit von SozialpädagogInnen nützlich sein?

Auf dem Weg sein: „Eine wertvolle Mission verfolgen", „Zugeschnittenes" umgehen

Mit dem metaphorischen Konzept *Weg* ist die Beschreibung vom menschlichen Leben an sich auf verschiedenen Ebenen möglich: z..b. umfassend von der Geburt bis zum Tod als *Lebensweg*, als übergeordnetes Prinzip des *Kreislaufs* von Leben und Tod, als persönlicher *Lebenslauf* mit *Irr-, Ab-* und *Umwegen*, gesammelten *Erfahrungen, Fortschritten*, als Metapher für den Tod: Einen *Abgang* machen, *vergehen* oder *eingehen*. Gesellschaftliche Tendenzen und Entwicklungen werden oftmals als (lineare) Fortbewegung beschreibbar: Sich auf dem besten *Weg* zur Genesung befinden, durch technische *Fortschritte* in die Geschichte *eingehen* u.ä.

Mithaug (1996) diskutiert die eigentliche Selbstverständlichkeit von Empowerment als ein menschliches Grundbedürfnis, als ein Grundrecht, das keiner Diskussion bedürfen sollte: Er führt die philosophische Bedeutung von Empowerment ins Feld, die Nähe zu grundlegenden kulturellen Werten, dem Persönlichkeitsrecht, die eigene Entwicklung mitzubestimmen und geht dabei nah an die Grenzen zu Religionsphilosophie: „The fundamental principle linking these deeply held values is that individuals have a right to participate in any change affecting their lives: They have a right to self-determinantion ... it empowers users to regulate their personal, social, and institutional problem solving toward those goals and missions worth pursuing" (Mithaug 1996, 254). Entscheidend ist also auch, dass das Ziel den Einsatz wert ist.

Für die Definition von Zielen ist bei Landry der „irrationale Entscheidungsprozess" zur Vermeidung von Stagnation aufgrund scheinbarer Fakten (z.B. „das geht nicht") von zentraler Wichtigkeit. Eine solche Verhinderungslogik „stammt aus einem rationalen Prozess und ist auf eine Umwelt bezogen, die wir in allen ihren Merkmalen kennen und in der wir auf sie zugeschnittene, eingespielte Lösungen haben". Eine „zirkuläre" Vorgehensweise unterstützt dagegen – gerade durch ihre ungewöhnliche Bewegungsrichtung - Fortschritte „von der Entscheidung für ein Ziel zur Mobilisierung der Kräfte, die dieses Ziel erreichbar machen" (Landry 1997, 124/125).

Auf die andere Seite der Münze schauen: Vom Negativen zum Positiven; das, was da ist, in Worte fassen und sich an das Positive „gewöhnen"

Gegensätzliche Beschreibungen dienen zur Vermeidung von Einseitigkeit und als Abbildungsmöglichkeit von menschlicher Realität. Etwas Gutes ist nur wahrnehmbar, wenn es etwas Schlechtes als Gegenpol gibt, mit dem sich eine Grenze zwischen den Bereichen ziehen lässt. Die Etablierung von Gegensätzen dient mit Trennung und Scheidung der Klärung und Begriffsbildung. Werden die Begriffe einmal so klar, dass sie keinen Schatten mehr werfen können, ist eine Verwirrung - der Ort aus dem sie kamen - die bewusst herbeigeführt und produziert wird, hilfreich, um wieder neue Umrisse im Nebel erkennen zu können.

Der grundsätzlichen begriffs-immanenten Vitalität von Empowerment als Quelle von Macht steht eine „verwirrende" Bedürftigkeit gegenüber: „Empowerment bedarf daher sowohl einer Veränderung der Sprache wie des Denkens." Die Forderung ist eng mit sprachlichen und damit auch handlungsleitenden Gepflogenheiten des Sozialbereichs verknüpft, denn „die Definition von Empowermentprozessen fällt normalerweise nicht leicht und lässt sich eher über das Gegenteil erschließen, da wir zu sehr an die Sprache der Hilfsbedürftigkeit, der Schwächen und der Defizite gewöhnt sind: ‚Machtlosigkeit', ‚erlernte Hilflosigkeit', ... sind Begriffe, die in der psychosozialen Arbeit sehr viel häufiger gebraucht werden als ihre positiven Entsprechungen" (Stark 1998, 40). Auch bei Herriger treten sich Gegensatzpaare gegenüber. Er metaphorisiert Empowerment in seinen Gliederungs-Überschriften ambivalent als einen ressourcenreichen Weg in ein positives Gebiet: Als „Reisen in die Stärke: Werkzeuge einer Praxis des Empowerment". Auf diesem Weg lauern allerdings Gefahren des Strauchelns und Hinfallens „Stolpersteine: Hindernisse einer Umsetzung von Empowerment-Perspektiven im Alltag der Sozialen Arbeit" (Herriger 1997, 5/6).

Für „Klarheit" sorgen, also Sehen, einen Anfang finden, sich austauschen

Sehen bedeutet den physiologischen Vorgang, das Sichtbare wahrzunehmen und ist zugleich ein metaphorisches Konzept für den Vorgang des Denkens. Einsicht in die Dinge zu gewinnen heißt, eine Art Wesenskern geistig zu erfassen, sich die Konturen einer Wahrheit zu *erklären*. Wahrheiten sind mehr oder weniger beliebig abgegrenzte Gebiete, die auch als *Phänomene* („Erscheinung, etwas Ungewöhnliches ... zu gr. *Phaínein* ‚sichtbar machen, sehen lassen'" Kluge 1995) auftauchen, mit denen bereits das Besondere, das Umrissene und die subjektive Aktivität der *geistigen Beleuchtung* thematisiert ist.

Die Richtung und der Schwerpunkt der individuellen *Sichtweise* ist durch kulturelle Vorgaben - oft unmerklich - festgelegt und die so produzierte Wahrheit durch die *offensichtliche Klarheit* des *Sichtbaren* immer wieder beweisbar und damit fixiert.

Der Blick auf das, was individuell ganz vorne auf der Wunschliste steht, ist bei Landry der erste Schritt einer Empowerment-Praxis für Betroffene und besteht darin „ihre Prioritäten zu klären". Das findet interaktiv statt, die gegenseitige erhellende Betrachtung und der Fokus in Sicht-Nähe sind zentral: „Empowerment beginnt im eigenen Team." Erst dann können andere von den eigenen Ressourcen im Sinn eines Austausch-Prozesses profitieren. Landry bietet hier eine Seltenheit - sie bricht das Tabu der Verbform, spricht davon, was auch sichtbar werden soll, nämlich die Realität, „Menschen zu empowern" (Landry 1997, 69/70). Dieser Vorgang zeigt sich als *„Energiekreislauf"*, der sich aus der gegenseitigen „Wertschätzung" speist, einer Kraft, die über verbale Kommunikation, Bekundung „gegenseitigen Respektes" und „Herausfordern (ein Ansprechen latenter Potentiale)" gleichmäßig verteilt wird. Die Rückkopplung für Erfolg ist immer wieder das Sehen, denn „auch neue Ideen brauchen Wertschätzung. Dazu müssen sie erst einmal sichtbar werden" (ebd. 124/125).

Empowerment ist Arbeit, kompetentes Gebrauchen von Werkzeug, ist „Machen"

Sich *bescheiden*, sich *messen* und Maß *halten*, die eigenen Grenzen *begreifen* sind Handlungen, die für die Menschheit als Gemeinschaft von Einzelwesen mit dem Bedürfnis nach Identität als Gruppe und als Individuum größte Bedeutung haben: „Die ursprüngliche Bedeutung von Nómos (griechisch: das Gesetz) ist: das, was in Teile geteilt ist (Griechisches Lexikon Gemoll). Eine zweite Bedeutung mit der Betonung auf der zweiten Silbe (Nomós) heißt so viel wie: Teilung des Gebietes, Weide, Gegend, Provinz. Daraus kann man schlussfolgern, dass Teilung die Grundlage des Gesetzes ist, dass Trennung und Gesetz zusammengehören." (Peisker 1991, 62). Ein weiteres metaphorisches Feld ist z.B. das der Architektur und der Handwerkstätigkeit im weiteren Sinn: Beziehungen werden *stabilisiert, gekittet und zusammengeschweißt*. Ein Leben wird auf etwas *aufgebaut*, Erfolg *gründet auf stabilen Grundfesten*, ein Projekt ist auf *Sand gebaut* oder in den *Sand gesetzt*. An Texten wird *gefeilt*, Ränke wird *geschmiedet*, Vorgesetzte *abgesägt* usw.

Für Herriger wird „das Empowerment-Programm" zunächst wie eine Theater-Einladung als „eine offene Einladung zur Entwicklung einer neuen Kultur des Helfens" formuliert (Herriger 1997, 209) und später, bezogen auf Simon (1994) in unterschiedlichen Betrachtungsweisen, als „verschiedene professionelle Profile von Empowerment, die je eigene Akzente setzen, referiert (ebd.): Der Profi variantenreich als „Biographie-Arbeiter", als „Wegbereiter", als „Politischer Aktivist", als „Sozialreformer", als „Lebenswelt-Analytiker", als „Kritischer Lebensinterpret", als „Netzwerker und Ressourcenmobilisierer", als „Intermediärer Brückenbauer", als „Normalisierungsarbeiter" und schließlich als „Organisations- und Systementwickler" eingefordert (ebd. 209 - 216).

Um den Faden wieder aufzunehmen: Empowerment ist also eine Art Menschenrecht, die Möglichkeit Grundbedürfnisse des eigenen Seins zu sichern, bei sich selbst anzufangen, zu sehen, wo der erste Schritt beginnt in Richtung eines selbstdefinierten möglicherweise utopischen Ziels. Empowerment ist ein Weg, an dessen Beginn das Sehen steht: Die eigenen Defizite anvisieren, die Wünsche klären, die Ressourcen betrachten. Auf dieser Grundlage wird Fortschritt möglich, d.h. das Gehen und Handwerken auf dem Weg der Selbst-Bemächtigung und der „Stolpersteine" beginnt. Die vielfältigen Möglichkeiten des kreativen Machens sind hier allerdings ausschließlich als Anforderungen an die Profis der Sozialen Arbeit formuliert: Sie arbeiten, bereiten, aktivieren, reformieren, analysieren, interpretieren, mobilisieren, werken, bauen Brücken, entwickeln - um nur die oben zitierten Tätigkeiten aufzugreifen - alles im Dienst der KlientInnen.

Angesichts der gegenwärtig problematischen Ausgangssituation defizitärer Berufsidentität, normierender Arbeitsbedingungen in Institutionen und institutioneller Resistenzen gegenüber jeglicher Art von Neuerung, also Bewegung, erscheint es schwer vorstellbar, wie SozialpädagogInnen ihre Ressourcen erkennen und daraus i. S. von Empowerment schöpfen können. Angesichts einer eigenen Machtlosigkeit durch innere Leere und äußere Überforderung erscheint es nur logisch, dort an Macht zu partizipieren - und wenn es durch Anpassung an Mächtige oder durch Entmachtung Hilfloser möglich wird - wo Macht zu finden ist. Oder (um den wiederholt zitierten Witz erneut zu bemühen) dort, wo die eigene Ohnmacht die Selbstdestruktion als einziges Handlungsfeld erscheinen lässt.

Vielleicht sollte der erste Schritt der von Winkler geforderten „Selbstreflexion" innerhalb des Fachbereichs in Richtung Einforderung des Menschenrechts auf Empowerment für SozialpädagogInnen selbst gehen; dabei würde es sich garantiert um eine Zielvorstellung handeln, die Landrys „zirkulären" Ansatzes bedürfte. Auch Herrigers Ambivalenz von Werkzeug und „Stolperstein" würde wahrscheinlich zum Tragen kommen. Genauso wie unterschiedliche Bereiche des Machens:

Der erste Schritt im Sinn von Empowerment Evaluation (Fetterman et al. 1996) wäre auf jeden Fall die Bestandsaufnahme, also im Grunde das, was auch Winkler einfordert und was ansatzweise bereits verdichtet in Witzform vorliegt.

Der zweite Schritt wäre die Zielformulierung. Da es nicht möglich ist, Ziele negativ zu fassen und gleichzeitig aktiv zu werden, beginnt hier automatisch ein Prozess der Suche nach „positiven Entsprechungen".

Der dritte Schritt wäre die Entwicklung von Strategien: Ein vielfältiger Bereich des Machens für andere könnte hier auf das eigene Feld angewendet werden. Mit dem fünften Schritt, der Dokumentation des Prozesses, begänne automatisch eine Verbindung von Denken und Tun, einer neuen Form der Rückbezüglichkeit auf bereits bestehendes Wissen im Fach Sozialpädagogik würde ein Feld bereitet.

Außerdem hätte der Berufsstand, dessen professionelle Aufgabe bei genauer Betrachtung gleichsam mit dem Konzept Empowerment identisch ist, schließlich auch die Möglichkeit, aus dem Arbeits-Alltag heraus ein allgemein schwer zu definierendes Konstrukt mit den eigenen Worten und Erfahrungen spezifisch zu beschreiben.

Bleibt zu hoffen, dass das, was in den gegenwärtigen Zeiten des Defizits an Stärke witzig zu Tage tritt, auch in zukünftigen Zeiten der Stärke Bestand hat und die Witze im Fachbereich ihr selbstkritisches und zugleich komisches Potential auch als kommunikative Zeichen des Positiven behalten.

Literatur

Mithaug, D.E. 1996: Fairness, Liberty, and Empowerment Evaluation. In: Fetterman, D.M. / Kaftarian, S.J. / Wandersman, A. (editors): Empowerment Evaluation. London, 234 - 255.

Fetterman, D.M. / Kaftarian, S.J. / Wandersman, A. (editors) 1996: Empowerment Evaluation. London.

Gadamer, H.G. 1990: Wahrheit und Methode. Bd.1. 6. Tübingen.

Herriger, N. 1997: Empowerment in der Sozialen Arbeit. Stuttgart.

Kamps, W. 1998: Gesundheitsförderung in der Schule zwischen Selbstverwirklichung und Empowerment. In: Paulus, P. / Deter, D. (Hrsg.): Gesundheitsförderung. Köln, 119 - 132.

Kluge, F. 1995: Etymologisches Wörterbuch. Berlin, New York.

Lakoff, G. / Johnson, M. 1980: Metaphors We Live By. Chicago.

Landry, C. 1996: Lebendiges Projektmanagement: Frauenoffensive. München.

Meuser, M. / Nagel, U. 1994: Expertenwissen und Experteninterview. In: Hitzler, R. / Honer, A. / Maeder, C. (Hrsg.): Expertenwissen. Opladen,. 180-192.

Peisker, I. 1991: Die strukturbildende Funktion des Vaters. Pfaffenweiler.

Schmitt, R. 1995: Metaphern des Helfens. Weinheim.

Schwemmer. O. 1987: Handlung und Struktur. Frankfurt a. M.

Seligmann, M.E.P. 1980: Gelernte Hilflosigkeit. München.

Stark, W. 1998: Empowerment - fördernde Bedingungen schaffen statt Defizite beheben. In: Paulus, P. / Deter, D. (Hg): Gesundheitsförderung: Köln. 39 - 43.

Vico, G.: Die neue Wissenschaft über die gemeinschaftliche Natur der Völker.

Winkler, M.: Die Lust am Untergang: Polemische Skizzen zum Umgang der Sozialpädagogik mit ihrer eigenen Theorie. In: Neue Praxis, 27 Jg., Nr. 1, 54 - 67.

Der Widersprüchlichkeit Aufmerksamkeit schenken – Empowerment als Denk- und Handlungsansatz in der Gesundheitsförderung

Elke Pflaumer

„Arbeitskreis will Alltag verbessern
Zu wenige und schlecht gepflegte Spielplätze, kein Platz zum Spazierengehen und Toben, kaum Grün, kaum familiengerechte Wohnungen, keine Sportmöglichkeiten für Kinder und Erwachsene, dichter Verkehr und lebensgefährliche Ampelschaltungen ...
Mütter (wollen) ihre vielfältigen Probleme im Stadtviertel ... aktiv angehen. Unterstützt und begleitet werden sie dabei vom ‚Koordinationsbüro Gesunde Städte', das aus dem ‚Gesunde Städte Projekt' der Weltgesundheitsorganisation (WHO) hervorgegangen ist und in München schon stadtweit über 30 Initiativen unterstützt hat."
(Auszug aus einem Artikel im Münchner Merkur vom 24.11.94)

Empowermentprozesse erzählen Geschichten von Menschen und ihren Zusammenschlüssen, denen es gelungen ist, ihre eigenen Ressourcen und Stärken zu erkennen und diese in soziale Handlungen umzusetzen (vgl. Stark 1993).

Im ersten Teil des Beitrags werden Gemeinsamkeiten zwischen Empowerment und Gesundheitsförderung aufgezeigt. Schließlich werden am Beispiel Kommunaler Gesundheitsförderung im Stadtteil Möglichkeiten der Umsetzung des Empowermentgedankens in die Praxis Sozialer Arbeit dargestellt und abschließend Widersprüchlichkeiten zwischen Anspruch und Wirklichkeit reflektiert.

Empowerment - eine professionelle Grundhaltung sozialarbeiterischen Handelns

In Anlehnung an Ursprünge des Empowermentgedankens in politischen Bewegungen wie der Bürgerrechtsbewegung, Frauenbewegung u.a. und dem erstmals von Rappaport (1985) in den USA diskutierten Begriff Empowerment im Kontext von Gemeindepsychiatrie und Sozialer Arbeit wird unter

Empowerment ein Denkansatz, eine professionelle Grundhaltung verstanden, die ihre Umsetzung in den klassischen Arbeitsformen der Sozialen Arbeit, Soziale Einzelfallhilfe, Soziale Gruppenarbeit und Gemeinwesenarbeit findet.

Der Empowermentgedanke stellt die individuellen und kollektiven Selbstgestaltungskräfte der Menschen in den Mittelpunkt und zielt durch das professionelle Selbstverständnis des ‚Sich-Überflüssig-Machens' im Bereich des Verhaltens auf Autonomie und im Bereich der Verhältnisse auf soziale Gerechtigkeit.

Empowerment als Befähigungsarbeit und politische Arbeit

Nach der Definition von Herriger - Empowerment als Anstiften zur (Wieder-) Aneignung von Selbstbestimmung über die Umstände des eigenen Lebens - wird deutlich, dass es beim Empowermentgedanken sowohl darum geht, durch Erziehungs- und Bildungsprozesse die Fähigkeit zu Selbstbestimmung und Kontrolle zu entwickeln, als auch in Unterstützungsprozessen die Ausgegrenzten, Benachteiligten, Ohnmächtigen zu ‚ermächtigen', die Reise in die Stärke anzutreten (vgl. Herriger 1997).

Diese Menschen befinden sich oftmals in Situationen, in denen sich, strukturell bedingt, diese Fähigkeiten nicht entfalten können. Der Handlungsauftrag lautet daher Bereitstellung von empowermentförderlichen Rahmenbedingungen, durch die Menschen unterstützt werden, sich aus dem Gefühl der ‚Ohnmacht' heraus zu mobilisieren, zu formieren, Eigeninteressen durchzusetzen und Widerstand geltend zu machen.

Aus Sicht der Autorin bedeutet Empowerment sowohl

⇒ Hilfe zur Entdeckung und Entwicklung von Ressourcen, die Menschen befähigen, das eigene Leben in Selbstbestimmung zu bewältigen als auch

⇒ das soziale Umfeld durch Einmischung in politische Entscheidungsprozesse und durch Solidarisierung mit Anderen zu gestalten.

Empowerment und Soziale Arbeit

Empowerment als Grundhaltung fordert so einen ressourcenorientierten Ansatz der Sozialen Arbeit, der seinen Gestaltungsauftrag in der Verbesserung der Transaktionen zwischen Menschen und Umwelt sieht und der sich zum Ziel gesetzt hat, durch Beeinflussung individueller und struktureller Bedingungen, Hilfe zur Lebensbewältigung und zur Verwirklichung sozialer Gerechtigkeit zu leisten.

Gesundheitsförderung als Anstiftung zur (Wieder-) Aneignung der Fähigkeit zur Lebensbewältigung

Auf der Basis eines Gesundheits-/Krankheits-Verständnisses als einer mehr oder weniger gelingenden Auseinandersetzung des Menschen mit sich, seiner Mitwelt und Umwelt (vgl. Pflaumer 1994) zielt Gesundheitsförderung darauf, die individuellen und strukturellen Voraussetzungen für die Entfaltung und den Erhalt der Gesundheit durch Aktivierung der Betroffenen zu verbessern und damit einen Weg zu gesundheitlicher Chancengleichheit für alle Bevölkerungsgruppen zu eröffnen. Analog zum Empowerment stellt Gesundheitsförderung ebenfalls einen Denkansatz, eine Grundhaltung dar, Hilfe zur Lebensbewältigung zu leisten.

Kennzeichen von Gesundheitsförderung auf der Grundlage der Ottawa-Charta der WHO

Gesundheitsförderung ist gekennzeichnet durch folgende Elemente, die durch die Ottawa-Charta der WHO belegt werden:

⇒ salutogenetische Elemente, die die Ressourcen der Menschen in den Blick nehmen,
„Gesundheit steht für ein positives Konzept, das die Bedeutung ... (von) Ressourcen ... betont" (Franzkowiak/Sabo 1998, 96).

⇒ systemisch öko-soziale Elemente, die die Transaktionen von Person und Umwelt auf der Mikro-, Meso- und Makroebene in den Blick nehmen,
„Grundlegende Bedingungen ... von Gesundheit sind Frieden, angemessene Wohnbedingungen, Bildung, Ernährung, ein stabiles Öko-System, ... soziale Gerechtigkeit und Chancengleichheit" (Franzkowiak/Sabo 1998, 96).

„Aktives, gesundheitsförderliches Handeln erfordert:
- Entwicklung einer gesundheitförderlichen Gesamtpolitik ...
- Gesundheitsförderliche Lebenswelten schaffen ...
- Gesundheitsbezogene Gemeinschaftsaktionen unterstützen ...
- Persönliche Kompetenzen entwickeln ...
- Die Gesundheitsdienste neu orientieren"
(Franzkowiak/Sabo 1998, 97ff.)

⇒ Empowermentelemente wie Selbstbestimmung, Partizipation und Aktivierung,
„Gesundheitsförderung zielt auf einen Prozeß, allen Menschen ein höheres Maß an Selbstbestimmung über ihre Gesundheit zu ermöglichen und sie damit zur Stärkung ihrer Gesundheit zu befähigen" (Franzkowiak/Sabo 1998, 96).
Aufgaben professionellen Handelns im Bereich Gesundheitsförderung sind:
- „Interessen vertreten ...
- Befähigen und ermöglichen ...
- Vermitteln und vernetzen" (Franzkowiak/Sabo 1998, 97).

Ein Großteil der Aktivitäten der Selbsthilfebewegung und von Bürgerinitiativen ist im Gesundheitsbereich verortet und zeigt, dass Einmischung in die politische Willensbildung im öffentlichen Raum sichtbare Veränderungen der Lebenswelt bewirkt hat. Diese Aktivitäten sind einerseits als Gegenkonzept zur professionell organisierten Fremdhilfe als auch als Ausdruck von Selbstbestimmungs- und Demokratisierungsbestrebungen zu beurteilen.

⇒ Multisektorales Vorgehen
Gesundheitsförderung realisiert sich in allen Lebensbereichen und erfordert interdisziplinäres Vorgehen, wobei sich Professionalität und Laienkompetenz ergänzen. Zur Verwirklichung dieser Querschnittsaufgabe wurden von der WHO zahlreiche Netzwerke nach dem Settingansatz initiiert und entwickelt.

Empowerment, Gesundheitsförderung und Soziale Arbeit

Zusammenfassend ist festzustellen, dass sich Gemeinsamkeiten zwischen Gesundheitsförderung und Empowerment zeigen, besonders bezüglich

⇒ Ressourcenorientierung,

⇒ Systemischer Sichtweise,

⇒ Zielsetzungen auf individueller und struktureller Ebene,

⇒ Professioneller Grundhaltung,

⇒ Verwirklichung von Selbstbestimmung und Partizipation.

Die WHO greift auf genuin sozialarbeiterische Ansätze – ohne diese jedoch beim Namen zu nennen – zurück und nimmt Empowerment als professionelle Grundhaltung für die Förderung von Gesundheit in Anspruch. Dies sollte weniger einer Gleichsetzung von Empowerment und Gesundheitsförderung (vgl. Trojan 1993) dienen, sondern zur Reflexion anregen über Soziale Arbeit als den übergreifenden Praxis- und Berufsbereich, in dem die Gesundheitsförderung ihren systematischen Ort hat (vgl. Mitteilungen der DGS 1998).

Kommunale Gesundheitsförderung im Stadtteil München Westend – Empowerment in der Praxis

Gesundheitsförderung im Settingansatz

Aufbauend auf dem Gedanken „Gesundheit wird von Menschen in ihrer täglichen Umwelt geschaffen und gelebt, dort wo sie spielen, lernen, arbeiten und lieben" (Franzkowiak/Sabo ^{2}1998, 99) wurde der Setting-Ansatz zur Kernstrategie der WHO-Gesundheitsförderungsprogramme. Gesundheitsförderliche Maßnahmen sind auf Lebensbereiche ausgerichtet, in denen Menschen den größten Teil ihrer Zeit verbringen und die das Gesundheitsverständnis und Gesundheitsverhalten jedes einzelnen stark beeinflussen.

Mit den Settings

⇒ Gesundheitsförderndes Krankenhaus

⇒ Gesundheitsfördernde Schule

⇒ Gesunde-Städte-Netzwerk

⇒ Gesundheitsfördernde Region

⇒ Betriebliche Gesundheitsförderung

wurden Krankenhäuser, Schulen, Städte, Regionen und Betriebe zu gesundheitsförderlichen Lern- und Lebensorten.
Gesundheitsförderliche Programme im Settingansatz versuchen

⇒ die Gesundheitspotentiale im Lebensbereich aufzuspüren und zu entwickeln →Bewusstwerdung;

⇒ durch aktive Beteiligung der Betroffenen deren Handlungsfähigkeit für die Gestaltung gesundheitsförderlicher Lebensbedingungen zu stärken →Unterstützung;

⇒ Kooperationsfähigkeit innerhalb des jeweiligen Lebensbereiches sowie zwischen verschiedenen Organisationen auszubauen →Politisierung;

Am Beispiel Kommunaler Gesundheitsförderung im Stadtteil, die in engem Zusammenhang mit dem Gesunde-Städte-Netzwerk steht, sollen nun Möglichkeiten und Grenzen der Umsetzung des Empowermentgedankens diskutiert werden.

Rahmenziele, Handlungsleitlinien und Aufgabenschwerpunkte Kommunaler Gesundheitsförderung

Der Stadtteil stellt für die meisten Menschen den räumlichen Lebensmittelpunkt dar. Hier werden wesentliche Alltagserfahrungen gemacht, Aktivitäten entfaltet und soziale Netze geknüpft. Den Prinzipien ‚Lebensbewältigung' und ‚Beteiligung der Betroffenen' kann hier am ehesten Rechnung getragen werden.

Aufbauend auf langjährigen Erfahrungen gesundheitsbezogener Gemeinwesenarbeit im Stadtteil Hasenbergl verabschiedete der Stadtrat der Landeshauptstadt München 1995 das Rahmenkonzept der Kommunalen Gesundheitsförderung im Stadtteil.

Aus den Rahmenzielen, Menschen in einer gesundheitsförderlichen Lebensweise zu stärken sowie zur Verbesserung der Lebensbedingungen im Stadtteil hinzuwirken, leiten sich folgende **Handlungsleitlinien** ab:

1. „Besondere Berücksichtigung sozial und gesundheitlich Benachteiligter. Die Stadtteilgesundheitsförderung kommt insbesondere Personen und Gruppen zugute, die betroffen sind von

- gesundheitlicher Benachteiligung infolge anhaltender gesundheitlicher Beeinträchtigung (z. B. chronisch Kranke, Behinderte),
- einem erschwerten Zugang zu Angeboten der Gesundheitsförderung und -versorgung (z. B. Migrantinnen und Migranten) und/oder
- Lebensbedingungen, die die Entfaltung der individuellen Gesundheitspotentiale erheblich und anhaltend behindern (z.B. Armut).

Stadtteilgesundheitsförderung will somit einen Beitrag leisten zur Förderung der gesundheitlichen Chancengleichheit" (Landeshauptstadt München 1998c, 4). Die Vorrangigkeit dieser Zielgruppe stellt einen engen Bezug zum Empowermentansatz dar, da gerade solche Menschen stärker von biographischen Nullpunkterfahrungen (vgl. Herriger 1997) mit Kontrollverlust und erlernter Hilflosigkeit (vgl. Seligmann 1979) betroffen sind.

2. Verwirklichung von Partizipation
Die Teilhabe an Entwicklungs- und Gestaltungsprinzipien, die die eigenen Lebensbedingungen betreffen, lassen Gesundheit als ‚dynamischen' Prozess erleben. Durch die Beteiligung fühlen sich die Menschen ernstgenommen, sie haben Einblick in Planungsprozesse und können das eigene Lebensumfeld mitbestimmen und mitgestalten. Dies führt zu einem Gefühl von Verantwortlichkeit für sich und andere, Selbstsicherheit und Kontrollierbarkeit und kann dadurch die Akzeptanz sowie das Gesundheitspotential erhöhen.

3. Förderung von Eigeninitiative und Selbsthilfe-Aktivitäten
Eigeninitiative zur Veränderung der eigenen Lebensweise und zur Gestaltung von Lebensbedingungen steht in engem Zusammenhang mit Partizipation, die den Raum aufzeigt, in dem Eigeninitiative wirksam werden kann.

4. Aufgreifen vorhandener Interessen und Impulse
Kommunale Gesundheitsförderung im Stadtteil verbindet Aktivitäten von Selbsthilfegruppen, Gesundheitsinitiativen und KooperationspartnerInnen mit im Stadtteil tätigen städtischen Einrichtungen und Diensten. Diese sind in der Arbeitsgemeinschaft Stadtteilorientierte Gesundheitsförderung (AG-Steil) vertreten, so dass vorhandene Ressourcen durch Bündelung und Vernetzung genutzt und Kooperationsmöglichkeiten entwickelt werden können.

5. Nachhaltige Wirkung
Im Sinne des Empowermentgedankens soll professionelle Soziale Arbeit nur ‚Anschubfunktion' für die ersten Schritte leisten mit dem Ziel, dass die BewohnerInnen das weitere Vorgehen in eigener Verantwortung planen und durchführen.
Daher ist eine Verankerung der Gesundheitsförderung im Stadtteil und der Aufbau von Strukturen, die mit gelegentlicher Unterstützung gesundheitsförderliche Vorhaben weiterführen oder initiieren können, von großer Bedeutung.

Zur Verankerung gesundheitsfördernder Orientierungen und Aktivitäten stellen sich folgende **Aufgabenschwerpunkte**:

1. Gesundheitsförderung mit Kindern und Jugendlichen;
2. Veranstaltungen und Projekte zu aktuellen gesundheitlichen Problemlagen und zur Verbesserung der Lebensbedingungen im Stadtteil;

3. Beiträge zur Vernetzung des Gesundheits- mit dem Sozialbereich;
4. gesundheitsbezogene Selbsthilfegruppen und HelferInnennetze;
5. Stadtteilgesundheitsberichterstattung;

(vgl. Landeshauptstadt München 1998c, S.7f.)

Organisatorische und zeitliche Umsetzung der Kommunalen Gesundheitsförderung

Die AkteurInnen der Gesundheitsförderung sind

- die Münchner Aktionswerkstatt G'sundheit (MAG's),
- das Sachgebiet Stadtteilgesundheitsförderung des Referates für Gesundheit und Umwelt,

die als ‚mobiles Team' in der aktiven Interventionsphase zeitlich begrenzt arbeiten und in der reaktiven Phase als AnsprechpartnerInnen zur Verfügung stehen;

- der städtische Jugendgesundheitsdienst,
- der städtische Gesundheitsdienst für Säuglinge und Kleinkinder,

die langfristig gesundheitsförderliche Projekte anbieten und sich an Vernetzungsstrukturen beteiligen;

- Donna Mobile,
- Selbsthilfezentrum,
- Sachgebiet Gesundheitsberichterstattung und Umweltinformation des Gesundheits- und Umweltreferates der Landeshauptstadt München,
- Krankenkassen,
- Ärzteschaft u.a.
- Geplant: Präventionszentrum und Anonyme Aidsberatung als KooperationspartnerInnen.

Die Beteiligung der Professionellen nimmt Schritt für Schritt ab. Nach einer ersten Interventionsphase, in der Professionelle aktivierend, koordinierend und anwaltschaftlich tätig sind, wird der Prozess in die Eigenverantwortung der Betroffenen übergeben. Bei Bedarf stehen die Professionellen als ProzessbegleiterInnen jedoch weiterhin zu Verfügung.

Aktive Interventionsphase	Übergangsphase	Reaktive Phase
Aktivierung und Mobilisierung der Selbsthilfekräfte durch Professionelle	Übernahme der Eigenverantwortung durch Betroffene	Professionelle stehen als AnsprechpartnerInnen zur Verfügung und unterstützen begonnene Projekte
Vernetzung und Verankerung der Projekte im Stadtteil		
Anwaltschaftliche Vertretung gegenüber Planungs- und Sozialreferat der LHM		

Tabelle 1: Phasen der Umsetzung Kommunaler Gesundheitsförderung

Praxisbeispiele unter Empowermentgesichtspunkten

Die Leitlinien und Ziele wurden in München-Westend in folgenden Handlungsfeldern umgesetzt:
Kompetenzförderung, Aktivierung von Eigeninitiative und Veränderung struktureller Bedingungen (vgl. Tabelle 2).
Unter dem Aspekt der Vernetzung wurde von MAG's angezielt, die ambulante medizinische Versorgung mit gesundheitsrelevanten Diensten und Institutionen zu verknüpfen.
Konkret wurde die Ärzteschaft eingebunden durch

- einen Informationsabend ‚Wege der Zusammenarbeit',

- eine Sammelmappe ‚Gesundheitswegweiser',

- Fachveranstaltungen zu den Themen sexueller Missbrauch, Problemlagen im Stadtteil und MigrantInnen.

Die Verankerung der begonnen Aktivitäten im Stadtteil erfolgte über die Einrichtung von Arbeitskreisen.

Die SozialarbeiterInnen bedienten sich dabei partizipatorischer und Solidarisierung förderlicher Methoden wie Aktivierende Befragung, Zukunftswerkstatt, Projektmethode, Workshop, Straßenfest, Informationsstand etc.

Die Zusammenstellung der Aktivitäten zeigt Verbindungslinien zu wesentlichen Bezügen des Empowermentkonzeptes auf.
Gesundheitsförderung und Empowerment sehen ihre Aufgabe darin, Menschen bei der aktiven Gestaltung ihrer Lebensbedingungen zu unterstützen.

Den MitarbeiterInnen Kommunaler Gesundheitsförderung im Stadtteil Westend ist es - neben kleinen Rückschlägen - gelungen, „Menschen zur Entdeckung ihrer eigenen Stärken zu ermutigen, ihre Fähigkeiten zu Selbstbestimmung und Selbstveränderung zu stärken und sie bei der Suche nach Lebensräumen und Lebenszukünften zu unterstützen, die einen Zugewinn von Autonomie, sozialer Teilhabe und eigenbestimmter Lebensregie versprechen" (Herriger 1997, S.7).

Kompetenzförderung	Aktivierung von Eigenengagement	Veränderung struktureller Bedingungen Beispiel ‚Grün im Westend'
Projekt mit einer Schule • Körper- und Sinneserfahrung • Training sozialer Kompetenz	BabysitterInnenbörse Mütter, die Kinderbetreuungsmöglichkeiten suchen, kommen in Kontakt mit Personen, die diese anbieten	Workshop Antrag zur Begrünung von Parkplätzen erfolgreich durchgesetzt
Projektwoche Gesundheit Wissen und praktische Erfahrungen zu Themen wie Ernährung, Bewegung, Entspannung, AIDS, Gewalt	Verkehrsinitiative Westend mit dem Ziel der Verbesserung der Verkehrssituation – Verkehrskonferenz Verwirklichung der Verbesserungen - Ausstellung ‚gesündere Straße'	Planung und Gestaltung einer Spielfläche für Kinder
Projekt ‚Spokus' in Kooperation mit dem Multikulturellen Zentrum Westend Gesundheit spielerisch erleben	Arbeitsgruppe Messenachnutzung Mit dem Ziel Neuplanung des Messegeländes Planungstagung, Informationsveranstaltung, - Postkartenaktion, Ausstellungstafeln, - Kontakte zum Planungsreferat der Landeshauptstadt München	Gestaltung von • Freiraumgelände • Abenteuerspielplatz
Kinderstadtteilplan Selbständige Aneignung des Stadtviertels und Formulierung von Wünschen		Lehmbaustelle Nutzung brachliegenden Geländes und Erfahrung mit naturnahen Materialien

Tabelle 2: Handlungsfelder Kommunaler Gesundheitsförderung

Mit der Veränderung physikalischer und sozialer Umweltbedingungen ist ein erster Schritt getan, Lebensperspektiven der BewohnerInnen zu verbessern, Solidarität mit BewohnerInnen herzustellen das Selbstwertgefühl der BewohnerInnen zu erhöhen. So resümieren die MitarbeiterInnen von MAG's:

„Insgesamt betrachtet MAG's die Gesundheitsförderungsarbeit ... als erfolgreich, sowohl hinsichtlich der erreichten Ziele als auch hinsichtlich der Erprobung neuer Methoden" (Landeshauptstadt München 1996, S.12).

Ebenso lassen sich im Rückbezug zu den Handlungsbereichen der Ottawa-Charta Aktivitäten zu allen fünf Bereichen finden:

- Politik: Mitbestimmung auf politischer Ebene wurde im Bereich Verkehrspolitik/Neugestaltung des Messegeländes durch Vernetzung mit dem Stadtrat der Landeshauptstadt München erfolgreich umgesetzt;

- Lebenswelten: Schaffung sichererer, anregenderer, befriedigenderer und angenehmerer Lebensbedingungen im Stadtteil;

- Gemeinschaftsaktionen: gemeinschaftliche Initiativen, Selbsthilfeansätze, öffentliche Teilnahme und Mitbestimmung;

- Kompetenz: vgl. Tabelle 2;

- Gesundheitsdienste: Ansätze zur Verbesserung der Kooperation zwischen Gesundheitssektor und Sozialen Diensten.

Professionelles Selbstverständnis

Die Verwirklichung des Denkansatzes Empowerment macht ein professionelles Selbstverständnis erforderlich, das seitens der Institution und der SozialarbeiterInnen in der Überzeugung gründet, Soziale Arbeit als Mentorat zu verstehen, das sein Ziel darin sieht, Anstöße zum ersten Schritt zu geben, Gestaltungsräume zu schaffen sowie die KlientInnen als verantwortliches ‚Aktionszentrum' zu akzeptieren.

Menschen sind für ihre eigene Gesundheit die besten Experten, und ihre Ressourcen und Kompetenzen zur Wiedergewinnung, Erhaltung und Förderung ihrer Gesundheit sind sehr viel höher einzuschätzen als es bislang Professionelle im Gesundheitsbereich wahrgenommen, berücksichtigt und umgesetzt haben (vgl. Löns 1997).

Gelingende Stadtteilgesundheitsförderung zeichnet sich dadurch aus, dass die Beteiligten die Fähigkeiten entwickeln, ExpertInnenwissen für die eigenen Belange zu nutzen. Ständige Aufgabe bleibt bei empowermentförderlichem

Handeln die Reflexion, inwieweit Impulsgebung und Hilfe, inwieweit Zurückhaltung von Professionellen erforderlich sind.

Sozialarbeiterisches Handeln unter Empowermentgesichtspunkten bedeutet:

- Anerkennung der Kompetenz der Betroffenen,
- Weckung des Vertrauens in personelle und kollektive Selbstgestaltungskräfte,
- Vermittlung von Information zu handlungsleitendem Wissen,
- Vermittlung von Know-how,
- Vermittlung von Kontakten,
- Initiierung interner und externer Vernetzung,
- Mobilisierung durch Unterstützung und Ermutigung bei der Planung und Durchführung von Projekten,
- Verankerung von Projekten im Stadtteil,
- Anwaltschaftliche Vertetung vor allem gegenüber Verwaltung und Politik.

Grenzen des Empowermentansatzes – der Widersprüchlichkeit Aufmerksamkeit schenken

Grenzen findet der Empowermentgedanke dort, wo der Grat zwischen Wahrnehmung der Selbstbestimmung der KlientInnen auf der einen und die Notwendigkeit eines schützenden oder kontrollierenden Eingreifens auf der anderen Seite zu schmal wird, um sicher vorwärts zu gehen. Problemlagen in benachteiligten Stadtgebieten machen es erforderlich, mehrere Veränderungsstrategien zusammen zu benutzen.

Grenzen finden sich ebenso dort, wo die Entscheidungen der KlientInnen der Normativität der professionellen HelferInnen diametral entgegengesetzt sind. Dieser Situation mussten sich die MitarbeiterInnen der Kommunalen Gesundheitsförderung im Stadtteil Westend noch nicht stellen.

Grenzen sind dort, wo finanzielle Engpässe der öffentlichen Hand Selbsthilfe und bürgerschaftliches Engagement ‚benutzen', um Einschnitte ins soziale Netz aufzufangen, ohne die Mentorfunktion professioneller Hilfe zu gewährleisten. In der Evaluation der Kommunalen Stadtteilgesundheitsförderung wird deutlich hervorgehoben, dass die persönliche und vertrauensvolle Einbindung der Personen, die Gesundheitsförderung praktizieren, in die Gremien des Stadtteils sowie deren Präsenz im Stadtteil dringend nötig sind (vgl. Landeshauptstadt München, 1996).

Grenzen zeigen sich, wo die ‚Zumutung' der Empowermentarbeit von den KlientInnen zurückgewiesen wird. Je massiver die soziale Benachteiligung, desto größer sind Phänomene wie ‚Demoralisierung' (vgl. Keupp 1994) oder erlernte Hilflosigkeit. Gerade dort, wo akuter Handlungsbedarf herrscht, sind die Prognosen für Empowerment nicht sehr günstig.

Bezüglich der BabysitterInnenbörse wird resümierend festgestellt: „Dabei muß insbesondere geprüft werden, ob der Anspruch, Eigeninitiative anzuregen, mit den Möglichkeiten und Ressourcen benachteiligten Mütter mit Kleinkindern zu vereinbaren ist" (Landeshauptstadt München 1998a, 14).

Nicht jede/jeder ist zu jedem Zeitpunkt in der Lage, sich selbst zu helfen. Fähigkeiten und Freiheitsgrade sind notwendige Voraussetzungen für Empowerment und Selbsthilfe und in der Bevölkerung ungleich verteilt. Nach Engelhardt erlahmen Selbsthilfeorganisationen in sozialen Brennpunkten, Selbsthilfeinitiativen sind von ‚Mittelschichtangehörigen' getragen (vgl. Engelhardt 1988).

Diese Widersprüchlichkeiten setzen sich auf politischer Ebene fort.

Die in Deutschland begonnene Infrastrukturbildung für Gesundheitsförderung wurde durch die Streichung vom § 20 SGB V stark eingeschränkt. Das Gesundheitssystem bleibt entgegen internationaler Tendenzen durch die Neufassung von § 20 ein vorrangig medizinisches Versorgungssystem, das kaum eine Anlaufstelle für den Aufbau von Gesundheitspotentialen darstellt (vgl. Illich 1981).

In dieser expertInnendominierten Gesundheitspolitik hat der Empowermentgedanke keinen Platz.
Ansätze zur Stärkung von Gesundheitsförderung und Selbsthilfe in den 'Eckpunkten zur Gesundheitsreform 2000', die u. a. auf ein Gesundheitssystem zielen", das die Selbstbestimmungsansprüche der Patientinnen und Patienten achtet, ihre Eigenkompetenz stärkt" (Eckpunkte zur Gesundheitsreform 2000, 1999, S.13), sind nur ein winziger Mosaikstein eines dringend notwendigen Reformprozesses, doch beleben sie die Hoffnung auf den Durchbruch salutogenetisch orientierten Denkens und auf die Modernisierung eines gesundheitlichen Versorgungssystems im Sinne von Empowerment.

Die empowerment-förderliche Arbeit, „benachteiligte Bevölkerungsgruppen zu unterstützen, selbstverantwortlich Einfluß auf die eigenen gesundheitlichen Belange – die Lebensbedingungen in Familie, Betrieb, Kommune, Region etc.

zu nehmen" (Mitteilungen der DGS 1998, S.116), fordert die Soziale Arbeit heraus

⇒ aus ihrem Schattendasein im bio-medizinisch dominierten Gesundheitssystem herauszutreten und für Gesundheit einzutreten, die seit ihren Anfängen immer ein intentionales, funktionales und institutionelles Thema war, sowie

⇒ im Sinne politischen Empowerments in Solidarisierung mit anderen ‚Gesundheitsberufen', Pflege- und Gesundheitswissenschaft zu einer Umverteilung von Macht und zu einer Veränderung des biomedizinisch dominierten Gesundheitssystems beizutragen.

Das Verhältnis zwischen dem Empowermentgedanken und seiner Verwirklichung in der Praxis Sozialer Arbeit bleibt in Teilbereichen widersprüchlich. Die Reflexion dieser Widersprüchlichkeit eröffnet jedoch Wege, sozialarbeiterisches Handeln in seiner dem gesetzten Ziel förderlichen oder hinderlichen Wirkung zu erkennen.

Literatur

Antonovsky, Aaron 1979: Health, Stress and Coping, London.

Antonovsky, Aaron 1997: Salutogenese. Zur Entmystifizierung der Gesundheit. Tübingen.

Eckpunkte der Gesundheits-Reform 2000, vereinbart zwischen den Arbeitskreisen „Gesundheit" der Fraktion SPD und Bündnis 90/Die Grünen und dem Bundesministerium für Gesundheit. In: Münchner Ärztliche Anzeigen, 1999, März, Nr. 13, 11 – 16.

Engelhardt, Hans-Dieter 1988: Selbsthilfeinitiativen als Herausforderung für die psychosoziale Versorgung. In: Selbsthilfezentrum München (Hrsg): Zurück in die Zukunft. Selbsthilfe und gesellschaftliche Entwicklung. München, 164 – 180.

Franzkowiak, Peter / Sabo, Peter [2]1998: Dokumente der Gesundheitsförderung. Mainz.

Herriger, Norbert 1997: Empowerment in der Sozialen Arbeit. Eine Einführung. Stuttgart, Berlin, Köln.

Illich, Ivan 1981: Die Nemesis der Medizin. Von den Grenzen des Gesundheitswesens. Reinbek.

Keupp, Heiner 1994: Psychologisches Handeln in der Risikogesellschaft: gemeindepsychologische Perspektiven. München.

Landeshauptstadt München, Referat für Gesundheit und Umwelt 1995: Rahmenkonzept der kommunalen Gesundheitsförderung im Stadtteil. München.

Landeshauptstadt München, Referat für Gesundheit und Umwelt 1996: Stadtteilbezogene Gesundheitsförderung in Milbertshofen - Abschlußbericht. München.

Landeshauptstadt München, Referat für Gesundheit und Umwelt 1998a: Gesundheitsförderung im Westend – Abschlußbericht. München.

Landeshauptstadt München, Referat für Gesundheit und Umwelt 1998b: Stadtteilgesundheitsförderung in Giesing – Abschlußbericht. München

Landeshauptstadt München, Referat für Gesundheit und Umwelt 1998c: Kommunale Stadtteilgesundheitsförderung. Fortschreibung des Rahmenkonzeptes. München.

Löns, Nikola 1997: Praktizierte Bürgerbeteiligung in der Kommunalen Gesundheitsberichterstattung – mehr als nur eine Vision. In: Homfeldt, Günther / Hünersdorf, Bettina (Hrsg.): Soziale Arbeit und Gesundheit. Neuwied, 229 – 121.

Münchner Merkur vom 24.11.1994.

Pflaumer, Elke 1994: Bildung und Gesundheit. Frankfurt.

Rappaport, Julian 1985: Ein Plädoyer für die Widersprüchlichkeit: Ein sozialpolitisches Konzept des „empowerment" anstelle präventiver Ansätze. In: Verhaltenstherapie und Psychosoziale Praxis, o. Jg. Februar, Nr. 2, 257 – 278.

Stark, Wolfgang 1996: Empowerment. Neue Handlungskompetenzen in der psychosozialen Praxis. Freiburg i. Br.

Stark, Wolfgang 1993: Die Menschen stärken. Empowerment als eine neue Sicht auf klassische Themen von Sozialpolitik und sozialer Arbeit. In: Blätter der Wohlfahrtspflege, 140 Jg., Februar, o. Nr., 41 – 44.

Seligmann, Martin 1979: Erlernte Hilflosigkeit. München.

Trojan, Alf 1993: Ohnmacht kränkt. Empowerment wirkt gesundheitsfördernd – Zur Stärkung der Selbsthilfe- und Durchsetzungsfähigkeit von einzelnen und Gruppen. In: Blätter der Wohlfahrtspflege. 140 Jg. Februar, o. Nr., 58 – 68.

Weltgesundheitsorganisation (WHO) 1998: Glossar Gesundheitsförderung. Gamburg.

Wendt, Wolf Rainer 1997: Case Management im Sozial- und Gesundheitswesen. Eine Einführung. Freiburg i. Br.

Empowerment und Stadtteilarbeit

Maria Luttringhaus

Empowerment - juchee! Sozialstaat adé?

Man kann schon skeptisch werden, wenn derzeit aus allen Lagern - egal ob konservativ, links oder rechts, kirchlich oder humanistisch - der Ruf nach bürgerschaftlichem Engagement, Partizipation, Selbstorganisation oder eben auch nach Empowerment tönt. Die Motive, die sich dahinter verbergen, erschließen sich oftmals erst bei genauem Hinhören oder kritischem Lesen.

„Lebenswirklichkeit zeigt ja, dass heutzutage Solidaritätspotentiale entstehen und ihre praktische Wirkung entfalten, ohne dass es sich im konkreten Fall immer um eine Notreaktion wegen des politischen Versagens, lebensgerechte Verhältnisse herzustellen, handelt. Wo sich etwas auf diese Weise selbst regeln läßt, kann man auf den Betreuungsstaat verzichten - das meint das Prinzip der Subsidiarität" (Schäuble 1994, 85).
Nicht selten verbirgt sich hinter der Absicht die Menschen zu bestärken der Trend den Sozialstaat abzubauen. Schließlich - so Wolfgang Schäuble - nehme das soziale Netz den Menschen die persönliche Verantwortung (ebd. 82). In diesem Sinne plädiert Schäuble dafür, schleunigst damit zu beginnen, „den Staat und die Gemeinschaft von unnötigen Aufgaben zu entlasten" (ebd. 91). Gelobt wird Selbstorganisation leider nur dann, wenn der Staat finanziell entlastet wird, wenn beispielsweise eigenverantwortlich Kinderbetreuung in Müttergruppen organisiert wird (ebd. 86). Dagegen ist ein Hoch auf die Selbstorganisationskräfte der Bauern rund um Gorleben oder die Initiative gegen den Bau einer Autobahn aus konservativen Kreisen wohl auch zukünftig kaum zu erwarten.

Keine Frage: Der Sozialstaat, wie er sich heute präsentiert, bedarf einer Reform. Empowerment erfordert aber nicht den Rückzug, sondern eine neue Offensive der Politik auf der Bundes-, Landes- und der kommunalen Ebene. Entsprechende Ansätze hierfür werden im folgenden skizziert.

Empowerment im Kontext von Spaltungsprozessen

Der Blick auf den gesellschaftlichen Kontext zeigt, dass die Förderung von Empowermentprozessen[1] von drei unterschiedlichen Spaltungsprozessen begleitet bzw. verschärft wird. Bereits in den 80er Jahren diagnostizierte man in den alten Bundesländern die Spaltung der Gesellschaft in ein benachteiligtes, unterprivilegiertes Drittel und zwei wohlhabende oder zumindest am gesellschaftlichen Reichtum partizipierende Drittel. Ein Trend, der in dem Bestseller von Schumann und Martin „Die Globalisierungsfalle" (1996) für die Zukunft sogar zur Spaltung in eine 4/5 Gesellschaft zugespitzt wurde. Lediglich ein Fünftel der Menschen, wird - so die Autoren - künftig noch für die Aufrechterhaltung des ökonomischen Systems nötig sein und wird am gesellschaftlichen Reichtum partizipieren.

Neben dieser grundsätzlichen Polarisierung und zunehmenden Verarmung, deren Ursachen vor allem im wirtschaftlichen Strukturwandel zu sehen sind, beschäftigt Soziale Arbeit ein weiteres zentrales Problem: die räumliche Konzentration von Armut in marginalisierten Stadtteilen, vor allem als Folge der Wohnungspolitik in den vergangenen Jahren: Die hohe und veränderte Nachfrage nach Wohnraum führte zur Verdrängung von MieterInnen mit geringem Einkommen, der Bestand preisgebundener Wohnungen verringerte sich, das Mietniveau stieg.

Als Folge zeigt sich eine hohe räumliche Konzentration von ökonomisch schwachen MieterInnen. In diesen Quartieren summieren sich Faktoren sozialer Ungleichheit wie Arbeitslosigkeit und andere ökonomische Benachteiligung mit lokalen Rahmenbedingungen wie dem Verfall der Wohnsubstanz und der Infrastruktur. Dies alles mündet in eine sich hochschaukelnde „Spirale der Benachteiligung" (Froessler et al 1994, 255) und zeigt sozialpolitische Folgen wie Vandalismus, Rassismus, Kriminalität, Resignation, Anstieg der Zahlen der Jugendhilfestatistik, geringe Wahlbeteiligung und Unterstützung rechtsradikaler Parteien. Das gilt auch für die Stadt Essen, auf deren Erfahrungen von Gemeinwesenarbeit bzw. Stadtteilbezogener Arbeit dieser Beitrag beruht.

Die Bedingungen in diesen gespaltenen Regionen verschärfen sich nicht nur, sondern führen zu einer Spaltung des unteren Drittels in eine Vielzahl konkurrierender, sich bekämpfender und gegenseitig bedrohender Grüppchen und Subkulturen: Arbeitslose Jugendliche organisieren sich gegen Obdachlose, türkische Jugendbanden machen Jagd auf deutsche Gangs (und umgekehrt), SozialhilfeempfängerInnen organisieren sich gegen Flüchtlinge etc. Diese

---

[1] Zur Begriffserklärung vgl. Stark 1996, 16 ff.

Kämpfe und Zersplitterungsprozesse finden auf dem Hinterhof der Wohlstandsgesellschaft statt, in den von der Stadtentwicklungspolitik vergessenen Stadtquartieren, unter den in der ausgegrenzten Stadt lebenden Armen, Arbeitslosen und AusländerInnen (vgl. Hinte 1994, 47).

Empowerment braucht neue Politik auf allen Ebenen

Die Spaltung der Gesellschaft geht also einher mit der Spaltung der Städte und der Spaltung der ModernisierungsverliererInnen in den Armutsquartieren. Diese drei Ebenen gilt es zu beachten, wenn Förderprogramme darauf ausgerichtet sein sollen, Menschen vor Ort zu befähigen, ihre Lebensverhältnisse mitzugestalten.

Auch wenn ich in diesen Ausführungen überwiegend Handlungsmöglichkeiten auf kommunaler Ebene betrachte, möchte ich bei der Suche nach Unterstützungsmöglichkeiten für Empowermentprozesse den Blick zunächst auf die *Bundes-* und *Landesebene* lenken. Im weiteren Verlauf wird überwiegend die lokale bzw. kommunale Ebene fokussiert, da sie den Alltag von Menschen prägt und viele Möglichkeiten bietet, die eigenen Lebensbedingungen mitzugestalten.

Auf Bundes- und Landesebene geht es mehr denn je um eine gerechtere Verteilung von Ressourcen innerhalb der Gesamtgesellschaft. Dies kann jedoch bei schrumpfenden Mitteln nur durch eine neue Qualität sozialer Politik auf allen Politikfeldern erreicht werden.

Der Bereich des Sozialen liegt nicht parallel, sondern quer zu den anderen Feldern kommunaler Politik, selbst wenn die typische Linienorganisation der öffentlichen Verwaltung anderes suggeriert. Für die MitarbeiterInnen der Sozialen Arbeit ist dies die Einladung, sich offensiv und aktiv in die Politikfelder einzumischen, die viele Jahre auf ganzer Linie versagten: Beschäftigungspolitik, Wirtschaftsförderung, Wohnungspolitik, Stadtentwicklung usw. Dies hat aber auch zur Konsequenz, dass die Landesministerien ihre Politik qualifizieren müssen: Um nun nicht lediglich die Folgen gesellschaftlicher Fehlentwicklung reaktiv und isoliert zu bearbeiten, bedarf es neben den zielgruppenspezifischen Strategien auch der Territorialisierung von Politiken und der Vernetzung der unterschiedlichen Ressorts und Aktivitäten.

In der Regel gibt es in jedem Ministerium verschiedene Fördertöpfe, die unverbunden nebeneinander liegen. Für die MitarbeiterInnen auf kommunaler Ebene ist es ein immenser Arbeitsaufwand, die Projekte, die sich für eine Vielzahl von Fördertöpfen eignen, im Sinne *einer* Sache zusammenzuführen. Da stößt man auf Barrieren, Ressentiments oder auf die Furcht, dass ein anderes Ressort bevorzugt werden könnte (was im übrigen genauso für die kommunale Ebene zutrifft). Diese vorherrschende Ressortborniertheit ist nachvollziehbar, weil man schließlich qua Arbeitsauftrag VertreterIn des eigenen Bereichs ist und es in den Verwaltungen kaum VertreterInnen des „Ganzen" gibt.

Nordrhein-Westfalen (NRW) beschritt bereits vor Jahren neue Wege und legte ein Landesprogramm mit dem Titel auf: *Integriertes Landesprogramm für Stadtteile mit besonderem Erneuerungsbedarf.*
Die positiven Erfahrungen, die mit sozialräumlichen Ansätzen in NRW auf der kommunalen Ebene seit vielen Jahren gemacht werden, und die Maxime, dass das Rad in den einzelnen Kommunen nicht immer neu erfunden werden muss, waren Anlass für das damalige Ministerium für Stadtentwicklung und Verkehr (MSV), die Erfahrungen zu verknüpfen und ein Programm zu entwickeln, das ausdrücklich interdisziplinäre und bereichsübergreifende Stadtteilentwicklung fördert. NRW war lange Zeit das einzige Land, das auf Landesebene und durch einen interministeriellen Arbeitskreis ausdrücklich „integrierte Handlungskonzepte" für benachteiligte Gebiete unterstützte. Hier bündeln auf der Basis von ministeriumsübergreifenden Leitlinien verschiedene Ministerien Ressourcen und vergeben sie für bestimmte Territorien. Eine für Empowermentprozesse zentrale Leitlinie, die bei der Vergabe geprüft wird, ist, inwieweit in der Projektarbeit in diesen Sozialräumen das Prinzip der Partizipation bzw. der Stärkung und Entwicklung der endogenen Potentiale, also der Selbsthilfekräfte der BewohnerInnen, beachtet wird (vgl. dazu Ministerium für Stadtentwicklung und Verkehr des Landes NRW 1994). Im Rahmen der Koalitionsverhandlungen wurde 1998 vom Bund ein Programm eingerichtet, das der gleichen Philosophie folgt: Das Bundesprogramm für „Stadtteile mit besonderer Entwicklungspriorität".

„Integriertes Handeln" bedeutet nicht einfach „mehr von dem Bisherigen", sondern meint, dass durch das *bereichsübergreifende* Zusammenspiel verschiedener Akteure Synergieeffekte und damit ein „Mehr" an Wirkung (also ein „Mehrwert" ganz anderer Art) erzielt werden kann. Es geht um das Zusammenspiel von verschiedenen Institutionen und Akteuren aus dem privaten und öffentlichen Bereich und zwar unter Einbeziehung der BewohnerInnen. Unterschiedliche Ziele werden im Rahmen von „Mehrzielprojekten" gebündelt. Bauliche Maßnahmen werden in integrierten Konzepten beispielsweise mit stadtteilorientierten Beschäftigungs- und Qualifizierungsmaßnahmen gekoppelt und mit Arbeitslosen aus dem Stadtteil durchgeführt. Oder ein denkmalgeschütztes Gebäude wird zum Teil als Sportzentrum, zum Teil als Kindergarten genutzt und mit einer Beschäftigungsinitiative unter Berücksichtigung ökologischer Zielsetzungen umgebaut. Integrierte Politik heißt, dass alle Ressorts *gemeinsam* im Sinne der Bedarfe eines sozialen Raumes agieren und nicht vorrangig nach den Zielen des eigenen Ressorts. Für das Projekt bekommt zwar eine Beteiligte die Regiekompetenz zugesprochen, doch das Produkt ist ein gemeinsames. Bedurfte es früher vieler Argumente, um überhaupt solche Mischkonzepte finanziert zu bekommen, so sind diese heute bereits vielerorts ausdrücklich gewünscht. Die Förderrichtlinien unterschiedlichster Programme regen an, vom sozialen Raum her zu denken: Wie sind dort die Bedarfe (Was ist erforderlich)? Wie können die Ressorts den Bedarfen dienen und nicht wie so oft die Bürger/innen den Ressorts? Wie können vor Ort die Fähigkeiten der Menschen gestärkt werden? Auf konkrete Praxisbeispiele hierfür werde ich später mit Blick auf die Stadtteilebene eingehen.

Auf der Ebene des Kreises oder der Stadt geht es um die Konkretisierung bzw. Initiierung des oben beschriebenen integrierten Handlungsverständnisses durch kommunale Politik, städtische Ämter und Arbeitsverwaltung, also um die Umsetzung in konkrete Projekte. Das Etikett „Sozialarbeits-Projekt" ist dabei für bereichsübergreifendes Arbeiten mit Querverbindungen zu Themen wie Wohnen, Arbeiten, Qualifizierung / Ausbildung, Wohnumfeld viel zu eng gefasst. Die Erfahrungen in der Essener Stadtteilarbeit haben gezeigt, dass die schwerpunktmäßige Anbindung an die Instanzen Sozialer Arbeit nicht selten hinderlich ist. Die Projekte in den verschiedenen Stadtteilen heißen deshalb inzwischen *Stadtteilentwicklungsprojekte*, denn würden wir uns in Essen auch begrifflich auf das „Soziale" beschränken, würden wir uns die Zugänge zu jenen Bereichen verschließen, in denen die Ressourcen liegen. Auf der Ebene der Gesamtstadt geht es zum einen darum, Geldströme in die benachteiligten Gebiete umzulenken, die von der Reststadt abgespalten sind, und zum anderen darum, über neue Kooperationsstrukturen zwischen den verschiedenen Ämtern, Vertretern von Arbeitsamt, Privatwirtschaft, Verbänden, Universitäten usw. die Rahmenbedingungen „von oben" so zu verbessern, dass die vorhandenen Ressourcen unkomplizierter „von unten" gebündelt und effektiver genutzt werden können. Ziel ist eine Struktur, auf die die MitarbeiterInnen an der Basis zurückgreifen können, um nicht bei jedem einzelnen Projekt stets mühsam die verschiedenen Ansprechpartner/Innen suchen und die Fäden zusammenknüpfen zu müssen.

In Essen bündelt ein/e Koordinator/in für die ausgewählten „Stadtteile mit besonderem Erneuerungsbedarf" die Belange innerhalb der Verwaltung. Eine andere Person – der / die StadtteilmoderatorIn - organisiert und moderiert die Prozesse vor Ort. Die Tatsache, dass beide Personen ihr Standbein in unterschiedlichen Bereichen haben und ihr Spielbein im jeweils anderen System, ermöglicht eine effektive Kooperation.

Die aktivierende Kommune als Basis von Empowerment-prozessen

Von der Stadt Essen wurden in Kooperation mit dem universitären Institut für Stadtteilbezogene Soziale Arbeit und Beratung (ISSAB) die sogenannten „Ansätze Integrierter Kommunalpolitik" als Leitlinie entwickelt und vom Rat der Stadt verabschiedet (vgl. dazu Stadt Essen 1997). Ziel ist es, entsprechend dem Landesprogramm, die Potentiale eines Stadtteils aufzugreifen, zu bündeln und weiterzuentwickeln, um die materielle und immaterielle Infrastruktur und die Vielzahl ungenutzter Ressourcen für die Lebenswelt nutzbar zu machen. Um dabei nichts „von oben" überzustülpen, sondern an den Bedarfen der Lebenswelt anzusetzen, wurden in dem Ratsbeschluss vor allem zwei Handlungslinien festgeschrieben, die Empowermentprozesse unterstützen:

- Die BewohnerInnen sollen zur *Partizipation* aktiviert und es sollen die dabei anfallenden Organisationsprozesse unterstützt werden. Interessen aus dem Stadtteil und Konflikte sollen aufgegriffen werden;

- Neue und vielfältige *Formen* der Partizipation sollen genutzt werden, um der Forderung nach einer demokratischen Beteiligung aller Bevölkerungsgruppen zu entsprechen und den Bedeutungsverlust parlamentarischer Instanzen und traditioneller Verfahrensformen auszugleichen. Die Partizipationsformen müssen niederschwellig sein und den jeweiligen Lebenswelten entsprechen. Wenn hier von neuen Formen die Rede ist, dann sind ausdrücklich nicht nur solche Partizipationsformen gemeint, die denjenigen BewohnerInnen gerecht werden, die ohnehin in der Lage sind, den Begriff *Workshop* zu verstehen und die unter einer *Werkstatt* auf Anhieb eine moderierte Gruppenrunde und keinen Handwerkerraum assoziieren.

Lebenswelt- und Sozialraumorientierung als Standards der Förderung von Empowerment

Wie kann die Umsetzung solcher Leitlinien in der Arbeit vor Ort gelingen? Wie können Menschen aktiviert und befähigt werden, die Lebensbedingungen in ihrem Umfeld mitzugestalten? Unsere Antwort: Durch sozialraumbezogene Arbeitsansätze bzw. durch Gemeinwesenarbeit (GWA).

Das Arbeitsprinzip GWA beruht auf dem Prinzip der Lebensweltorientierung (vgl. dazu Oelschlägel 1988), das auch das oberste Prinzip für Empowermentprozesse bildet. Empowerment-Prozesse, die in Eigeninitiative erfolgen oder professionell begleitet oder unterstützt werden (nach dem Motto: *Mit den Leuten - nicht für die Leute*), können nur dort erfolgreich sein, wo es gelingt, an den zentralen Themen der Menschen anzusetzen, egal, wie man dies dann benennt: Betroffenheit, Wille, Bedarf, Bedürfnis o.ä. Die Herausforderung für Soziale Arbeit besteht darin, Lebenswelten zu erfassen. Dieter Oelschlägel skizziert die Lebenswelt als Summe unserer Optionen, als „Möglichkeitsraum", der aus der Schnittmenge von objektiven Rahmenbedingungen und der jeweiligen subjektiven Einschätzung des Menschen (Binnenperspektive) entsteht.

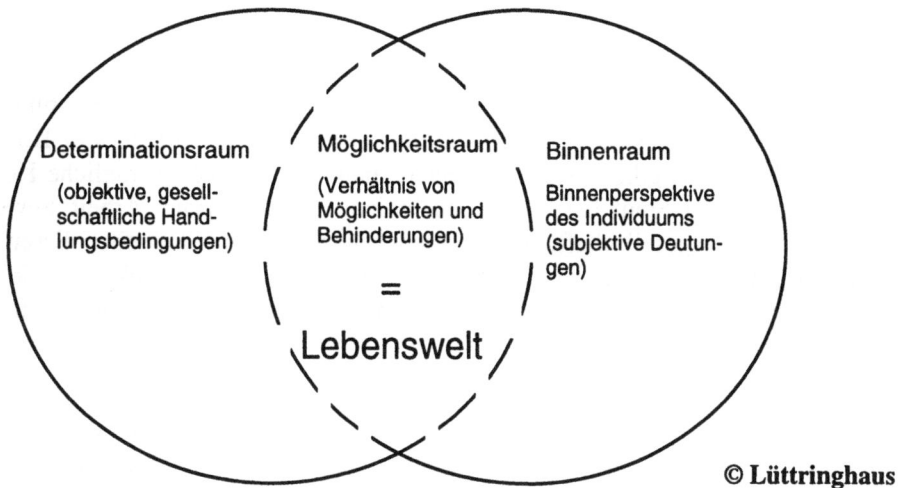

© Lüttringhaus

Wer Menschen befähigen will, den eigenen Möglichkeitsraum zu erweitern, muss innerhalb ihrer Lebenswelt agieren. SozialarbeiterInnen gehen hier nicht belehrend und pädagogisierend mit Erkenntnissen aus ihrer eigenen Lebenswelt vor, sondern vermittelnd, klärend und organisierend. Es gilt, den Lebensalltag zu unterstützen, einerseits durch Beziehungsarbeit und andererseits durch Ressourcenarbeit. Soziale Arbeit greift zu kurz, wenn sie sich dabei auf Beziehungsarbeit reduziert und gebetsmühlenartig Hilfe zur Selbsthilfe beschwört, dann aber die einzelne Personen oder Hilfesuchenden alleine lässt wenn es darum geht, notwendige Grundlagen zu schaffen (z.B. kommunikative Treffpunkte, Spielmöglichkeiten usw.). Ziel Sozialer Arbeit ist die Verbesserung von Lebensqualitäten in benachteiligten Lebenswelten - und das beinhaltet Beziehungsarbeit *und* Ressourcenarbeit. Der Blick auf die Lebenswelten zeigt, dass es vor allen Dingen die sozialen Räume sind, die unsere Erfahrungen und Beziehungen strukturieren, die Entfaltungsmöglichkeiten bieten oder behindern. Soziale Räume sind durch den sehr unterschiedlichen Aktionsradius der Menschen geprägt (weniger die bürokratisch gesetzten Bezirks-

und Gemeindegrenzen). Vor allem bei ökonomisch benachteiligten und wenig mobilen Bevölkerungsgruppen ist das direkte Wohnumfeld von großer Bedeutung. Hier gilt es, Voraussetzungen zu schaffen für „Hilfe zur Selbsthilfe". Der soziale Raum ist damit zentraler Ansatzpunkt für lebensweltorientierte Arbeit (vgl. dazu insbesondere Ries et al. 1997; Hinte / Litges / Springer 1999).

Empowerment im Stadtteil

Die Essener Stadtteilarbeit

Die Arbeit des „Institut für Stadtteilbezogene Soziale Arbeit und Beratung" (ISSAB) der Universität Gesamthochschule Essen basiert auf diesem Konzept. In der Praxis gibt es seit mehr als 15 Jahren eine enge vertragliche Kooperation mit der Stadt Essen und den Freien Trägern sozialer Arbeit sowie einer Wohnungsgesellschaft. In mehreren benachteiligten Stadtteilen Essens wurden Stadtteilprojekte eingerichtet, insbesondere dort, wo Strukturwandel, Einkommensarmut und Wohnungsnot neben anderen Faktoren zu einer Ausbildung von kleinräumigen Gebieten mit einer hohen Konzentration von Problemlagen und gleichzeitig zu sozialem Rückzug geführt haben.

In den Stadtteilen der Essener Projekte wurden kleine Ladenlokale oder Wohnungen angemietet. Sie sind Anlauf- und Kristallisationspunkt der Stadtteilarbeit: Hier können sich BewohnerInnen informell bei einer Tasse Kaffee treffen. Es finden unterschiedliche Gruppenaktivitäten statt oder die Beratung durch Soziale Dienste, aber auch durch Wohnungsbaugesellschaften, Verbraucherberatungsstellen etc. Aber: Die Einrichtung eines Büros bildet nicht den Kern der Stadtteilarbeit. Dieser wird geprägt durch eine Vielzahl von Institutionen, die sich vernetzen und im Rahmen ihrer Kooperation gemeinsamen Leitlinien folgen, insbesondere den Prinzipien Stadtteilbezogener Sozialer Arbeit (vgl. dazu Hinte 1991b).

Die Prinzipien Stadtteilbezogener Sozialer Arbeit als Grundlage für Empowerment im Stadtteil

- Bedürfnisorientierung
  Wir fragen die Menschen: Was wollt ihr? und nicht: Was braucht ihr? Letzteres signalisiert eine patriarchale, fürsorgerische Haltung „von oben".Stattdessen werden die Menschen nach ihren Vorstellungen, Wünschen und vor allem auch nach ihren Stärken gefragt und als PartnerInnen behandelt. Die BewohnerInnen werden aktiviert und unterstützt, ihre An-

gelegenheiten selbst in die Hand zu nehmen, und zwar da, wo sie der Schuh drückt und nicht dort, wo Professionelle einen Handlungsbedarf sehen.

- Aktivierung
Die zweite Frage lautet: Was könnt ihr selbst dazu beitragen, damit das passiert? Es geht nicht darum, die BürgerInnen zu fragen, was sie wollen, um das dann anschließend für sie zu tun. Das fördert die so oft beklagte Wohlfahrtsmentalität. Soziale Arbeit, aber auch Politik und Verwaltung, unterstützen die BürgerInnen darin, was sie nicht selbst tun können. Sie übernehmen sozusagen diese Restmenge.

- Stadtteilbezogene soziale Arbeit greift immer zuerst auf die im Stadtteil vorhandenen Ressourcen zurück. Es gilt, die materiellen Ressourcen zu bündeln. Das kann anfangen bei einer Liste über mobiles Material: Wer hat welche Spiele, Tische, Bänke bis hin zu Räumen, Kopierer, Kleinbus usw. Das Gleiche gilt für die Suche nach Menschen, die uns unterstützen können.

- Bereichsübergreifendes integriertes Handeln
Der Arbeitsansatz überschreitet die herkömmlichen Grenzen des Berufsfeldes, mischt sich ein in Stadtplanung, Kommunal-, Arbeitsmarkt- und Wohnungspolitik und zielt auf die Verbesserung des sozialen und kulturellen Lebens sowie der baulichen und ökonomischen Strukturen.
Kooperatives Arbeiten gelingt unter anderem mit Hilfe der Vernetzung. Vernetzung ist dabei kein Ziel. Die Einrichtung eines Gremiums bedeutet noch lange keine Lösung eines Problems, sondern ist ein Schritt, um das originäre Ziel der Verbesserung der Lebensverhältnisse der BewohnerInnen zu erreichen. Doch angesichts quantitativ vielfältiger Vernetzungspraktiken besteht die Gefahr, sich beim Vernetzen zu „verstricken" nach dem Motto: Wenn ich nicht mehr weiter weiß, gründe ich einen Arbeitskreis. Man hetzt von einer Versammlung zur nächsten, ist über fast alles informiert, hat aber darüber hinaus noch nichts Konkretes getan. Profis beschäftigen sich dann nur mit Profis. Außerdem führt Vernetzung oft dazu, dass Probleme lediglich weiterdelegiert werden. Vernetzungsrunden werden dann zum Verschiebebahnhof: Beispielsweise erfahren LehrerInnen einer Schule durch den Mitarbeiterkreis, dass der ASD für schwierige Kinder zuständig ist. Sie schicken nun all diese Kinder zum ASD und sehen sich der Verantwortung enthoben. Vernetzung, von der wir sprechen, muss sich immer an der konkreten Fragestellung messen lassen: Kommen wir dadurch dem Ziel näher, die Verhältnisse in der Lebenswelt zu verbessern (vgl. dazu Hinte 1997).

- Verbesserung der materiellen Situation: Es geht immer auch um bessere materielle Grundlagen: der infrastrukturellen Bedingungen im Ortsteil, der Wohnverhältnisse, des Wohnumfeldes etc.

Um die Prinzipien Stadtteilbezogener Sozialer Arbeit zu verdeutlichen, folgen nun einige Beispiele. Es sind Exempel für laufende kleinere Aktivitäten, die den Ansatz illustrieren und die vorwiegend von Freiwilligen aus den Stadtteilen getragen werden. Diese Beispiele besagen nicht, dass sie überall funktionieren, denn die Ausgangslage ist in jeder Kommune anders. Die im Folgenden aufgeführten Projekte stammen alle aus dem kleinsten Essener Stadtteilprojekt, dem Stadtteil Bergmannsfeld, einer Neubausiedlung mit ca. 1800 Haushalten und ca. 6000 BürgerInnen. Der Blick auf die Sozialstruktur zeigt eine überdurchschnittliche Konzentration benachteiligter Bevölkerungsgruppen. Hier kooperieren die Stadt Essen, die Wohnungsgesellschaft LEG-Wohnen NRW, die UNI/GH Essen und der Sozialdienst katholischer Frauen (SkF). Die Arbeit wird unterstützt von vielen ehrenamtlich tätigen BewohnerInnen des Stadtteils.

An dieser Stelle sollte erwähnt werden, dass es sich bei allen Ehrenamtlichen dieser Aktivitäten eben nicht um die typisch ehrenamtlich engagierten MittelschichtsbürgerInnen handelt, sondern überwiegend um SozialhilfeempfängerInnen.

Beispiele für Aktivitäten Stadtteilbezogener Sozialer Arbeit

- Da gibt es beispielsweise den *Mittagstisch*, der demnächst dreimal wöchentlich für zwei Stunden im evangelischen Gemeindehaus angeboten wird und sich an alle BewohnerInnen des Bergmannsfelds richtet. Durch die Kooperation mit der „Essener Tafel" und einer Qualifizierungsmaßnahme für Jugendliche im Bereich Hauswirtschaft kann den BürgerInnen hier eine ausgewogene und kostengünstige Mahlzeit geboten werden. Zudem entlastet er die Mütter von der Kocharbeit, denn das Essen kann mit nach Hause genommen werden. Der Mittagstisch dient aber vor allem auch als Treffpunkt, um alte Bekanntschaften zu pflegen und neue zu knüpfen. Der Mittagstisch wird wesentlich mitgetragen von ehrenamtlichen Männer und Frauen aus dem Stadtteil und jeweils von ca. 70 bis 100 BesucherInnen genutzt.

- Eine 14-köpfige *Zeitungsgruppe* gibt einmal im Monat eine Stadtteilzeitung heraus. Auslöser für die Gruppenbildung war der im Frühstückstreff mehrfach geäußerte Wunsch, Computerkenntnisse zu erwerben. Daraufhin wurden vor Ort (und nicht in der fernen Volkshochschule) mehrere Kurse angeboten. Die BürgerInnen wollten die erworbenen Kenntnisse dann auch praktisch nutzen und hatten die Idee, eine Zeitung herauszugeben. Seit mittlerweile fünf5 Jahren trägt eine buntgemischte Redaktionsgruppe dazu bei, regelmäßig über die Belange des Stadtteils zu berichten. Diese Stadtteilzeitung bedurfte ein Jahr nach der Initiierungs- und Aktivierungsphase durch den Stadtteilkoordinator keiner professionellen Begleitung mehr. Die Kompetenzen und das Selbstbewusstsein, das sich bei den Mitgliedern der Gruppe herausgebildet hat, sind beachtlich.

- Ebenfalls einmal in der Woche hat ein *Second-Hand-Laden* geöffnet, der überwiegend von ehrenamtlichen Frauen getragen wird. Die Einnahmen von wöchentlich ca. 200,- DM bis 400,- DM fließen in Form von Spenden in den Stadtteil zurück. Die Frauen sind mittlerweile in den Mitarbeiterkreis eingebunden, damit sie einen Einblick erhalten, wofür die Gelder gebraucht werden. Der Second-Hand-Laden ist aber nicht nur eine materielle Ressource für den Stadtteil, sondern ebenso einmal in der Woche ein Kommunikationstreff, der zur Stärkung des Selbstbewusstseins der Ehrenamtlichen beiträgt.

- Darüber hinaus gibt es *Mutter-Kind-Gruppen* und viele größer angelegte *Mietergarteninitiativen*, mit denen versucht wird, in Kooperation mit der Wohnungsgesellschaft das sog. „Abstandsgrün" neu zu nutzen. Es gibt *Spielplatzinitiativen*, die tägliche Lebensmittelverteilung der Spenden der „*Essener Tafel*", einen *Frühstückstreff*, regelmäßige „*Runde Tische*" und *Bewohnerversammlungen*, *Stadtteilfeste* (auch kleinräumig), regelmäßig organisierte *Flohmärkte* (um der schlechten ökonomischen Situation etwas entgegenzusetzen), ein *Sonntagsangebot im Jugendbereich* (gerade der Sonntag zeigt sich für viele Familien sehr konfliktträchtig), stadtteilorientierte *Kulturangebote* und *Ausflugsfahrten* (um Kultur niederschwellig anzubieten und Kommunikation zu fördern), einen *türkischer Frauentreff*, *Aufräumtage* u.v.m.

Wer Empowerment ernst nimmt, muss Motivation suchen anstatt zu motivieren

Wie motiviert man die Leute, mitzumachen und die eigenen Anliegen ernst zu nehmen und sich zu engagieren? Unsere Antwort: Genau zuhören, Kontakt suchen, Menschen zusammenbringen und sie dann darin unterstützen, die Dinge gemeinsam anzupacken. Anstatt Menschen für Themen zu interessieren, von denen die Fachkräfte denken, dass sie für die Betreffenden wichtig sind, suchen wir die tatsächlich vorhandenen Anliegen und damit die Motivation der Menschen, mit denen wir arbeiten. Dazu werden in den Projektgebieten in Essen regelmäßig aktivierende Befragungen in unterschiedlichen

Bereichen organisiert – z. B. in einer größeren Siedlung, in einem Hochhaus oder um einen Platz herum. Eine aktivierende Befragung will keine vorher festgelegten Kategorien erfassen, sondern will wie es der Name sagt aktivieren. Es werden grundsätzlich nur offene Fragen gestellt: Wie gefällt es Ihnen hier? Wie lebt's sich hier? Was finden Sie gut, was schlecht? (vgl. dazu Hinte/Karas 1989, 141ff., Lüttringhaus 1998). Die Kunst besteht darin, offen zu fragen und keine „Schublade" in Form von Stichpunkten vorzugeben, da sonst genau das passiert, was wir alle seit unsere Schulzeit kennen: Die Befragten sagen nicht, was sie denken, sondern antworten darauf, was sie meinen, was das Gegenüber hören will! Des Weiteren müssen pauschale Antworten konkretisiert werden (z.b.: Was ist „gut"? Was meinen Sie konkret, wenn Sie von einem verdreckten Stadtteil reden?). Im Rahmen einer aktivierenden Befragung fragen wir auch nach Ideen zur Veränderung und laden ein zu einer Versammlung, die dazu dient, Menschen mit gleichen Anliegen zusammenzuführen und sie zu unterstützen, eigene Belange selbst in die Hand zu nehmen.

Empowern - nicht auspowern!

Bei den Aktivitäten, die soeben beschrieben wurden, handelt es sich zu einem großen Teil um die Arbeit von Freiwilligen (oftmals mit legitimen Eigeninteressen), die nicht nur initiiert, sondern in vielen Fällen begleitet werden muss. Es bedarf behutsame Unterstützung, gepaart mit Lob und Anerkennung (z.B. durch Öffentlichkeitsarbeit, Ausflüge, geselliges Zusammensein usw.), es bedarf Organisationshilfen und immer wieder regelmäßiger Konfliktmoderation und Konsenssuche. Was die Effekte dieser Arbeit angeht, so sehen die eher funktional Denkenden (was auch wichtig ist) in erster Linie die Ressourcen, die hier mobilisiert werden. Andere sehen dahinter eher die Lern- und Wachstumseffekte der ehrenamtlich Engagierten und freuen sich, wenn die eine Mitarbeiterin oder der andere Mitarbeiter das Selbstbewusstsein entwickelt, sich z.B. eine Arbeit zu suchen oder überhaupt neue Wege zu gehen. Oder sie bemerken die wachsende Identität, das veränderte Klima und das neue „Miteinander" im Stadtteil. In Fachkreisen schwärmt man von der Idee des *Kommunitarismus* und vom *Empowerment*, in der Politik von der *Bürgergesellschaft*, und in den Verwaltungen von der *bürgerorientierten Kommune,* in der plötzlich die sonst ach so verdrossenen BürgerInnen wieder selbst aktiv werden. Die Menschen im Stadtteil schätzen es, andere Leute kennen zu lernen und sich auszutauschen. Sie merken, dass sie ihre Lebensbedingungen verändern können. Sie identifizieren sich stärker mit ihrem Stadtteil. Und wenn wir fragen, warum sie sich engagieren, erhalten wir spontan meist die prägnante Antwort: „Weil es Spaß macht."

Stadtteilmanagement und Empowerment

Die zunehmende Bedeutung von Managementaufgaben in der Stadtteilarbeit wurde aus den vorausgegangenen Ausführungen und vor allem aus den Projektbeispielen bereits deutlich. Die Grundprobleme in der Projektentwicklung sind hinreichend bekannt. Da gibt es beispielsweise Menschen, die etwas tun wollen, aber sie haben keine Ideen, um aktiv zu werden. Und dann gibt es auf der anderen Seite Menschen, die Ideen haben. Sie wissen zwar nicht, wie man diese realisieren könnte, aber die sprühen nur so von Anregungen, die gut sind. Diese Menschen können manchmal durchaus nerven, wenn sie nichts davon umsetzen. Wenn eine Idee einem tatsächlichen Bedarf entspricht, müssen die IdeenentwicklerInnen mit den DurchführerInnen zusammengebracht werden. Die Bedarfe kennen wiederum diejenigen, die vor Ort sind, und manchmal decken sich die Bedarfe mit den kommunalen Statistiken: dem erfassten Bedarf an Spielflächen, an Seniorenangeboten usw. Aber in diesen städtischen Bedarfsplänen tauchen eben nur die Bedarfe auf, nicht die Ideen und die möglichen UnterstützerInnen. Des Weiteren gibt es häufig isolierte Ressourcen wie Räumlichkeiten, Material oder Förderprogramme. Wir haben also vier Bereiche: Menschen, Bedarfe, Ideen und Ressourcen. Die Kunst des Projektmanagements besteht darin, vier Bereiche zu integrieren und zu bündeln. Und genau daran - so simpel das hier auch klingt - scheitern viele Maßnahmen (vgl. dazu Hinte 1996). Wir haben in Essen durch die Stadtteilentwicklungsprojekte gelernt, wie wichtig es ist, gleichsam quer zu der Organisation des gesamten Stadtteils auch in Einzelprojekten zu denken und diese Bündelung vorzunehmen. Die Aufgabe sozialraumbezogener Arbeit ist es, den Stadtteil zu organisieren und quer dazu (nicht parallel dazu) Einzelprojekte zu initiieren, also nicht nur Bürgergruppen aufzubauen, sondern die bereits erwähnten integrierten „Mehrziel-Projekte" mit oft bis zu 15 - 20 KooperationspartnerInnen zu installieren. Das geschieht in vielen Fällen mit Bewohnerbeteiligung, manchmal aber auch ohne - je nach Zieldefinition und Entwicklungsstand der Projekte.

Projektbeispiele

In einem Projektgebiet wurden beispielsweise sechs Schulhöfe umgestaltet. Dies geschah in Kooperation mit einer Beschäftigungs- und Qualifizierungsmaßnahme, verbunden mit einem intensiven und anregenden Planungsprozess mit den Eltern und SchülerInnen. Es handelte sich hier um Projekte, die auch zum „Mitbauen" einluden. Wer in benachteiligten Stadtteilen an den Stärken der Menschen ansetzen will, darf sich nicht auf die Durchführung von Workshops beschränken. Als Effekte des gemeinsamen Planungsprozesses zeigten sich eine verbesserte Kooperation der LehrerInnen an den Schulen, ein intensivierter Austausch unter den Schulen, weniger Aggressivität und Vandalismus auf dem Schulhof, eine Stärkung der Elterngruppen in den Klassen, ein neues Image und Engagement der Fördervereine sowie eine stärkere Beteiligung einzelner Schulen in den Gremien des Stadtteils (Mitarbeiterkreise; Stadtteilkonferenz usw.).

In einem anderen Stadtteil wurde die „Bergmannshütte" als Haus für die MieterInnen einer Hochhaussiedlung gebaut. Für sie ist das Haus ein Treffpunkt, den sie vor allem abends und am Wochenende nutzen können, um private Feste etwas lauter feiern zu können. Für die MitarbeiterInnen der Sozialen Dienste bietet die „Bergmannshütte" ideale Räumlichkeiten für diverse Angebote. Sie wurde in ökologischer Bauweise mit Landesfördermitteln durch die Wohnungsgesellschaft in Kooperation mit einer Beschäftigungsgesellschaft errichtet. Ein Drittel der Jugendlichen, die an dieser Maßnahme teilnahmen, kamen aus dem Stadtteil. Auch hier erfolgte im Rahmen des Planungsprozesses im Vorfeld ein intensiver Beteiligungsprozess der BewohnerInnen. Weitere Effekte waren: die Kooperation der Sozialen Dienste mit der Wohnungsgesellschaft wurde verstetigt, weitere Projekte im Wohnumfeld folgten (Mietergärten, Spielplatzerneuerung), und die Jugendlichen aus dem Stadtteil waren bei der Einweihungsfeier „stolz wie Oskar" und wurden von den Nachbarn nun nicht mehr als die „Chaoten" von nebenan betrachtet.

Ein weiteres Projekt ist die Neugestaltung einer Zechenmauer. Beteiligt waren hier die Internationale Bauausstellung Emscherpark (IBA), die Stadt, die Landesentwicklungsgesellschaft, das Stadtteilprojekt, das Kulturamt u.v.m. Ausgangspunkt war der geplante Abriss einer 250 m langen maroden Zechenmauer, die durch eine neue Betonmauer ersetzt werden sollte. Damit war klar: Der zukünftige glatte Beton würde Graffiti-Sprayer anlocken. Ein engagierter Mitarbeiter der Stadt hatte nun die Idee, stattdessen das „größte Mauerkunstwerk Deutschlands" zu initiieren. Um die Idee hinreichend publik zu machen, zog zunächst eine Bergmannskapelle die Mauer entlang, um diese im Rahmen eines kleinen Festes zu verabschieden. Ein europaweiter Kunstwettbewerb wurde ausgeschrieben, da es dafür EG-Gelder gab. Grundlage für den Ausschreibungstext des Kunstwettbewerbs bildeten die ausgehandelten Ergebnisse von neun „Runden Tischen" mit den BürgerInnen. Die Treffen im Vorfeld boten eine wirkungsvolle Möglichkeit, miteinander in Diskussion zu treten. Nachdem zunächst zwei Fronten aufeinander stießen - die KunstvertreterInnen auf der einen Seite und die „Begrünungs-Fans" auf der anderen Seite (Motto: „Wir wollen Grün statt Fratzen") -, kam es mittels der vielen Treffen tatsächlich zu einer Annäherung der beiden Lager. Durch den rechtzeitig initiierten kontinuierlichen, offenen Planungsprozess konnte Vertrauen entstehen und gegenseitige Lerneffekte erzielt werden. Der Künstlerwettbewerb wurde mit einer Werkstatt im Stadtteil eingeleitet, bei dem die Bürger-Innen den

KünstlerInnen ihre Vorstellungen vortrugen. Nach Abschluss des Wettbewerbs wurden die Entwürfe ausgestellt und das Votum des Stadtteils per Abstimmung eingeholt. Auch die abschließende Fachjury war zur Hälfte mit BürgerInnen als ExpertInnen ihrer Lebenswelt besetzt. Die Ergebnisse der Jury als auch des Stadtteilvotums waren nahezu identisch, d.h. drei der eingereichten Entwürfe kamen in die engere Wahl. Daraufhin wurde beschlossen, den drei nominierten KünstlerInnen vorzuschlagen, einen gemeinsamen Entwurf zu erarbeiten. Die Gruppe aus BürgerInnen und VertreterInnen aus Politik und Verwaltung, die sich mittlerweile hervorragend zusammengefunden hatten, bestimmten, dass diese drei KünstlerInnen für eine Woche lang in einen Raum „gesperrt" werden sollten, um einem gemeinsamen Entwurf zu erarbeiten. Erst dann sollte das restliche Preisgeld ausbezahlt werden. Da sehr wohl Konflikte unter den KünstlerInnen abzusehen waren, wurde in der gemeinsamen Werkstatt täglich für ein paar Stunden eine Psychologin als Konfliktmoderatorin organisiert. Mit dem Ergebnis waren dann alle mehr als zufrieden. Ein Kompromiss von Kunst und Grün wurde gefunden. Der benachteiligte Stadtteil wird wohl tatsächlich das längste und - in den Augen der Beteiligten - das schönste Mauerkunstwerk Deutschlands erhalten. Der Entwurf spiegelt viel Stadtteilgeschichte wieder. Einige Elemente wollen die KünstlerInnen mit den BürgerInnen zusammen fertig stellen. Beispielsweise sollen Schulklassen künstlerische Nistkästen basteln, die an der Mauer befestigt werden sollen. Die Pflege des Grüns wollen die AnwohnerInnen übernehmen. Sie treiben auch Geld ein (z.B. durch Flohmarktaktionen) und machen Druck, damit „ihre" Mauer jetzt auch endlich umgesetzt wird. Zudem haben sie sofort die nächste Aktion gestartet: die Verkehrsberuhigung ihrer Straße.

Ein weiteres Beispiel ist ein Qualifizierungsprojekt, das Frauen zu Krankenpflegehelferinnen ausbildet. Ziel war es, insbesondere alleinerziehenden Frauen eine ortsnahe Qualifizierung mit Kinderbetreuung zu bieten. Die KooperationspartnerInnen reichten von der Gleichstellungsstelle über das Arbeitsamt, den Kirchen im Stadtteil, dem Jugendamt bis hin zu VertreterInnen aus der Wirtschaft. Allein in diesem Projekt galt es, Absprachen mit weiteren 30 verschiedenen Institutionen zu koordinieren. Ein Nebenprodukt für das Stadtteilprojekt ist, dass sich einige Frauen nun auch bei den Stadtteilaktivitäten engagieren.

Empowerment braucht Flexibilität

Stadtteilmanagement, das Menschen befähigen bzw. unterstützen soll, ihre Belange selbst in die Hand zu nehmen, erfordert Offenheit und Flexibilität. Ein Grundgedanke Stadtteilbezogener Sozialer Arbeit ist, dass lebensweltorientierte Anliegen täglich neu erfunden werden müssen, und dass die Brüchigkeit und Sprunghaftigkeit der Lebenswelt nicht ignoriert werden dürfen (vgl. dazu Hinte 1996). Die Freiheit im Denken, dieses wirklich „Flexible", darf sich Soziale Arbeit auf keinen Fall nehmen lassen, auch nicht durch kleinteilige Produktbeschreibungen und Kennziffern im Rahmen der Verwaltungsreform, die versuchen, die Lebenswelt dieser Palette möglicher Produktformulierungen anzupassen.

Empowermentprozesse und die Bedeutung der Moderationsfunktion

Empowermentprozesse tangieren mal einzelne Personen, mal Gruppierungen. In den Gruppen der zuvor beschriebenen Aktivitäten treffen oftmals sehr heterogene Charaktere aufeinander und nicht alle haben Erfahrung im gegenseitigen Umgang in Gruppen. Immer wieder zeigen sich hier Reibungspunkte und die daraus resultierenden Konflikte gehören zum Alltag der Gemeinwesenarbeit. Konflikte entstehen aber auch zwischen den unterschiedlichen Gruppierungen im Stadtteil, wie ich es bereits zu Beginn meiner Ausführungen beschrieben habe. Da streiten vielleicht Eltern, die sich zu einer Spielplatzinitiative zusammengeschlossen haben, voller Power für die Sanierung eines Spielplatzes, während sich die anderen AnwohnerInnen vereinigen und sich für die Schließung desselben einsetzen, um endlich in der Mittagspause und Abends ruhig schlafen zu können. Es zeigt sich, dass es gerade in benachteiligten Stadtteilen immer wieder auf Regelungen zielende Auseinandersetzungen bedarf.

In der Essener Stadtteilarbeit werden die hierfür zuständigen Personen „KoordinatorInnen" oder „StadtteilmoderatorInnen" genannt. Primäre Aufgabe solcher Brückeninstanzen bzw. -organisationen ist die Vermittlung zwischen Konfliktparteien. Zudem stellen sie Verbindungen her zwischen verschiedenen Sphären *privater Lebenswelt, Politik/Verwaltung (Staat)* und *Markt*, die zunehmend auseinander driften. Intermediäre schlagen somit Brücken zwischen der „Fachwelt" und der „Alltagswelt" und suchen dabei auf beiden Ebenen nach Kommunikations- und Beteiligungsansätzen (vgl. dazu v.a. Selle 1994 und 1990, Hinte 1993). Wir halten ein solches Modell für das einzig tragfähige, das in der Lage ist, die zu Beginn beschriebene Folgen der gesellschaftlichen Spaltungsprozesse (die weiter fortschreiten werden) zwar nicht aufzuhalten, aber zumindest zu lindern.

Wer mit dem Anspruch von Empowerment antritt und Menschen unterstützen will, ihre Lebensbedingungen selbst zu gestalten und auftretende Konflikte bearbeiten will, muss Abschied nehmen vom problemlösenden Expertentum, das schon weiß, wie die Lösung aussieht, muss sich verabschieden vom Modell einer „naiv-parteilichen" Gemeinwesenarbeit, die prinzipiell parteilich und solidarisch auf der Seite der Betroffenen steht. Gefragt ist eine „Parteilichkeit", die im Gegensatz zur „naiven Parteilichkeit" nicht uneingeschränkt die Positionen der Benachteiligten übernimmt, sondern Parteilichkeit anders ausdrückt: durch die Unterstützung der BewohnerInnen bei der selbständigen Interessenwahrnehmung und durch die Ermutigung der Konfliktparteien, die Auseinandersetzung soweit wie möglich offen und selbst zu führen (vgl. dazu Springer 1993). Diese grundsätzliche Akzeptanz verschiedener Seiten schließt eigene Positionen nicht aus, jedoch ermöglicht sie es, sich respektvoll mit den unterschiedlichen Standpunkten auseinander zu setzen, diese ernst zu nehmen und dadurch in einen Prozess der Verständigung zu treten. Ein solcher Kontakt erlaubt es auch, dass VermittlerInnen anderen respektvoll ihre Meinung sagen können. Sie zeigen Kritik an den Positionen, aber Respekt vor den Personen, deren Lebensumständen und deren subjektiver Auffassung. Dieses Handeln auf den verschiedenen Ebenen, das Erschließen von Kontakten und Informationen, Vermittlung, Aktivierung usw. setzen Vertrautheit mit den Gegebenheiten vor Ort, Kenntnis über die Lebenswelt der BewohnerInnen, vielfältige Kontaktformen vor Ort und nicht selten viel Arbeit im Vorfeld von Bürgerengagement voraus.

- Intermediäre Instanzen sind darum bemüht, quasi als *Sensoren* auf der Ebene des Gemeinwesens präsent zu sein und zugleich verstärkt Einfluss auf die Bereiche Politik, Verwaltung und Markt zu nehmen, denn sie sind in diesen verschiedenen Welten verwurzelt und akzeptiert.

- Sie sind bei Konflikten *Anwälte* für neue Verhandlungs- und Vermittlungsansätze zwischen Menschen und kreieren der Lebenswelt entsprechende Dialogformen (Hinterhoftreffen; Wohnzimmer; Hausversammlungen etc.).

- Sie fungieren dabei nicht nur als *PostbotInnen*, die die Informationen zwischen den weiterhin isolierten Beteiligten hin- und hertragen, der als verstärkendes „*Megaphon*", sondern als „*Gelenkstück*" mit dem Ziel, die Ebenen zusammenzubringen. Sie müssen für Politik und Verwaltung seriöse Zustandsbeschreibungen liefern. Dabei geht es nicht um anklagendes Skandalieren (z.B. durch kämpferische Resolutionen), sondern um aufklärende Informationen, die schriftlich oder mündlich in einer Sprache transportiert werden, die Politik und Verwaltung verstehen (z.B. etwa in Form einer kleinräumigen Sozialberichterstattung). Und falls das nicht hilft, ergreifen sie die öffentlichkeitswirksamen Methoden der Gemeinwesenarbeit.

- Entsprechend der Ausgangslage im Stadtteil initiieren sie Zusammenkünfte, beraten, koordinieren und stellen Verbindungen nach allen Seiten her (u.a. lokale Öffentlichkeit durch Bewohnerversammlungen, Runde Tische, Sozialraumkonferenzen oder etwa die Katernbergkonferenz in Katernberg - ein Stadtteilforum, das ca. viermal jährlich tagt - vorrangig zu Themen der Stadtteilplanung). Auf der anderen Seite müssen sie bei den Bürgern Aktivierungs-, Aufklärungs- und Organisationsarbeit leisten.

- Sie betreiben „*Dialogmanagement*", um zwischen den beteiligten Instanzen direkten Kontakt und Diskurs zu ermöglichen. Diese Verständigungsprozesse werden von ihnen moderiert. Sie arbeiten Konfliktpunkte heraus und beziehen bereits im Vorfeld möglichst viele Beteiligte mit ein. Dadurch sind sie nicht nur „passive", sondern „aktive" KonfliktvermittlerInnen. Das heißt, sie leisten aktive Oganisations- und Aktivierungsarbeit im Vorfeld eines Treffens. Sie suchen nach adäquaten Formen der Kooperation und Partizipation, um die demokratische Beteiligung aller Bevölkerungsgruppen zu realisieren, und ermöglichen zugleich den Ebenen der Institutionen und Politik und Verwaltung, ihren Anspruch einzulösen, bürgernah zu agieren.

- Sie arbeiten als *DolmetscherInnen*, um einen gelungenen Dialog zwischen der fachsprachendominierten Verwaltungs- und Politikebene und der Alltagssprache der BürgerInnen herzustellen. Die einzelnen Parteien werden auf den Dialog vorbereitet. Vor allem den eher machtlosen Gruppen wird Unterstützung gegeben und/oder Training angeboten, bevor sie in den Dialog treten.

Fazit: Den lokalen Staat modernisieren, um BürgerInnen zu aktivieren

Ansätze, dass wichtige programmatische Grundlagen für Empowermentprozesse wie die zuvor dargelegten Prinzipien der Sozialraum- und Lebensweltorientierung nicht nur in den aktuellen Programmen der Stadtentwicklung (s.o.), sondern auch in der Verwaltungsreformdiskussion Einzug erhalten, sind derzeit deutlich erkennbar (vgl. für den Bereich der Jugendhilfe KGSt 1998). Um Gemeinsinn, die Akzeptanz unterschiedlicher Lebensentwürfe und die neuen Formen des Engagements gezielt zu unterstützten, bedarf es darüber hinaus - wie gezeigt wurde - einer innovativen lokalen sozialen Infrastruktur mit Stadtteilmanagement- und Moderationsfunktionen. Zudem müssen die unterschiedlichen Politiksektoren ihre Arbeit qualifizieren. Auf allen Politikebenen gilt es, vorhandene Ressourcen in den verschiedenen Politikfeldern zu bündeln und sich auf benachteiligte soziale Räume zu beziehen. Von wegen: Sozialstaat adé! Umbau Juchée. Es braucht noch viel Power - auch von Seiten der Sozialen Arbeit - um dies immer wieder einzufordern und zu begründen. Let´s empower ourselves!

Literatur

Froessler, Rolf / Lang, Markus / Selle, Klaus / Staubach, Reiner (Hrsg.) 1994: Lokale Partnerschaften. Die Erneuerung benachteiligter Quartiere in europäischen Städten.

Froessler, Rolf / Selle, Klaus 1991: Auf dem Weg zur sozial und ökologisch orientierten Erneuerung? Der Beitrag intermediärer Organisationen zur Entwicklung städtischer Quartiere in der Bundesrepublik Deutschland. Dortmund.

Herriger, Norbert 1997: Empowerment in der Sozialen Arbeit: Eine Einführung. Stuttgart, Berlin, Köln.

Hinte, Wolfgang 1991a: Sollen Sozialarbeiter hexen? In: Sozial Extra, 9/1991, 17 - 18.

Hinte, Wolfgang 1991b: Stadtteilbezogene Soziale Arbeit und soziale Dienste - Lebensweltbezug statt Pädagogisierung. In: Mühlfeld et al. (Hrsg.). Brennpunkte sozialer Arbeit. Neuwied, 59 - 65.

Hinte, Wolfgang 1994: Stadtteilentwicklung durch Dialogmanagement: Einige grundsätzliche Bemerkungen zur Stadtteilbezogenen Sozialen Arbeit. In: Forum der Arbeit (Hrsg.), Nach der Kohlezeit. Aachen, 46 - 57.

Hinte, Wolfgang 1995: Soziale Arbeit in lebensweltlichen Bezügen: Dialogmanagement statt naiver Parteilichkeit. In: Forum Diakonie 8 (Hrsg.), Soziale und pflegerische Arbeit im Wandel. Münster, 6 - 17.

Hinte, Wolfgang 1996: Soziale Kommunalpolitik: Soziale Räume gestalten statt Elend verwalten. In: Theorie und Praxis der sozialen Arbeit, Nr. 3/1996, 27 - 33.

Hinte, Wolfgang 1997: Beteiligung und Vernetzung - ein kritischer Blick auf aktuelle Mode-Begriffe. In: Theorie und Praxis der sozialen Arbeit, Nr. 12, 8 - 15.

Hinte, Wolfgang / Karas, Fritz 1989: Studienbuch Gruppen- und Gemeinwesenarbeit. Eine Einführung für Ausbildung und Praxis. Neuwied.

Hinte, Wolfgang / Litges, Gerd / Springer, Werner 1999: Soziale Dienste: Vom Fall zum Feld. Soziale Räume statt Verwaltungsbezirke. Edition Sigma. Modernisierung des öffentlichen Sektors. Berlin.

Kommunale Gemeinschaftsstelle (KGSt) 1998: Kontraktmanagement zwischen öffentlichen und freien Trägern in der Jugendhilfe. Bericht Nr. 12. Köln.

Lüttringhaus, Maria 1998: Intermediäre Instanzen in der interkulturellen Arbeit. In: Breidenstein, Lothar / Kiesel, Doron / Walther, Jörg (Hrsg.). Migration, Konflikt und Mediation. Frankfurt a. Main, 123-133.

Martin, Hans-Peter / Schumann, Harald 1996: Die Globalisierungsfalle - der Angriff auf Demokratie und Wohlstand. Hamburg.

Ministerium für Stadtentwicklung und Verkehr des Landes Nordrhein-Westfalen (MSV) 1994: Politik für Stadtteile mit besonderem Erneuerungsbedarf (integriertes Handlungskonzept der Landesregierung. Kabinettsvorlage vom 31.08.1994 Düsseldorf.

Oelschlägel, Dieter 1988: Lebenswelt oder Gemeinwesen? Anstöße zur Weiterentwicklung der Theoriediskussion in der Gemeinwesenarbeit. In: Rösgen / Neumaier / Hillenbrand / Luner (Hrsg.): AG Spak, Jahrbuch 4. München, 228 - 233.

Ries, Heinz / Elsen, Susanne / Steinmetz, Bernd / Homfeld, Hans Günther (Hrsg.) 1997: Hoffnung Gemeinwesen, Neuwied, 27 - 79.

Schäuble, Wolfgang 1994: Und der Zukunft zugewandt. Berlin.

Selle, Klaus 1990: Intermediäre Organisationen in sechs Ländern - Ergebnisse einer Umfrage in den USA, den Niederlanden, der Schweiz, Österreich, Großbritannien und der Bundesrepublik Deutschland. Wohnbund (Hrsg.). Wohnpolitische Innovationen'90. Darmstadt.

Selle, Klaus 1994: Lokale Partnerschaften - Organisationsformen und Arbeitsweisen für kooperative Problembearbeitung vor Ort. In: Froessler, Rolf / Lang, Markus / Selle, Klaus / Staubach, Reiner (Hrsg.). Lokale Partnerschaften. Die Erneuerung benachteiligter Quartiere in europäischen Städten. Basel.

Springer, Werner 1993: Sozialarbeiter/-innen im Konflikt zwischen Parteilichkeit und Konfliktmoderation. In: Caritas 94, Nr. 4, 177 - 185.

Stadt Essen (Hrsg.) 1997: Ansätze integrierter Kommunalpolitik. Essen.

Stark, Wolfgang 1996: Empowerment. Neue Handlungskompetenzen in der psychosozialen Praxis. Freiburg i. Br.

Alle Macht dem Wahnsinn? Empowerment in der Sozialpsychiatrie

Ralf Quindel

Betrachtet man Empowerment als eine professionelle Haltung, die KlientInnen nicht als gestörte oder kranke Individuen, sondern als Menschen mit Problemen und Ressourcen in ihrer sozialen Lebenswelt (vgl. Gerlof et al. 1998) wahrnimmt, dann erscheint die Sozialpsychiatrie als ein ideales Betätigungsfeld für HelferInnen im Sinne des Empowerment-Konzepts. Ist es doch ihre Hauptaufgabe, dem psychiatrisierten Klientel ein möglichst selbständiges Leben außerhalb der Klinik, in der Gemeinde (vgl. Braun et al. 1982) zu ermöglichen. Sozialpsychiatrische Arbeit dient, ganz im Sinne des Empowerment, der Erweiterung der individuellen Handlungskompetenz im Alltag durch psychologische Beratung, der Unterstützung von sozialen Kontakten im Wohn- und Arbeitsumfeld in Form von Netzwerkarbeit (vgl. Keupp 1987) und der Sicherung von materiellen Ressourcen, z.B. durch Unterstützung bei Schwierigkeiten mit Behörden oder durch Schaffung von betreuten Arbeitsplätzen und Wohngemeinschaften. Die Sozialpsychiatrie steht demnach für folgende psychiatrische Reformen:

1. Das biologisch-medizinische Krankheitsbild wird durch ein soziales Verständnis von psychischem Leiden ergänzt, das die KlientInnen in ihren belastenden wie auch unterstützenden sozialen Bezügen wahrnimmt. Während in der Klinik ÄrztInnen Kraft ihres medizinischen Wissens von PatientInnen als ExpertInnen anerkannt werden müssen, unterstützen die sozialpsychiatrisch Tätigen individuelle Lösungsversuche der KlientInnen als Schritte zu einem selbstbestimmteren Leben.

2. Die großen Kliniken werden durch kleinere gemeindenahe Einrichtungen ergänzt. Damit sind die psychosozial Tätigen vertraut mit den Verhältnissen vor Ort und können gemeinsam mit den KlientInnen integrative Strukturen (Patientenclubs, Arbeitsprojekte usw.) in der Gemeinde aufbauen. Einweisungen in die Klinik sollen durch unterstützende Krisenangebote in der Lebenswelt der KlientInnen vermieden werden.

Jedoch zeigt sich bereits in der Entstehungsgeschichte ein grundlegender Widerspruch der Sozialpsychiatrie, dem auch die Arbeit mit dem Empowerment-Konzept unterworfen ist: Sozialpsychiatrische Einrichtungen wie Tagesstätten, Wohngemeinschaften, Arbeitsprojekte und ambulante Beratungsstellen für psychisch Kranke entstanden Mitte der Siebziger Jahre in Deutschland als Alternative und Ergänzung zu der Versorgung durch niedergelassene NervenärztInnen und psychiatrische Kliniken (vgl. Keupp 1998). Wichtige Impulse für die Reformen kamen aus der Anti-Psychiatrie-Bewegung, die die repressiven Zustände (Elektroschocks, Fesselung, Verwahrung) in den psychiatrischen Kliniken offenlegte, kritisierte und in ihrer radikalsten Form die komplette Auflösung der Krankenhäuser forderte. Innerhalb dieser sehr heterogenen Bewegung gab es selbst-organisierte PatientInnengruppen (Sozialistisches Patientenkollektiv) und Versuche, PatientInnen und die Bevölkerung bei der Gestaltung der psychiatrischen Versorgung miteinzubeziehen, z.B. die demokratische Psychiatrie in Italien (vgl. Wienand 1987). Diese Ansätze lassen sich aus heutiger Sicht als Empowerment, als Versuche der Machtverlagerung von den ExpertInnen zu den Betroffenen und deren MitbürgerInnen verstehen.

Diese politischen und gesellschaftskritischen Ansätze konnten sich jedoch im weiteren Verlauf der Reformbewegung nicht durchsetzen. Die Sozialpsychiatrie als Reformbewegung wurde zwar von kritischen ExpertInnen entworfen und gestaltet, aber weitgehend ohne Beteiligung von Betroffenen. Im Gegensatz zur radikalen Kritik der Anti-Psychiatrie steht die Sozialpsychiatrie somit in einem ambivalenten Verhältnis zur klassischen Anstaltspsychiatrie: Sie arbeitet mit ihr zusammen und ist ihre Kritikerin. Durch diesen doublebind, die gesellschaftliche Ordnungsfunktion der Psychiatrie zu erfüllen und gleichzeitig einen integrativen gesellschaftlichen Umgang mit den „Verrückten" zu vertreten, gerät die Arbeit in der Sozialpsychiatrie in einen Zwiespalt, der sich in ihren Konzepten, wie in ihrer Praxis niederschlägt. So stehen sozialpsychiatrische Einrichtungen den biologisch-medizinisch dominierten Behandlungskonzepten der Klinik kritisch gegenüber, müssen aber aufgrund mangelnder Alternativen Klienten in Krisensituationen in die Klinik einweisen. Die vergleichsweise offene und wenig kontrollierende Beziehung zwischen HelferIn und KlientIn im sozialpsychiatrischen Setting ist abhängig von der Möglichkeit der Delegation von repressiven Zwangsmaßnahmen an Nervenärzte oder die Polizei. Die Sozialpsychiatrie benötigt die Klinik als Hintergrund für ihre Arbeit. In diesem Widerspruch wird sich auch die/der psychosozial Tätige zurechtfinden müssen. Besonders dann, wenn sie/er mit dem Anspruch antritt, Arbeit im Sinne des Empowerment-Konzeptes zu leisten, stellt sich die Frage: Inwiefern arbeite ich als Professionelle/r im Dienste der gesellschaftlichen Normierung und Anpassung, auch wenn ich subjektiv den

Eindruck habe im Sinne der KlientInnen zu handeln? (vgl. MitarbeiterInnen aus Sozialpsychiatrischen Diensten 1997).[1]

Empowerment im Herzen der Sozialpsychiatrie? Der Sozialpsychiatrische Dienst

Sozialpsychiatrischen Diensten (SpDi) kommt im Konzept der psychiatrischen Versorgung eine besondere Stellung zu. Sie sind verantwortlich für ambulante Betreuung psychiatrischen Klientels in einem bestimmten Einzugsgebiet. Im Gegensatz zu den spezialisierten Einrichtungen, die jeweils für einzelne Teilbereiche des Lebens, wie Wohnen, Arbeiten oder Freizeit zuständig sind, bietet der SpDi Beratung, Betreuung und Vermittlung für alle Problembereiche (vgl. Berger, 1993). Welche Ansätze bieten die Aufgaben und die Organisation der SpDi für das Empowerment-Konzept?

Gestaltung der Lebenswelt anstelle von psychosozialer Vernetzung des Einzugsgebietes

Es gibt kaum ein Gespräch zwischen HelferInnen verschiedener sozialpsychiatrischer Institutionen, ohne dass die Stichworte ‚,Vernetzung', ‚Versorgung' und ‚den Klienten an die Stelle anbinden' fallen. Manche sozialpsychiatrische Zukunftsplanungen überziehen den Stadtteil oder den Landkreis möglichst flächendeckend mit ‚Angeboten' für psychiatrisiertes Klientel: Tagesstätten, Wohngemeinschaften, Arbeitsprojekte usw. Die Gefahr besteht darin, dass an die Stelle der Hospitalisierung in der Klinik die Ghettoisierung im Wohngebiet tritt: Eine ambulante Versorgung, die nur scheinbar der Ermächtigung zum selbständigen Leben außerhalb der Klinik dient, tatsächlich aber die psychiatrische Kontrolle und Überwachung im Sinne der öffentlichen Ordnung bis in die Lebenswelt der KlientInnen hinein verlängert.

Sozialpsychiatrische Arbeit im Sinne des Empowerment sollte die gesellschaftliche Integration der psychiatrisierten Klientel von beiden Seiten im Blick behalten: Nicht nur die ‚Verrückten' müssen sich der öffentlichen Ordnung anpassen - auch die gesellschaftliche Ordnung muss sich ändern, damit alle Menschen in ihr leben können. Das heißt für sozialpsychiatrisch Tätige, sich an der kommunalpolitischen Gestaltung zu beteiligen, gemeinsam mit

---

[1] Zu dem alltäglichen Konflikt zwischen Hilfe und Kontrolle in der sozialpsychiatrischen Praxis habe ich gemeinsam mit KollegInnen aus Sozialpsychiatrischen Diensten ein Gespräch geführt.

KlientInnen und BewohnerInnen Begegnungsräume in ihrer Lebenswelt, z.B. in Form von Festen, Flohmärkten, Arbeitsprojekten zu gestalten.

Mitbestimmung der KlientInnen
Sozialpsychiatrische Dienste arbeiten nach dem Bezugspersonensystem. Die Aufgaben der Teammitglieder des SpDi, der SozialpädagogInnen, der PsychologInnen und der ÄrztInnen sind nicht fachspezifisch verteilt, sondern jede MitarbeiterIn leistet in der Betreuung ihrer KlientInnen psychologische Beratung und konkrete soziale Hilfestellungen (z.b. Sozialhilfeantrag ausfüllen). Dieser Ansatz entspricht dem ganzheitlichen psychosozialen Verständnis von psychischem Leiden, KlientInnen werden nicht in ein medizinisches, psychologisches und sozialpädagogisches Behandlungsobjekt zertrennt, sondern als handelnde Subjekte mit spezifischen Fähigkeiten und Problemen anerkannt.

Eine Beteiligung der Betroffenen an der Entwicklung von Angeboten für die KlientInnen oder an der Organisation des Dienstes bzw. Mitbestimmung bei Personalentscheidungen ist jedoch selten. Häufig scheitern solche Mitsprachemöglichkeiten an den rechtlichen Schwierigkeiten oder am Widerstand der Träger der Dienste. Falls den KlientInnen trotzdem Mitbestimmungs-Möglichkeiten geboten werden (z.B über KlientInnenbefragungen), werden diese Projekte häufig aufgrund mangelnden Interesses der KlientInnen beendet. Anstatt enttäuscht den KlientInnen fehlende Bereitschaft oder gar krankheitsbedingte Unfähigkeit zu unterstellen, sollten sich MitarbeiterInnen im Sinne des Empowerment-Ansatzes folgende Fragen stellen:

- Inwieweit ist das Angebot zur Mitbestimmung ernst gemeint? Bin ich wirklich bereit die Vorschläge umzusetzten, oder behalte ich mir als Professionelle/r das Recht vor, zu entscheiden welche der Vorschläge verwirklicht werden?

- Wird das Mitbestimmungsprojekt von meinen KollegInnen, vom Träger des Dienstes, vom Geldgeber mitgetragen? Sind die Möglichkeiten der Mitbestimmung realistisch und politisch gewollt oder sind sie ein unsicheres ‚Privat'-Projekt?

- Inwieweit bin ich bereit offen über meine Position zu diskutieren? Gebe ich vor immer im Sinne der KlientInnen zu handeln, oder kann ich zu Interessensunterschieden stehen?

- Was kann ich tun, um die Schwelle für die Beteiligung zu senken? Wie kann ich KlientInnen zu einer Beteiligung motivieren?

Gruppenarbeit reduziert die Abhängigkeit von Professionellen

Der Weg der KlientInnen in den SpDi ist vielfältig: Einige fragen selbst wegen eines Termins an, andere werden von NervenärztInnen oder der Klinik geschickt. Einen weiteren Teil nehmen Fremdmeldungen ein: NachbarInnen, die sich bedroht oder gestört fühlen, Angehörige, die sich Sorgen machen, soziale Dienste ohne psychiatrische Fachkompetenz, die sich in der Betreuung von KlientInnen überfordert sehen. Die eingegangenen Anfragen werden von den MitarbeiterInnen entgegengenommen und die KlientInnen zu einem Gespräch in die Beratungsstelle eingeladen, bzw. ein Hausbesuch vereinbart. Je nach Problemlage werden finanzielle Hilfen, Psychotherapie oder andere (Gruppen-)Angebote im Sinne der Erweiterung des sozialen Netzwerkes vermittelt. Der Großteil des Klientels, die sogenannten ‚chronisch psychisch Kranken', bleibt jedoch über längere Zeit, oft lebenslang auf die Unterstützung im SpDi angewiesen.

Der Schwerpunkt der Arbeit im SpDi liegt auf der Einzelbetreuung. Dadurch entsteht eine große Abhängigkeit der KlientInnen von den BetreuerInnen. Viele KlientInnen haben außer dem Kontakt zu psychiatrisch Tätigen keine sozialen Bezüge. Das Einzelgespräch als Setting widerspricht dem Ziel der Beratung, die Förderung der Selbständigkeit und das Knüpfen von Beziehungen zu Nicht-Professionellen. Im Sinne des Empowerment-Konzepts lohnen sich Experimente in Form von Gruppenberatungen zu bestimmten Themen oder die Installation eines wöchentlichen Termins für die Vorstellung des Dienstes und seiner Angebote für neue KlientInnen. Diese Form von Beratung ist aufgrund von sozialen Ängsten, Verfolgungsideen oder Scham sicher nicht für alle KlientInnen die geeignete, für diese können nach wie vor Einzelgespräche als Erstkontakt vereinbart werden. Es wäre darüberhinaus auch vorstellbar, dass jeweils ein/e MitarbeiterIn und ein/e erfahrene/r KlientIn diese Informations-Gruppen gemeinsam leiten. Zunehmend werden an den SpDi Gruppenangebote in Form von Kulturgruppen, die gemeinsam Ausstellungen und Konzerte besuchen, Bewegungs- und Sportgruppen, geschlechtsspezifische Gruppen, kunsttherapeutische Gruppen und vieles mehr angeboten. Im Folgenden soll am Beispiel einer Freizeitgruppe die konkrete Umsetzung des Empowerment-Konzeptes diskutiert werden.

Empowerment am Beispiel einer Freizeitgruppe am SpDi

Die „Freizeit- und Kontaktgruppe für junge Erwachsene", trifft sich einmal wöchentlich für zwei Stunden am Abend in den Räumlichkeiten eines Sozialpsychiatrischen Dienstes. Im Durchschnitt kommen ungefähr neun Gruppenmitglieder zu den Treffen. Die Gruppe entstand im Anschluss an eine dreitägige Freizeitreise in die Berge, die vom SpDi organisiert wurde. Auf Wunsch der beteiligten KlientInnen, die sich regelmäßig zur gemeinsamen Freizeitgestaltung treffen wollten, wurde die Freizeitgruppe im Programm des SpDi angeboten. Die Gruppe wird von einer Sozialpädagogin geleitet. Programmpunkte sind Radfahren, Spazierengehen, Tischtennis spielen usw., bei schlechtem Wetter Spieleabend, Kaffee trinken und unterhalten. Ungefähr einmal im Monat wird gemeinsam gekocht und gegessen. Für die Aufgaben in der Gruppe wie Kaffee kochen, Getränke holen, Tisch decken und Abwaschen sind die Mitglieder zuständig und auch das Programm für die nächsten Treffen wird gemeinsam geplant. Welche Bedingungen fördern Empowermentprozesse in dieser Gruppe?[2]

Konkrete Bewältigung des Alltags statt verbaler Auseinandersetzung mit psychischen Problemen

Für viele ehemalige PsychiatriepatientInnen stehen die Probleme der Alltagsbewältigung im Vordergrund. Sie leiden unter fehlenden sozialen Kontakten, geringem Selbstvertrauen und Perspektivlosigkeit. Für diese Menschen beginnt Empowerment bereits bei dem Besuch der Gruppe aus eigener Motivation und der selbständigen Kontaktaufnahme mit den anderen Mitgliedern. Das direkte, konkrete Ausprobieren von Beziehung und nicht ein verbal-abstrakter Austausch über Kontaktprobleme ist der erste Schritt aus der Isolation. Äußerungen in den Interviews zeigen, warum es Vorbehalte gibt gegenüber verbalen Auseinandersetzungen mit dem Thema „Krankheit":

Susanne tut es gut, mit Freundinnen zu reden, die mit "beiden Beinen fest im Leben stehen.". Für sie ist es wichtig, Normalität leben zu können." Das ist ... ganz was tolles ... dass jemand, den ich in der Klinik kennengelernt habe, wieder ganz normal ins Leben integriert ist. Der braucht keine Rehabilitationsklinik oder sonst irgendwas." Für Susanne würde Reden über psychische Probleme in der Freizeitgruppe eine weitere psychiatrische Kolonialisierung ihres Lebens bedeuten. Ihr Bedürfnis ist es, sich zu unterhalten, Spazieren zu gehen und Spiele zu spielen. Fritz hat die Erfahrung gemacht, dass sich die Gespräche über psychisches Leid im Kreis bewegen und nichts an seiner Situation ändern. „Medikamente, Krankenhausaufenthalt und so Zeug. Aber das kann man auch nicht immer hören, das wiederholt sich dann immer." Er hat in seiner langen Psychiatriegeschichte alles, was mit Therapie zusammenhängt, zunehmend als Zwang und Entmündigung erlebt. Es bedeutet für ihn einen

---

[2] Ich habe die Gruppe als Psychologiepraktikant ein Jahr begleitet. Die Aussagen der GruppenteilnehmerInnen stammen aus Interviews, die ich im Anschluss an das Praktikum im Rahmen meiner Diplomarbeit durchführte.

Zugewinn an Selbständigkeit, seine Probleme alleine oder mit dem Arzt in den "Griff zu kriegen": "Es ist... gut, dass man nur die menschliche Anteilnahme... spürt und weniger... die Auswirkungen der Krankheit...". In der Freizeitgruppe geht es nicht um die ‚Krankheit', die sonst immer bei Kontakten mit ‚Gesunden' im Weg oder bei Beziehungen mit professionellen HelferInnen im Mittelpunkt steht, sondern um den Menschen, der ‚hinter der Krankheit steckt'. Die Vorbehalte der Mitglieder der Gruppe gegenüber der Auseinandersetzung mit ihrer ‚Krankheit' in Form von Gesprächsgruppen zeigen, wie notwendig es für die LeiterInnen ist, den therapeutischen Blick abzulegen. Die Überzeugung, Probleme müssten an ihrer Wurzel, in der Psyche des Betroffenen gepackt werden, kann so einer differenzierten Betrachtung (und Achtung) der Möglichkeiten und der Bedürfnisse der Betroffenen weichen. Wenn sich Professionelle auf einen offenen Dialog mit den Psychiatrie-Erfahrenen einlassen, dann erfahren sie, dass vieles, was sie als ‚nicht können' betrachten, auch ein begründetes ‚nicht wollen' seitens der Psychiatrie-Erfahrenen sein kann.

Entdecken der vorhandenen Fähigkeiten statt einer pessimistischen Prognose aufgrund der Defizite

„Ich habe mir eingebildet, ich bin nichts, ich kann nichts... und das (zu sehen, wie andere mit viel gravierenderen Problemen fertigwerden, R.Q.) hat Mut gegeben... und ich denke also, so schlimm bist du eigentlich gar nicht dran" (Günther). Wie kann ich als LeiterIn entdecken, was die Mitglieder können und wozu sie nicht in der Lage sind? Ob sie sich aus Bequemlichkeit oder Gewohnheit zurückhalten und ihre Rolle als PatientIn spielen oder tatsächlich an die Grenzen ihrer Fähigkeiten stoßen? Meiner Erfahrung nach kann ich das nur in der realen (Gruppen-)Situation, in den Handlungen der Mitglieder erleben, indem ich immer einen Vertrauensvorschuss auf die Fähigkeit der Betroffenen gebe, selbständig mit der Situation umzugehen. Diese Einstellung kollidiert häufig mit der eigenen Helferausbildung, dem persönlichen Narzismus und Helfersyndrom und mit der rechtlichen Verantwortung für die Gruppe. Diese Faktoren verleiten die Gruppenleitung immer wieder dazu, vorschnell einzugreifen, Verantwortung abzunehmen und Situationen von vorneherein so ‚sicher' zu gestalten, dass die Förderung und Entwicklung von versteckten Fähigkeiten der Gruppenmitglieder auf der Strecke bleibt. Aber nur mit Vertrauen in die Fähigkeiten der Gruppenmitglieder wird verhindert, dass Belange, die noch mit eigener Kompetenz geregelt werden können, professionell okkupiert werden.

Kontinuität und Verlässlichkeit

Die Gruppe ist ein wichtiger „Anlaufpunkt" (Michael), eine wichtige Struktur im Leben , eine „Zufluchtsstätte" (Günther). „Ich weiß einfach, Mittwoch abend Gruppe, das ist so fest in meinem Plan drin und ich würde es absolut missen, wenn es nicht mehr da ist" (Michael). Die Atmosphäre der Kontinuität und Geborgenheit wird getragen von dem regelmäßigen Termin, dem gewohnten Gruppenraum und einer ‚Grundversorgung' in Form von Getränken, die durch freiwillige Spenden der Mitglieder finanziert werden. Eine wichtige Rolle spielt auch der sichere institutionelle Rahmen des SpDi. Zum einen gibt es deshalb keine Probleme mit den Räumlichkeiten, zum anderen sorgt er für die kontinuierliche Betreuung durch eine Sozialpädagogin.

Offenheit und Freiwilligkeit als Grundlage für Selbständigkeit

Das Prinzip der Freiwilligkeit und die Abwesenheit von Zwang ist für ehemalige Psychiatriepatienten ein zentrales Anliegen: "Das Bedeutendste ist, dass sie (die Gruppe, R.Q.) frei ist, dass sie offen ist für jeden... In der Psychiatrie macht man halt in der geschlossenen Abteilung die Erfahrung, dass die Türen auf einmal zu sind und man kann nicht mehr raus. Und dieses, dass man halt doch raus kann, dass man drüber sprechen kann und wieder heimgehen kann, also dass man draußen leben kann, ... ist wichtig" (Susanne).

Das Prinzip der Freiwilligkeit setzt die Mitglieder erst in die Lage, eigene Fähigkeiten zu entdecken, Neues auszuprobieren und Selbstbewusstsein zu entwickeln, im Gegensatz zu stärker reglementierten Gruppen, in denen sie sich eher fremdbestimmt und unselbständig erleben. Die Mitglieder werden in die Lage versetzt, selbst zu bestimmen, wie weit sie sich auf die Gruppe einlassen. Sie lernen Nähe und Distanz in Beziehungen selbst zu regulieren. „Man kann...später kommen oder auch früher gehen, das ist kein Zwang dahinter jetzt die ganzen zwei Stunden, wenn man merkt, man packts jetzt net so..." (Susanne).

Die gängige psychiatrische Strategie, antriebsarme Patienten durch feste Regeln vor dem Rückfall in die Lethargie zu bewahren, wird abgelöst durch ein möglichst großes Maß an Freiheit. Das Ergebnis: Die Psychiatrie-Erfahrenen werden nicht mehr versorgt, sie versorgen sich selbst. Und die Selbstversorgung zeigt sich dann auch auf einer sehr realen Ebene: „... das war ein Selbstversorgerhaus (bezieht sich auf eine Ferienfahrt in die Toskana, R.Q.) und das war halt ganz toll, was kochen wir heute und dann hat jeder bei den Vorbereitungen geholfen und nachher beim Abwasch gabs auch keine Probleme, da hat sich immer jemand gefunden..." (Susanne).

Wie geht es weiter?
Empowerment-Perspektiven für die Sozialpsychiatrie

Die Darstellung der Empowermentprozesse in der Gruppe könnte den Eindruck erwecken, Empowerment könne im klassischen gruppen- oder individualtherapeutischen Rahmen, quasi als Ergänzung zu anderen psychiatrischen Behandlungsformen funktionieren. Um deutlich zu machen, dass Empowerment als professionelle Haltung auch den Rahmen der professionellen Tätigkeit in Reflexion und Handlung einbeziehen muß, sollen zum Schluß noch einige Perspektiven skizziert werden.

- Empowerment muss Alternativen zur Abspaltung und Unterdrückung des psychotischen Erlebens der PatientInnen, wie sie in der medizinischen Behandlungsform durch Medikamentisierung erfolgen, entwickeln. Menschen müssen die Möglichkeit bekommen, die Krise der Psychose auch als Chance, als Teil ihrer selbst zu akzeptieren und als Ressource und Schlüssel zu Veränderung und Selbstbestimmung zu nutzen. Die notwendige Unterstützung in diesem Prozess, wie sie z.B. in Form von weitgehend medikamentenfreien, intensiv betreuten Soteria-Projekten (Aebi 1993) geleistet wird, ist Empowerment.

- Sozialpsychiatrische Planungen im Rahmen des Empowerment-Ansatzes sollten versuchen, soweit wie möglich ExpertInnenmodelle durch Selbstorganisation zu ergänzen oder zu ersetzen. So kann die Funktion eines sozialpsychiatrischen Krisendienstes, der zu Tag und Nachtzeit zu erreichen ist, zum Teil auch von Betroffenen selbstorganisierten Tagesstätten und Treffpunkten übernommen werden (Hellerich 1999). So wichtig psychiatriepolitisch die Etablierung eines multiprofessionellen Krisendienstes anstelle von Polizeiansätzen auch sein mag: Ein Problem, hier die beschränkte Öffnungszeit von sozialpsychiatrischen Einrichtungen in Verbindung mit der Häufung von psychischen Krisen am Abend und am Wochenende, hat nicht nur eine (konvergente), sondern viele (divergente) Lösungen (Rappaport 1985).

- Empowerment sollte keine geschlossene Veranstaltung für Professionelle sein, sondern die Betroffenen in ihrer Eigenverantwortung und mit ihren Ideen und ihrem Problemverständnis tatsächlich als Experten in eigener Sache anerkennen. Mitbestimmung der Betroffenen verlangt von uns Professionellen Macht abzugeben oder besser, wie es ein Betroffener formulierte, sich Macht nehmen zu lassen. Anstelle einer wohlwollenden fürsorglichen Haltung verlangt dieses ein tatsächlich partnerschaftliches Verhältnis. Die Basis dafür ist die Reflexion unserer Macht und unserer Machtlosigkeit als professionelle/r HelferInnen in Beziehung zu den KlientInnen und zu den gesellschaftlichen Bedingungen, in denen wir leben und arbeiten (Weber 1998).

- Empowerment ist also nicht eine Haltung, die wir lediglich in unserer Arbeit für unsere KlientInnen anwenden. Vielmehr ist es eine politische Position, die gegen Ausgrenzung und Ghettoisierung gerichtet ist und für gesellschaftliche Teilhabe aller streitet und gemeinsam mit den Benachteiligten Wege dorthin sucht. In kaum einem anderen psychosozialen Arbeitsfeld ist die Bedürftigkeit und Abhängigkeit des Klientels so groß und gleichzeitig die den HelferInnen zur Verfügung stehenden Ressourcen, vor allem die gesellschaftliche Bereitschaft zur Integration, so knapp bemessen. Dies führt dazu, dass politische Arbeit und die schwierige Suche nach Möglichkeiten der Partizipation von Betroffenen als Luxus erscheint, den wir uns angesichts unseres Arbeitstages voller Verpflichtungen, voller bedürftiger KlientInnen nicht leisten können. Wir sollten jedoch folgendes nicht vergessen: Individuelle Bedürftigkeit entsteht aus gesellschaftlicher Knappheit (Stark, 1991). Diese Knappheit betrifft nicht nur unsere KlientInnen sondern auch uns.

Literatur

Aebi, Elisabeth (Hrsg.) 1993: Soteria im Gespräch: über eine alternative Schizophreniebehandlung. Bonn.

Berger, Heinrich (Hrsg.) 1993: Sozialpsychiatrische Dienste. Entwicklung, Konzeption, Praxis. Freiburg i. Br.

Braun, Ute et al.1982: „Gemeinde". Ort der Gemeinschaft oder Versorgungsgebiet? In: Keupp, Heiner / Rerrich, Dodo (Hrsg.): Psychosoziale Praxis. München, 117 – 128.

Gerlo, Karsten et al. 1998: Lebenswelt. In: Grubitzsch, Siegfried / Weber, Klaus (Hrsg.): Psychologische Grundbegriffe. Reinbek bei Hamburg, 313 - 315.

Hellerich, Gert: Selbstsorge - die Lebensader des Selbsthilfeprojektes „Die Nachtschwärmer". In: Psychologie und Gesellschaftskritik, 23. Jg., Nr.89 / 90, 175 - 186.

Keupp, Heiner 1987: Soziale Netzwerke als alltägliche Lebenswelt und ihre Bedeutung für die Entstehung und Bewältigung psychosozialer Probleme. In: Ders.: Psychosoziale Praxis im gesellschaftlichen Umbruch. Bonn, 143 - 171.

Keupp, Heiner 1998: Sozialpsychiatrie. In: Grubitzsch, Siegfried / Weber, Klaus (Hrsg.): Psychologische Grundbegriffe. Reinbek bei Hamburg, 581 - 583.

MitarbeiterInnen aus Sozialpsychiatrischen Diensten 1997: „Wir hinken hinterher und sind trotzdem noch am weitesten vorne ...". In: Psychologie und Gesellschaftskritik, 21. Jg., Nr. 82, 45 - 68.

Stark, Wolfgang 1991: Prävention und Empowerment. In: Hörmann, Georg / Körner, Wilhelm (Hrsg.) 1991: Klinische Psychologie. Ein kritisches Handbuch. Reinbek bei Hamburg.

Weber, Klaus 1998: Kulturelle Differenz und Geschlecht als Dimensionen sozialpsychiatrischer Arbeit. In: Sozialpsychiatrische Informationen, 28. Jg., Nr.2 / 98, 21 - 28.

Wienand, Ulrich 1987: Antipsychiatrie. In: Grubitzsch, Siegfried / Rexilius, Günther (Hrsg.) 1987: Psychologische Grundbegriffe. Reinbek bei Hamburg, 76 - 81.

Von den Stärken zum Empowerment - Theaterarbeit mit ehemals hospitalisierten geistig schwer behinderten Menschen[1]

Milly Aßmann, Claudia Hoffmann, Georg Theunissen

Einleitung

Theaterspiel oder -projekte mit Menschen, die als geistig behindert bezeichnet werden, sind im Prinzip nichts Neues. In Anstalten, Heimen oder auch Schulen für geistig behinderte Menschen werden zu bestimmten Anlässen (Jahresfeier; Jubiläum; Weihnachten) Theaterstücke von behinderten Personen aufgeführt. Dabei handelt es sich nicht selten um bekannte Märchen oder Geschichten, die von professionellen Helfern so vereinfacht und aufbereitet werden, dass sie von den behinderten Menschen weitaus „richtig" gespielt und vorgeführt werden können. Im Vordergrund steht eine in der traditionellen heilpädagogischen Arbeit (Förderung) mit geistig behinderten Menschen noch weit verbreitete „Produktorientierung" (Theunissen 1984), das heißt eine möglichst „naturgetreue" Wiedergabe der bekannten Geschichte.

In zahlreichen Proben werden Handlungen und Ausdrucksformen häufig mühsam eintrainiert. Indem versucht wird, die Darsteller und Darstellerinnen mit geistiger Behinderung so weit wie möglich an das „Niveau" nichtbehinderter Spieler und Spielerinnen heranzuführen, soll eine größtmögliche Annäherung an die „Normalität" erreicht werden. Dennoch dürften bei einer Orientierung am „normalen" Theaterspiel Darsteller und Darstellerinnen mit geistiger Behinderung wohl eher schlechter als nichtbehinderte Schauspieler und Schauspielerinnen abschneiden. Gerade dieses Denken und Erleben wird durch die Produktorientierung einer Theaterarbeit im herkömmlichen Sinn befördert. Damit findet letztendlich genau das statt, was „niemals sein dürfte: ein Vorführen der Defizite" (Höhne 1997, 235) von Personen mit geistiger Behinderung. So ist das traditionelle Theaterspielen mit geistig behinderten Menschen „genau das Gegenteil von dem, was Theater mit Behinderten sein

---

[1] Teile des vorliegenden Beitrages stammen aus der Schrift von Georg Theunissen: Wege aus der Hospitalisierung. Empowerment mit schwerst behinderten Menschen. Wir danken dem Psychiatrie-Verlag für die Druckerlaubnis.

sollte" (ebd., 247): nämlich ein Medium und Forum der Kreativität, Phantasie, Spontaneität, Improvisation, Originalität und Authentizität.

Welche Möglichkeiten eine Abkehr von der traditionellen heilpädagogischen Arbeit und eine Orientierung an den Stärken jedes einzelnen (behinderten) Menschen bieten, soll nachfolgend näher betrachtet werden.

Personenkreis

Menschen mit schwerer geistiger Behinderung, von denen im Folgenden die Rede ist, galten lange Zeit als (schul-)bildungsfähig oder sogar als „förderungsunfähige Pflegefälle". Sie wurden weithin nur im Lichte von Defiziten, Mängeln, Schwächen oder Inkompetenz wahrgenommen, betreut und behandelt, häufig in klinisch geprägten Anstalten oder Pflegeeinrichtungen untergebracht. (Theunissen 1999).

Wissenschaftlich legitimiert wurde dies durch die psychiatrische Lehrmeinung, dass man bei „schweren Oligophrenien", bei denen die organische Schädigung bestimmend sei, „nichts mehr machen könne". Mittlerweile gilt diese Theorie als widerlegt und die ihr zugeordnete Praxis als überholt. Geistige Behinderung (unabhängig der Schwere einer Hirnschädigung) ist keine Krankheit (Krebs 1998) und deshalb bedürfen Betroffene auch keine Versorgung in Institutionen, die wie ein Krankenhaus geführt werden. Fachlich wird heute geistige Behinderung als eine „'normale' Variante menschlicher Daseinsform" (Speck 1993, 60) betrachtet; und das heißt, dass alle Menschen, die als geistig behindert gelten, lern- und entwicklungsfähig sind und wie alle anderen nichtbehinderten Personen die gleichen Rechte auf Bildung, Arbeit, auf ein „normales" häusliches Wohnen, auf Partizipation und Integration haben.

Umbruch in der Heilpädagogik

Diese Einsicht hat in allen westlichen Industrienationen zu deutlichen Veränderungen geführt: Abkehr von einer Separierung, Massierung, Ghettoisierung, Besonderung und Versorgung in isolierenden Großanstalten; Hinwendung zur Normalisierung von Lebensbedingungen durch Dezentralisierung, Deinstitutionalisierung oder Auflösung großer Heime; Hinwendung zur Rechte-Perspektive und gesellschaftlichen Integration; Aufbau und Vernetzung gemeindenaher, bedarfsgerechter und bedürfnisorientierter Dienstleistungssysteme (Polloway et al. 1996).

Durch diesen Umbruch ist auch hierzulande viel in Bewegung geraten. Dies betrifft sowohl die Soziale Arbeit als auch die (heil-)pädagogische Praxis mit behinderten Menschen. Anstelle der Defizitorientierung wird heute ein Ansatz favorisiert, dem die Idee zugrunde liegt, die Förderung, Unterstützung oder Hilfe auf **Stärken und Kompetenzen der Betroffenen** aufzubauen (Theunissen 1999).

Darüber hinaus gilt es Aspekte zu beachten, die eine spezielle Pädagogik, insbesondere eine basale Kommunikation und Aktivierung, verlangen (Theunissen 1997 a; b). Als wegweisend für das behindertenpädagogische Arbeiten kann der aus dem angloamerikanischen Sprachraum importierte Ansatz der **Stärken-Perspektive** (Saleebey 1997) betrachtet werden.

Er ist von Weick et al. (1989, 352f.) in einem grundlegenden Beitrag als „strengths model" aufbereitet worden. „Eine Stärkenperspektive gründet sich auf Würdigung der positiven Attribute und menschlichen Fähigkeiten und Wege, wie sich individuelle und soziale Ressourcen entwickeln und unterstützen lassen ... Alle Menschen haben eine Vielzahl von Talenten, Fähigkeiten, Kapazitäten, Fertigkeiten und auch Sehnsüchte ... Die Präsenz dieser Kapazitäten für erhöhtes Wohlbefinden muss respektiert werden ... Kontinuierliches Wachstum entsteht durch die (An-)Erkennung und Entwicklung von Stärken... Menschen wachsen nicht durch Konzentration auf ihre Probleme im Gegenteil, dadurch wird das Vertrauen in die eigene Fähigkeit, sich auf selbstreflektierende Weise zu entwickeln, geschwächt."

Stärkenorientierte Theaterarbeit

Eine Möglichkeit, die Stärken-Perspektive handlungspraktisch umzusetzen, bietet die Theaterarbeit, insbesondere wenn der „befreiende(n) Wirkung des improvisierten Theaterspiels" (Sack 1997, 243, 245) Rechnung getragen wird. Für Höhne (1997, 247) sind es die avantgardistischen Implikationen, die Verheißungsvolles in der Theaterarbeit mit geistig behinderten Menschen versprechen: Das Avantgardistische des Theaters liegt in seiner Verweigerung konventioneller, akademisch-intellektueller und rationaler Maßstäbe zugunsten der Fokussierung „authentischer Kunstäußerung, die nicht von der besonderen Person zu trennen ist". Gerade dieser Fokus fordert zum „Umdenken" heraus gelten doch Menschen mit geistiger Behinderung in ihren (ästhetischen) Ausdrucksformen, Bewegungen, Darstellungs- oder Erlebensweisen nicht wie es die traditionelle (heilpädagogische) Theaterarbeit suggeriert, als

„defizitär", sondern ganz im avantgardistischen Sinne als originell, kreativ, einmalig, eben authentisch: „Ihre Phantasie ist häufig dadaistisch und nicht intellektuell" (ebd., 214). Damit gilt jeder als kompetent, und es wird jeder in seinem So-Sein und Eigensinn sowie in seiner Potentialität ernst genommen. Von daher verbietet es sich, den individuellen Ausdruck aus „Sachzwängen" heraus (um ein bestimmtes Stück spielen zu können) „glätten", „umbiegen" oder gar disziplinieren zu wollen, sondern entscheidend ist, an der Authentizität des Verhaltens und Erlebens anzuknüpfen und das, was die Betroffenen in ihrer Mimik, Gestik und Verhaltensweisen als Originalität zum Ausdruck bringen und was sie dementsprechend gut können, aufzugreifen, herauszuheben und weiterzuentwickeln, so dass sie Anerkennung für das bekommen, was sie als kompetente Personen auszeichnet. „Unsere Spieler (mit geistiger Behinderung, d. A.) besitzen die besondere Fähigkeit, für Vorgänge, die sie selbst niemals rational erklären können, symbolische Ausdrucksformen, Metaphern zu finden. Es ist notwendig, den Blick hierfür zu schärfen, auch Nicht-Verständliches erst einmal wirken zu lassen. Häufig erschließen sich die Bedeutungen hinterher" (ebd., 246). In dem Sinne braucht Theaterarbeit mit geistig behinderten Menschen „keine Rechtfertigung. Sie ist zweckfrei, ohne Ergebniszwang, spielerisch und überschreitet die Grenzen und Tabus der Alltäglichkeit, damit werden neue Perspektiven eröffnet" (ebd., 240, 249). Gelingt es in der und durch Theaterarbeit die Authentizität, die individuellen Stärken und kreativen, häufig im Verborgenen schlummernden Potentiale der Betroffenen herauszuarbeiten und hervorkommen zu lassen, „sind sie unschlagbar und einmalig" (ebd., 247). Und genau das ist letztendlich „Empowerment durch Theaterarbeit" (Sack).

Wie dies konkret aussieht, zeigt ein Theaterprojekt, welches im Heilpädagogischen Wohnheim der Lebenshilfe Halle (hierzu Assmann 1997; Hoffmann 1998) durchgeführt wird. Ehemals langjährig hospitalisierte Menschen mit schwerer geistiger und mehrfacher Behinderung spielen Theater. Das Projekt soll potentiell interessierten Bewohnerinnen und Bewohnern ein neues ästhetisches Betätigungsfeld im Sinne des Empowerment eröffnen.

Zum Ensemble gehören zwei Frauen und sechs Männer mit geistiger Behinderung und Verhaltensauffälligkeiten (Hospitalisierungssymptome) sowie drei Begleitpersonen. Stellvertretend für die teilnehmenden geistig behinderten Menschen soll an dieser Stelle Herr R. vorgestellt werden. Herr R. verbrachte seine Kindheit und Jugend in einer Kinder- und Jugendpsychiatrie unter Bedingungen einer „totalen Institution" (Goffman). Bei Einzug in das heilpädagogische Wohnheim vor wenigen Jahren wurde er als „stark motorisch unruhig" sowie als „distanzlos" beschrieben und bezeichnet. Sein Bedürfnis, unentwegt im Mittelpunkt stehen zu wollen, wurde als sozial unangemessen erlebt. Frustrationen brachte er zum Beispiel mit unberechenbaren körperlichen Angriffen zum Ausdruck. Geduld und Verständnis der Bezugspersonen waren oftmals bis aufs Äußerste „ausgereizt". Gesucht wurde nach einem Weg, ihm bewusst zu machen, dass er als Person respektiert und wertgeschätzt wird, dass jedoch einige seiner Handlungen dagegen nicht akzeptiert werden können. Herrn R.s starker Wille und sein Bedürfnis, sich fortwährend in den Mittelpunkt zu stellen, prädestinierten seine Person geradezu für die Teilnahme am Theaterprojekt.

„Frühlingsfeuer" - das erste Theaterstück

Das erste Theaterstück, „Frühlingsfeuer", schrieb ein Mitarbeiter den Ensemblemitgliedern sozusagen „auf den Leib". Der „offene Spielrahmen" ließ Raum für Improvisationen, Veränderungen und Vorschläge durch die Betroffenen. Jeder übernahm eine Rolle, die er aufgrund seiner einzigartigen Ausdrucksform, physischen Voraussetzungen, individuellen Interessen, Kompetenzen und Stärken ausfüllen konnte. Der Schwerpunkt der ersten Proben lag auf spielerischen Übungen, die helfen sollten, Hemmungen und starre Verhaltensmuster zu überwinden, Spielfreude zu wecken sowie zu Kreativität, Originalität und individueller Spielstärke anzustiften.

Ferner wurden Kontakte zu einem hiesigen Theater geknüpft. Eine Theaterpädagogin begleitete die Proben durch inhaltliche Ratschläge, Tips und Unterstützung der individuellen Ausdrucksformen und Spielkompetenzen. Jede einzelne Person wurde mit ihrem originellen Ausdrucks- und Spielverhalten ernst genommen, akzeptiert und konnte erfahren, dass sie für das Gelingen wichtig ist und sich so selbst auch als wichtig und kompetent erleben. Dieser Gewinn an Zutrauen und Erleben der eigenen Fähigkeiten ist vor allem auch in Bezug auf Menschen mit herausfordernden Verhaltensweisen bedeutsam. Zudem entstanden innerhalb der Gruppe ein Gemeinschafts- und Wir-Gefühl sowie die Vorstellung, dass eine gemeinsame Aufgabe zu verwirklichen sei. Dabei fanden Prozesse des „sozialen Lernens" statt, indem die Beteiligten zwischen Durchsetzung und Aktualisierung individueller Spielstärken (personales Selbst) und der Bereitschaft zur Zurücknahme und Akzeptanz von Mitspielerinnen und Mitspielern ausbalancieren mussten. Außerdem lernten die einzelnen im Verlauf der Probenarbeit, auch Meinungen anderer gelten zu lassen, kompromissbereit zu sein, sich auf andere einzustellen und zu kooperieren, sich kritisieren zu lassen und selbst zu kritisieren, ohne den anderen zu verletzen.

Das Theaterprojekt zielte nicht vordergründig auf die Vermittlung von Wissen, sondern es ging vor allem um Selbstermächtigung durch Spiel, indem den

Teilnehmenden Wirklichkeiten geboten wurden, ihre Begabungen und Stärken zu entfalten, die Welt mit allen Sinnen zu erfahren und sich als Teil dieser Welt in ihrer gesamten Vielfalt zu begreifen.

Ausgehend von schon Bekanntem wurde gemeinsam versucht über verbale Kommunikation, Anschaulichkeit in der Informationsvermittlung und den bewussten Einsatz nichtsprachlicher Zeichen (Mimik, Gestik, Körpersprache) Vorstellungsvermögen auch für abstrakte Inhalte zu gewinnen.

Die Aufgabe der begleitenden Bezugspersonen bestand darin, den Darstellenden so zu assistieren, dass ein ästhetisches Produkt entstand, das ihrem Ausdruck, ihren Interessen, Vorstellungen und Fähigkeiten entsprach. Dies bedeutete für die Assistenten ein Gespür für den Ausdruck und die Möglichkeiten der Spielerinnen und Spieler zu entwickeln, in der Lage zu sein, die originellen Ausdrucksformen und Stärken spielfördernd aufzugreifen und zu unterstützen, „anstatt selbst der Motor des Spielprozesses sein zu wollen" (Sack 1997, 241). Insofern war es für sie wichtig, sich selbst zurücknehmen zu können, aber auch an „richtiger Stelle" zur individuellen Performance anzustiften, zu ermutigen und auch Hilfestellung durch „Vormachen - Mitmachen - Nachahmen" zu geben. Die Rollenverteilung erfolgte gemeinsam unter Berücksichtigung der individuellen Fähigkeiten und Wünsche.

Im Rahmen dieser **subjektzentrierten Erarbeitung eines Stückes** (Theunissen) lernten die Darstellerinnen und Darsteller erstaunlich schnell ihre eigenen Ausdrucksmöglichkeiten zu nutzen.

Herr R. konnte in seiner selbstgewählten Rolle seinen ungehemmten Bewegungsdrang gerichtet einsetzen, was gerade gefordert und erwünscht war; seine Körpersprache füllte die Rolle somit perfekt aus. Dieser Einsatz wurde von den Assistenten bejaht und unterstützt, sein (sonst begrenzter) „Eigen-Sinn" kam damit situationsentsprechend zur Geltung. So erlebte er sich in den Spielsituationen positiv bewertet, was sich insgesamt auf sein Verhalten auch außerhalb des Projekts günstig auswirkte.

Durch die Nutzung eines öffentlichen Theaters bestand die Möglichkeit hinter die Kulissen zu schauen, neue Raumerfahrungen zu machen und in der Requisite zu stöbern, sich Kleidung auszusuchen, sich zu verkleiden.
Herr R. erlebte diese Stunden voller Freude. Er konnte sich produzieren, ausprobieren, suchte und fand Bestätigung bei den Assistenten. Sein einmal ausgesuchtes Kostüm erkannte er immer wieder.

Vor der öffentlichen Aufführung im Theater wurden die Plakate selbst entworfen und hergestellt. Als dann das Licht auf der Bühne und im vollbesetzten Zuschauerraum verlosch, die Musik, ein tragendes Element im Spiel, einsetzte und sich der Vorhang öffnete, begannen die Darstellenden konzentriert und hochmotiviert ihre Rolle zu spielen. Nicht nur die erste, sondern auch alle nachfolgenden Aufführungen waren erfolgreich. Die Kreativität der Betroffenen deutete darauf hin, welches Lernpotential vorhanden ist.

Ausblick

Heute ist das Angebot „Wir spielen Theater" fest eingebunden in die Aktivitäten des Hauses und inzwischen wird bereits das dritte Stück erarbeitet. Die größten Fortschritte hat jedes Ensemblemitglied in seiner Persönlichkeitsentwicklung gemacht. Sie sind sich ihrer eigenen Stärken bewusst geworden, haben eigene Kräfte (wieder-)entdeckt, Selbstvertrauen und neues Selbstwertgefühl gewonnen sowie auch soziale Fähigkeiten entwickelt.

Herr R. nutzt heute für „Theaterspiel" ein körpersprachliches Zeichen, mit dem er diese Aktivität einfordert oder sich immer wieder im Wochenverlauf kundig macht, ob und wann diese Aktivität stattfindet. Die konstante Struktur dieses Angebots sowie die Akzeptanz seiner ausgeprägten Individualität versetzen ihn heute in die Lage, sich selbst anzunehmen. Er kann sich darauf verlassen, dass er mitentscheiden kann und seine Wünsche wahrgenommen und berücksichtigt werden. Im Alltag zeigt er sozialeres Verhalten und mehr Verständnis für seine Mitbewohnerinnen und Mitbewohner.

Die Zeit unter den Bedingungen einer „totalen Institution" (Goffman) hat bei Herrn R. wie auch bei den anderen Teilnehmenden Spuren hinterlassen. Dennoch konnte an vorhandenen Ressourcen und Stärken angeknüpft, diese weiterentwickelt und ausgebaut werden.

Eine subjektorientierte Vorgehensweise (Anknüpfung an individuellen Interessen und Ausdrucksformen), die Orientierung an der Stärken-Perspektive sowie das damit verbundene (pädagogische) Vertrauen in die individuellen Ressourcen waren entscheidende Voraussetzungen auf Seiten der Assistentinnen und Assistenten, um Empowerment anzuregen, zu ermöglichen und zu unterstützen. Insofern ist das „stärkenorientierte" Theaterprojekt als ein Schritt auf dem Weg zum Empowerment von Menschen, die als geistig behindert gelten.

Literatur

Aßmann, M. 1997: Von der Verwahrung zum Wohnen. Ästhetik als Lebenshilfe für Menschen mit schwerer geistiger Behinderung – eine Galerie von Ein- und Ausdrücken. In: Theunissen, G. (Hrsg.) 1997: Kunst, ästhetische Praxis und geistige Behinderung. Bad Heilbrunn, 205 - 215.

Aßmann, M. 1999: Empowerment durch Theaterarbeit. In: Theunissen, G. 1999: Wege aus der Hospitalisierung. Bonn, 262 - 270.

Goffman, E. 1972: Asyle. Frankfurt.

Hoffmann, C. 1998: Enthospitalisierung oder Umhospitalisierung? - Am Beispiel der neuen Länder. In: Theunissen, G. (Hrsg.) 1998: Enthospitalisierung ein Etikettenschwindel? Neue Studie, neue Erkenntnisse und neue Wege in der Behindertenhilfe. Bad Heilbrunn, 109 - 153.

Höhne, G. 1997: Theater trotz Therapie. In: Theunissen, G. (Hrsg.) 1997: Kunst, ästhetische Praxis und geistige Behinderung. Bad Heilbrunn, 234 - 250.

Krebs, H. 1998: Gesundheit und Vorsorge. Medizinisch-ärztliche Aufgaben bei Menschen mit geistiger Behinderung. In: Jakobs, H. / König, A. / Theunissen, G. 1998 (Hrsg.): Lebensräume und Lebensperspektiven. Ausgewählte Beiträge zur Situation Erwachsener mit geistiger Behinderung. Butzbach-Griedel, 84 - 115.

Polloway, E.A. et. al. 1996: Historic Changes in Mental Retardation and Developmental Disabilities. In: Education and Training in Mental Retardation and Developmental Disabilities. 31 Vol., 3 - 12.

Sack, R. 1997: Empowerment durch Theaterarbeit. In: Hähner, U. u.a. (Hrsg.) 1997: Vom Betreuer zum Begleiter. Marburg, 241 - 251.

Saleebey, D. (ed.) [2]1997: The strengths perspective in social work practise. New York.

Speck, O. 1993: Menschen mit geistiger Behinderung und ihre Erziehung. München.

Theunissen, G. 1984: Schüler machen Theater. Unterricht mit schwierigen Schülern. Frankfurt.

Theunissen, G. 1997 (a): Pädagogik bei geistiger Behinderung und Verhaltensauffälligkeiten, Bad Heilbrunn (2. erw. Aufl.).

Theunissen, G. 1997 (b): Basale Anthropologie und ästhetische Erziehung. Bad Heilbrunn.

Theunissen, G. 1999: Wege aus der Hospitalisierung. Empowerment mit schwerstbehinderten Menschen. Bonn.

Weick, A. et al. 1989: A strengths perspective for social work practise. In: Social Work 7/1989, 350 - 354.

Von der Anpassungskünstlerin zur Lebenskünstlerin
Empowerment von essgestörten Frauen

Claudia Bauernfeind

„Es geht nicht darum, dass ich mich in dieser oder jener Lage befunden habe, sondern darum, dass ich mich selbst so und nicht anders behandelt habe. Weder meine Kindheit noch meine Jugend haben mich gelehrt in Würde zu leben. Und dagegen richtet sich mein Groll und deshalb mag ich mich selbst so gar nicht:" (Nurowska, 1996, 259):

Meine Absicht ist es, einen therapeutischen Ansatz darzustellen, mit dessen Hilfe Frauen mit Essstörungen durch Ressourcenaktivierung dazu ermächtigt werden, ihre individuellen Handlungskompetenzen zu erkennen und in Würde mit sich selbst umzugehen. Dazu beschreibe ich einen Arbeitsansatz, durch den Frauen mit Essstörungen in einem ambulanten und gruppentherapeutischen Setting zur Aktivierung ihrer sozialen Kompetenzen ermuntert werden. Dabei beziehe ich mich auf meine Erfahrungen als Psychotherapeutin in der Arbeit mit einer ambulanten Gruppe mit essgestörten Frauen. Das Konzept des Empowerment-Konzept stellt die theoretische Grundlage meiner professionellen Grundhaltung dar, die ich im folgenden beschreiben möchte.

Ermächtigung im Beratungssetting

Befreiungsversuche aus einer Sucht gelingen Frauen am ehesten, wenn ohnmächtig erlebte Situationen als individueller Handlungsraum neu definiert und wahrgenommen werden können. Ganz allgemein ist jedes Suchtverhalten ein Versuch, für bestimmte Lebensumstände oder Krisensituationen eine momentane Lösung zu finden - eben die Betäubung. Es handelt sich dabei um eine adäquate und mit vielfältigen Kompetenzen ausgestattete Reaktion und damit um eine kurzfristige Anpassung an die entsprechenden, scheinbar nicht anders zu bewältigenden Lebensverhältnisse. Sucht ist als eine Kompromissbildung und als ein individuell passender Problemlösungsversuch zur (Wieder-)Herstellung von Autonomie zu verstehen. Diese süchtigen Autonomieversuche sollen vermitteln, selbst Herrin ihres Glücks zu sein und stellen den Versuch dar, „durch die Hintertür zum Glück" zu gelangen. Paradoxerweise ist der Wunsch, mit Hilfe des Suchtmittels autonome Selbstverfügung und Handlungsfähigkeit zu erlangen, jedoch genau umgekehrt: Es ist ein Weg in eine totale Abhängigkeit, in der wiederum Konflikte mit der Autonomie und Abhängigkeit widerständig umschifft werden können (vgl. Wulff). Sozial entfalten die Essgestörten dabei eine ganz spezifische Dynamik: Sie sind „Anpassungskünstlerinnen" an eine anders nicht auszuhaltende Umgebung. Dabei verlieren sie jedoch mit der Zeit den Bezug zu sich selbst, wissen nicht mehr, wer sie mit Blick auf ihre Identität wirklich sind und was sie brauchen das ist der Preis.

Dem schleichenden Charakter einer Suchtentwicklung folgt eine langsame Realisierungsphase. Bis zum Eingeständnis, sich in einem Suchtmechanismus zu befinden, ist es ein langer Prozess und zur Wiederaufgabe des Suchtverhaltens ein noch längerer. Auf diesem Weg stelle ich immer wieder einen besonderen Mut bei den Frauen fest, wenn sie sich entschlossen haben, ihrem Leben eine neue Richtung zu geben. Diesen Mut brauchen die Frauen auch, denn Suchtmechanismen abzubauen ist eine klare Entscheidung mit der Folge, alle Lebenszusammenhänge zu verändern.

Häufig kommen Frauen in die Beratungsstelle[1], die co-abhängig sind und sich auf Grund dieser Co-Abhängigkeit ihres eigenen Leids nicht bewusst sind. Wird dies von den Professionellen erkannt, kann es gelingen, die Frauen darin zu motivieren, aktiv etwas für sich zu unternehmen, z.B. sich innerhalb eines Gruppenangebots über ihre eigenen Suchtmechanismen bewusst zu werden.

Eine 36-jährige Frau kommt in die Beratungsstelle, um sich Rat zu holen. Ihr Ehemann ist Alkoholiker und sie weiß nicht mehr, wie sie mit ihm „umgehen" soll. Sie ist übergewichtig und erzählt, dass sie in den letzten sechs Jahren stark zugenommen hat. Sie schildert ihre Lebenssituation, in der sie meint, versagt zu haben, da sie ihren Ehemann nicht vom Trinken abhalten kann: „Ich bin anders, als die anderen mich haben wollen. Wenn meine Schwiegermutter so weitermacht, bringt sie mich noch so weit, dass ich ins Irrenhaus komme."[2] Hier wird deutlich, wie sie sich durch die Augen der anderen sieht. Dadurch ist sie in einem Wahrnehmungsmuster gefangen, in dem sie nun überlegt, wie sie meint sein zu müssen. Sie achtet nicht mehr darauf, wie sie sein möchte. Nach mehreren Beratungsgesprächen entschließt sie sich, an

---

[1] Es handelt sich hier um eine psychosoziale Beratungs- und Behandlungsstelle für Personen mit Suchtproblemen, in der neben der einfachen Beratungstätigkeit die Möglichkeit zu ambulanten Behandlungen besteht, aber auch Therpievermittlungen zur stationären Therapie durchgeführt werden und in der die anschließende Nachsorge dann wieder in der Beratungsstelle stattfindet.

[2] Die Beispiele und Zitate sind aus meiner psychotherapeutischen Praxis in dieser Beratungsstelle.

einem gruppentherapeutischen Prozess teilzunehmen, in dessen Verlauf sie immer wieder betont, wie gut ihr das Reden in der Gruppe tue. Sie trennt sich von ihrem Ehemann und nimmt 20 Kilogramm ab. Als sie nach sieben Monaten zaghaft einen anderen Mann kennenlernt, nimmt sie ihr altes Essverhalten wieder auf und isst zuviel: „Mir war noch nie so bewusst, wie sehr Essen und meine Probleme zusammenhängen. Immer dann, wenn einer über meine Grenzen trampelt und ich Konflikte nicht austragen kann, wenn mir was nicht passt, bekomme ich Kopfweh und beginne zu essen." Unterschwellig werden aggressive Gefühle deutlich, deren Wahrnehmung sie versucht mit Essen zu dämpfen. Bis zur nächsten Gruppensitzung gelingt es ihr, dem Mann klare Grenzen zu setzen und kann dadurch ihr Essverhalten wieder regulieren. Durch die Feedbacks der anderen Frauen geht sie ermutigt dahin, ihre Opferrolle aufzugeben, in ihren Alltag zurück und vollzieht dort Handlungen, die sie sich früher nicht zugetraut hätte.

Deutlich wird an diesem Beispiel, welchen starken Unterstützungsfaktor die Gruppe bietet, und wie die Feedbacks der anderen Frauen, die sich in ähnlicher Lebenslage befinden, für sie „Empowerment" bedeuten.

Im Laufe meiner Berufspraxis als Suchttherapeutin erlebte ich immer wieder, wie Fachleute häufig einen „Königsweg" der Behandlung propagieren, der für alle Individuen das gleiche Behandlungskonzept und -ziel vorsieht. In diesem Zusammenhang wird auch häufig betont, wie schwierig es sei, Sucht zu behandeln. Da aber jede Suchtentwicklung individuell ist und der Ausweg daraus nur ein individueller sein kann, werden in einem solchen Sucht- bzw. Behandlungsverständnis die biographische Seite und damit die Seite der Ressourcen und Eigenverantwortlichkeit nicht in den Blick genommen. Gemeinsam mit der jeweils Betroffenen ist es notwendig, individuelle Handlungsstrategien zu erarbeiten. Wesentlich ist dabei die Würdigung der Anpassungsleistung, die das Essverhalten bringt, und vor allem wie die Frau dieses geniale Potential auf suchtfreie Weise für sich und ihr Leben gebrauchen und nutzbar machen kann.

Eine Strategie, um einen erfolgreichen Bewusstwerdungsprozess zu ermöglichen, der gerade bei Suchtbehandlungen unumgänglich ist, ist das Lesen von Fachbüchern und psychologischen Büchern über Essstörungen. Ich fordere die Frauen zum Lesen auf, damit sie zu Spezialistinnen ihrer eigenen Sucht werden, denn es ist ein wesentlicher Moment der Kompetenz- und Handlungserweiterung die Isolation aufzugeben und zu erkennen, dass sie mit der eigenen Problematik nicht alleine sind.[3]

---

[3] Die entsprechende Fachliteratur liegt zur Ansicht und zum Kaufen in der Beratungsstelle aus.

Im wesentlichen verzichte ich den betroffenen Frauen gegenüber auf eine diagnostische Symptomfestlegung, da der subjektive Aspekt dadurch häufig verloren geht. Alle Frauen haben eine individuelle Suchtentwicklung und -struktur mit unterschiedlichen Formen entwickelt: Eine nimmt täglich Abführmittel, eine isst viel und erbricht das Gegessene, eine weitere isst stetig zu viel. Frauen entwickeln in ihren Anpassungsleistungen sehr vielfältige Formen, und je mehr sie klassifiziert werden, um so mehr Phantasie entwickeln sie für ihre Symptome.

Ein gutes Beispiel dafür ist eine Frau, die im ersten Beratungsgespräch betont: „Ich habe doch gar keine Bulimie, denn ich kotze doch gar nicht." Sie tanzt vier Stunden am Tag und trinkt mindesten 6 - 8 Liter Wasser, um damit ihr Gewicht zu kontrollieren.

Neue Möglichkeiten des Handelns und Erlebens entdecken

Meine therapeutische Grundhaltung impliziert den Ansatz, den Frauen so viel Selbstbestimmungsrecht zukommen zu lassen, wie nur möglich. Das bedeutet beispielsweise für den Beginn der Begleitung, den Frauen das Setting der Therapie und die Bestimmung der Behandlungslänge selbst zu überlassen. Dabei kann es zu unterschiedlichen Positionen zwischen mir und der Klientin kommen. So war ich bei manchen Frauen aus fachlicher Sicht der Überzeugung, dass sie mit einem ambulanten Setting nicht zurecht kommen werden und musste (bzw. konnte) mich vom Gegenteil überzeugen lassen. Die Hartnäckigkeit zum Nein-Sagen bei den entsprechenden Frauen brachte mich dazu, einer ambulanten Behandlung zuzustimmen.

Eine 36-jährige Frau mit drei kleinen Kindern hatte wegen ihrer Alkoholkrankheit eine stationäre Therapie hinter sich, in der ihre zusätzlich stark ausgeprägte Bulimie nicht behandelt werden konnte. Aus meiner Sicht war dafür eine nochmalige Behandlung in einer speziellen Fachklinik notwendig. Standhaft weigerte sie sich, diesem Vorschlag zuzustimmen. Wir einigten uns auf ihre Teilnahme an der ambulanten Gruppentherapie, damit sie sich insgesamt stabilisieren und ihr formuliertes Hauptziel für sich gewährleisten konnte, die Alkoholabstinenz dauerhaft zu erhalten. „Aus lauter Trotz", wie sie selbst sagte, entschloss sie sich darüber hinaus nach sechs Monaten zur Beendigung ihrer Ess-Brech-Sucht. Keine der Frauen aus der Gruppe glaubte an die Dauerhaftigkeit dieser Entscheidung. Doch bis heute hat diese Frau keinen einzigen Rückfall.

Sie bestimmte selbst über ihren Heilungsprozess und konnte dadurch ihre Selbstheilungskräfte aktivieren. Auch hierfür war die Teilnahme an der Gruppe entscheidend. Zu Beratungsbeginn können sich viele Frauen eine Gruppenteilnahme nicht vorstellen; in solchen Fällen ist auch eine Einzelbehandlung möglich. Häufig bringen die Frauen erst später den Mut auf, sich in eine Gruppe zu begeben. Daher ist eine zweigleisige Behandlung, wie im Falle der eben beschriebenen Frau, möglich, die auch Einzelgespräche für sich nutzen konnte.

Individuell spezifische, auf die Aktivierung von Eigenressourcen abzielende Betrachtungsweise von Sucht verlangt vom therapeutischen Vorgehen eine spezielle Vorgehensweise. Hauptansatzpunkt ist, das subjektive Begründungsmuster der Sucht herauszufinden. Zumeist werden hier die nicht auszuhaltenden Lebensumstände deutlich, die wiederum die Anpassungsleistungen hervorkehren. Unangenehme Emotionen, wie zum Beispiel Wut, können durch besonderes Essverhalten manipuliert werden. Dies funktioniert mit unterschiedlichen Formen des Essens genauso gut wie mit Heroin, doch im Gegensatz dazu ist die Essstörung eine in unserer Kultur eher akzeptierte, manchmal sogar gewünschte Ausdrucksform.

Der Ehemann von Frau X meint: „Kotzen kann sie ja weiter, wenn sie nur aufhören würde zu saufen." Sozial aufgefallen ist Frau X ausschließlich durch den Alkoholkonsum. Von ihrer Bulimie wusste nur sie selbst und erst nach Jahren der Ehemann.

Wesentlich für den Suchtmechanismus ist die Gefühlsmanipulation. Vor allem unangenehme Gefühle können gedämpft und völlig unterdrückt werden. So funktioniert die Manipulation der Gefühle, zum Beispiel durch den Konsum von großen Mengen Zucker, der eine opiatähnliche Wirkung erzeugt.[4] Bei den von mir beratenen Frauen wird mit jeder einzelnen ihr individueller Suchtstoff herausgearbeitet. Einer der am häufigsten verwendeten Suchtstoffe ist Zucker. Damit die betroffene Frau zu sich und den verborgenen Gefühlen Zugang bekommen kann, ist eine vorläufige Zuckerabstinenz von Nöten.

Die junge Frau M. (23 Jahre) fällt nach einem stationären Aufenthalt wieder in ihr altes Verhaltensmuster zurück und isst fast ausschließlich Zucker. Andere Nährstoffe gönnt sie sich nicht, denn davon könnte sie dick werden. So konstruiert sie für sich: „Zucker macht mich nicht dick". Wenn sie von Zucker spricht, bekommt sie leuchtende Augen, als spräche sie von einem phantastischen Liebhaber. Auffallend ist ihre äußerst nette, freundliche und höfliche

---

[4] "Zucker liefert nicht nur ‚leere Kalorien' für den Körper, sondern beeinflusst auch nachhaltig unsere Psyche. Zucker beruhigt... Mit Zucker schlafen viele Menschen besser durch Ertragen leichter Schmerzen. Zucker hebt die Stimmung und macht abhängig, weil er im Stoffwechsel einer bestimmen Substanz im Gehirn eingreift: Das Serotonin. Serotonin ist ein ‚Bote' im Gehirn, der uns Wohlbefinden vermittelt. Im übertragenen Sinne meldet uns Serotonin die ‚guten' Nachrichten." (Pollmer, Fock, Gonder, Haug, 1994, 196).

Art, mit der sie ihre Umwelt beeindruckt. Sie entschließt sich nach der Verdeutlichung, dass Zucker ihr Suchtstoff ist, ganz auf Zucker zu verzichten. Drei Wochen später berichtet sie von ihren neuen Gefühlen, die sie seit der Zuckerabstinenz wahrnimmt: „Ich wusste gar nicht, dass es Ekel gibt." Eine andere Klientin, die sich ebenfalls zur Zuckerabstinenz entschlossen hat, bemerkt, dass sie immer öfter wütend ist. So erkennen beide Klientinnen, wie sie Wut für sich tabuisieren. Zunehmend gelingt es ihnen, die Wut direkt zu äußern.

Frauen mit Essstörungsmechanismen sind „Weltmeisterinnen" in der Abwertung ihrer eigenen Reaktionen. Mit Hilfe des Guppensettings, das stark von den Feedbacks der anderen Frauen geprägt ist, kann es den betroffenen Frauen gelingen, ihren eigenen Handlungen einen neuen Blickwinkel zu geben und sich in ihren Reaktionen sicherer zu fühlen.

Frau M. kommt in eine Gruppensitzung und schildert folgende Situation: Als sie feststellte, dass ihr Ex-Freund sie nach der Trennung um mehrere tausend Mark betrogen hat, fährt sie wütend zu ihm und seinen Eltern und fordert die sofortige Rückgabe des Geldes. Gleichzeitig erstattet sie Anzeige bei der Polizei. Während der Autofahrt schimpft sie und schreit laut, da sie so entrüstet über das Verhalten des Ex-Freundes ist. Bei näherem Nachfragen in der Gruppensitzung durch die anderen Frauen meint sie, „ich bin halt völlig ausgerastet, ich war völlig hysterisch und pampig, völlig übertrieben." Durch die Reaktionen der anderen Frauen und ihrem Feedback, dass ihre Reaktion eine völlig adäquate war, gelingt es ihr, ihre Wut als eine Art Handlungserweiterung zu betrachten.

Bei diesem Beispiel wird deutlich, wie die wahrgenommenen Emotionen die subjektive Handlungsnotwendigkeit fördern. „Sie (Emotion) **verkörpert** die subjektive Bedeutung/Bewertung der konkreten Realität ..." (Osterkamp, 1999, 6). Es handelt sich hier um eine produktive, ja geradezu gesunde Form der Aggression, die die Selbstbehauptung und das Durchsetzungsvermögen der Frauen bestärkt (vgl. Musfeld, 1997). Diese Aggression fördert soziale Kräfte, die den Frauen Selbstbestimmung und Klarheit vermittelt. Im Gruppenkontext können so die Frauen zusammen ihre eigenen Stärken entwickeln. Der Rahmen der Gruppe fördert die individuellen und strukturellen Möglichkeiten sich entfalten zu können, er aktiviert eine Art Suchprozess, der den Kontakt zu anderen Frauen notwendig macht. (vgl. Stark, 1991).

Ein weiteres Beispiel für diese Art von Umdeutung und Bestärkung ist die Förderung der Akzeptanz der eigenen Lust und Unlustempfindungen.

Frau M. stellt in ihrer zuckerfreien Zeit fest, dass sie keine Lust hat, am Muttertag zu ihrer Mutter zu gehen. Sie wird in der Gruppe von den anderen bestärkt, dies nicht tun zu müssen. Nach fünf Wochen Abstinenz kommt Frau

M. sehr aufgelöst zur Gruppensitzung. Sie weint und erhofft sich von der Gruppe und mir, dass wir ihr die „Erlaubnis" geben, wieder Zucker essen zu dürfen, weil es ihr ohne so schlecht geht. Sie will nicht ihr Leben lang ihr Essverhalten kontrollieren. Im Gruppenverlauf wird gemeinsam mit ihr herausgearbeitet, dass es ihr emotional zur Zeit sehr schlecht geht. Dieser Zustand, den sie - verharrend in der Sucht - nicht mehr spürte, bereitet ihr nun sehr viel Angst. Anstatt „mir geht es so schlecht" zu sagen, berichtet sie darüber, wie es ihr mit dem fehlenden Zucker geht - eben schlecht. Mit der Zeit gelingt es ihr, der Gruppe zu veranschaulichen, warum es ihr so schlecht geht, dass sie nämlich sehr viel Wut und Ärger verspürt: einen Zustand, den sie nur schwer aushalten kann. Die Empowermentstrategie besteht darin, ihr zuzugestehen, dass es ihr auch schlecht gehen darf mit all den damit verbundenen Emotionen. Frau M. ist sehr erstaunt über das Zugeständnis, schlecht drauf sein zu „dürfen".

Das brave Kind

In Zusammenhang mit der Stärkung der Frauen verwende ich häufig das Bild des ‚braven Kindes' - einen Begriff, den Alice Miller in ihrem Buch „Du sollst nicht merken" verwendet hat und den Klaus Theweleit folgendermaßen ausführt:

„Das ‚Brave Kind' ist ein Typ, den wir alle gut kennen, an uns selbst und anderen: dieser Mensch, gleich welcher Altersstufe, der sein Leben lang nicht aufhört, die Gefühle anderer zu haben, und das heißt, die Gefühle seiner Eltern anstelle seiner eigenen" (Theweleit, 1991, 251).

Das therapeutische Vorgehen besteht darin, die Frauen in ihren eigenen Wahrnehmungen zu bestärken, von den Eltern abweichende Gefühle aufkommen zu lassen, die ihnen ermöglichen, ihre eigene Macht zu erkennen und ein von den Eltern unabhängiges Leben zu beginnen. Durch das Abhängigkeitsverhältnis, in welchem ein Kind immer aufwächst, werden die Eltern idealisiert und andere Wahrnehmungen werden zumeist abgespalten.

„Eltern sind aber auch Teufel. Und eben dies kann das Kind nicht merken, denn der *Moment*, in dem es dies bemerken könnte, ist kein anderer als der Moment seiner Hinrichtung: nicht nur damit, dass das Kind die Eltern umbringe, wenn es ausbricht, drohen die Eltern, sondern damit, das Kind umzubringen, wenn es nicht ‚folgt'. Ob das durch den sog. ‚Liebesentzug' geschieht (die Drohung, dich nicht mehr zu füttern) oder handgreiflicher durch Prügel, die das Kind an die Grenzen des Verschwindens bringen, durch den vernichtenden, den auslöschenden Blick, durch das Gebrüll, das das Kind ins Jenseits treibt, durch eine plötzliche und rabiat einsetzende Eiseskälte, die dich in den Vorgang des Erfrierens setzt oder eine der zahllosen Formen perfekter Nichtachtung, über die Eltern verfügen als wären sie darin ausgebildet worden, das ist nicht entscheidend. Entscheidend ist, dass jedes Kind, das sich (zwangs-)entscheidet, in die Position ‚Braves Kind' zu rücken und darin zu bleiben, die Morddrohungen der Eltern als *reale Drohung* empfangen hat und diese, weil es im Bewusstsein dieser Drohung (die Eltern sind doch Engel) nicht leben kann, sogleich abgeschaltet, ausgeschaltet, *verdrängt* hat" (ebd., 1991, 255).

Die Form des Verdrängungsmechanismus, der aus der Perspektive der Klientin früher lebenserhaltend war, aufzudecken, ist ein wesentlicher Teil des Heilungsprozesses, in dem zur Bekräftigung andere Frauen anwesend sind.

So berichtet eine Klientin, welchen psychischen Misshandlungen sie durch ihre Mutter ausgesetzt war. Diese verfügte über eine ganze Palette von „Foltermethoden". So spuckte die Mutter ihr ins Gesicht mit der „Begründung", was für ein Teufel sie sei oder sie redete zwei Tage nicht mehr mit ihr. Sie verbot ihr, zu anderen Kinder zu gehen, drohte ihr, sich umzubringen, wenn sie nicht brav sei. So verinnerlichte diese Klientin, „sie hat es doch nur gut mit mir gemeint", was überspitzt formuliert bedeutet: „In der Hölle hat sie es ja nur gut mit mir gemeint." Noch heute wird sie von der Mutter mit dem Satz konfrontiert: "Alles kannst Du mir vorwerfen, aber nicht, dass ich etwas falsch gemacht habe." Sie verinnerlichte, wenn sie nur ‚brav' gewesen wäre, dann hätte ihre Mutter sie nicht misshandelt und ihr Liebe entgegengebracht.

„Es bleibt (das Kind) ‚braves Kind' , weil es nicht erkennen kann, daß es etwas zu verlieren fürchtet, was schon längst verloren oder nie besessen hat: Eben die Liebe der Eltern, sagt Alice Miller" (ebd. 1991, 256). Dieser Umstand ist jedoch nur mit dem entsprechenden Essverhalten zu ertragen, weil Essen stumpf macht. Als jene Klientin begann ihr Essverhalten zu verändern, machte ihr ihre aufkommende Wut gegen die Mutter Angst und sie konnte dies nicht als positive Entwicklung für sich werten. Ihr innerpsychisches emotionales Empfinden beschreibt sie als eine Art Teufel, der nicht mehr ganz bei Sinnen ist. Mit der Zeit konnte sie Gefühle von Wut und Missfallen zulassen und unternahm Schritte, ihre Lebensbedingungen nach ihren eigenen Vorstellungen zu gestalten.

Das therapeutische Vorgehen besteht darin, den „Brave-Kind-Mechanismus" mit seiner Sonderformel 1 Gedanke + 1 Gedanke = 2 Gedanken (vgl. ebd. 1991, 480) zu durchleuchten und zunehmend Hauptgedanken mit Nebengedanken und Widersprüche durch Bestärkung zu fördern. Damit ist gemeint, dass es Hauptgedanken und Nebengedanken geben kann, die zu einer Handlungserweiterung beitragen. Denn Anpassung an „... die Verhältnisse ist nur ein Ausdruck von Vernunft, Auflehnung hingegen ..." (Osterkamp, 1999, 6) wird als emotional, unvernünftig, irrational dargestellt. Gefühle und die damit verbundenen Dialoge sind keineswegs ein Gegensatz zu Erkenntnisprozessen, „... sondern selbst eine Form der Erkenntnis" (ebd.), sie signalisieren die Notwendigkeit des Aktivwerdens. Durch ein gesundes Essverhalten können die Emotionen besser wahrgenommen werden und aktivieren damit Veränderungsprozesse.

Wenn es im Laufe des Gruppenprozesses den Frauen gelingt, aus ihren lang antrainierten Rollen bewusst herauszugehen, entsteht in der Gruppe häufig eine Art diebische Freude und mit viel Humor werden neue autonome Eigenaktivitäten geschildert. Das Gruppensetting aktiviert Menschenkräfte (vgl. Stark, 1991, 228), die durch den gemeinsamen Erfahrungsaustausch aktiviert werden und daraus eine eigene Lebenswelt gestaltet und entwickelt werden kann. Dieser Empowermentprozess aktiviert Mut, etwas nicht Kontrollierbares zu beginnen.

Literatur

Miller, Alice 1983: Du sollst nicht merken. Frankfurt am Main.

Musfeld, Tamara 1997: Im Schatten der Weiblichkeit. Tübingen.

Nurowska, Maria 1996: Spanische Augen. Frankfurt am Main.

Osterkamp, Ute 1999: Zum Problem der Gesellschaftlichkeit und Rationalität der Gefühle/Emotionen. Forum Kritischer Psychologie: Heft 40 Jg. 1999, 3 - 49.

Pollmer, Udo / Fock, Andrea / Gonder, Ulrike / Haug, Karin (Hrsg.) 1994: Prost Mahlzeit! Krank durch gesunde Ernährung. Köln.

Stark, Wolfgang 1991: Prävention und Empowerment. In: Hörmann, Georg / Körner, Wilhelm (Hrsg.): Klinische Psychologie. Reinbek. 213 - 232.

Theweleit, Klaus 1991: Buch der Könige. Orpheus und Eurydike. Basel, Frankfurt am Main.

Wulff, Erich 1997: Thesen zur Sucht. Sozialpsychiatrische Informationen: Heft 1/97, Bonn. 5 - 8.

Frauen ohne Wohnung - (k)ein Ort für Empowerment?

Ruth Back

Der Empowermentdiskurs spielt bislang in der Wohnungslosenhilfe im Vergleich zu anderen psychosozialen Arbeitsfeldern oder zur Selbsthilfebewegung eine eher marginale Rolle. In Gesprächen mit Fachkräften, die mit wohnungslosen Frauen arbeiten, macht sich bezüglich des Empowermentgedankens oftmals eine skeptische und abwehrende Haltung breit und Empowermentarbeit wird kaum als Bereicherung für die eigene berufliche Praxis empfunden. Häufig genannte Einwände sind dabei zum einen, dass sich hinter dem Begriff nichts Neues verberge, er neu etikettiere, was in der Arbeit sowieso schon geleistet werde und somit alten Wein in neuen Schläuchen darstelle. Auch hohe Fallzahlen sowie die häufig anzutreffende Abwehrhaltung von Wohnungslosen gegen psychosoziale Betreuungs- und Beziehungsangebote lassen das in Publikationen zu Empowerment skizzierte Paradigma der dazu gegensätzlichen fürsorglichen Belagerung seitens der traditionellen Sozialarbeit (Herriger 1997a) als wenig vereinbar mit dem eigenen beruflichen Alltag erscheinen. Vor allem die konkrete Umsetzung des Empowermentkonzeptes in der alltäglichen Sozialen Arbeit stellt für viele PraktikerInnen eine schwer lösbare Aufgabe dar.

Das hinter diesem Konzept stehende implizite Menschenbild ist geprägt „von einem Bild des autonomen und erfolgreichen Individuums, das in der Lage ist, seine Interessen und Vorstellungen gemeinsam mit anderen zu verfolgen" (Stark 1996, 76). Dieses Menschenbild lässt sich zunächst nur schwer verbinden mit dem Bild von wohnungslosen Frauen, die meist gravierende multiple soziale, finanzielle und psychische Problemlagen aufweisen und deren Leben durch Armut, Abhängigkeits- und Gewaltbeziehungen und ein hohes Maß an Vereinzelung und Isolation geprägt ist. An diesem Punkt trifft sich die Skepsis der Fachbasis mit kritischen Einwänden, dass Empowermentprozesse bereits starke, erfolgreiche und autonome Individuen voraussetzen und bestimmte Motivationslagen und ein hohes Maß an Qualifikationen insbesondere in Hinsicht auf Sprache sowie an Kooperations- und Konfliktfähigkeit verlangen (Galuske 1998; Stark 1996). Die augenscheinliche Mittelschichtsorientierung des Empowermentmodells mit der Betonung von Sprache, Gruppe und Selbstorganisation scheint zunächst weit auseinander zu klaffen von der Arbeit mit einer Bevölkerungsgruppe, die durch Armut und durch das Leben am äußeren sozialen Rand der Gesellschaft ein hohes Maß an Demoralisierung und einen gering ausgeprägten Glauben, die eigenen Lebensbedingungen gestalten zu können, aufweist. All diese aus der eigenen Berufspraxis von Fachkräften entsprungenen Vorbehalte unterstreichen die Notwendigkeit, nicht beim Proklamieren von Haltungen stehen zu bleiben und die Fachbasis mit hochgesteckten Zielen alleine zu lassen, sondern Empowermentprozesse und deren Handlungsansätze zu konkretisieren, für unterschiedliche Arbeitsfelder mit verschiedenen Zielgruppen auszugestalten und damit auch die Diskussion in Praxisfelder weiterzutragen, in denen der Empowermentdiskurs noch wenig verbreitet ist. Für die Wohnungslosenhilfe ist diese Diskussion nicht nur deshalb spannend und notwendig, weil der ressourcenorientierte Empowermentblick aufgrund der Übermächtigkeit der ins Auge springenden Defizite und Vielfachproblematiken leicht verstellt wird.

Aktuell notwendig ist sie auch gerade jetzt, da sich der fachliche Diskurs seit geraumer Zeit auf den hohen Anteil psychisch kranker Menschen unter den Wohnungslosen konzentriert (Kebbel 1996). Epidemiologische Untersuchungen von wohnungslosen Männern zeigten, dass bei wohnungslosen Männern z.B. Psychosen 10 bis 25mal höher als bei der Durchschnittsbevölkerung zu finden sind (Quadflieg 1998). Bei Frauen wurde sogar noch eine höhere Rate an psychischen Erkrankungen festgestellt. Laut Greifenhagen (1999) wiesen 50 Prozent der befragten wohnungslosen Frauen Depressionen, 59 Prozent Angststörungen und 25 Prozent Schizophrenien auf. Bedeutsam sind diese Ergebnisse, weil sie die Multikomplexität der Problemlagen Wohnungsloser belegen und aufzeigen, dass Wohnungslosigkeit nicht nur eine Folge von Armut und damit ein Sozialstaatsproblem ist, dem lediglich mit veränderten wohnungs- und sozialpolitischen Maßnahmen Abhilfe geschaffen werden könnte. Vielmehr betonen diese Untersuchungsergebnisse die individuellen psychischen Defizite - wobei keine abschließenden Aussagen darüber getroffen werden, ob die psychische Erkrankung als Ursache oder als Folge der Wohnungslosigkeit zu verstehen ist - und bieten Argumentationshilfe dafür, dass aufgrund der Schweregrade der Problematiken in weitaus höherem Umfang psychosoziale Betreuung notwendig wäre, als dies bislang seitens der Geldgeber gewährt wurde. Gleichzeitig birgt dieser Diskurs aber auch die Gefahren in sich, dass der Blickwinkel erneut auf Defizite statt auf Ressourcen gerichtet wird und damit auch eine Individualisierung und Psychiatrisierung Wohnungsloser und eine Ausblendung der Armutsproblematik, insbesondere der Problematik der weiblichen Armut im Sozialstaat, einher geht (Sellach 1997).

Frauen und Wohnungslosigkeit

Wohnungslosigkeit von Frauen war in der Sozialarbeit lange Zeit ein nahezu unbekanntes Problemfeld. Obdachlosigkeit und Nichtsesshaftigkeit galten als Problem von Männern und dementsprechend waren Hilfsangebote in Form von Wohnheimen und Unterkünften in erster Linie an sie gerichtet. Vereinzelte Angebote für wohnungslose Frauen fielen in den Bereich der Gefährdetenhilfe, die von ihrer Tradition her stark durch stigmatisierende Vorstellungen von der 'sittlichen Gefährdung' und 'Verwahrlosung' 'gefallener' Mädchen und Frauen geprägt war (Enders-Dragässer 1997). Neben Entwicklungen neuer Ansätze innerhalb der Sozialarbeit wie die verstärkte Hinwendung zu ambulanten und gemeindenahen Ansätzen waren es Anstöße aus der Frauenbewegung und -forschung, die weibliche Lebenswelten fokussierten und damit auch sozialstrukurelle Diskrimierungen wie Armut und Wohnungslosigkeit skandalisierten. Heute wird der Frauenanteil unter den Wohnungslosen auf durchweg 15 Prozent geschätzt. Unter Einbezug der Dunkelziffer kann von einem Gesamtanteil von ca. 21 Prozent ausgegangen werden (BAG Wohnungslosenhilfe 1998). Für das späte „Entdecken" dieser Tatsachen und damit dem Reagieren des sozialen Hilfesystems erst seit etwa über einem Jahrzehnt hat auch die frauenspezifische Form der latenten Wohnungslosigkeit selbst beigetragen. Weibliche Wohnungslosigkeit findet weniger im öffentlichen Raum, sondern primär im Verborgenen in prekären Wohnverhältnissen statt. Frauen finden häufiger als Männer vor dem Weg auf die Straße noch bei Freunden und Bekannten Unterschlupf oder sie haben Arbeitsstellen, die mit Wohnunterbringung verbunden sind und der Verlust der Arbeit gleichzeitig auch den Verlust der Wohnung bedeutet. Für diese in der Regel unsicheren und häufig wechselnden Unterkünfte zahlen Frauen einen hohen Preis, da diese meist gekoppelt sind mit Abhängigkeitsbeziehungen, oftmals mit sexueller Ausbeutung bis hin zu körperlicher Misshandlung. Riege (1994) spricht angesichts des Bekanntwerdens der hohen Zahl von wohnungslosen Frauen nicht nur von einer „verspäteten Entdeckung" (ebd. 10), sondern auch von einem neuem Phänomen der Wohnungsnot, das „ein - tragischer - Ausdruck von Emanzipationsbestrebungen" (ebd. 11) ist und aus einer geringeren Akzeptanz der Erniedrigungen und Abhängigkeiten in den bisherigen Beziehungen erfolgt. Dafür sprechen auch neuere Zahlen der BAG Wohnungslosenhilfe (1998), dass als auslösende Faktoren für den Weg in die latente oder manifeste Wohnungslosigkeit an aller erster Stelle Konflikte im Bereich Familie und Partnerschaft wie Trennungs- und Scheidungssituationen, Gewalt durch den Partner sowie auch überraschend hoch der Auszug aus der elterlichen Wohnung anzutreffen sind.

Strukturelle Ursache der weiblichen Wohnungslosigkeit ist Armut auf dem Hintergrund von frauenspezifischen ungesicherten Erwerbsbiographien, doch nach Steinert (1990) genügt das „Armutstheorem" nicht als ausreichende Erklärung, da es Individuen auf Objekte ökonomischer Bedingungen einengt, „deren Handlungskompetenz reduziert ist durch materielle Ressourcen" (ebd. 22). Sie betont die Heterogenität sowohl der Wohnungsproblematik als auch des Personenkreises und deren Einstellungen zum Hilfesystem und sie plädiert für eine differenziertere Sichtweise, die u.a. auch Identitätsaspekte berücksichtigt. In ihrer „Phänomenologie der Wohnungslosigkeit" (ebd. 22) hat Steinert wohnungslose Frauen nach ihren Bewältigungsstrategien und sozialen Orientierungen befragt, mit denen sie auf den Lebenseinschnitt Wohnungsverlust reagieren. Sie unterscheidet in ihrem Modell die drei Grundkategorien institutionen-, normalitäts- und szeneorientierte Frauen. Als institutionenorientiert gelten Frauen, die sich an ein Leben ohne Wohnung anpassen, indem sie sich auf das Hilfesystem als eine relevante materielle, soziale und emotionale Ressource beziehen und Handlungsorientierung in erster Linie dem Hilfesystem zuschreiben. Dagegen haben normalitäts- und alternativorientierte Frauen dem Hilfesystem gegenüber eine distanzierte bis ablehnende Haltung und funktionalisieren es situativ, wenn kein Weg mehr daran vorbei führt. Normalitätsorientierte Frauen streben wieder die Rückkehr in ihr normalbürgerliches Leben an, während im Unterschied dazu alternativorientierte Frauen sich sozial und normativ umorientieren, sich an ein Leben ohne Wohnung anpassen und sich auf das Straßenmilieu beziehen (Steinert 1991).

Soziale Arbeit mit wohnungslosen Frauen

Für die konkrete Arbeit von Fachkräften in der Wohnungslosenhilfe bedeutet diese Heterogenität, dass sie in ihrem Berufsalltag mit einer breiten Palette an Frauenproblematiken konfrontiert sind, darunter viele Frauen, die gegenüber dem Hilfesystem mit seinen Regeln und Hilfsangeboten eine abwehrende und skeptische Haltung einnehmen. Die Wohnungslosenhilfe gilt als ein Sammelbecken von Menschen, die sich in extremen sozialen Randsituationen befinden. Es prallen dort Frauen aufeinander, die aus unterschiedlichsten Gründen wohnungslos wurden. Es treffen sich Frauen, die aufgrund einer plötzlichen Trennung vom Partner oder durch eine Überschuldungssituation erstmals wohnungslos wurden und die diese Situation als stark schambesetzt und kränkend erleben, sowie Frauen mit einer auffallenden psychischen Problematik, die wegen Vermüllung von Wohnungen bereits mehrere Zwangsräumungen hinter sich haben. Daneben gibt es Frauen, die bereits längere Zeit Platte machten, darunter oftmals ältere Einzelgängerinnen, die zwischen einem ungebundenen Leben auf der Straße und einem kontrollierteren Leben in sozialen Einrichtungen hin und her pendeln. Gemeinsam ist vielen Frauen, dass sie alleine leben, abgebrochene Beziehungen zur Familie oder zu Freunden haben und sie insgesamt sozial wenig vernetzt sind.

Als wesentliches Problem kann sich dabei stellen, dass Selbstbild, Problemdefinition und Ursachenattribution der Frauen auseinander klaffen mit dem Fremdbild und der Problemeinschätzung seitens der BeraterIn. Gerade normalitätsorientierte Frauen wünschen die schnellstmögliche Rückkehr in eine eigene Wohnung und erwarten von den Professionellen in erster Linie die Vermittlung einer Wohnung, Unterstützung bei der Regelung von Behördenangelegenheiten und finanzielle Hilfen. Für die professionellen HelferInnen dagegen ist die Mietfähigkeit dieser Klientel in Frage gestellt, da ihrer Einschätzung nach der Wohnungsverlust z.B. auch auf die Folgen einer Suchtproblematik zurückzuführen ist und von daher auch eine Persönlichkeits- und Verhaltensveränderung vonnöten wäre. Das Dilemma, dass Selbst- und Fremdbild, Problemdefinition und Zielformulierung zwischen Klientel und Hilfesystem nicht übereinstimmen, ist nicht neu und gibt es nicht nur in der Wohnungslosenhilfe. Eine vergleichende Untersuchung der ideellen Zielsetzungen von MitarbeiterInnen der Psychiatrie mit den Zielen der NutzerInnen ergab eine umgekehrte Kompatibilität. Von Seiten der MitarbeiterInnen wurden als vorrangigste Ziele der Wunsch nach Rehabilitation (89 Prozent) und nach Therapie (61 Prozent) genannt, wohingegen der Wunsch nach einem Schutz- und Schonraum (37 Prozent) und nach materieller Absicherung (31 Prozent) als wesentlich weniger bedeutend eingestuft wurden. Ganz anders dagegen die Ergebnisse der NutzerInnen selbst. Sie nannten an erster Stelle mit 82 Prozent den Wunsch in Ruhe gelassen zu werden, gefolgt von den Bedürfnissen nach materieller Absicherung (67 Prozent) und Verständnis (51 Prozent). Als weit weniger wichtig dagegen wurden therapeutische Unterstützung (27 Prozent) und Rehabilitation (17 Prozent) erachtet. Obgleich die Hauptbedürfnisse der Klientel vom Personal als nachrangig eingestuft wurde und umgekehrt die Hauptintentionen der MitarbeiterInnen bei KlientInnen als unwesentlich galten, waren interessanterweise die Fachkräfte davon überzeugt, dass ihre eigenen konzeptionellen Vorstellungen mit den Erwartungen der NutzerInnen übereinstimmten (Nouverté 1996). Ähnliche Beobachtungen lassen sich auch in der Wohnungslosenhilfe machen. Nach Steinert (1990) folgt gerade für die alternativ- und szeneorientierten Frauen das Hilfesystem einer den Regeln dieser Lebenswelt diametral entgegengesetzten Logik. „Die Mehrheit dieser Einrichtungen bezieht sich ... auf Wohnungslose als defizitäre Menschen, deren soziale Integration vor allem durch Personenänderung erreicht werden soll. Diese Normalisierungsarbeit mit innerem Zugriff gilt vor allem für Frauen" (ebd. 29). Normalisierungsarbeit wie die Lösung vom Milieu oder die Trennung vom Partner zum Schutz der Frau, im Rahmen einer parteilich definierten Haltung für die Frau, läuft Gefahr, die Frauen als defizitäre Wesen zu begreifen und von daher mit dem Selbstbild der Frau unvereinbar zu sein.

Empowerment - alter Wein in neuen Schläuchen?

Was bisher beschrieben wurde, könnte alles Wasser auf den Mühlen der Empowermentverfechter sein, lebt doch deren Konzept von der Kritik am Defizitblick, fokussiert Stärken und Selbstbestimmung und zielt darauf ab, „den Menschen ein Rüstzeug für ein eigenverantwortliches Lebensmanagement zur Verfügung zu stellen und ihnen Möglichkeitsräume aufzuschließen, in denen sie sich die Erfahrung der eigenen Stärke aneignen und Muster solidarischer Vernetzung erproben können" (Herriger 1997b, 31). Meines Erachtens droht dem Empowermentkonzept aber genauso die Gefahr eines verengten Blickes auf die betroffenen Menschen, da das ihm implizite Menschenbild stark vom Glauben an das kompetente, sozial orientierte Individuum geprägt ist. Empowerment lebt nach Herriger (1997b, 30) „von der Kraft des Plurals" und ist somit „stets ein kollektives Produkt der (Wieder-)herstellung von Selbstbestimmung über die Umstände des eigenen Lebens" (ebd.). Wie steht es aber mit Menschen, die bislang diese Kraft des Plurals nicht von sich aus suchen, Beziehungen meiden und die zunächst wenig Offenheit für Gruppenprozesse mitbringen und die sich vor allem nicht freiwillig für eine Gruppenteilnahme entschieden haben, sondern die aufgrund einer Notsituation in einer Übergangseinrichtung und damit in einer unfreiwilligen Notgemeinschaft landen, der sie auch mit Abwehr oder zumindest mit Ambivalenz begegnen?

Die Wohnungslosenhilfe hat auf diese Fragen in den letzten Jahren mit der Entwicklung neuer Konzepte im Sinne einer Differenzierung des Hilfeangebotes, der Ausweitung ambulanter, präventiver Angebote im Vorfeld des Wohnungsverlustes und vor allem auch mit dem Ausbau niederschwelliger Angebote reagiert.

Die anfangs beschriebene Zurückhaltung der Fachbasis gegenüber dem Empowermentkonzept resultiert nicht in erster Linie aus „einer Schwerkraft der Routine" (Herriger 1997a, S. 206), sondern aus einem Unbehagen an dem Menschenbild und der starken Betonung des daraus resultierenden (Selbsthilfe-)Gruppengedankens, der gleichsam die Gefahr in sich birgt, den betroffenen Frauen Vorstellungen für eine „gute Praxis" aufzudrängen, die nicht deren Lebenswelten entspricht. Trotz dieser Kritik am Empowermentkonzept ist auch in der Wohnungslosenhilfe vieles möglich, um Empowermentprozesse zu initiieren, und eine Menge davon wird auch bereits geleistet. In Diskussionen mit Mitarbeiterinnen über Möglichkeiten, den Empowermentansatz in der eigenen Arbeit umzusetzen, fand sich vor allem in Hinblick auf die individuelle Ebene wieder, was auch Herriger (1997a) in seiner „Philosophie der Menschenstärken" beschreibt: Einen langen Atem zu haben und nicht enttäuscht oder gar gekränkt zu sein, wenn „Erfolge" nicht schnell sichtbar werden. Der Frau ihr eigenes Tempo für Veränderungs- und Suchprozesse zu lassen, daran zu glauben, dass die Frauen die besten Anwältinnen für sich selbst sind und ihren eigenen Weg gehen, der für sie Sinn macht, auch wenn dieser von den Konventionen abweicht und nicht den Vorstellungen der BeraterInnen von einem geglückten Frauenleben entspricht. In mancher Hinsicht ist dieser Akzeptanzprozess für die professionellen HelferInnen durchaus vergleichbar mit der Arbeit von Frauen im Frauenhaus, wo sich diese ebenfalls damit auseinandersetzen müssen, die eigenen Entscheidungen der Bewohnerinnen zu akzeptieren und ihnen nicht eigene Lebensvorstellungen von weiblichen Lebensentwürfen überzustülpen, auch wenn dies die Rückkehr zum gewalttätigen Partner bedeutet (Brückner 1998). Für die Arbeit mit wohnungslosen Frauen kann dies bedeuten, zu akzeptieren, dass eine Frau immer wieder in die Szene zurückkehrt, weil sie die Beengtheit und Isolation in einer eigenen Wohnung nicht ertragen kann und will. Eine langjährige Mitarbeiterin aus dem Psychiatriebereich, die beruflich in eine Übergangseinrichtung für psychisch kranke Wohnungslose wechselte, beschrieb mir gegenüber ihren mit dem Arbeitsplatzwechsel einhergehenden Praxisschock mit den Worten: „Am Anfang dachte ich, die arbeiten ja gar nicht mit den Leuten. Die fordern die ja überhaupt nicht." Dieser erste Eindruck spiegelt die Tatsache wider, dass die Arbeit mit Wohnungslosen meist eine Arbeit der kleinen Schritte bedeutet, wobei sich die Kommunikation zwischen BeraterIn und NutzerIn dabei oft um ganz konkrete Angelegenheiten der Alltagsbewältigung dreht. Das eigene Anspruchsniveau herunterschrauben und sich dem Tempo der Adressatin anzupassen bedeutet dabei keineswegs nur auf das zu reagieren, was von ihr selbst herangetragen wird. Die Gefahr der überprotektiven Haltung und damit auch der Entmündigung durch ExpertInnen ist oft genug beschrieben worden. Genauso existiert aber auch die Kehrseite davon, der gekränkte Rückzug und eine Laissez-Faire-Haltung aus Resignation, z.B. wenn die hilfesuchende Frau Termine sausen lässt und Verbindlichkeiten, gemeinsam formulierte Zielvorgaben und Vereinbarungen nicht einhält, was in der Arbeit mit Wohnungslosen häufig vorkommen kann.

Empowermentprozesse initiieren bedeutet in den Kontakt mit den Frauen hineinzugehen, sich als Person nicht zurückzuhalten, auf die Frauen zuzugehen und die Beziehung nicht aufzugeben. Oftmals haben wohnungslose Frauen als durchgängigen roten Faden in ihrem Leben die Erfahrung von wiederholten Beziehungsabbrüchen (Brender 1999) und damit zugleich auch wenig positive Erfahrungen darin, Beziehungen aufrecht zu erhalten. Daher kann

Empowermenthaltung bedeuten, den Gesprächsfaden nicht abreißen zu lassen und somit auch von dem klassischen Paradigma der Kommstruktur und der Devise „Der Klient will was von mir, nicht ich von ihm" abzuweichen, auch mal unorthodoxe Wege zu gehen und immer wieder Kontakt anzubieten. Eine große Barriere, die Empowermentprozessen im Weg stehen kann, ist, den Frauen zu wenig zuzutrauen. Die Defizite dieses Personenkreises sind oft allzu deutlich sichtbar und in der Literatur auch ausführlich beschrieben (Rauchfleisch 1996; Hesse-Lorenz & Moog 1996). Obgleich der Begriff der Ressourcenorientierung zwar mittlerweile als zeitgemäßes Paradigma weitgehend Eingang in Konzepte und Produktbeschreibungen gefunden hat, fällt es in der Praxis nach wie vor schwer, diesen zu füllen. Auf die Frage nach Ressourcen von wohnungslosen Frauen wird von Professionellen meist in erster Linie das hohe Durchhaltevermögen, die Zähigkeit und die Bereitschaft auch bei größten Problemen nicht aufzugeben - oftmals auch gepaart mit Humor und Selbstironie - genannt. Hinzu kommt eine auffallende Kreativität in der Alltagsgestaltung, mit deren Hilfe es den Frauen gelingt, mit geringsten sozialen und materiellen Ressourcen zurechtzukommen. Für Frauen im Unterschied zu Männern wird eine ausgeprägtere Beziehungsorientierung beobachtet, die aber gleichzeitig mit einem großen Wunsch nach Selbstverantwortung und Autonomie einhergeht und auch dazu führen kann, dass Hilfeangebote ausgeschlagen werden, wenn sie dem Selbstbild nicht entsprechen.

Praktizierte Methoden

Gruppenarbeit gilt in der Wohnungslosenhilfe bislang nicht als favorisierte Methode, obgleich auch hier die positiven Auswirkungen sozialer Netzwerke deutlich zu erleben sind. Oftmals blühen die Frauen auf, wenn sie bei aller Skepsis feststellen, dass ihnen der Kontakt mit anderen Frauen sichtbar gut tut. Vor allem in niederschwelligen Einrichtungen oder in ambulanten Rahmenbedingungen sind die Konzepte der klassischen Gruppenarbeit schwer umzusetzen und der Widerstand seitens der Frauen gegen Gruppen, die Konstanz und Verbindlichkeiten fordern, ist hoch. Das bislang eher geringe Maß an gemeinsamer Selbstorganisation zeigt sich auch daran, dass kaum Selbsthilfegruppen von wohnungslosen Frauen existieren. Wenn es Wohnungslosen gelingt, sich zu organisieren, wie z.B. bei der Münchner Obdachlosenzeitung BISS, so sind es meist die Männer, denen es gelingt, mit ihrer Situation an die Öffentlichkeit zu gehen, während die Frauen mit ihrer prekären Wohn- und Lebenssituation mehr im Verborgenen bleiben. In Gesprächen mit wohnungslosen Frauen stehen in der Regel nicht die Verluste von wirtschaftlichen und beruflichen Ressourcen im Vordergrund, sondern im Vergleich zu Männern die Erfahrungen und Schwierigkeiten in den zwischenmenschlichen Beziehungen (Enders-Dragässer & Sellach 1997). Die starke Beziehungsorientierung von Frauen als Ressource ernst nehmen bedeutet, die Schwelle für Gruppen zu senken, auf eine Problemfokussierung zu verzichten und Gruppen zu initiieren, die für die Frauen positive Angebote auf der Beziehungsebene bedeuten, z.B. Frauenfrühstück, Stammtische, Teestuben, gemeinsame Freizeitaktivitäten etc. Gruppenprojekte in dieser Form schaffen Möglichkeitsräume, die Gruppenprozesse, eigenständige Kontakte und solidarisches Handeln entstehen lassen.

„Frauenzimmer" - weibliche Räume

Das *Schaffen von Möglichkeitsräumen* kann manchmal etwas ganz Einfaches bedeuten, das aber von der Wirkung nicht unterschätzt werden sollte. Beispielhaft sind hierzu die Erfahrungen einer gemischtgeschlechtlichen Übergangswohneinrichtung, in der Frauen und Männer Tür an Tür nebeneinander wohnten. Insgesamt hatten die BewohnerInnen wenig Kontakt untereinander, es herrschte im Haus eine Atmosphäre der Vereinzelung, wobei Frauen des öfteren über Belästigungen seitens der männlichen Bewohner klagten. Um den Frauen mehr Schutzraum zu bieten, wurde in der Einrichtung ein geschlechtsspezifisches Wohnkonzept entwickelt und Frauen und Männer wurden im Rahmen dessen in jeweils unterschiedlichen Gebäudeabschnitten untergebracht. Beachtenswert waren die Gruppeneffekte dieser Maßnahme. Der schützende Rahmen und die räumliche Nähe bewirkten bei den Frauen eine Intensivierung der sozialen Beziehungen, das soziale Klima verbesserte sich deutlich, Gruppenprozesse kamen in Gang und es gelang den Frauen besser, sich bei Konflikten mit den Männern solidarisch zur Wehr zu setzen. Bei den Männern dagegen hatte die räumliche Veränderung nicht denselben positiven Effekt und sie blieben weitaus vereinzelter als die Frauen.

Diese Beobachtung passt zu dem, was Enders-Dragässer & Sellach (1997) in ihren Thesen über „handlungsleitende Grundprinzipien für frauengerechte Angebote in der Wohnungslosenhilfe" fordern. Sie stellen fest, dass Frauen in der gemischtgeschlechtlichen Wohnungslosenhilfe nicht als eigenständige Persönlichkeiten mit ihren zu Männern differenten Bewältigungsstrategien wie ihre ausgeprägten Selbstversorgungsbedürfnisse und -kompetenzen und ihre starke Beziehungsorientierung wahrgenommen werden. Frauenorientierte Wohnungslosenhilfe hieße neben der Stärkung dieser Bewältigungsstrategien gleichsam der Tatsache Rechnung zu tragen, dass wohnungslose Frauen in einem viel größeren Ausmaß als bisher bekannt Gewalterfahrungen erlitten haben und daher Schutzräume zur Bewahrung ihrer körperlichen und psychischen Integrität benötigen. „Angebote für Frauen bedürfen des 'Frauenraums', im wörtlichen und im übertragenen Sinn" (Enders-Dragässer & Sellach 1997, 25), was neben männerfreien Räumen auch weibliche Mitarbeiterinnen und eine Fraueninfrastruktur als Alternative zu den traditionellen Geschlechterrollen beinhaltet. Von ihren Erfahrungen aus der Aufbauarbeit der ersten Tageswohnung für wohnungslose Frauen in Deutschland, deren Bedeutung als Frauenort und von den Möglichkeiten, das Selbsthilfepotential der Bewohnerinnen einzubeziehen, berichtet Beinlein (1994). Die Tageswohnung stellt ein niederschwelliges Angebot dar und kann direkt von der Straße aus betreten werden. Die räumliche Aufteilung entspricht einer Familienwohnung und bietet die Möglichkeit, die elementaren Grundbedürfnisse des Alltags abzudecken. Hinzu kommen einige Übernachtungsmöglichkeiten. Das Beratungsangebot ist von einem situations- und bedürfnisorientierten Ansatz geprägt, d.h. es ist den Frauen selbst überlassen, was sie von sich erzählen wollen und sie bestimmen dadurch Art und Umfang der begleitenden Hilfeleistung selbst. Beinlein wertet als bedeutsam und unabdingbar für die Entstehung der Gruppenprozesse, dass keine Dauerpräsenz der Sozialarbeiterinnen existiert und den Frauen damit die Möglichkeit gegeben ist, den Alltag und Ablauf der Tageswohnung eigenständig zu organisieren. In allen Bereichen besitzen die Frauen ein Mitsprache- und Mitbestimmungsrecht. Sie verfügen über einen Wohnungsschlüssel, halten sich auch außerhalb der Öffnungszeiten in der Tageswohnung auf, treffen und verabreden sich dort, geben Auskünfte am Telefon und öffnen hilfesuchenden Frauen die Tür. Viele Frauen hatten, bevor sie die Tageswohnung aufsuchten, überhaupt kein Hilfsangebot in Anspruch genommen, andere hatten sich bereits wieder entmutigt zurückgezogen. Die Tageswohnung wurde mit ihrem Selbsthilfecharakter für viele Frauen der Ort, sich im Umgang mit anderen Frauen zu erproben und Handlungsstrategien und individuelle Lebensperspektiven zu entwickeln.

Weibliche Räume - politische Einmischung

Frauenorte zu schaffen wäre auch eine Aufgabe für die politisch-strukturelle Ebene von Empowerment. Gerade im Bereich der Wohnungslosenhilfe sind individuelle Hilfsangebote nicht ausreichend und es genügt zur Lösung der Wohnungslosenproblematik auf Dauer nicht, ausschließlich auf die Persönlichkeitsstärkung der Betroffenen zu setzen und ansonsten zu hoffen, dass der Wohnungsmarkt schon alles richten wird. Es herrscht nicht nur ein struktureller Mangel an günstigen Wohnungen, sondern vor allem auch an bedürfnis- und an frauengerechtem Wohnraum. Mitscherlichs (1965) Klage über die „Unwirtlichkeit unserer Städte" hat auch heute nach wie vor Gültigkeit. Vielen Frauen gelingt es zwar nach einer Phase der Wohnungslosigkeit wieder eine Wohnung zu finden, aber sie geraten häufig erneut in eine Situation von Vereinzelung und Isolation. Bemühungen von Professionellen, sie an künstlich geschaffene Netzwerke anzubinden, gelingen oft nicht bzw. diese Angebote werden von den Frauen nicht angenommen, da dies nicht deren spezifischem Bedürfnis nach unmittelbaren Kontakt entspricht. Kommunikative Orte im direkten Wohnumfeld, Nachbarschaft, natürliche Räume und Plätze, wo soziale Kontakte entstehen und wachsen können, lässt dagegen die moderne Städtebaukultur kaum zu. Empowerment in der Wohnungslosenhilfe kann daher auch heißen, Vorstellungen und Utopien zu entwickeln, wie Wohnen in Bezug auf soziale Kommunikation qualitativ verbessert werden könnte.

Beispielhaft hierfür sind wohnungspolitische Initiativen durch die hessische Landesregierung Anfang der neunziger Jahren. Dort wurden neue qualitative Maßstäbe an den Wohnungsneubau gesetzt und die frauenpolitische Kritik am öffentlich geförderten Wohnungsbau, dass Wohnungsgrundrisse, Wohnstandorte und Umfeldgestaltung überkommene Rollenzuweisungen und geschlechtsspezifische Arbeitsteilung zementieren, mit berücksichtigt (Schindel 1994). Damit einher ging auch die Einbeziehung von Frauen (Frauenbeauftragten, Frauengruppen) an Prozessen der Landes- und Regionalplanung und die Förderung von Frauenwohnprojekten. Im Rahmen dessen wurde in Frankfurt die GenossInnenschaft „Lila Luftschloß" gefördert, die in Kooperation mit feministischen Projekten, einer Wohnbaugesellschaft und der Stadt Frankfurt die Bebauung von Baulücken in Form einer gemeinschaftlichen Wohnform realisierte. Diese Beispiele an Einmischung von Frauen in die Wohnungspolitik könnten beispielgebend sein für die Wohnungslosenhilfe und Wege aufzeigen, wie sich die Soziale Arbeit, über die individuelle Ebene hinaus und in die politisch-strukturelle Ebene hinein bewegen könnte. Voraussetzung dafür aber ist, dass soziale Träger und Wohlfahrtsverbände beginnen, sich wohnungspolitisch einzumischen und damit Modelle und neue qualitative Maßstäbe für die Wohnraumschaffung für Wohnungslose setzen, die die Betroffenen selbst mit ihren Bedürfnissen miteinbeziehen. Innovative Projekte in Hannover aus den Jahren 1994 - 1997 belegen, dass es gelingen kann, wohnungslose Menschen, die zum Teil mehrere Jahre in Obdachlosenheimen, auf der Straße oder in Notunterkünften gelebt hatten und denen infolgedessen oftmals mangelnde Mietfähigkeit zugeschrieben wurde, in normale mietvertraglich abgesicherte Wohnverhältnisse zu vermitteln (Busch-Geertsema & Ruhstrat 1997). Nötig waren hierzu neue Organisationsmodelle in Form von intermediären Organisationen, die eigens für die Aufgabe der Kooperation von privater Wohnungswirtschaft, öffentlicher Verwaltung und freier Wohlfahrtspflege entwickelt wurden. In Hannover wurde z.B. die soziale Wohnraumhilfe (SWH) gegründet, die als Sozialträger bereit war, u.a. die Wohnungsverwaltung mitsamt den damit verbundenen Risiken und die Organisation der sozialen Betreuung zu übernehmen. Es wurden in Hannover als Modellstadt mehrere Projekte durchgeführt, zum einen der Neubau von Wohnungen, zum anderen aber auch ein Modernisierungsprojekt mit alleinstehenden Wohnungslosen, die mit Einbeziehung von Selbsthilfe ein von ihnen besetztes Haus ausbauten.

Empowerment - die Routine verlassen

„Der Empowerment-Ansatz stellt sowohl für Fachkräfte wie NutzerInnen im sozialen Bereich eine große Herausforderung dar. Notwendig ist eine Veränderung von Grundhaltungen, Einstellungen, Rahmenbedingungen und praktischem Verhalten. Aktivierung der NutzerInnen und die Idee der sozialen Dienstleistung als gegenseitige Unterstützung ist dabei ebenso wichtig wie die Entwicklung einer partnerschaftlichen professionellen Arbeitshaltung" (Münchner Erklärung, Psychologie und Gesellschaftskritik, 126). Diese veränderte Grundhaltung, die sich vorrangig in vermehrter Partizipation Betroffener ausdrückt, ist m.E. in jedem Praxisfeld der Sozialen Arbeit umsetzbar, auch bzw. gerade dann, wenn die Menschen aufgrund ihrer geringen psychischen und sozialen Ressourcen als noch so schwer aktivierbar eingeschätzt werden. In den Einrichtungen der Wohnungslosenhilfe im Diözesan-Caritasverband Köln e.V. wurde 1997 ein Projekt initiiert, das darauf hinzielte, die Wünsche und Lösungsansätze von Betroffenen bei der weiteren Entwicklung von Hilfsangeboten zu integrieren. Dazu wurde eine Tagungsreihe organisiert, bei der Teilnahmebedingung für die MitarbeiterInnen war, gemeinsam mit je einem wohnungslosen Menschen zu erscheinen. Diese Zusammensetzung der Tagung verlangte von allen Akteuren eine Überprüfung und Anpassung des eigenen Rollenverständnisses. Die KlientInnen waren zunächst skeptisch, ernstgenommen zu werden und fürchteten eine Schauveranstaltung. Den MitarbeiterInnen fiel es vor allem zu Beginn der Tagung schwer, die KlientInnen in den Diskussionsprozess einzubeziehen. Erst nach Protest der Wohnungslosen am Ende des ersten Tages darüber, nicht genügend zu Wort zu kommen, änderte sich die Diskussionskultur und es war möglich miteinander statt übereinander zu reden. Deutlich wurde in diesem Prozess der Wunsch der NutzerInnen nach Mitbestimmung am Hilfeprozess, z.B. forderten sie auf Einrichtungsebene die Möglichkeit zur Mitbestimmung an den organisatorischen Abläufen (Sellner & Roden 1998). Ebenso deutlich wurde auch die Verunsicherung der MitarbeiterInnen und „die kontrovers geführten Diskussionen lösten bei den MitarbeiterInnen Nachdenklichkeit über ihr zukünftiges Berufsbild aus, teilweise aber auch Bedenken, ob die

Anregungen der Tagungsreihe innerhalb der Organisationsstrukturen ihrer Arbeitgeber einzubringen sind" (Sellner & Roden, 58).

Möglichkeiten zur vermehrten Partizipation der NutzerInnen gäbe es viele - auch wenn diese nicht immer einfach umzusetzen sind und bisherige organisatorische Abläufe umstoßen. Empowerment ist überall möglich und auch die Wohnungslosenhilfe kann dafür ein Ort sein!

Literatur

Beinlein, Margret 1994: Die Tageswohnung ein Ort für wohnungslose Frauen. In: Frauen und Kinder zuletzt?! Frauen in Wohnungsnot. Reihe Materialien zur Wohnungslosenhilfe, Heft 25. Bielefeld, 99 - 106.

Brender, Barbara 1999: Zwischen individueller und struktureller Erklärung von Wohnungslosigkeit. Das Konzept der Erlernten Hilflosigkeit und seine Bedeutung für die Soziale Arbeit. In: Wohnungslos, 41. Jg., 1, 27 - 32.

Margrit Brückner 1998: Wege aus der Gewalt gegen Frauen und Mädchen. Frankfurt.

Bundesarbeitsgemeinschaft Wohnungslosenhilfe (Hrsg.) 1998: Statistikbericht der Bundesarbeitsgemeinschaft Wohnungslosenhilfe e.V. Bielefeld.

Busch-Geertsema, Volker / Ruhstrat, Ekke-Ulf 1997: Wohnungsbau für Wohnungslose. Modellprojekte zur dauerhaften Reintegration von Wohnungslosen in die Normalversorgung. Bielefeld.

Enders-Dragässer, Uta 1997: Frauen und Wohnungslosigkeit. In: Friebertshäuser, Barbara / Jakob, Gisela / Klees-Möller, Renate (Hrsg.): Sozialpädagogik im Blick der Frauenforschung. Weinheim, 239 - 252.

Enders-Dragässer, Uta / Sellach, Brigitte 1997: Die Bedeutung von Frauenorten in der ambulanten Wohnungslosenhilfe. In: Gratwanderungen. Ausbau der Hilfen für wohnungslose Frauen in Zeiten des Abbaus sozialer Leistungen. Reihe Materialien zur Wohnungslosenhilfe, Heft 34. Bielefeld, 20 - 26.

Enders-Dragässer, Uta / Sellach, Brigitte 1997: Handlungsleitende Grundprinzipien für frauengerechte Angebote in der Wohnungslosenhilfe. In: Gratwanderungen. Ausbau der Hilfen für wohnungslose Frauen in Zeiten des Abbaus sozialer Leistungen. Reihe Materialien zur Wohnungslosenhilfe, Heft 34. Bielefeld, 27 - 29.

Geiger, Manfred / Steinert, Erika unter Mitarbeit von Carola Schweitzer 1991: Alleinstehende Frauen ohne Wohnung. Soziale Hintergründe, Lebensmilieus, Bewältigungsstrategien, Hilfeangebote. Schriftenreihe des Bundesministeriums für Frauen und Jugend. Band 5. Stuttgart, Berlin, Köln.

Greifenhagen, Annette 1999: „Wege in die Wohnungslosigkeit". Biographische Merkmale wohnungsloser Frauen und Männer. Vortrag gehalten bei der Fachtagung „Facetten der Wohnungslosigkeit", 25./26.2.1999. München.

Galuske, Michael 1998: Methoden der sozialen Arbeit. Eine Einführung. Weinheim, München.

Hesse-Lorenz, Helma / Moog, Renate 1996: Wohnungslosigkeit bei Frauen ist unsichtbar. In: Institut für Kommunale Psychiatrie (Hrsg.): Auf die Straße entlassen. Obdachlos und psychisch krank. Bonn, 117 - 132.

Herriger, Norbert 1997a: Empowerment in der Sozialen Arbeit. Eine Einführung. Stuttgart, Berlin, Köln.

Herriger, Norbert 1997b: Das Empowerment-Ethos. In: Sozialmagazin, 22. Jg., Heft 11, 29 - 35.

Kebbel, Johannes 1996: Die Spirale von sozialer Not und psychischer Erkrankung. In: Institut für Kommunale Psychiatrie (Hrsg.): Auf die Straße entlassen. Obdachlos und psychisch krank. Bonn, 63 - 76.

Mitscherlich, Alexander 1965: Die Unwirtlichkeit unserer Städte. Anstiftung zum Unfrieden. Frankfurt/M.

Münchner Erklärung aus Anlaß der Fachtagung vom 8.-10.10.1998 in München: Qualität durch Partizipation und Empowerment. In: Psychologie und Gesellschaftskritik, 23. Jg., Heft 3, 1999, 125 - 128.

Nouvertné, Udo 1996: Wohnungslosigkeit und psychische Erkrankungen. Repräsentative Ergebnisse einer empirischen Großstadt-Studie. In: Institut für Kommunale Psychiatrie (Hrsg.): Auf die Straße entlassen. Obdachlos und psychisch krank. Bonn, 39 - 52.

Quadflieg, Norbert 1998: Psychische Störungen bei wohnungslosen Männern. In: Wohnungslos, 40. Jg., 3, 98-102.

Rauchfleisch, Udo 1996: Menschen in psychosozialer Not. Beratung - Betreuung - Psychotherapie. Göttingen, Zürich.

Riege, Marlo 1994: Frauen in Wohnungsnot. Erscheinungsformen - Ursachenanalysen - Lösungsstrategien - Forderungen. In: Frauen und Kinder zuletzt?! Frauen in Wohnungsnot. Reihe Materialien zur Wohnungslosenhilfe, Heft 25. Bielefeld, 9 - 24.

Schindel, Wibke 1994: Hessische Initiativen im Wohnungsbau aus frauenpolitischer Sicht. In: Frauen und Kinder zuletzt?! Frauen in Wohnungsnot. Reihe Materialien zur Wohnungslosenhilfe, Heft 25. Bielefeld, 53 - 59.

Sellner, Andreas / Roden, Gerhard 1998: Qualität der Wohnungslosenhilfe. Hilfeanbieter. München.

Individuelle Netzwerke als Instrument der Jugendhilfe am Beispiel Ambulante Intensive Begleitung

Heide Trautwein, Rainer Schwarz

Abstrakt

Ambulante Intensive Begleitung (AIB) ist ein Modellprojekt, das Elemente von Netzwerkarbeit, Gemeinwesenarbeit, ambulanter Betreuung wie auch Ansätze systemisch orientierter Sozialarbeit und flexibler Hilfegestaltung verknüpft und in einen zeitlich begrenzten Rahmen stellt. Im Mittelpunkt der Methode steht die Arbeit mit individuellen und institutionsbezogenen Netzwerken, die zu einem Gesamtnetzwerk - dem sogenannten Problemlösenetzwerk - verbunden werden. Nach einer kurzen Darstellung von Entstehungshintergrund, Zielen und Projektstruktur werden Bezüge zum Empowermentkonzept verdeutlicht und erste Erfahrungen in der Umsetzung der verschiedenen Netzwerkintentionen erörtert. Abschließend wird die Arbeitsweise der AIB-Teams an einem Fallbeispiel dargestellt. Die AutorInnen sind für das Projekt als BeraterIn und SupervisorIn tätig.[1]

Das Modellprojekt AIB

Entstehungshintergrund, Ziele und Projektstruktur

Die Diskussion um effektive und praktisch handhabbare Konzepte für die Arbeit mit Kindern und Jugendlichen, deren Verhalten als extrem auffällig, bedrohlich und gefährdend wahrgenommen wird, hat sich in den letzten Jahren zugespitzt. Die mediale Aufmerksamkeit für die Kinder und Jugendlichen, die Straftaten begehen oder als Obdachlose in den Großstädten leben, hat den politischen Druck, neue Lösungen für diese „Phänomene" zu finden, deutlich erhöht. In der Öffentlichkeit wird vielfach die Verschärfung und Intensivierung von staatlichen Sanktionen vorgeschlagen (u.a. Verschärfung des Jugendstrafrechts, Forderungen nach geschlossener Unterbringung). Andererer-

---

[1] Zum AIB-BeraterInnenteam des isp gehören weiter: Thomas Möbius, Wilfried Pabsch, Willy Klawe und Dr. Karin Wallenczus.

seits weisen Fachleute immer wieder darauf hin, dass Sanktionen wenig mehr als Anpassung an das jeweilige Sanktionssystem bewirken. Langfristig wirksame Verhaltensänderungen setzen hingegen die freiwillige Teilnahme an pädagogischen Maßnahmen und eine hohe Eigenaktivität der beteiligten Kinder und Jugendlichen unabdingbar voraus. Dennoch muss die Sozialarbeit innovativ auf die gegenwärtigen fachlichen und politischen Herausforderungen reagieren. Das vorhandene Hilfesystem für Jugendliche mit auffälligem Verhalten stammt in seinen Grundzügen aus den siebziger Jahren. Angesichts der angespannten Situation der öffentliche Haushalte ist eine rein quantitative Ausweitung der vorhandenen sozialarbeiterischen Interventionsangebote für Kinder und Jugendliche wenig realistisch. Es sind neue Antworten zu finden.

Kinder und Jugendliche mit auffälligem Verhalten gibt es nicht nur in deutschen Städten. Auf der Suche nach innovativen, neuen Konzepten für die Jugendhilfe ist das Institut des Rauhen Hauses für Soziale Praxis in Hamburg (*isp*) auf neue Entwicklungen in den Niederlanden aufmerksam geworden. Dort wird ein kommerziell entwickeltes Jugendhilfekonzept seit Anfang der neunziger Jahre erfolgreich angewendet. Die niederländischen SozialarbeiterInnen sind in der Lage, mit vergleichsweise geringem finanziellem Aufwand langwierige „Karrieren" von Jugendlichen mit auffälligem Verhalten im Hilfe- und Sanktionssystem zu vermeiden bzw. frühzeitig zu unterbrechen. Um Möglichkeiten, Bedingungen, aber auch Grenzen für den Transfer der in den Niederlanden entwickelten Prinzipien zu klären, wurde das Projekt Ambulante Intensive Begleitung (AIB) entwickelt (vgl. Koch, Möbius, Klawe 1998)[2]. AIB ist ein dreijähriger Praxisversuch, der vom Bundesministerium für Familie, Frauen, Senioren und Jugend finanziell gefördert wird. AIB wird seit Mai 1999 in vier Großstädten und einem Landkreis umgesetzt. Das Projektdesign ist in Abbildung 1 dargestellt. In Dortmund, Leipzig, Magdeburg, Nürnberg und im Landkreis Harburg wurde jeweils ein AIB-Team eingerichtet. Die Arbeitsweise der Teams orientiert sich an den folgenden **Grundannahmen und Zielen:**

Kinder und Jugendliche mit auffälligem Verhalten haben ihr ursprüngliches soziales Umfeld zum Teil oder vollständig verlassen. Das Fehlen des stabilisierenden Umfeldes kann auslösend für auffälliges Verhalten sein.
Grundlage für ein stabiles soziales Umfeld ist die Existenz positiver Beziehungen. Ziel der Ambulanten Intensiven Begleitung ist es, das stabile soziale Umfeld (wieder)herzustellen und „Jugendhilfekarrieren" zu vermeiden.

---

[2] Über die Internetadresse des *isp*: www.soziale-praxis.de können detaillierte Informationen über das Projekt abgerufen werden.

Gelingt die (Re)integrierung der Jugendlichen in ein Netz aus positiv konnotierten UnterstützerInnen aus dem jeweiligen persönlichen und institutionellen Umfeld, so kann die Ambulante Intensive Begleitung mit der Beendigung laufender professioneller Unterstützung durch Erzieherische Hilfen einhergehen. Aufgabe des *isp* ist es, die Arbeit der Teams fachlich zu begleiten (Methodenberatung und Supervision) und die Träger bei der Implementierung des Projekts in kommunale Strukturen zu beraten.

AIB und Empowerment

Aus den obengenannten Grundannahmen und Zielen werden bereits Anknüpfungspunkte zu Empowerment-Konzepten deutlich: Ebenso wie für das Empowerment ist auch für AIB die Kritik an paternalistischer Expertenschaft Ausgangspunkt vieler Überlegungen. Nach der Sozialpsychiatrie (Mitte der 80er Jahre) geriet auch die Jugendhilfe mit Beginn der 90er Jahre vorigen Jahrhunderts in den Verdacht, immer mehr desselben zu produzieren und dabei zunehmend selbst zum Problemfaktor für eine gesunde Entwicklung gerade junger Menschen zu werden (Klatetzki 1995, Blandow 1997, Koch 1999). „Für den Umgang mit den Jugendlichen ist dabei extrem ungünstig, dass sich die Wahrnehmung der Professionellen immer stärker von der Frage abwendet, unter welchen Bedingungen dieser Jugendliche denn ganz passabel zurechtgekommen ist, bei wem er es ausgehalten hat oder unter welchen Bedingungen er es aushalten konnte oder ein wenig weniger schwierig war" (Wolf 1999).

Für das Empowerment wie für AIB liegt die Orientierung auf den Ressourcen der Menschen: der Fähigkeit zur eigenständigen Lebensgestaltung und gemeinschaftlicher Lebensbewältigung sowie zur Reproduktion und Erweiterung dieser Ressourcen. AIB vertraut auf die Kraft und Kompetenz **individueller sozialer Netzwerke**, die die Grundlage für authentische Problembewältigung, Entwicklungsunterstützungen und soziale Einbindung darstellen. AIB geht hierbei davon aus, dass individuelle Netze eine wesentliche (manchmal verlorengegangene) Ressource zur Bewältigung von Entwicklungsprozessen in Kindheit und Jugend sind. Individuelle Netzwerke können allerdings auch instabil und / oder in ihrem unterstützenden Charakter ambivalent sein oder sich dahin entwickeln. Individuelle Netzwerke können einen jungen Menschen in seiner Entwicklung hemmen und destruktiv wirken. Hier kann AIB die Reaktivierung oder Neubildung sozialer Verknüpfungen in wichtigen Lebensfeldern anregen und unterstützen, um so neue Perspektiven zu ermöglichen. Über das klassische Verständnis von Empowerment hinaus, wonach Menschen in lokalen Gemeinschaften stringent hinwirken auf eine bessere

Erreichbarkeit und eine stärkere Partizipation gesellschaftlicher Ressourcen (Stark 1996, 16f.), werden hier professionelle Unterstützungspotentiale durch Bildung eines **institutionellen Netzwerks** systematisch erschlossen und genutzt. AIB unternimmt also den Versuch, individuelle und professionell angebotene Unterstützung in einem **individuellen Problemlösenetz** zu „binden". Dies soll im Folgenden erläutert werden.

Das institutionelle Netzwerk

Die Modellannahmen

Das AIB-Team kann schnelle und effektive Unterstützung für einzelne Jugendliche nur dann realisieren, wenn es gut funktionierende Kooperationsbeziehungen zu solchen Institutionen aufbaut, die über öffentliche Ressourcen verfügen. Das AIB-Team initiiert deshalb innerhalb der Region, in der es agiert, ein institutionelles Netzwerk. In diesem Netzwerk sind alle Institutionen vertreten, die zur Stabilisierung des Jugendlichen beitragen können. Das sind insbesondere Institutionen, die in den Bereichen Arbeit, Wohnen, Ausbildung und Freizeit konkrete Unterstützung anbieten können, z.B. Einrichtungen der Kinder- und Jugendsozialarbeit, Schulen, Arbeitsamt, Beschäftigungsgesellschaften, Jugendnotdienste usw. In diesem Zusammenhang können gerade auch solche Institutionen wichtig sein, die nicht explizit im sozialen Bereich agieren, z.B. Wohnungsbaugesellschaften. Da die Jugendlichen häufig auch mit gesellschaftlichen Normen in Konflikt geraten, ist ein funktionsfähiges institutionelles Netzwerk auch auf die Mitwirkung von Polizei und Justiz (RichterIn, StaatsanwältIn) angewiesen.

Das institutionelle Netzwerk hat die Aufgabe, die Arbeit des AIB-Teams unbürokratisch, schnell und institutionsübergreifend zu unterstützen. Dazu braucht es allerdings Menschen, deren berufliches Interesse nicht am Tellerrand der eigenen Institution endet. Das AIB-Team sucht deshalb in den jeweiligen Institutionen NetzwerkpartnerInnen, die im Prinzip drei Funktionen zu erfüllen haben:

- **AnsprechpartnerIn und BeraterIn**
  Das AIB-Team kann sich jederzeit an die NetzwerkpartnerInnen wenden, wenn Fragen auftauchen, die deren beruflichen Kontext betreffen (z.B. rechtliche Fragen, Zuständigkeitsfragen innerhalb der jeweiligen Institution).

- **MultiplikatorIn**
  Die NetzwerkpartnerInnen informieren in ihrer jeweiligen Institution über

Ziele und Arbeitsweise von AIB und werben um Verständnis und Akzeptanz für den neuen Ansatz.

- **AnwältIn der Zielgruppe**
Die NetzwerkpartnerInnen achten darauf, dass die Interessen der AIB-Jugendlichen von den jeweiligen Institutionen wahrgenommen und soweit wie möglich berücksichtigt werden.

Das AIB-Team organisiert Diskussionszusammenhänge, in denen die NetzwerkpartnerInnen zunächst mit dem methodischen Ansatz vertraut gemacht werden. Künftig sollen solche Treffen als Plattform fungieren, die es den NetzwerkpartnerInnen ermöglichen, ihre Erfahrung und ihr Wissen über die Lebenssituation der Jugendlichen auszutauschen und gemeinsam über institutionsübergreifende Lösungen nachzudenken (Netzwerkkonferenzen). Es geht also um mehr als um Unterstützung im Einzelfall, es geht letztlich um eine Art „Patenschaft für die Sache".

Erste Erfahrungen

Zwischenzeitlich haben die AIB-Teams an allen Projektstandorten institutionelle Netzwerke aufgebaut. Eine enge sozialräumliche Orientierung hat sich dabei allerdings als nicht praktikabel erwiesen. Dies hat hauptsächlich zwei Gründe: Zum einen arbeiten die AIB-Teams derzeit nicht wie ursprünglich intendiert innerhalb eines bestimmten Sozialraumes. Das Aktionsfeld bezieht sich auf mehrere Stadtteile oder ein Stadtgebiet, in einem Fall auf einen Landkreis. Nur so kann derzeit die erforderliche Fallauslastung garantiert werden. Zum anderen sind auch sonstige relevante Institutionen häufig überregional organisiert (siehe oben). Es ist außerdem von zentraler Bedeutung, dass die bereits vorhandenen Vernetzungsstrukturen berücksichtigt und einbezogen werden. Die Entwicklung eines funktionsfähigen institutionellen Netzwerkes ist vor diesem Hintergrund kein ganz leichtes Unterfangen. Es braucht vor allem gute Vor-Ort-Kenntnisse, Zugang zu wichtigen Schlüsselpersonen und das nötige Fingerspitzengefühl im kontakteknüpfen. Offensichtlich haben die AIB-Teams einen guten Einstieg gefunden, denn die ersten Erfahrungen mit den institutionellen Netzwerken sind sehr positiv. Zunächst einmal wurde die Idee, ein institutionelles Netzwerk aufzubauen, von allen angefragten Institutionen positiv aufgenommen.

Die Kooperationen finden dabei auf zwei Ebenen statt:
Auf der Ebene der **Einzelfallarbeit** machen sich neue Zugänge und verkürzte Kommunikationswege bereits positiv bemerkbar. So konnten z.B. im Projektstandort Leipzig aufgrund guter Kooperationsbeziehungen mit einer Wohnungsbaugesellschaft auch solche Jugendliche in ein Mietverhältnis vermittelt

werden, die in ihrem Stadtteil als problematisch bekannt sind und die bisher wenig Chancen hatten, eine Wohnung zu bekommen. Die Wohnungsbaugesellschaft geht davon aus, dass das mit Unterstützung durch AIB geknüpfte individuelle Netzwerk funktioniert und Schwierigkeiten deshalb künftig bewältigbar sind. Auch in Magdeburg gelang es unter dieser Annahme und über die Einbeziehung eines freien Trägers der Jugendsozialarbeit für minderjährige Jugendliche in AIB Mietverträge mit einer städtischen Wohnungsbaugesellschaft abzuschließen.

Neben Netzwerk-Kooperationen, die im Einzelfall stattfinden, werden in den Projektstandorten aber auch **Netzwerkkonferenzen** durchgeführt. Die Grenzen, an die AIB-MitarbeiterInnen in ihrer Arbeit stoßen, markieren häufig allgemeine Problemlagen, die auch die Arbeitsweise der anderen NetzwerkpartnerInnen betreffen. Dies wiederum macht die Netzwerkkonferenz für alle Beteiligten interessant und attraktiv. Probleme, die durch AIB benannt und öffentlich werden, sind Anlass für einen zielgerichteten Austausch und können zur Entwicklung einzelfallübergreifender kreativer Lösungen anregen. So wurde z.B. in Leipzig schnell deutlich, dass es für Jugendliche zu wenig individualisierte Wohnmöglichkeiten mit niederschwelliger Betreuung gibt. Zwischenzeitlich wurde ein entsprechendes Angebot entwickelt. Auch in Dortmund ist es eher schwierig, für begleitete minderjährige Jugendliche geeigneten Wohnraum zu finden, in dem sie auf Dauer ohne professionelle Betreuung wohnen können. Hier zeigte sich, dass gerade private Vermieter bereit sind an Jugendliche zu vermieten, wenn diese vom institutionellen Netzwerk unterstützt werden.

Des Weiteren ist es notwendig, die bisherigen Formen der Kooperation kritisch zu hinterfragen. An einem Jugendhilfe-Fall arbeiten manchmal zwanzig Institutionen. Selbst Insider sind verblüfft, wenn ihnen ein solches Netz graphisch vorgestellt wird. Die Wege sind für die Betroffenen zumeist unübersichtlich, umständlich und zeitaufwendig. Das bindet Energie und unterläuft den AIB-Anspruch, Hilfen schnell und unbürokratisch zu realisieren. Aber auch hier sind bereits Erfolge zu verzeichnen. So wurde z.B. in allen Standorten das nach dem SGB VIII vorgesehene Hilfeplanverfahren mit dem Jugendamt erörtert und teilweise für AIB-Fälle modifiziert.

Nach unseren bisherigen Erfahrungen ist es zwar richtig, dass sich gewohnte Abläufe nicht von heute auf morgen verändern lassen. Man sollte also auch von Netzwerkkonferenzen nicht zu viel erwarten. Die Gelegenheit aber, mit VertreterInnen anderer Institutionen außerhalb des eigenen (sozialpädagogischen) Bereichs in Kontakt zu kommen, z.B. einer RichterIn einer engagierten JugendpolizistIn, einer AbteilungsleiterIn des Arbeitsamtes, wird von NetzwerkpartnerInnen offenbar als informativ und anregend für die jeweils eigenen Arbeitszusammenhänge erlebt. Eine sorgfältige Vorbereitung und geschickte Moderation vorausgesetzt, können gerade solche „gemischten Runden" aber auch zu neuen und kreativen Lösungen anregen. Der Reiz dieser Art von Vernetzung bleibt deshalb vermutlich so lange erhalten, wie es gelingt, den Spannungsbogen aus Kontakt- und Ideenbörse einerseits und Motor für konkrete Veränderungen andererseits zu halten. Dass Veränderungen notwendig sind, wird an allen Projektstandorten sichtbar. Schwerpunkte der Auseinandersetzung sind derzeit Arbeits- und Ausbildungsprojekte, die sich an den Bedarfen sozial benachteiligter Jugendlicher orientieren, flexiblere Beschulungsmöglichkeiten und Wohnungen für Minderjährige. Bei der gemeinsamen Suche nach Lösungen werden weitere KooperationspartnerInnen gefunden werden müssen, neue Themen werden sich auftun. Die institutionellen Netzwerke werden also längerfristig nur dann fruchtbar sein, wenn ihre Entwicklung von allen Beteiligten als Prozess begriffen wird. Das bedeutet: Die Zusammensetzung wird sich im Laufe der Zeit verändern, ebenso die Formen der Kooperation. Ein institutionelles Netzwerk kann zwar angeregt, aber nicht angeordnet werden. Es braucht Zeit, um sich zu entwickeln.

Das individuelle Netzwerk

Der Jugendliche erstellt mit MitarbeiterInnen des AIB-Teams eine Dokumentation über seine aktuellen Beziehungen und über Beziehungen, die er in seiner Vergangenheit positiv erlebt hat. Diese positiven Beziehungspersonen (VIPs) sind Grundlage eines informellen persönlichen Netzwerkes, das von dem AIB-Team zusammen mit dem Jugendlichen (re)aktiviert wird. Einerseits geht es also darum, sich auf die Spurensuche nach Menschen zu begeben, die im Leben der Jugendlichen wenigstens zeitweise eine wichtige und aus der Sicht des Jugendlichen positive Rolle gespielt haben. Es gilt also, z.B. den Onkel in der Biographie wiederzufinden, mit dem vor Jahren gut angeln war. Hier arbeiten die MitarbeiterInnen der Teams mit Methoden der Netzwerkarbeit, mit soziographischen Methoden und verschiedenen Gesprächstechniken. Andererseits geht es darum, diese Personen zu bitten, den Jugendlichen in bestimmten Bereichen seiner Lebensgestaltung (wieder) mehr zu unterstützen und hierüber eine Vereinbarung zu treffen. Die Frage in unserem fiktiven Beispiel ist also, ob der Angelonkel auch jetzt wieder die Freizeitgestaltung des Jugendlichen unterstützen könnte. Will der Jugendliche mit ihm einen Teil seiner Freizeit wieder regelmäßig angelnd verbringen? Könnte er sich einen „Familien"-urlaub bei ihm vorstellen oder soll er dafür Sorge tragen, dass der Jugendliche wieder zu Familienfeiern eingeladen wird? Könnte der Onkel dazu beitragen, dass Auseinandersetzungen (z.B. mit den Eltern) nicht eskalieren? Die AIB MitarbeiterIn stellt den Kontakt zu den potenziellen NetzwerkpartnerInnen her und „wirbt" diese als VIP, als UnterstützerInnen. Gelingt dieses, wird gemeinsam mit dem Jugendlichen Umfang, Art und Dauer der Unterstützung (möglichst schriftlich) vereinbart. Gelingt dies nicht, beginnt die Suche nach einem VIP für den Problem- oder Unterstützungsbereich von neuem. Jetzt muss möglicherweise auf professionelle oder ehrenamtliche HelferInnen zurückgegriffen werden. Am Ende sollten für alle Lebensbereiche unterstützende und stabilisierende Vereinbarungen bestehen und dem Jugendlichen bekannt sein. Um dies zu erreichen, greifen die AIB-Teams auf in der Jugendhilfe bewährte Arbeitsformen und Prinzipien zurück wie zum Beispiel:

- Konsequentes, kontinuierliches Arbeiten mit Zielen (strategischen Zielen, taktischen Zielen und Handlungsschritten), wobei prinzipiell ein nicht erreichtes Ziel bzw. nicht erfolgreicher Schritt zur Modifizierung des Ziels und Veränderung der Vorgehensweise führt.

- Hypothesengeleitetes Arbeiten (Trail and Error als akzeptierte, wichtige Vorgehensweise).

- Arbeiten mit (möglichst schriftlichen) Vereinbarungen zwischen den AIB-MitarbeiterInnen, den Jugendlichen und VIPs. Diese Vereinbarungen sind ein wichtiges Hilfsmittel für das Knüpfen stabiler Arbeitsbeziehungen und Unterstützungsnetzwerke. Ihre Erfüllung darf kein Selbstzweck sein. Sollte sich eine Vereinbarung als zu weitgehend oder aus aktuellen Gründen heraus als nicht oder nur teilweise erfüllbar erweisen, muss dies neu verhandelt werden.

- Alle aus dem methodischen Arbeiten durch die MitarbeiterInnen gewonnen Sichtweisen und Interpretationen inklusive dem erstellten methodischen Material werden den KlientInnen vorgestellt und mit ihnen besprochen. Netzwerkkarten, Soziogramme, Vereinbarungen können zur Verfügung gestellt werden. Sie können den Jugendlichen helfen, sich in diesem intensiven Prozess zu orientieren.

Die AIB-MitarbeiterInnen arbeiten im Feld der Jugendlichen. Die MitarbeiterInnen suchen die Jugendlichen in deren vertrauten Umgebung auf, Treffen und Gespräche finden also in der Regel nicht im AIB-Büro statt sondern dort, wo die Jugendlichen sich aufhalten, derzeit leben oder an von den Jugendlichen selbst gewählten Orten. Die hiermit verbundene aufsuchende Arbeit hilft den MitarbeiterInnen, die Jugendlichen besser zu verstehen und lebensweltadäquate Unterstützungsformen zu finden.

Phasen der Ambulanten Intensiven Begleitung

Die Ambulante Intensive Begleitung verläuft in drei zeitlich und inhaltlich strukturierten Phasen:

Die **Kontaktphase** beginnt mit der autonomen Entscheidung des Teams über die Aufnahme eines Jugendlichen in die Begleitung[3]. Diese Entscheidung wird durch ein bis zwei Erstkontakte vorbereitet[4]. Im nächsten Schritt sollen für **akute** Notlagen der Jugendlichen schnell und unkompliziert (vorläufige) Lösungen gefunden werden. Diese „Überlebenshilfe" ist in vielen Fällen eine unabdingbare Voraussetzung, um überhaupt mit den Jugendlichen arbeiten zu können (siehe Fallbeispiel Peter). Sofern ein Konsens über die weitere Begleitung durch AIB erzielt wird, werden Jugendliche und AIB-BegleiterIn einen **AIB Vertrag** abschließen. In ihm werden die Leistungen, die beide Seiten erbringen wollen, die Bedingungen der Ambulanten Intensiven Begleitung, ihre Ziele und mögliche gemeinsame Vorgehensweisen (Handlungsschritte) vereinbart. Geregelt werden insbesondere:

➢ Zusammenarbeit zur Lösung anstehender Probleme,

➢ telefonische Rund-um-die-Uhr-Erreichbarkeit der AIB MitarbeiterInnen in Krisenfällen,

➢ Kontaktaufnahme der AIB-MitarbeiterIn mit Dritten (mögliche VIPs),

➢ Entwickeln von Vereinbarungen zur Unterstützung der Jugendlichen mit VIPs,

➢ wöchentlich mehrmalige Kontakte,

➢ die Einhaltung der Vereinbarungen bzw. deren Neuverhandlung bei Nichtfunktionieren und

➢ die Erstellung eines Abschlussberichtes.

---

[3] Über die Aufnahme in die Kontaktphase wird in aller Regel (Ausnahme: Selbstmelder in besonderen Fällen) die fallleitende SozialarbeiterIn des ASD oder der JGH bzw. der Bewährungshilfe unterrichtet.

[4] Die Jugendlichen gelangen auf drei verschiedenen Wegen zum AIB-Team: Über die Vermittlung des ASD, über Vermittlung im Rahmen eines Jugendstrafverfahrens oder über die Vermittlung von anderen (beratenden) Institutionen oder Freunden als „Selbstmelder".

Mit dem Abschluss des AIB-Vertrages[5] beginnt die zwölfwöchige **Intensivphase**. In dieser Zeit werden alle Lebensbereiche sukzessive methodisch „durchforstet", um Unterstützungsbedarfe, VIPs und Ressourcen der Jugendlichen zur Verwirklichung ihrer Zielstellungen zu finden. Die AIB-MitarbeiterIn trifft sich mehrmals in der Woche mit den Jugendlichen, nimmt Kontakt zu VIPs auf und kontaktiert je nach Bedarf des Einzelfalls das institutionelle Netzwerk, um Vereinbarung zur dauerhaften Unterstützung und Krisenprävention abzuschließen.

Die Akuthilfen werden durch dauerhafte, der Lebenswelt und den Wünschen der Jugendlichen entsprechende Lösungen oder Lösungsstrategien abgelöst. Da nicht jedes Problem am Ende dieser zwölf Wochen bewältigt sein wird, sollte am Ende der Intensivphase klar sein, wie noch ausstehende Ziele erreicht werden können, wie Krisen bewältigbar sind und wer auf welche Art und Weise hierbei unterstützt. Diese „Problemlösekonstruktion" ist durch Vereinbarungen der Jugendlichen mit VIPs und NetzwerkpartnerInnen abgesichert und wird im Abschlussbericht dokumentiert[6].

Der Abschlussbericht ist Grundlage für die sich anschließende **Kontrollphase**. Die AIB-MitarbeiterIn nimmt im Abstand von 2, 6 und 18 Monaten nochmals Kontakt zu dem Jugendlichen auf und „prüft", inwieweit das Netzwerk des Jugendlichen trägt. Gegebenenfalls wird eine zweite Intensivphase vorgeschlagen oder das selbständige Modifizieren bzw. Neuabschließen von Vereinbarungen mit VIPs angeregt. Die Kontrolltermine werden auch für eine erste Erfolgsevaluation genutzt.

---

[5] Der AIB-Vertrag ist Grundlage für die parallele Durchführung eines Hilfeplanverfahrens (§36 KJHG) bzw. für eine Empfehlung im Rahmen eines Jugendstrafverfahrens. Die entscheidende Hilfeplankonferenz (Beschluss: Anordnung von AIB nach §27 i.V.m. § 13 KJHG) sollte daher in etwa zeitgleich mit dem Vertragsabschluss erfolgen.

[6] Der Abschlussbericht ist auch Grundlage für ein abschließendes Fallgespräch im ASD bzw. mit der JGH. Gegebenenfalls werden die fallleitenden SozialarbeiterInnen auch über Ergebnisse der Kontrollgespräche informiert.

Peter - ein Fallbeispiel

Im Folgenden soll die Umsetzung des AIB-Ansatzes in einigen Punkten noch etwas ausführlicher erläutert werden. Als Folie dient die Geschichte von Peter (alle Namen geändert).

Die Vorgeschichte

Peter ist 16 Jahre alt. Er besucht die 9. Klasse einer Förderschule, allerdings unregelmäßig. Die Ehe der Eltern ist geschieden. Der Vater ist wegen sexuellen Missbrauchs der Tochter inhaftiert. Die Familie ist dem Allgemeinen Sozialdienst (ASD) seit Jahren bekannt und lebt von Sozialhilfe. Peter lebte bis vor kurzem mit zwei weiteren Geschwistern bei der sorgeberechtigten Mutter und deren Lebensgefährtin. Es kommt aber immer wieder zu heftigen Auseinandersetzungen mit der Mutter und vor allem auch mit deren Lebensgefährtin. Schließlich fliegt Peter von zu Hause raus. Er kann kurzfristig im Kinder- und Jugendnotdienst (KJND) unterkommen. Zu diesem Zeitpunkt schlägt der ASD eine Begleitung durch AIB vor.

Die Kontaktphase

Das AIB-Team hat vom ASD nur die zuvor zitierten Informationen erhalten. Akten oder Aktenauszüge werden nicht ausgetauscht. Das entspricht der vereinbarten Verfahrensweise. Das AIB-Team möchte dem Jugendlichen Gelegenheit geben, sich zunächst selbst darzustellen. Die AIB-MitarbeiterInnen möchten das Gespräch möglichst unvoreingenommen führen. Dieses Erstgespräch, an dem stets zwei MitarbeiterInnen beteiligt sind, soll sowohl dem Team als auch dem Jugendlichen eine erste Orientierung geben: Welches Anliegen hat Peter? Was kann ihm AIB bieten? Die Kontaktaufnahme gestaltet sich in diesem Fall relativ einfach, weil Peter ein klares Anliegen hat. Er möchte nicht mehr nach Hause zurückkehren, lehnt aber einen Heimaufenthalt oder eine pädagogisch betreute Wohngruppe kategorisch ab. Er selbst und zwei ältere Geschwister haben in solchen Wohnformen nach seiner Auffassung schlechte Erfahrungen gesammelt. Er möchte deshalb eine eigene kleine Wohnung beziehen. Er möchte außerdem Kontakte zu seinem Vater haben. Wenn AIB dabei behilflich sein könnte, würde er die Unterstützung annehmen.

Die AIB-MitarbeiterInnen signalisieren Verständnis für Peters Situation und erläutern, wie sie sein Anliegen unterstützen können. Sie stellen aber auch klar, dass zum jetzigen Zeitpunkt nicht garantiert werden kann, dass Peters

Wünsche genauso realisiert werden wie er es sich vorstellt. Sie können jedoch zusagen, dass sie sein Anliegen nach besten Kräften unterstützen werden. Sie machen auch deutlich darauf aufmerksam, dass AIB lediglich eine Anschub-Hilfe leisten wird. Nach drei Monaten wird er selbst sehen müssen, wie er gemeinsam mit einigen Menschen aus seinem sozialen Umfeld die Situation bewältigen kann. Damit es so weit kommt, muss er zeitintensiv mit AIB kooperieren (mehrere Termine pro Woche) und bereit sein, ehrlich über seine Situation und seine Kontakte zu berichten, auch über das, was heute noch nicht zur Sprache gekommen ist. Der AIB-Mitarbeiter wird dafür im Gegenzug alles was geschieht mit Peter absprechen. Er wird nichts ohne Peters Zustimmung unternehmen. Diese Haltung ist Ausdruck einer respektvoll durchgeführten Netzwerkarbeit, die den Subjektstatus des Jugendlichen beachtet und deshalb Transparenz herstellt (Bullinger / Nowak 1998).

Im Erstgespräch ist es wichtig, dem Jugendlichen klar zu machen, was er von AIB erwarten kann. Dies geschieht nicht nur durch entsprechende Erläuterungen sondern vor allem durch die Art der Gesprächsführung. Eine klare zeitliche Begrenzung, kurze und präzise Fragen, die auf das aktuelle Anliegen fokussieren, Verzicht auf Ausführungen zur „Problemgeschichte" können verdeutlichen, dass die Herangehensweise lösungsorientiert sein wird. Weiter wichtig ist der Faktor „Tempo". Der Jugendliche soll erleben, dass die Probleme rasch und konsequent angegangen werden. Die AIB-MitarbeiterInnen bitten Peter deshalb, sich die Sache zu überlegen und am nächsten Tag Bescheid zu geben, ob er bei AIB mitmachen möchte. Das Team wird daraufhin ebenfalls kurzfristig beraten und entscheiden, ob es eine Begleitung für sinnvoll hält. Jugendliche wie Peter, die bereits eine Jugendhilfekarriere hinter sich haben und wenig Neigung zu weiteren pädagogischen Maßnahmen verspüren, horchen bei dieser Art des Vorgehens auf. Nach unserer Erfahrung können nämlich gerade diese Jugendlichen die durch AIB angebotene Form der Unterstützung sehr gut akzeptieren.

Den Kontakt zur sorgeberechtigten Mutter hat zu diesem Zeitpunkt die Mitarbeiterin des ASD. Sie hat die weiteren Voraussetzungen einer Hilfeleistung bereits hergestellt: Die Mutter ist bereit, Hilfe zur Erziehung zu beantragen, sofern für sie dadurch keine Kosten entstehen. Rasches Agieren setzt also voraus, dass auch die anderen Verfahrensbeteiligten in diesem Fall der ASD zu einer effektiven Kooperation bereit sind und es dazu auch generelle und verbindliche Absprachen gibt (siehe Institutionelles Netzwerk).

Der fallzuständige AIB-Mitarbeiter trifft sich mit Peter in der nächsten Zeit täglich. Es geht vorrangig darum, für Peter eine vorübergehende Unterkunft zu finden. Im KJND kann und will er nur kurzfristig bleiben. Die Mutter lehnt zur Zeit jeden Kontakt mit Peter ab und tut dies auch gegenüber dem AIB-Mitarbeiter kund. Eine Rückkehr nach Hause ist deshalb auch vorübergehend nicht möglich. Der AIB-Mitarbeiter eruiert gemeinsam mit Peter weitere Möglichkeiten im persönlichen Umfeld. Schließlich erklärt sich die derzeitige Lebensgefährtin des Vaters, Frau K., bereit, Peter für einen befristeten Zeitraum bei sich zu Hause wohnen zu lassen. Nachdem das dringendste Problem damit vorläufig gelöst ist, können Peter und sein AIB-Mitarbeiter damit beginnen, eine mittelfristige Strategie der Problemlösung zu entwickeln.

AIB unterstellt, und entspricht mit dieser Annahme einer Grundhaltung des Empowerment, dass Menschen (unabhängig von ihren z.B. sozialen Schwierigkeiten) in allen zentralen Lebensbereichen eine Balance zwischen individuell akzeptierten und befriedigenden Lebensformen einerseits und gesellschaftlichen Anforderungen andererseits bewerkstelligen müssen und auch können. Auch bei AIB geht es dann im Weiteren darum „... Strukturen und Handlungslogiken zu identifizieren und zu verändern, die Empowermentprozesse ... behindern" (Stark 1996, 159). Deshalb beschäftigen sich Peter und sein AIB-Mitarbeiter systematisch mit den Bereichen Familie, Wohnen, Finanzen / Umgang mit Geld, Freizeit, Schule, Arbeit, Gesundheit (u.a. Umgang mit Drogen) und ziehen Bilanz: Womit ist Peter zufrieden? Was will er verbessern? Was „sieht" der AIB-Mitarbeiter? Im Verlaufe dieser Gespräche wird deutlich, dass Peter arbeiten und eigenes Geld verdienen möchte. Er hat keine Lust mehr, die Förderschule zu besuchen. Des weiteren stellt sich heraus, dass Peter noch Arbeitsstunden wegen Schulbummelei abzuleisten hat und ein Gerichtsverfahren wegen verschiedener Eigentumsdelikte ansteht. Dieser Sachverhalt ist in mehrerer Hinsicht bedeutsam. Zum einen ist die aktive Bereitschaft des Jugendlichen, richterliche Auflagen und Weisungen zu erfüllen, Voraussetzung für eine Unterstützung durch AIB. Er muss sich an diesem Punkt wirklich entscheiden. Zum zweiten könnte eine längere Inhaftierung die Bemühungen von AIB ad absurdum führen. In diesem Fall wäre es günstiger, AIB als Unterstützung für die Zeit nach der Haftentlassung anzubieten. Deshalb lässt sich der AIB-Mitarbeiter von Peter die Einwilligung zur Kontaktaufnahme mit der JugendgerichtshelferIn geben. Es stellt sich heraus, dass eine längere Haftstrafe nicht zu erwarten ist, vor allem dann nicht, wenn Peter seine Lebenssituation mit Unterstützung durch AIB saniert. Damit kann die Zusammenarbeit zwischen Peter und AIB fortgesetzt werden. Der nächste Schritt besteht nun darin, eine verbindliche Absprache darüber zutreffen, was in den nächsten drei Monaten erreicht werden soll und auf welche Weise dies geschehen kann. Das Motto dieser Arbeitsphase lautet: **„Vom Wunsch zum Ziel."** Auch in der AIB-Philosophie sind Wünsche etwas anderes als Ziele. Wünsche darf jeder für sich alleine entwickeln, sie sind das Material, aus dem die Ziele geflochten werden. Ziele aber sind immer das Ergebnis eines Aushandlungsprozesses. Nur auf der Basis tragfähiger, d.h. realistischer, konstruktiver und überprüfbarer Ziele werden die Jugendlichen ihre Situation wirklich verbessern können (Beywl / Schepp-Winter 1999). AIB Mitarbeiter-

Innen wissen, dass es deshalb eine ihrer wichtigsten aber auch schwierigsten Aufgaben ist, diesen Zielfindungsprozess sensibel strukturierend zu gestalten. Dabei hat sich auch bei AIB-Jugendlichen die Arbeit mit Fragetechniken aus dem Kontext systemisch-konstruktivistischer Konzepte bewährt. Sie können helfen, „nebulöse" Vorstellungen zu konkretisieren, bei resignativen Einstellungen doch noch Lichtblicke zu entdecken oder einen Ausstieg aus eingespielten Denk- und Wahrnehmungs-Kassetten zu finden (Berg 1999 und Schlippe v. / Schweitzer 1998). Am Ende dieses Prozesses ist es möglich, Ziele verbindlich zu formulieren. Sie sind Bestandteil einer schriftlichen Vereinbarung zwischen Jugendlichen und AIB MitarbeiterInnen, in der Rechte und Pflichten beider Parteien festgelegt werden.

Den AIB-MitarbeiterInnen war dieses vertragliche Prozedere anfänglich eher suspekt. Es sei zu formalistisch, werde von den Jugendlichen vermutlich nicht akzeptiert. Zwischenzeitlich hat sich der Vertrag als wichtiges methodisches Element der Arbeit erwiesen. Die Jugendlichen fühlen sich durch den Vertrag ernst genommen. Er gibt Anlass, über alles doch noch etwas genauer nachzudenken. Die mit Peter vereinbarten Leitziele waren:

Im eigenen Wohnraum leben.
Einen Job haben und Geld verdienen.
Die Auflagen des Gerichts rechtzeitig erfüllen.
Die Berufsschule so lange regelmäßig besuchen, bis die Schulpflicht erfüllt ist.
Zum Vater wieder persönlichen Kontakt haben (im Knast besuchen).

Die Intensiv-Phase

In dieser Phase geht es darum, die vereinbarten Ziele zu realisieren oder - sofern das nur längerfristig möglich ist die wesentlichen Voraussetzungen dafür zu schaffen, dass die Ziele erreichbar werden (z.B. „Berufsschulpflicht erfüllen" das kann innerhalb von 3 Monaten nicht erreicht werden). Im Rahmen dieses Artikels ist es nicht möglich, die Aktivitäten und Ergebnisse der Intensiv-Phase in allen Einzelheiten darzustellen. Deshalb soll an dieser Stelle lediglich die Umsetzung des zentralen Leitziels „im eigenen Wohnraum leben" erläutert werden sowie das Vorgehen bei der Gewinnung von Unterstützungspersonen im sozialen Umfeld (VIPs).

Ob ein Jugendlicher in der Lage ist, selbständig zu wohnen, ist weniger eine Frage des Alters als eine Frage der sozialen Kompetenz und der vorhandenen Unterstützungspotenziale im sozialen Umfeld. Im Falle Peters schien das Vorhaben unter diesen Gesichtspunkten durchaus realistisch. Schwieriger ist die rechtliche Seite, denn Peter ist minderjährig. Im Laufe der Gespräche hatte sich herausgestellt, dass Peter zu seinem 21 Jahre alten Bruder Frank, der allein lebt, einen guten Kontakt hat. Aufgrund der Beziehungen des AIB-Teams zur Wohnungsbaugesellschaft (institutionelles Netzwerk!) wäre es möglich, im selben Haus eine kleine Wohnung für Peter anzumieten. Wer aber schließt den Mietvertrag ab? Peter selbst kann es nicht, weil er minderjährig ist. Die Mutter will es nicht. Sie ist grundsätzlich nicht bereit, für den Sohn eine rechtliche und finanzielle Verpflichtung einzugehen. Das Problem kann also nur gelöst werden, wenn es jemand gibt, der hier „in die Bresche springt". Ein örtlicher Jugendhilfeträger war bereit, die Wohnung zu mieten, um sie dann an Peter weiterzuvermieten. Das Jugendamt war ebenfalls einverstanden und zur Finanzierung bereit. Es knüpfte an diese eigenständige Form des Wohnens allerdings die Bedingung, dass sie im Rahmen einer pädagogischen Betreuung stattfindet. Peter konnte sich mit dieser Lösung anfreunden. Dies wohl auch deshalb, weil das Agieren der künftigen Betreuerin zeitlich und funktionell eingegrenzt und damit für ihn überschaubar wurde. Gemeinsam mit dem AIB-Mitarbeiter definierte Peter verschiedene Unterstützungsfunktionen, die unter Einbeziehung der künftigen Betreuerin von Menschen seines sozialen Umfelds übernommen werden sollen.

Hier wird ein weiterer zentraler Bezug zum Konzept des Empowerment deutlich: Die Suche nach Menschen, die konstruktiv und verlässlich Aufgaben im Alltag der jungen KlientInnen übernehmen können sogenannte VIPs ist das Herzstück der AIB-Arbeit und entsprechend zeitaufwendig. Manche Jugendliche sind nicht ohne weiteres bereit, über ihre persönlichen Kontakte Auskunft zu geben. Das hat verschiedene Gründe. Jugendliche, die eine lange Jugendhilfekarriere hinter sich haben, sind häufig auf ihre professionellen Helfer fixiert. Sie sind es gewohnt, von diesen Unterstützung zu bekommen und reagieren eher erstaunt, wenn man sie auf andere Möglichkeiten verweist. Viele Jugendliche haben aber auch nicht den Mut, nach Unterstützung im sozialen Umfeld zu fragen. Sie gehen davon aus, dass sie sowieso nicht mit Unterstützung rechnen können, z.B. weil sie selbst Kontakte abgebrochen oder die jeweiligen Personen anderweitig enttäuscht haben. Die Erfahrung zeigt allerdings, dass das meistens nicht zutrifft. Die Bereitschaft zu helfen ist oft größer als vorher gedacht. Die Aufgabe von AIB besteht also nicht nur darin, den Jugendlichen zu helfen, sich an vergessene oder schlafende Potenziale wieder zu erinnern. AIB ermutigt auch, abgebrochene Fäden wieder aufzunehmen und hilft Kontakte zu knüpfen. AIB-MitarbeiterInnen nehmen dabei eine sehr aktive Rolle ein. Sie suchen einzelne Personen auf und klären, ob eine Bereitschaft da ist, miteinander ins Gespräch zu kommen. Manchmal ist es sinnvoll, Kontakte zunächst oder auch zeitweilig ohne Beteiligung des Jugendlichen auszuloten. Aber auch hier gilt: Alles findet mit Wissen und erst nach ausdrücklicher Zustimmung des Jugendlichen statt.

Hinweise, wer für welche Funktion ansprechbar sein könnte, ergeben sich situativ und aus Beobachtungen im Kontakt mit dem Jugendlichen. Sie werden von AIB aber auch systematisch erfragt. Hinweise können hier einige bereits erprobte Fragebögen und Interview-Leitfäden geben, die aber für die Bedarfe Jugendlicher nicht unmittelbar anwendbar sind (Veiel 1989 und Pearson 1997).

Bei Peter war es naheliegend, Frank, den erwachsenen Bruder einzubeziehen. Frank arbeitet bei einer Beschäftigungsgesellschaft als Dachdecker, hat einen konstanten und stabilen Freundeskreis und lebt ansonsten ohne besondere Auffälligkeiten. Er kann offensichtlich auch sein Geld gut einteilen, weil er trotz geringem Einkommen keine größeren Schulden hat. Frank könnte also in vielerlei Hinsicht eine Unterstützung für Peter sein. Dennoch wurde mit Frank lediglich eine begrenzte Aufgabenstellung vereinbart: Er ist bereit, seinen Bruder zu wecken bevor er zur Arbeit geht und den Morgenkaffee mit ihm zu trinken. Das ist für Peter wichtig, um rechtzeitig in die Schule zu kommen. Des Weiteren wird Frank mindestens einmal in der Woche mit dem jüngeren Bruder etwas in der Freizeit unternehmen. Es ist ein Prinzip bei AIB, stets darauf zu achten, dass ein VIP nicht zu viele Aufgaben übernimmt. So soll von vornherein vermieden werden, dass das Netz nach einiger Zeit bricht, weil VIPs feststellen, dass sie die zugesagte Unterstützung doch nicht einhalten können. Außerdem wird darauf geachtet, dass einzelne VIPs nicht zuviel Verantwortung tragen. Sie könnten leicht in die Rolle einer Ersatz-SozialarabeiterIn geraten. Im vorliegenden Fall könnte es problematisch sein, die Bruderbeziehung durch Übertragung von Aufgaben mit kontrollierenden Anteilen zu überfordern. Deshalb wurde für die Unterstützung bei der Geldeinteilung eine andere VIP gewonnen, nämlich die künftige Betreuerin. Mit Unterstützung durch den AIB-Mitarbeiter konnte der Kontakt zur Großmutter wieder aufgenommen werden. Die Großmutter kommt einmal im Monat zu Besuch und ist bereit, beim Saubermachen der Wohnung zu helfen. Außerdem kann Peter die Wäsche vorbeibringen. Dafür gießt Peter die Blumen, wenn die Großeltern verreisen.

VIPs können auch Personen sein, die dem sozialen Netz des Jugendlichen bislang noch nicht angehört haben. So fanden sich Peter und der Hausmeister des Wohnblocks auf Anhieb ganz sympathisch. Die Idee des AIB-Mitarbeiters, den Hausmeister zu bitten, bei eventuellen Konflikten mit Wohnungsnachbarn oder anderen Hausbewohnern eine Vermittler-Rolle zu übernehmen, fand Peter deshalb in Ordnung. Außerdem hat sich der Hausmeister bereit erklärt, Peter in kleinere Reparaturarbeiten einzuweisen und ihm eventuell auch mal eine Arbeit zu übertragen. Für einen Überraschungs-Coup hat Peter dann noch selbst gesorgt, weil er den Jugendpolizisten des Stadtteils gebeten hat, eine VIP-Rolle zu übernehmen. Der Mann sei in Ordnung, hat er gemeint, und er hätte gern einen Erwachsenen, mit dem er auch mal über ernstere Dinge reden könne. Der Jugendpolizist war einverstanden. Er wird im nächsten halben Jahr nun auch von sich aus hin und wieder Kontakt zu Peter aufnehmen um zu erfahren, wie es Peter geht.

Schwieriger war es, Unterstützung aus dem Freundeskreis zu mobilisieren. Die Kontakte stellten sich als eher flüchtig und unverbindlich heraus. Das war für Peter eine traurige, aber vermutlich auch heilsame Erfahrung. Lediglich Freund Marco ist bereit, mit Peter regelmäßig etwas zu unternehmen.

Immer wieder kommt es auch zu Differenzen in der Bewertung von Kontakten. Nicht alle Kontakte, die ein Jugendlicher positiv bewertet, sind es auch aus der Sicht von AIB. Bei Peter entzündete sich die Auseinandersetzung an Freund Siggi. Er ist ein Bruder der Lebensgefährtin des Vaters, Frau K. Siggi ist zwanzig Jahre alt, hat das Gymnasium besucht und wird im Stadtteil als „Jungsturmführer" bezeichnet, weil er in der rechten Szene eine exponierte Rolle einnimmt. Er war bis vor einigen Jahren selbst an Überfällen und Schlägereien beteiligt und deshalb auch in Strafverfahren verwickelt. Davon distanziert er sich seit einiger Zeit. Er versucht nun, eine legale rechte Jugendorganisation aufzubauen. Es ist offensichtlich, dass die Kontakte zwischen Peter und Siggi im Freizeitbereich relativ dicht sind. Siggi wäre auch durchaus in der Lage, Peter in verschiedener Hinsicht zu unterstützen, z.B. bei Behördengängen. Aus der Sicht von AIB ist Siggi als VIP allerdings nicht geeignet. VIPs sind Personen, die konkrete Unterstützung leisten können und die dies in einer angemessenen Art und Weise tun. Damit ist gemeint: Die Unterstützung erfolgt entweder uneigennützig oder so, dass Leistung und Gegenleistung ausbalanciert sind. Wenn bei potenziellen NetzwerkpartnerInnen der Verdacht besteht, dass massive eigene Interessen auch auf Kosten des Jugendlichen durchgesetzt werden, signalisiert das eine ausbeuterische Beziehung, die nicht unterstützt werden kann. Die Jugendlichen bekommen in solchen Kontakten möglicherweise etwas für sie wichtiges, aber sie sehen gar nicht, dass sie letztlich viel zu viel dafür bezahlen müssen. AIB unterstellt ausbeuterische Interessen allen Personen, die einer rigiden Organisation angehören (z. B. extreme politische Gruppierungen, Sekten) und diese aktiv unterstützen sowie allen Personen, die Abhängigkeitsverhältnisse herstellen und ausnutzen, z.B. kommerzielle Interessen im Stricher- und Prostituierten-Milieu oder in der Drogenszene. AIB kann solche Kontakte nicht unterbinden. AIB wird aber konsequent Position beziehen und quasi als Gegengewicht versuchen, förderliche Beziehungen zu arrangieren und zu unterstützen. Allerdings wird hier auch eine Grenzlinie sichtbar: Kinder und Jugendliche, die in kommerzielle delinquente Strukturen involviert sind, damit ihren Lebensunterhalt finanzieren und keine Motivation zum Ausstieg haben, sind für AIB nicht erreichbar.

Doch zurück zu Peter: Den Kontakt zur Mutter wird auch künftig die ASD-MitarbeiterIn halten. Sie wird eine Vermittler- und Kurierfunktion übernehmen, wenn Angelegenheiten zwischen Mutter und Sohn zu regeln sind. Die beiden können nämlich immer noch nicht miteinander reden, ohne dass es zu heftigen Verbalattacken kommt. Peter lehnt die neue Partnerschaft der Mutter ab und gibt ihr die Schuld für das Scheitern der Ehe, den Verlust des Vaters. Diese Erkenntnis hat allerdings keine Konsequenzen für das Agieren von AIB - und spätestens hier wird ein weiterer wichtiger Aspekt des Konzepts deutlich: AIB will und kann keine Aufarbeitung problematischer Beziehungen leisten und schon gar keine Therapie. AIB initiiert und unterstützt Beziehungsarrangements, die den Menschen helfen sollen, in einer für sie momentan akzeptablen Art und Weise miteinander auszukommen. Wenn es günstig läuft, bildet ein solches Arrangement den sicheren Boden für weitere Entwicklungen aber das ist dann ein neues Kapitel.

Innerhalb von drei Monaten ist es also gelungen, für Peter ein soziales Netz zu arrangieren, das ihm helfen wird, sich in seiner neuen Lebenssituation zurecht zu finden. AIB kann sich jetzt zurückziehen und die Begleitung des Jugendlichen offiziell beenden. Nach zwei, sechs und achtzehn Monaten wird der AIB-Mitarbeiter zu Peter nochmals Kontakt aufnehmen, um sich zu erkundigen, wie die Dinge stehen und ob an der einen oder anderen Stelle seine Hilfe noch gebraucht wird.

Vorläufiges Resümee

AIB knüpft an wichtige Prinzipien des Empowerment an und unternimmt den Versuch diese konsequent zu realisieren:

- Orientieren an den Stärken und positiven Bezügen der Jugendlichen, nicht an ihren Defiziten und Schwächen,

- Einbinden (Verankern) der Jugendlichen in individuelle Problemlöse- und Unterstützungsnetzwerke, statt Reduktion auf die Förderung psychosozialer Einzelkompetenz und

- Knüpfen und Fördern von Netzwerken auf verschieden Ebenen, nicht Beziehungsarbeit als alleinige Arbeitsgrundlage (Galuske 1998).

Diese Prinzipien sind in der Sozialen Arbeit durchaus bekannt. Sie markieren zentrale Diskussionslinien in der fachlichen Auseinandersetzung der letzten Jahrzehnte. Es scheint aber schwierig zu sein, die damit verbundenen Ansprüche in der Praxis auch konsequent umzusetzen. In der Beratung der AIB-Teams stellen wir fest, dass SozialarbeiterInnen immer wieder dem „Sog" der professionellen Angebotspalette erliegen und deshalb individuelle Netzwerkressourcen „aus dem Auge verlieren". Gerade hier kann AIB jedoch neue Impulse geben. Von zentraler Bedeutung ist dabei das zeitlich und inhaltlich straff strukturierte Setting. Dieses Setting, verbunden mit einem differenzierten, PC-gestützten Dokumentationssystem, fokussiert das Agieren der AIB MitarbeiterInnen hin zu einer konsequenten Berücksichtigung und Umsetzung der Netzwerkperspektive in alltäglichen Vollzügen.

AIB ermöglicht ein Arbeiten mit jungen Menschen in sehr unterschiedlichen Lebenslagen und Problemkonstellationen. Es ist insofern kein zielgruppenspezifischer Ansatz. Wir stellen aber fest, dass AIB gerade von Jugendlichen angenommen werden kann, die eine lange Jugendhilfekarriere hinter sich haben und die an pädagogischen Angeboten nicht mehr interessiert sind. Bei diesen Jugendlichen sind die Ressourcen des persönlichen Netzwerkes allerdings häufig eher lückenhaft und instabil. Die individuelle AIB-Netzwerk-Strategie muss hier insbesondere professionelle und semiprofessionelle NetzwerkpartnerInnen einbeziehen und zwar um so stärker, je chronischer eine solche Jugendhilfekarriere bisher verlaufen ist. Dem Anspruch des Empowerment entsprechend, agieren die AIB-MitarbeiterInnen hierbei aber nicht nur auf der individuellen Netzwerkebene. Sie sind vielmehr konsequent bemüht auch auf der strukturell-organisatorischen Ebene professioneller Hilfebedarfe aufzuzeigen und Veränderungen anzuregen.

Aufgaben und Finanzierung der am Projekt Beteiligten:

> *Die Idee:*
>
> Implementieren und Erproben einer in den Niederlanden entwickelten und erfolgreich praktizierten (u.a. Bureau INSTAP) kurzfristigen und intensiven Begleitung in der deutschen Jugendhilfelandschaft. Das Konzept (in den Niederlanden für obdachlose oder delinquente Jugendliche bzw. für Jugendliche in besonderen Krisensituation), ist sowohl auf der Umsetzungs- als auch auf der Interpretationsebene der deutschen Jugendhilfe anzupassen und zu überprüfen, ob auch in der Sozialen Arbeit hier ähnliche Erfolge mit dem Konzept einer Ambulanten Intensiven Begleitung erzielt werden können. Die praktischen Erfahrungen in der deutschen Jugendhilfe werden auch während des Projektzeitraumes immer wieder mit den Erfahrungen niederländischer Teams (z.B. Nieuwe Perspectieven) und der Begleitforschung verglichen.

Das Institut des Rauhen Hauses für soziale Praxis

Das *isp* koordiniert das Pilotprojekt und hält Kontakte zu niederländischen Kooperationspartner-Innen sowie zu den Projektstandorten Dortmund, Leipzig, Magdeburg, Nürnberg, Landkreis Harburg und zum evaluierenden Institut (DJI). Das *isp* initiiert und begleitet die Implementierung der AIB-Teams und der sozialräumlichen Netzwerke durch intensive Beratung (Supervision und Intervision) vor Ort.

Die örtlichen AIB-Teams

In jedem der Projektstandorte arbeitet ein Team über einen Zeitraum von zwei Jahren nach der AIB-Methode. Jedes Team beschäftigt vier MitarbeiterInnen.

In jedem Projektstandort etablieren die AIB-Teams institutionelle Netzwerke aus MitarbeiterInnen von Institutionen, die für die Problemlösung von Jungen Menschen wichtig sind.

Die Finanzierung der Personal- und Sachkosten der Teams erfolgt durch die Öffentlichen Träger der Jugendhilfe. Die Beratung und wissenschaftliche Begleitung sowie eine Evaluationsuntersuchung finanziert das MFSFJ.

Eine Refinanzierung der Teams z.B. als Hilfe zur Erziehung nach § 27 KJHG oder andere Finanzierungsinstrumente wird im Verlauf des Projekts in den Standorten geprüft.

> *Die wissenschaftliche Begleitung*
>
> Das Pilotprojekt soll vom Deutschen Jugendinstitut München (DJI) in Form einer „follow-up-evaluation" wissenschaftlich ausgewertet werden. Hierzu wird vom DJI ein gesonderter Antrag an das BMFSFJ eingereicht.

Literatur

Berg, Inso Kim 1999: Familien zusammenhalten: Ein kurztherapeutisches und lösungsorientiertes Arbeitsbuch. Dortmund.

Beywl, Wolfgang / Schepp-Winter, Ellen (Hrsg.) 1999: Zielfindung und Zielklärung – ein Leitfaden. Bonn.

Blandow, Jürgen 1997: Über Erziehungshilfekarrieren: Stricke und Fallen der postmodernen Jugendhilfe. In: Jahrbuch der Sozialen Arbeit.

Bullinger, Hermann / Nowak, Jürgen 1998: Soziale Netzwerkarbeit: Ein Einführung. Freiburg im Breisgau.

Galuske, Michael 1998: Methoden der Sozialen Arbeit: Eine Einführung. München.

Klatetzki, Thomas (Hrsg.) 1995: Flexible Erziehungshilfen: Ein Organisationskonzept in der Diskussion. Münster.

Koch, Reinhard 1999: Jugendhilfeplanung und Qualitätsentwicklung. In: JiN: Jugendhilfe in Niedersachsen. Sonderausgabe 4. Hannover.

Koch, Reinhard / Möbius, Thomas / Klawe, Willy 1998: Ambulante Intensive Begleitung (AIB): Projektinformation für interessierte Städte. Hamburg.

Pearson, Richard E. 1997: Beratung und Soziale Netzwerke: Eine Lern- und Praxisanleitung zur Förderung sozialer Unterstützung. Weinheim, Basel.

Schlippe, Artist von / Schweitzer, Jochen 1998: Lehrbuch der systemischen Therapie und Beratung. Göttingen.

Stark, Wolfgang 1996: Empowerment: neue Handlungskompetenzen in der psychosozialen Praxis. Freiburg im Breisgau.

Wolf, Klaus 1999: Entwicklungsverläufe von wiederholt straffälligen Jugendlichen unter dem Aspekt des Agierens von beteiligten Institutionen. Unveröffentlichter Vortrag (*isp*-Tagungsdokumentation 19/20.11.1999). Güstrow.

Veiel, H. O. F. 1989. Das Mannheimer Interview zur sozialen Unterstützung. In: Angermeyer, M.C. / Klessmann, D.: Soziales Netzwerk. Berlin.

Empowerment und Zwang – eine unmögliche Beziehung?

Sabine Pankofer

Das Empowerment-Konzept findet mehr und mehr Einzug in sozialarbeiterische Praxis und Theorie (vgl. Stark 1996, Herriger 1997, Keupp 1998). Durch seinen ressourcenorientierten Blick entsteht ein divergierender Blick auf klassische Themen der Sozialpolitik und sozialer Arbeit, der den Defizitblickwinkel und ‚klientifizierende'[1] Diskurse und Praktiken kritisiert und ihn durch Vertrauen in die Stärken von Menschen ersetzt. Das diesem Konzept inhärente Hilfekonzept entspricht dabei dem alten Grundsatz der Sozialen Arbeit der ‚Hilfe zur Selbsthilfe' und bietet Differenzierungen im Hilfeverständnis an, die normativen und fachlichen Anforderungen moderner Sozialer Arbeit entsprechen (vgl. Staub-Bernasconi 1994, Wendt 1995). Einer der zentralen Grundansatzpunkte des Empowerment ist die Anerkennung der Selbstbestimmung der AdressatInnen. Soziale Arbeit verstanden als Empowerment basiert vor allem auf der Freiwilligkeit und der Kraft der Selbstorganisation der AdressatInnen, wodurch sich die professionelle Aufgabe v.a. auf die (Selbsthilfe-)Unterstützung ausrichtet.

Bei der kritischen Diskussion zeigen sich Probleme bei dessen Umsetzung[2], besonders in schwierigen Feldern der psychosozialen Praxis (vgl. Stark 1993, 44; Galuske 1998, 233f.). Dabei lassen sich drei grundsätzliche Kritik- und Fragerichtungen erkennen:

- **Empowerment für alle?**
  Immer wieder wird die Frage gestellt, inwieweit Empowerment auch von und mit denjenigen Menschen möglich ist, die nicht über bestimmte Motivationslagen (z.B. Wille zur Teilhabe und Eigenengagement) oder spezifische Qualifikationen (etwa Sprach-, Kooperations- oder Konfliktfähigkeit) verfügen bzw. diese nicht entwickeln wollen (Galuske 1998, 233f) und als Resultat einer Sozialisation als KlientIn im Status der „erlernten

---

[1] Von **Kardorff** (1986) zeigt auf, durch welche Prozesse Menschen zu KlientInnen ‚gemacht' werden und welche Auswirkungen sich daraus für Betroffene und Professionelle ergeben.

[2] Diese Frage hat nicht zuletzt den Ausschlag dafür gegeben, dieses Buch zusammenzustellen.

Hilflosigkeit"[3] einen spezifischen Hilfeanspruch an Professionelle entwickelt haben, den sie ebenfalls (noch) nicht verändern wollen (oder können). In diesem Strang der Kritik stehen als Verhinderungspotenzial von Empowerment die Ausstattungen an Erkenntniskompetenzen (vgl. Staub-Bernasconi 1994) und sozialen Ressourcen der AdressatInnen Sozialer Arbeit im Vordergrund.

- **Empowerment durch alle?**
Empowerment bedarf einer spezifischen professionellen Haltung mit der grundsätzlichen Annahme von Gleichberechtigung und Partizipation von Betroffenen. Damit schließt das Empowermentkonzept als humanistisches Konzept an ideelle Vorstellungen von SozialarbeiterInnen an. Trotz oder gerade wegen evtl. eigener, eher direktiver Sozialisationsprozesse hat das Konzept für viele SozialarbeiterInnen eine hohe Attraktivität. Bleibt es jedoch bei einer ideellen Haltung und werden SozialarbeiterInnen – nicht zuletzt auch in ihrer Ausbildung, aber auch in der Begleitung der Praxis durch Supervision – nicht auf alle erwünschten oder auch unerwünschten ‚Nebenwirkungen' von Empowerment (z.B. Teilen von Macht, Aushalten von Widersprüchlichkeit, hoher Grad an Unvorhersehbarkeit etc.) vorbereitet bzw. begleitet, bleibt Empowerment ein ‚Schön-Wetter-Ansatz' in der Arbeit mit privilegierten Betroffenen und SozialarbeiterInnen. Empowerment braucht also spezifische professionelle Reflexions- und Handlungskompetenzen von SozialarbeiterInnen, um Hilfe als tatsächliches Angebot und nicht als fürsorgliche Belagerung zu leisten, dabei aber trotzdem ein Grenzen ziehendes Gegenüber zu sein, und dabei die eigenen Handlungen, aber auch die Strukturen, innerhalb derer agiert wird, immer wieder kritisch zu untersuchen.

- **Empowerment überall?**
Damit ist bereits ein weiteres zentrales Kriterium für Behinderungen von Empowerment in der Sozialen Arbeit angedeutet: Nicht nur die personalen Fähigkeiten, sondern insbesondere auch strukturelle Bedingungen können verhindern, dass Empowermentprozesse im Sinne einer möglichst hohen Selbstbestimmung von Menschen initiiert werden. So ist die schwierige Frage zu stellen, ob Empowerment grundsätzlich auch in solchen psychosozialen Kontexten möglich ist, in denen hohe Fremdbestimmtheit herrscht und Empowerment mit dem gesellschaftlichen Kontrollauftrag Sozialer Arbeit (vgl. Imhoff 1998) kollidiert, wie es bei der ZwangsklientInnenschaft – eine in der Sozialen Arbeit relativ häufige Konstellation (z.B. Bewährungshilfe, Psychiatrie, z.T. Jugendhilfe etc.) –

---

[3] Zum Konzept der erlernten Hilflosigkeit vgl. zusammenfassend Schober 1993, 45f.

der Fall ist. Der Kontakt zwischen Professionellen und AdressatInnen ist dabei nicht durch Freiwilligkeit, sondern durch Zwang und hohe Fremdbestimmung der AdressatInnen durch die Professionellen geprägt – an sich ein Grundwiderspruch von Empowerment.

Zusammengefasst ist deshalb die heikle Frage folgende: Ist Empowerment tatsächlich nur auf der Basis von Freiwilligkeit mit bestimmten AdressatInnen möglich? Oder ist Empowerment auch unter schwierigen personalen und strukturellen Bedingungen möglich? Wenn nein, wären Empowermentprozesse in zentralen Feldern der Sozialen Arbeit überhaupt nicht möglich, was – zu Ende gedacht – eine Bankrotterklärung Sozialer Arbeit wäre und meines Erachtens auch nicht zutrifft. Wenn ja, müsste genauer beschrieben werden können, was Empowerment in einem solchen Kontexten bzw. mit durch Unfreiwilligkeit geprägten Beziehungen sein oder bedeuten kann, was ich im folgenden an einem Beispiel aus der Arbeit mit einem sogenannten delinquenten Jugendlichen versuchen möchte. Meine These ist, dass Empowermentprozesse auch unter solch schwierigen Bedingungen möglich und gerade dort unbedingt nötig sind, um in diesen spezifischen, nicht unbedingt erfolgsverwöhnten Bereichen Sozialer Arbeit überhaupt Ansatzpunkte für neue und kreative Lösungen entwickeln zu können. Gerade in Zwangskontexten zeigen sich besonders deutlich grundsätzliche Probleme und Fragen der Sozialen Arbeit, mit denen sie sich als Profession – ausgehend vom doppelten Mandat der Sozialen Arbeit mit gleichzeitigem Hilfs- und Kontrollauftrag – theoretisch und praktisch ‚herumschlägt', weshalb ich zu Beginn auf grundsätzliche Fragen bzgl. Zwang und Freiwilligkeit eingehen möchte.

Professionelle zwischen Mythen Sozialer Arbeit und schlechtem Gewissen

Gerade in Feldern Sozialer Arbeit, in denen starke Eingriffe in das Leben von Menschen gefordert werden bzw. notwendig sind (z.B. Heimerziehung oder dem Bereich der Psychiatrie), hat sich in den letzten 30 Jahren ein Aufbruch vollzogen weg vom Zwang hin zu mehr Demokratisierung, Offenheit und Orientierung an den Bedürfnissen der Betroffenen (vgl. Keupp 1998). Diese Ablehnung von Zwang (verstanden als totalitäre Fremdbestimmung des Menschen) als üblichem Mittel führte zu einer totalen Abwendung von allem, was nur einen Hauch von Anklang daran beinhaltete. Die Freiwilligkeit als wünschenswerte Grundlage wurde zum erstrebenswerten Ansatz möglichst jeglichen professionellen Handelns erklärt – entgegen der sozialen Realität, dass Soziale Arbeit auf Grund des doppelten Mandats immer auch Kontrollfunktionen innehat. So wird und muss auch heute, wenngleich mit schlechtem Gewissen, in vielen Bereichen Sozialer Arbeit weiterhin Zwang angewendet werden (vgl. Wendt 1997), was jedoch häufig negiert und nur unter der Hand zugegeben wird (vgl. Stiels-Glenn 1997).

Diese Paradoxie fordert eine komplexe Betrachtungsweise der zentralen Begriffe, weshalb ich im folgenden kurz anreißen möchte, was jeweils unter Zwang und Freiwilligkeit verstanden werden kann, um darauf aufbauend zu fragen, welche Fragen bzw. Schlussfolgerungen sich im Hinblick auf das Empowermentkonzept daraus ergeben.

Zwischen Zwang und Freiwilligkeit

Was Zwang und Freiwilligkeit bzw. Fremd- und Selbstbestimmung ist, scheint aus dem Alltagsverständnis heraus sehr einfach zu definieren sein: Zwang ist das Gegenteil von Freiwilligkeit und Fremdbestimmung lässt keine Selbstbestimmung zu. Doch so einfach ist die Sache nicht. Beide Begriffspaare stehen in einem komplexen wechselseitigen Spannungszusammenhang, der keine simplen Eindeutigkeiten zulässt, weshalb sie im folgenden jeweils erläutert werden.

Fremdbestimmung – Zwang

Im Zustand der Fremdbestimmung (Heteronomie) wird das Handeln einer Person von Kräften außerhalb ihrer selbst gesteuert (vgl. Deutscher Verein 1997, 359f.). Insofern menschliches Handeln immer und notwendig von physikalischen, biologischen, psychischen und sozialen Gegebenheiten und Gesetzmäßigkeiten beeinflusst ist, kann Fremdbestimmung nur als Frage der Beherrschung und Nichtbeherrschung dieser Vorgänge sinnvoll diskutiert werden. Fremdbestimmung wird zum einen unterschieden in gesellschaftliche und politische Fremdbestimmung. Darüber hinaus ist Fremdbestimmung psychologisch dahingehend zu untersuchen, ob sie als solche erlebt wird oder nicht.

Fremdbestimmung erweist sich im Verständnis der Psychologie von Attributionsvorgängen als Frage der Zuschreibung und Eigenwahrnehmung: Eigene Handlungen werden sehr viel stärker als fremdbestimmt wahrgenommen als die Handlungen anderer. Dabei geht es auch um die Zuschreibung von Verantwortung, d. h. um die durchsetzbare Verpflichtung, die gesellschaftlichen Folgen einer Handlung auf sich zu nehmen. Es gibt ein Repertoire von Argumentationsfiguren, mit denen versucht werden kann, solche Verantwortung abzuwehren, z.B. durch ‚Neutralisationstechniken' wie Berufung auf Ungeschicklichkeit oder Zustände von Sinnesverwirrung.

Eine soziologische Perspektive weist darauf hin, dass faktische Fremdbestimmung in Form von Herrschaft, Ungleichheit und sozialer Kontrolle nicht unbedingt bewusst bzw. sie nicht unbedingt als Zwang erlebt werden muss, da man sich auch daran gewöhnen kann oder indem man ihr zustimmt. In diesem Sinne ist immer die Frage zu stellen, welche Wahrnehmungen von Fremdbestimmung Menschen in Zwangskontexten haben bzw. entwickeln. Von der Annahme einer grundsätzlich gleichen Wahrnehmung ist demnach nicht auszugehen – worauf nicht zuletzt konstruktivistische Ansätze ebenfalls hinweisen.

Der Begriff des Zwanges geht einher mit Begriffen wie Macht, Unterwerfung, Disziplin, Gehorsam, Strafe etc. Ein solches Verständnis betrachtet nur die strafende Seite des Zwanges, wohingegen das Verhältnis von Zwang und Freiheit auch dialektisch verstanden werden kann. Die philosophischen Wurzeln dieser Dialektik sind in der Kantschen „Metaphysik der Sitten" von 1797 begründet, die bis heute Auswirkungen auf unser Denken hat (vgl. Speck 1991, 79f.).

Für Kant ist Zwang nur im Wechselspiel von Selbst- und Fremdbestimmung zu sehen – ein Wechselspiel, das bereits mit der Geburt des Menschen beginnt: So ist für Kant bereits der Akt der Zeugung ein Zwang, durch den „eine Person ohne ihre Einwilligung auf die Welt gesetzt (wird) und eigenmächtig in sie herüber gebracht" wird (Kant zit. in Speck 1991, 79). So ist es ein Zeichen der „tangierten subjektiven Freiheit des Neugeborenen", dass es schreiend auf die Welt kommt, worin Kant „einen Ausdruck eines Gefühls der Unbehaglichkeit", einer Art „Entrüstung" und „Erbitterung" sieht" (ebd. 79). In den Entwicklungsschritten des Kindes entwickelt sich die kindliche Verfügungsmacht, die Kompetenzen des Kindes wachsen, während die Fremdbestimmung mehr und mehr zurücktritt, deren Aufgabe darin liegt, Emanzipation und Selbstbestimmung zu ermöglichen. Der Zwang, der dabei nötig wird, kann allerdings nur dadurch legitimiert sein, dass es das Kind dem Ziel der Selbständigkeit näherbringt und es dadurch erfährt, dass der auferlegte Zwang zum besseren Gebrauch der eigenen Freiheit führe (ebd. 79f.). Kants Forderung „Wie kultiviere ich die Freiheit bei dem Zwange?" (zit. in Speck 1991, 80) kann daher durchaus als frühe Aufforderung zu Empowerment verstanden werden.

Freiwilligkeit - Selbstbestimmung - Autonomie

Grundansatz der Freiwilligkeit ist der Begriff der Freiheit und der Freiheit des Willens. Der Freiheitsbegriff ist aufgrund seines hohen Abstraktionsgrades einer der am schwierigsten zu definierenden Begriffe. Festzustellen ist, dass zumindest drei Ebenen von Freiheit auseinandergehalten werden müssen: Die metaphysische Freiheit, die soziale Freiheit und die politische Freiheit. „Bei der ersteren geht es um den Menschen in seiner Qualität als Mensch (gegenüber dem Tier); bei der zweiten geht es um das Individuum in seiner Qualität als soziales Wesen (gegenüber der Gesellschaft); bei der dritten geht es um die Person in ihrer Qualität als Bürger/-in (gegenüber dem Staat). Letztere ist v.a. in der französischen Aufklärungszeit von Bedeutung" (Kippele 1998, 214f.).

Der metaphysische bzw. philosophische Ansatz versteht Freiheit vor allem als Wille. Kippele führt aus: „Freiheit ist Wille. Insofern, als der Wille überall ist, ist er notwendig; denn jenseits vom Willen gibt es keine Freiheit. In seinem Dasein ist er aber frei. Als Beweggrund von Menschen, d.h. dadurch dass der Wesenswille (resp. Kürwille) seinen inneren Gesetzen (resp. äußeren Gesetzen) folgt, ist er frei. Je mehr jedes Wollen seine „Eigenart" erfüllt, desto freier ist er" (Kippele 1998, 217). In diesem Sinne steht nicht der Übergang von Freiheit und Unfreiheit im Mittelpunkt, sondern der Übergang von einer zunehmenden Freiheit zu einer neuen Form wachsender Freiheit. Freiheit wird dabei als „Freiheit zu" verstanden (ebd. 214).

Im Zusammenhang zum Begriff der sozialen Freiheit steht der Begriff der Autonomie, der wiederum höchst vieldeutig ist. Komponenten von Autonomie - verstanden als gelungene Persönlichkeitsentwicklung - sind Eigenaktivität, Eigenkompetenzen, Eigenräume und Eigenheiten, eigene Gefühle, eigener Wille, Erfahrung von Gerechtigkeit, Achtung vor der eigenen Würde und eigener Lebenssinn (vgl. Speck 1991). Dabei steht das Spannungsverhältnis von Autonomie und Determinierung weiterhin im Blickfeld. So postulierte Max Weber: „Autonom kann ein Individuum nur dann sein, wenn es nicht sozial determiniert ist" (zit. in Kippele 1998, 216). Weber versteht Eingriffe durch Gesellschaft in Form von institutionellen Bürokratisierungsprozessen als Autonomiereduktion, denn aus dieser Perspektive bedeutet soziale Abhängigkeit schon Unfreiheit. Freiheit wird im Sinne von „Freiheit von ..." verstanden.

Im politischen Sinne und dabei spezifisch im philosophischen Marxismus ist Freiheit „bewußte Notwendigkeit", das heißt: Alles Geschehen verläuft notwendig, nach unabänderlichen Gesetzen; soweit der Mensch imstande ist, diese Gesetze zu erkennen, kann er sie planmäßig für seine Zwecke wirken lassen. Freiheit ist im Grunde „die Fähigkeit, mit Sachkenntnis entscheiden zu können". Daraus ergibt sich u.a., dass der Mensch erst ganz allmählich einen gewissen Grad von Freiheit erlangt, nämlich mit dem Fortschreiten der Naturerkenntnis. Der entscheidende Schritt wird jedoch erst getan, wenn die Menschen, durch Marx, Engels und Lenin belehrt, die Gesetze der gesellschaftlichen Entwicklung mit derselben Exaktheit wie die Naturgesetze erkennen und anwenden" (Störig 1988, 625).

Der Zusammenhang von Zwang und Freiwilligkeit

Was bedeuten diese Ausführungen nun für ein sozialarbeiterisches Verständnis von Zwang bzw. Fremdbestimmung und Freiheit bzw. Selbstbestimmung? Und was bedeuten sie im Hinblick auf die Frage nach Empowerment unter Bedingungen von Zwang?

Fremdbestimmung bzw. Zwang wird meist als abzulehnender bzw. zu vermeidender Ausdruck von unterdrückender Macht im Sinne von illegitimer Behinderungsmacht (vgl. Staub-Bernasconi 1994, 32f.) verstanden. Als These kann festgestellt werden, dass Soziale Arbeit selbst eine Art Reflexionszwang bezüglich der Frage von Zwang und Freiwilligkeit entwickelt hat, wobei sich unterschiedliche Positionen erkennen lassen.

Freiwilligkeit, vor allem verstanden als Entscheidung des freien Willens (was immer das auch ist), gilt als die erstrebenswerte Haltung. Passiert etwas freiwillig, so ist es demnach erst einmal per se positiv. Der Wille des Menschen als Ausdruck seiner Selbst, seiner Identität, wird als Wert hoch eingeschätzt[4]. Im Kontext Sozialer Arbeit sollen AdressatInnen demnach möglichst freiwillig handeln, wobei Freiwilligkeit auch im Sinne einer erwünschten Kooperation ('compliance') von Betroffenen mit den Professionellen mit dem gemeinsamen Ziel der Bewältigung ('coping') als förderlicher Aspekt gedacht und bewertet wird.

Zwang soll zwar einerseits vermieden werden, er taucht jedoch überall im Leben auf und hat z.B. im Gruppendruck seine Entsprechung, mit dem auch pädagogisch gearbeitet wird. So verstanden wird er nicht programmatisch gedacht und negiert, sondern als relative Selbstverständlichkeit begriffen. In vielen Feldern der Sozialen Arbeit wird Zwang (im Sinne von Grenzen setzen und Verbindlichkeit) als legitimes Mittel eingesetzt, aber auch Zwangsmaßnahmen sind z.T. legitimiert, beispielsweise im Kontext der Familienhilfe, wenn z.B. Kinder von ihren Eltern getrennt werden müssen, um ihr Überleben zu sichern. Das Problem der Legitimität bleibt dabei zwar allgegenwärtig, wird bzw. soll jedoch durch Kontrolle und Reflexion weitgehend gesichert werden.

Darüber hinaus wird Zwang auch in Individualisierungsprozessen als gesellschaftliche Gegenwärtigkeit wahrgenommen – als Zwang zur Entscheidung und Eigenverantwortung bei gleichzeitig hoher sozialer Kontrolle. Problemla-

---

[4] Faktisch ist die tatsächliche individuelle Freiheit theoretisch und praktisch äußerst schwierig einzuschätzen. Die alte Frage nach der Determiniertheit des Menschen beschäftigt die Philosophie, aber auch die (Sozial-)Psychologie (vgl. Keupp 1994) seit langem und ist nicht eindeutig klärbar – nicht zuletzt aufgrund neuer, auf der Basis von Biotechnologie gewonnener Erkenntnisse.

gen werden individualisiert und Normenbrüche durch Aus- oder Einschluss sanktioniert. Die neue Politik der Härte zeigt sich beispielsweise in Forderungen nach härteren Strafen und Sanktionen, z.B. im Bereich der Kinder- und Jugendkriminalität (vgl. Wolffersdorff 1995; Pankofer 1998; Bendit et al. 2000). Dagegen stehen Ansätze einer stärkeren Orientierung an den Stärken von Jugendlichen, die allerdings in Zeiten geschürter Kriminalitätsfurcht als Ausdruck ‚Gut-Menschlerei' idealistischer SozialarbeiterInnen – im Sinne von „Don't worry, be Sozpäddi!" – gedeutet und damit abgewertet werden.

Nicht zuletzt paradoxe Anforderungen geben diesen (Vor-)Urteilen weiter Nahrung und führen zu ambivalenten Haltungen von SozialarbeiterInnen bzgl. ihrer Kontrollfunktion, was sich wiederum häufig in Hilflosigkeit oder Handlungshemmung äußern kann. Für Professionelle zeigt sich die Polarisierung von Zwang und Freiwilligkeit in paradoxen Erwartungen, Zwang im (pädagogischen) Alltag einerseits einzusetzen, aber gleichzeitig grundsätzlich zu vermeiden, weil Zwang vor allem oder nur als Gegenteil von Freiwilligkeit verstanden wird – gekoppelt mit spezifischen Grundannahmen, z.B. dass auf der Basis von Zwang keine vertrauensvolle Zusammenarbeit möglich wäre. Diese Annahmen oder Mythen führen vor allem zu einem hohen Grad an Hilflosigkeit von Professionellen, gerade gegenüber besonders schwierigen AdressatInnen, z.B. im Kontext der Arbeit mit delinquenten Jugendlichen in Zwangskontexten wie Jugendhilfe oder Bewährungshilfe. Bleibt es bei einer solchen Polarisierung, sind vor allem die Professionellen ‚dis-empowered' – und ein Empowerment, verstanden als Unterstützung der AdressatInnen, ist dann kaum möglich.

Um Empowermentprozesse (für alle Beteiligten) überhaupt möglich zu machen, ist es daher notwendig, die Gedanken-Fallen dieses Dis-Empowerment zu reflektieren und aufzudecken
Stiels-Glenn, ein Bewährungshelfer, fasst einige Mythen einer ‚vertrauensvollen Zusammenarbeit' folgendermaßen zusammen (vgl. Stiels-Glenn 1997, 23f.).

1. *Vertrauen kann nur auf der Basis von Freiwilligkeit entstehen*
   Die Grundannahme dieses ersten Mythos ist, dass sich Zwang und Vertrauen grundsätzlich ausschließen. Grundlegend dabei ist der Wunsch nach Harmonie und die Annahme der Auflösung von Divergenzen durch die angenommene Einsicht. Dagegen steht die Zwangsbeziehung (z.B. in der Bewährungshilfe), in der die SozialarbeiterInnen das Realitätsprinzip oft gegen das Wunschdenken und gegen eingefahrene Verhaltensweisen der AdressatInnen repräsentieren müssen, was sie als Gegenüber und in der eigenen Wahrnehmung höchst widersprüchlich macht. Diese Widersprüchlichkeit gilt es jedoch auszuhalten und nicht durch Pseudo-Freundschaftlichkeit zu negieren. Auch in von Freiwilligkeit geprägten

Beziehungen schafft Freiwilligkeit allein kein Vertrauen, es muss auch dort erst entwickelt werden. Aufgrund des doppelten Mandats sind Professionelle für jede/n AdressatIn grundsätzlich auch Kontrollpersonen – auch im Kontext von Freiwilligkeit.

Meine These bezüglich Empowerment ist dagegen: Erst durch Annahme dieser Position nehmen Professionelle die AdressatInnen überhaupt ernst. Nur ein solches **Annehmen von sich und der eigenen Rolle** und dadurch auch des Anderen kann im Sinne einer **Lebensweg-Begleitung** als Empowerment verstanden werden.

2. *Vertrauen kann nur exklusiv zwischen zwei Menschen entstehen*
Unabdingbares Mittel der Vertrauensbildung ist die Schweigepflicht nach außen, was zunächst positiv ist, aber auch zu Problemen führen kann, wenn AdressatInnen und SozialarbeiterInnen im Kampf gegen eine verständnislose »Außenwelt«, z.B. Eltern und Behörden, koalieren. In einer solchen Koalition fühlt sich die/der KlientIn in der Beziehung zur SozialarbeiterIn zwar verstanden, die Professionellen bekommen jedoch Konflikte, wenn die Anforderungen der Umgebung nicht realitätsangemessen wahrgenommen werden.

Bezüglich der Frage nach Empowerment ist festzustellen, dass eine Tendenz, AdressatInnen aufgrund einer **idealisierenden Parteilichkeit** schützen zu wollen, **falsch verstandenes Empowerment** bedeutet, denn eine so konstruierte ‚Vertrauensfrage' ist eine gefährliche Falle, die im schlechtesten Fall zu Misstrauen und damit zu Dis-Empowerment auf beiden Seiten führen kann.

3. *Vertrauen kann nur entstehen, wenn SozialarbeiterInnen nicht unter Handlungsdruck stehen*
Eine idealisierte Beziehung zwischen AdressatInnen und Professionellen kann dazu führen, dass eine Art Komplizenschaft entwickelt wird. Fatal ist, wenn die AdressatInnen in der (falschen) Wahrnehmung bestärkt werden, dass andere das eigene Handeln billigen oder gleichgültig gegenüber den Schäden an dritten sind. Die Probleme tauchen dann auf, wenn AdressatInnen selbst andere massiv schädigen oder bedrohen. Häufig führt diese Situation dazu, dass die professionellen HelferInnen die Beziehung enttäuscht abbrechen. Festzustellen ist, dass SozialarbeiterInnen auf Grund des doppelten Mandats immer unter Handlungsdruck stehen. **Empowerment in diesem Kontext bedeutet**, die jeweils gegenseitigen Perspektiven transparent zu machen als Grundlage für eine realistische Einschätzung der Situation. Dabei gilt es, das der Sozialen Arbeit inhärente sog. doppelte Mandat transparent zu machen, um einem idealisierenden ‚Sonnenschein-Empowerment' entgegenzuwirken.

4. *Vertrauensvolle Beziehungen sind harmonisch und werden durch Konflikte nachhaltig gestört.*
Dahinter steht eine grundsätzliche Angst vor Auseinandersetzungen mit AdressatInnen. Notwendig ist eine Auseinandersetzung mit den AdressatInnen über die wahrscheinlich kommenden Konsequenzen ihrer Empowermentarbeit im Zwangskontext – zwischen schlechtem Gewissen und Mythen des Sozialarbeitsverhaltens und das Einbringen der Perspektive der ‚significant others'. Dabei müssen SozialarbeiterInnen mit ihren AdressatInnen häufig die Konflikte austragen, die diese auch in ihrem Umfeld haben, wodurch AdressatInnen (und SozialarbeiterInnen) die Chance haben, angemessenes Konfliktverhalten zu lernen.
Empowerment bedeutet auch und vor allem im Zwangskontext, sich auf Konflikte einzulassen, wobei in der **Auseinandersetzung eine Trennung von Person und Verhalten** die Grundbedingung für die Weiterführung der gemeinsamen Arbeit notwendig ist.

Welche Folgerungen ergeben sich daraus? Ein Blick auf den Spannungszusammenhang Zwang und Freiwilligkeit macht deutlich, dass es eine wirkliche Freiwilligkeit im Kontext Sozialer Arbeit grundsätzlich nur bedingt gibt. Zwar kommen viele AdressatInnen ohne formellen Zwang, aber der Kontaktaufnahme mit SozialarbeiterInnen gehen häufig Situationen von sozialen Zwängen und sozialen Problematiken voraus, die die AdressatInnen dazu bringen, nur ‚quasi-freiwillig' Beratungen aufzusuchen oder Angebote Sozialer Arbeit anzunehmen. Stiels-Glenn weist darauf hin, dass die sog. ‚Komm-Struktur' die Professionellen von der Pflicht entbindet, sich mit ihren AdressatInnen in Verbindung zu setzen (ebd. 24). Dies spricht nicht unbedingt dafür, offene und freiwillige Prozesse grundsätzlich als Empowermentprozesse zu deuten, nur weil eine angenommene Freiwilligkeit herrscht. Dagegen ist nicht jede Zwangssituation automatisch keine Empowermentmöglichkeit. Es hängt – auch im Kontext der Zwangsbeziehungen – äußerst stark von der jeweiligen Haltung der Professionellen ab, wofür nicht zuletzt der oben postulierte dialektische und philosophische Zusammenhang von Fremdbestimmung/Zwang und Selbstbestimmung/Freiheit eine theoretische Fundierung sein kann. Ziel einer solchen Haltung wäre dann, Autonomie – verstanden als den rechten Gebrauch von Freiheit durch das Befolgen von Regeln im Sinne einer Begrenzungsmacht (vgl. Staub-Bernasconi 1994, 28f.) – zu erlangen. Verstanden als Prozess bedeutet das: Um Autonomie immer wieder entwickeln zu können, bedarf es beider Aspekte. Zwang und Freiwilligkeit bilden also keinen Gegensatz, sondern sind zwei Blickwinkel eines Prozesses (vgl. Wendt 1997).

Daraus ergeben sich folgende (sozial-)pädagogische Einsichten:
- Autonomiebildung ist Persönlichkeitsbildung.
- Entwicklungsmäßig geht Autonomie aus Heteronomie (Fremdbestimmung) hervor, ist aber als Anspruch von Anfang an vorhanden.
- Das Erlernen von Autonomie als des rechten Gebrauchs der Freiheit schließt das Befolgen von Regeln (Disziplin) nicht aus.
- Erziehung zur Autonomie setzt autonome und verantwortungsbewusste Erzieher voraus (Speck 1991, 83).

Ziele dieses Wechselspiels wären dann – entsprechend dem Kantschen Verständnis von Autonomie (vgl. Speck 1991, 84) – folgende Faktoren, die auch als psychologisches Empowerment (vgl. Stark 1993) bezeichnet werden können:

- frühzeitiges Einüben in verantwortbarem, freiem Handeln,
- Erfahrung natürlichen Widerstandes,
- Respektierung der Freiheit und Würde des anderen,
- Kultivierung der eigenen Urteilskraft,
- Respektierung von Gewissensentscheidungen.

Dies sollte das Ziel (sozial-)pädagogischen Handelns sein – ob unter Bedingungen von Freiwilligkeit oder unter Bedingungen von großer Fremdbestimmung der AdressatInnen. Spannend ist natürlich, was Empowerment in einem solchen Kontext konkret bedeuten kann. Anhand eines Beispiels aus der Praxis möchte ich einige Aspekte dahingehend weiter konkretisieren.

Empowerment in der Praxis mit ‚Risikojugendlichen' – ein Beispiel

Der 15jährige Jörg hat Mist gebaut. Er ist nachts mit einem Kumpel aus seiner Wohngruppe ausgestiegen und hat versucht, einen Zigarettenautomaten zu knacken. Dabei sind sie von einem Nachbarn erwischt und dann von der Polizei in die WG zurückgebracht worden. Nun läuft eine Anzeige und außerdem drohen Sanktionen im Rahmen der WG in Form von Ausgangsbeschränkungen. Weitere Konsequenzen müssen noch besprochen werden. Jörg, der Wortführer der beiden, legt sich mit dem diensthabenden Sozialarbeiter an. Er findet, es reicht schon, dass er jetzt die Bullen am Hals hat und überhaupt, was soll das, ihm jetzt auch noch die ‚Psychotour' reinzudrücken. Und über-

haupt fällt denen in der WG außer ihrer blöden "Wenn-Dann-Pädagogik" eh' nichts ein. Er ist ja eh' nur da, weil er wegen seinem blöden Jugendamt hier sein muss. Er soll doch gefördert werden, steht in seinem Hilfeplan, wie könnten sie das denn mit ihren reaktionären Zwangsmaßnahmen vereinbaren? Immer nur Druck machen, da ist er ja gezwungen, die aufgestauten Gefühle einfach mal so rauszulassen. Und außerdem bekommt er einfach nicht genug Taschengeld und ist quasi zum Klauen gezwungen.

Eine fast alltägliche Situation im Kontext der Jugendhilfe – und eine Situation, in der SozialarbeiterInnen herausgefordert sind. Was kann Empowerment nun in einer solchen Situation bedeuten? Und inwieweit und wodurch kann Jörg (oder auch die SozialarbeiterInnen) wie ‚empowert' werden? Ich werde einige Fragen und Aspekte anhand der zentralen Bausteine der „Philosophie der Menschenstärken" (vgl. Herriger 2000, 263) herausarbeiten und zur Diskussion stellen:

Fähigkeit zur Selbstaktualisierung

Herriger stellt als ein Kriterium für Empowermentprozesse fest, dass AdressatInnen sozialer Dienste auch in Lebensetappen von Belastung und Demoralisierung in der Rolle von kompetenten AkteurInnen wahrgenommen werden, da davon ausgegangen wird, dass jedem Menschen Fähigkeiten zur Selbstaktualisierung und personalem Wachstum zu Grunde liegen (vgl. Herriger 2000, 263). Was kann das für die hier vorliegende Situation bedeuten?

Ausgehend von der Annahme, dass Jörg kompetenter Akteur ist, ist er auch verantwortlicher Akteur in seinen delinquenten Handlungen und als solcher und in den daraus folgenden Konsequenzen auch zu behandeln. Ein gleichberechtigter Kontakt wird jedoch durch eine Kommunikations- und Beziehungsstruktur erschwert, die durch Delegationen von Verantwortung gekennzeichnet sind. Oberflächlich verstanden kommt dadurch das dem Empowermentkonzept zugrunde liegende humanistische Menschenbild hier an seine Grenzen: Jörg zeigt hohe Kompetenzen, sich an Situationen anzupassen, wenngleich diese Handlungen nur sehr kurzfristig orientiert sind. Er delegiert die Verantwortung für das eigene Handeln an andere, indem er die Kritik an seinem Verhalten in eine Verantwortlichkeit der SozialarbeiterInnen umdefiniert. Dabei setzt Jörg virtuos Argumente ein, die SozialarbeiterInnen mit dem zentralen Rollenkonflikt der Sozialen Arbeit konfrontieren: Zum einen Vertraute(r) und HelferIn zu sein und zum anderen Kontrolle und Begrenzung auszuüben. Das sog. doppelte Mandat und die sich daraus ergebenden spezifischen Identitätskonflikte von SozialarbeiterInnen bieten für Jörg nicht zuletzt deswegen eine wunderbare Angriffsfläche, weil der Grundkonflikt von ihnen weder individuell, noch strukturell lösbar ist. Denn sie kämpfen mit zwei sich anscheinend widersprechenden Impulsen: Zum einen ein überhöhter pädagogischer Anspruch der Professionellen an sich selbst, sich möglichst nondirektiv mit den AdressatInnen auseinander zu setzen, sie/ihn zu akzeptieren, wie er/sie ist und vor allem helfend im Sinne eines Angebotes auf die Jugendlichen zuzugehen. Dagegen stehen innere und explizit postulierte Abwehren gegen Zwangsmaßnahmen. Wendt stellt dazu provozierend fest: Ein zentrales Grundproblem von SozialarbeiterInnen ist die Annahme, dass „jeder Zwang, der in der Sozialarbeit ausgeübt wird, (...) die Unterdrückung fort(setze), der die »Betroffenen« zuvor unterworfen waren. Diese Lehrmeinung verliert in der Sozialarbeiterschaft zwar allmählich an Einfluss, aber sie ist noch verbreitet genug, den Praktiker zum Schweigen zu veranlassen. Die beruflich erwünschte Zwanglosigkeit passt gut in die Außensicht von stets verständnisvollen, sich auch habituell der Klientel anpassenden »Sozialhelfer«." Und er schließt daraus: Eine so verstandene „»Sozialarbeit« ist das Gegenteil von Wissen-was-man-will und die-Sache-anpacken" (Wendt 1997, 15). Und es ist auch das Gegenteil der Akzeptanz des eigenen und des anderen Lebens. Ein solches Verhalten enttäuscht das Gegenüber – und wiederholt somit trotz aller Vermeidung genau die Erfahrung, die diese Jugendlichen häufig gemacht haben: Nicht ausgehalten zu werden.

Empowerment bedeutet dagegen, menschliche Gegenüber zur eigenen Selbstwerdung als Spiegel und als Reibungsfläche zu brauchen und zu haben, die Anstöße geben, als Wahrnehmende, Sprechende und Denkende. „Das Modell der Menschenstärken verweist vielmehr auf die soziale Bezogenheit des einzelnen und investiert sein Hoffnungen in die produktive Kraft der Ressource Solidarität" (Herriger 1997, 84). Empowerment bedeutet in diesem Verständnis konkret, dass die Professionellen bei aller Kritik an Jörg bei ihm und damit mit ihm solidarisch bleiben, auch wenn er alles tut, um seine Erfahrungen von Ausstoßung zu wiederholen und gleichzeitig die begangene Tat nicht zu bagatellisieren, sondern für situationsangemessene Sanktionen zu sorgen.

‚Lebensweg-Begleitung' und gemeinsame Verständigung über Lebenszukunft.

Stellen sich die SozialarbeiterInnen nicht diesen unangenehmen Anteilen der eigenen Vermeidung, drängen sich die Professionellen und Jörg gegenseitig in Rollen, die gegenseitige Achtung nur schwer möglich machen und pädagogische Prozesse bzw. Empowermenterfahrungen im Sinne einer ‚Lebensweg-Begleitung' und gemeinsamen Verständigung über Lebenszukunft (vgl. Herriger 2000, 263) aufgrund der gegenseitigen Verstrickung fast unmöglich macht. Das Resultat wären dann „wohlmeinende paternalitische Bevormundungen" (Herriger 1997, 209). Empowermentprozesse in solchen Konstellationen sind m.E. nur dann überhaupt möglich, wenn die SozialarbeiterInnen es schaffen, eine Trennung in der Bewertung von Person und Verhalten aufrechtzuerhalten, d.h. ihn in seinem Verhalten grenzziehendes Gegenüber zu sein und dabei in Beziehung zu bleiben – eine Anforderung, die nicht zuletzt auf Grund des Verhaltens von Jörg eine wirkliche Herausforderung bedeutet.

Empowerment bedeutet hier nicht, im Sinne von Laissez-faire zu handeln, sondern einen klaren Standpunkt zu beziehen und ihn auch durchzuhalten. Dabei ist sinnvoll, zwischen Zwang als Mittel und Zwang als Sachverhalt zu unterscheiden: „Therapeutisch ist mittels Zwang nichts zu erreichen. Anders, wenn mit Nachdruck verfolgt wird, was in einer Situation zu tun als notwendig, gar unausweichlich erkannt worden ist" (vgl. Wendt 1997, 18). Im Beispiel von Jörg bedarf es also psychologischen Empowerments der Person im Sinne einer standhaften Akzeptanz der Person bei gleichzeitiger konsequenter Sanktionierung des Verhaltens, indem mit ihm gemeinsam Konsequenzen und Folgen seines Verhaltens im Kontext der Wohngruppe besprochen werden, ohne sie als Sanktion einzusetzen (auch wenn Jörg sie wahrscheinlich immer noch so empfinden wird). Erfahrungen zeigen jedoch, dass sich eine möglichst große Offenheit und Klarheit in den Handlungen vielleicht noch nicht augenblicklich, aber auf lange Hinsicht als erfolgreich zeigen[5]. Zentraler Ansatz dabei ist, Empowerment als Prozess zu verstehen. Gerade im Umgang mit delinquenten Kindern und Jugendlichen ist es notwendig, immer wieder neue Prozesse beginnen zu lassen. Das bedeutet, immer wieder Wiederholungen von Erfahrungen – im Sinne einer nachholenden Erziehung – zu ermöglichen.

Akzeptanz von unkonventionellen Lebensentwürfen und dem Eigen-Sinn der Menschen

Dies gilt nicht zuletzt auch in der Umsetzung der Empowermentmaxime, dass unkonventionelle Lebensentwürfe von AdressatInnen und der Eigen-Sinn der Menschen respektiert bzw. akzeptiert werden sollen. Durch eine konsequente Haltung werden die „konflikthaften Lebens- und Selbstinterpretationen der Jugendlichen" (Herriger 2000, 265) zum einen ernst genommen, und zum anderen nicht zur Verhandlungsbasis der Beziehung gemacht, was m.E. die

---

[5] Eine katamnestische Untersuchung von ehemals geschlossen untergebrachten Mädchen ergab deutliche Hinweise dazu, dass Jugendliche in den aktuellen Situationen weiterhin widerständig reagieren mussten (nicht zuletzt auf Grund der Notwendigkeit, eine Gegenposition zu den PädagogInnen zu behalten), später jedoch genau diese Situation als besonders unterstützend beschrieben haben (vgl. Pankofer 1997).

Grundlage für eine ‚Pädagogik der Akzeptanz', aber auch eine der größten Herausforderung für PädagogInnen im Umgang mit sog. Risikojugendlichen ist. Was bedeutet nun ‚Pädagogik der Akzeptanz' in der beschriebenen Szene mit Jörg? Aufgrund der Illegalität seines Verhaltens ist dort keine Akzeptanz möglich. Akzeptanz würde dagegen bedeuten, ihn in seinen Bedürfnissen (z.b. nach mehr Taschengeld) ernst zu nehmen, ihn allerdings nicht in seinen Strategien zu unterstützen. Empowerment bedeutet im Sinne einer Transformation, „Situationen nicht nur als das (zu) sehen, was sie sind, sondern auch als das, was sie sein könnten" (Stark 1996, 44). Dadurch erfolgen Freisetzungen von Veränderungspotenzialen auf der emotionalen, kognitiven und interaktiven Ebene (ebd.). So sind auch krisenhafte Situationen zum Empowerment zu nutzen, z.b. indem eine Transformation der Situation erfolgt, indem die Stärken und nicht die Defizite von Jörg in den Vordergrund gestellt werden.

Welche Stärken lassen sich nun bei ihm in dem kurzen Ausschnitt erkennen? Was zum einen problematisch ist, ist zugleich seine Stärke: Jörg zeigt eine hohe Kompetenz in der Anpassung an Situationen und der Beobachtung seiner Gegenüber. Er ist verbal eloquent, entwickelt eine in sich schlüssige Argumentation und zeigt somit Ressourcen auf der Ebene von Handlungskompetenzen (vgl. Staub-Bernasconi 1994, 12f.), wenngleich sich diese auch gegen ihn und die Wertekriterien der Gesellschaft (ebd.) richten. Jörg sucht offensichtlich nach Möglichkeiten, seine finanzielle Situation zu verbessern. Seine handwerklichen Fähigkeiten scheinen noch Entwicklungspotenzial zu besitzen. Unklar ist, in welcher Beziehung Jörg und sein Kumpel stehen (ob Freundschaft oder Zweckgemeinschaft), aber auf jeden Fall verhält er sich mit seinem Kumpel solidarisch, indem er für beide die ‚Verteidigung' übernimmt. Auch hier zeigen sich Ressourcen des Austausches auf der Ebene von Beziehungen und potenziellen Netzwerken (ebd.).

So betrachtet, stecken auch in seinem delinquenten Verhalten Ressourcen, die es – jenseits von den Übertretungen der Gesetze bzw. Normen – zu sehen gilt. Im Sinne von Empowerment, das von normativer Enthaltsamkeit und einem programmatischen Verzicht auf entmündigende ExpertInnenurteile ausgeht, ist eine solche Haltung eine Herausforderung für Professionelle, dieses Verhalten nicht als Ausdruck einer neurotischen Beziehungsstörung zu deuten, sondern als (Über-)Lebensstrategie in für ihn evtl. widersprüchlichen Kontexten (z.B. Elternhaus oder in der WG). Seine Anpassung als subjektorientierte Bewältigungsform zu verstehen, bietet einen Zugang zu ihm ohne versteckten Zeigefinger. Nichtsdestotrotz bleibt die Aufgabe, ihm die Konsequenzen seines Verhaltens immer wieder deutlich zu machen und gemeinsam nach Möglichkeiten zu suchen, seine Energien für ihn und seine soziale Umwelt sinnvoll zu kanalisieren. So wäre es eine Ansatzmöglichkeit, sein Bedürfnis nach

Geld durch Handlungen zu stillen, die zum einen sozial akzeptabel sind, und zum anderen ihm Spaß machen und Lernmöglichkeiten schaffen, die im Sinne des Hilfeplanes sind. So wäre es notwendig, mit ihm (oder auch mit seinem Kumpel) gemeinsam, aber immer entlang seiner eigen(sinnig)en Vorstellungen einen Weg zu entwickeln, legal an mehr Taschengeld zu kommen. Dafür braucht es Kreativität und hohe Flexibilität – und manchmal auch einfach Glück und Zufall, gemeinsam einen Weg zu finden, der zwar sozial angepasster, aber dennoch für den Jugendlichen nicht langweilig, sondern motivierend ist.

Was jedoch für die Professionellen langweilig ist, muss für die Jugendlichen selbst nicht langweilig sein. Dazu ein Beispiel: Eine Kollegin betreute einen delinquenten jungen Mann im Kontext der Intensiven Sozialpädagogischen Einzelbetreuung (ISE), der auch durch antisoziales Verhalten gegen Ausländer auffiel. Auffällig war sein großes Interesse an Machtinsignien wie Uniformen und Ritualen. Der Zugang zu ihm erwies sich über mehrere Monate als äußerst schwierig, er verweigerte viele Angebote. Im Kontext der Freizeitgestaltung machte die Pädagogin mit ihm – quasi als Notprogramm – einen Ausflug auf ein bayerisches Volksfest in einem Vorort. Dort kam der junge Mann mit einem Mitglied des ortsansässigen Burschenvereins in Kontakt, mit dem er sich gut verstand und der ihm von diesem Verein erzählte. Was er hörte und später dort erlebte, entsprach vollkommen seinen Interessen: Der Burschenverein mit seiner Orientierung an Trachten und Brauchtum und den dort gepflegten Ritualen (und einer evtl. latenten, aber kanalisierten Fremdenfeindlichkeit in Form einer Abgrenzung von den anderen durch eigene Rituale und ‚Uniformen') bot ihm eine adäquate Form, seine Interessen zu pflegen, sich aber dabei in einem sozial akzeptierten Kontext zu bewegen. Er wechselte seinen Freundeskreis und die ISE-Maßnahme wurde beidseitig, nachdem er sich auf eine Lehrstelle einlassen konnte, erfolgreich beendet. Was hier Zufall war, kann auch ein Mittel und Ausdruck von großer Kreativität sein. Wichtig dabei ist, dass die Professionellen von ihren eigenen normativen Wertvorstellungen Abstand nehmen und sich mit ‚sozialer Fantasie' auf den Eigen-Sinn der Jugendlichen einlassen können. Dieser Prozess ist ein gutes Beispiel dafür, eine ‚Lebensweg-Begleitung' ernst zu nehmen und zu unterstützen und damit Empowerment zu ermöglichen.

Abschließend

Deutlich wurde, dass Empowermentstrategien auf verschiedene Weise entwickelt und umgesetzt werden können, sie müssen jedoch immer in einer realisierbaren Weise mit den Möglichkeiten zur Änderung verbunden sein. Es braucht eine spezifische Hingabe und großes Engagement, sich auf Empowermentprozesse mit schwierigen AdressatInnen unter diffizilen Bedingungen einzulassen.

Empowerment bedeutet, subkulturelle Normen und Werte wahrzunehmen und zu tolerieren, indem die Lebenswirklichkeiten dieser AdressatInnen akzeptiert und als Leitlinie benutzt werden. Durch diesen Ansatz öffnen sich die Augen für den Einzelnen und seine täglichen Belastungen, seine typischen Lösungsansätze, und ebenfalls für seine Ängste und Bedürfnisse. Zentraler Ansatz ist dabei, diese Menschen nicht von vornherein zu verurteilen. Nichtsdestotrotz müssen auch Druckmittel einsetzen, damit die ablaufenden Verhandlungsprozesse erfolgreich sind. Es gibt immer Grenzen (z.B. der Legalität), die von den Jugendlichen nicht überschritten werden dürfen. Diese Grenzen sind sowohl den Professionellen als auch den Jugendlichen bekannt. Wenn diese Grenzen verletzt werden, so reagieren auch sich als MentorInnen im Sinne von Empowerment verstehende Professionelle (vgl. Herriger 1997, 148) mit Druck durch Warnungen oder sogar mit einem Anruf bei der Polizei.

Schlussfolgernd lässt sich feststellen, dass der Empowermentansatz kein Laissez-Faire-Stil ist. Empowerment geht Hand in Hand mit einem professionellen Ansatz, der Zwang und Freiwilligkeit dialektisch versteht, Regeln setzt und Druck ausübt, aber gleichzeitig die Perspektive der schwierigen AdressatInnen in einer respektvollen Art mit berücksichtigt. In entsprechenden Projekten wird der Empowermentansatz daher nicht im totalen Widerspruch zu Zwang gesehen (vgl. Pankofer et al. 2000). Empowerment scheint vielmehr innerhalb einer professionellen und verantwortlichen Struktur so lange möglich zu sein, solange die Professionellen die persönliche Integrität ihres Gegenübers respektieren. Eine solche Erfahrung ist Jörg – und seinen BetreuerInnen – nur zu wünschen.

Literatur

Bendit, René / Erler, Wolfgang / Nieborg, Sima / Schäfer, Heiner 2000: Kinder- und Jugendkriminalität: Strategien der Prävention und Intervention in Deutschland und den Niederlanden. Opladen.

Deutscher Verein 1997. Fachlexikon der sozialen Arbeit. Stuttgart / Berlin / Köln.

Galuske, Michael 1998. Methoden der sozialen Arbeit. Eine Einführung. Weinheim / München.

Herriger, Norbert 1997. Empowerment in der sozialen Arbeit: Eine Einführung. Stuttgart / Berlin / Köln.

Herriger, Norbert 2000. Empowerment in der pädagogischen Arbeit mit „Risiko-Jugendlichen". In: Bendit, René / Erler, Wolfgang / Nieborg, Sima / Schäfer, Heiner: Kinder- und Jugendkriminalität: Strategien der Prävention und Intervention in Deutschland und den Niederlanden. Opladen, 263 - 267.

Imhoff, Sonja 1998. „Kontrollierende Helfer?" Die Problematik des doppelten Mandats in der behördlichen Sozialarbeit. Möglichkeiten einer fachlich qualifizierten Ausübung von sozialpädagogischer Kontrolle. München: Unveröffentlichte Diplomarbeit.

Kardorff, Ernst von 1986: Klienten. In: Rexilius, Günther / Grubitzsch, Siegfried (Hrsg.): Psychologie. Theorien – Methoden – Arbeitsfelder. Ein Grundkurs. Reinbek bei Hamburg, 121 - 143.

Keupp, Heiner 1994 (Hrsg.): Zugänge zum Subjekt. Frankfurt.

Keupp, Heiner 1998: Ohne Angst verschieden sein. Von der fürsorglichen Belagerung zum Empowerment. In: Bock, Thomas / Weigand, Hildegard (Hrsg.): Hand-werks-buch Psychiatrie. Bonn, 76 - 92.

Kippele, Flavia 1998: Was heißt Individualisierung? Die Antworten soziologischer Klassiker. Opladen / Wiesbaden.

Pankofer, Sabine 1997: Freiheit hinter Mauern. Mädchen im geschlossenen Heim. Weinheim / München.

Pankofer, Sabine 1998: Wundermittel geschlossene Unterbringung? In: DVJJ-Journal, 9. Jg., Heft 160, S. 125 - 129

Schober, Brigitte 1993: Erlernte Hilflosigkeit. In: Blätter der Wohlfahrtspflege, 140. Jg., 2, 45 - 46.

Speck, Otto 1991: Chaos und Autonomie in der Erziehung. Erziehungsschwierigkeiten unter moralischem Aspekt. München / Basel.

Stark, Wolfgang 1993: Die Menschen stärken. Empowerment als eine neue Sicht auf klassische Fragen von Sozialpolitik und sozialer Arbeit. In: Blätter der Wohlfahrtspflege, 140. Jg., 2, 41 - 44.

Stark, Wolfgang 1996: Empowerment. Neue Handlungsperspektiven in der psychosozialen Praxis. Freiburg i. Br.

Staub-Bernasconi, Silvia 1994: Soziale Probleme - Soziale Berufe – Soziale Praxis. In: Heiner Maja (Hrsg.): Methodisches Handeln in der Sozialen Arbeit. Freiburg i. Br., 11 - 101.

Stiels-Glenn, Michael 1997: „Ich brauche doch keinen Aufpasser". In: Sozialmagazin, 22. Jg., Nr. 1, 20 - 25.

Störig, Hans Joachim 1988: Kleine Weltgeschichte der Philosophie. Frankfurt am Main.

Wendt, Wolf Rainer 1995: Soziale Arbeit im Wandel ihres Selbstverständnisses. Freiburg i. Br.

Wendt, Wolf Rainer 1997: Neue Entschiedenheit. Der Zwang als Mittel zum Zweck? In: Sozialmagazin, 22. Jg., Nr. 1, 14 - 19.

Wolffersdorff, v. Christian 1995: Rückkehr zur geschlossenen Heimerziehung? In: Sozialpädagogik, 1995/Heft 2, 50 - 62.

Konfliktmanagement in Schulklassen als Empowermentprozess
Oder: „Irgendwie ist es anders ... und irgendwie ist es gleich"

Bernhard Weyer

Schweigen, das sich langsam verdichtet. Dann Alois, der als erster auf meine Frage nach der Funktion des gegenseitigen „Verarschens" antwortet: „Um halt Spaß zu haben ... also wenn gar keiner mehr verarscht würde, wär's noch langweiliger." „Und damit du deinen Spaß hast, musst du auf anderen rumhacken" wirft Peter mit erregter Stimme Alois entgegen. Die Atmosphäre in der Jungengruppe wird spürbar geladener, aggressiver.

Eine achte Klasse eines Münchner Gymnasiums befindet sich zwei Tage auf einem Konflikt-Training des Projekts KISKO (Konflikte in Schulklassen kommunikativ lösen). 1994 von Raymund Messmer und mir als Projekt des Erzbischöflichen Jugendamtes München gegründet, bietet KISKO weiterführenden Schulen der Diözese München und Freising Unterstützung bei der Bearbeitung und Lösung von Konflikten in und mit Schulklassen aller Jahrgangsstufen an. Mittlerweile gibt es mehrere solcher Unterstützungsangebote für Schulen (insbesondere auch für Hauptschulen) von unterschiedlichen Trägern der Jugendhilfe.

Darlegen möchte ich, welche Interventionsstrategie es braucht, damit aus einer Konfliktbearbeitung ein Empowermentprozess werden kann, der nachhaltige Veränderungen im Schulalltag zumindest ermöglicht. Dazu werde ich erstens eine Arbeitsdefinition des Begriffs „Empowerment" im Kontext „Konflikte in der Schulklasse" vorschlagen, zweitens charakteristische Merkmale eines Konfliktklimas in Klassen weiterführender[1] Schulen beschreiben, drittens eine bewährte Interventionsstrategie vorstellen, viertens drei Struktureigenarten von Schule analysieren, an denen Empowermentprozesse mitunter gerne scheitern und fünftens noch einmal – gleichsam im Rückblick – eine

---

[1] Meine Darlegungen beziehen sich nicht auf Hauptschulen, sondern nur auf weiterführende Schulen.

beschreibende Bestimmung des Begriffs „Empowerment" im Kontext von schulischen Konflikten vornehmen.

Unter dem Begriff „Empowerment" soll hier vorläufig folgendes verstanden werden:

- Eine innere Haltung der externen BeraterInnen, die sie lösungs- und ressourcenorientiert arbeiten lässt. Achtsamkeit, Achtung, Glaube an und Vertrauen in die Stärken der Menschen und ihre Fähigkeiten, ihr eigenes Leben gelingend zu gestalten – dies sind Aspekte einer inneren Haltung (vgl. Stark 1996, Herriger 1997).

- Ein Veränderungsprozess, in welchem SchülerInnen und LehrerInnen zunehmend Verantwortung für ihre Konflikte übernehmen, indem sie diese positiv als Lernmöglichkeit begreifen, sich immer wieder genügend Zeit zur adäquaten Konfliktbearbeitung mittels dialogischen Aushandlungsprozessen nehmen und sich gegenseitig in ihren Stärken anfragen und nützen – mithin selber eine Empowerment-Grundhaltung entwickeln. Wichtig ist dabei, dass es nicht nur darum geht, aktuelle Konflikte zu lösen. Vielmehr sollen SchülerInnen und LehrerInnen Lösungskompetenzen entwickeln, die sie zukünftige Konflikte ohne externe Unterstützung lösen lassen.

„Wir verarschen uns alle" – Konfliktklima in einer Klasse

Bei der Konfliktmanagementtätigkeit in weiterführenden Schulklassen haben wir es stets nicht nur mit ein paar einzelnen, sondern mit einer Vielzahl von benannten und noch nicht benannten Konfliktthemen (Issues) und „atmosphärischen" Störungen zu tun – einem Konfliktklima. Unter diesem Begriff verstehe ich folgendes:

- Die Gesamtheit der Lebensäußerungen einer Schulklasse
- und der sie unterrichtenden LehrerInnen
- ist während den Unterrichtszeiten überwiegen (oder zumindest nachhaltig)
- durch das Austragen von und /oder Nachdenken / Sprechen über und / oder Wahrnehmen / Empfinden von sozialen Konflikten[2] geprägt,

---

[2] Zur Definition des Begriffs „Sozialer Konflikt" verweise ich auf Glasl 1997.

- wobei den Konflikten viele verschiedene Issues zugrunde liegen, mindestens aber die drei Issues „Verarschen", „Ärgern", „Cliquen, die ...",[3]
- und sie (die Konflikte) bereits seit längerer Zeit bestehen und noch nicht (alle) gelöst wurden und/oder Lösungsversuche zur Eskalation der Konflikte und / oder zum Auftreten neuer geführt haben,
- sowie die Lösung der Konflikte den SchülerInnen wie LehrerInnen als sehr schwierig oder unmöglich erscheint.

Es kommt mir dabei vor allem auf folgendes an: Die Konflikte bestehen bereits seit längerer Zeit, nicht erst seit ein paar Tagen. Mitunter sind zu den Anfangskonflikten laufend neue hinzugekommen, so dass die Anzahl der verschiedenen Issues stetig wächst. Oder die Konflikte sind im Laufe der Zeit oft durch untaugliche Lösungsversuche immer mehr eskaliert, d.h. die Art und Weise der Austragung hat an Vehemenz zugenommen und beansprucht zunehmend Zeit und Ressourcen. Die Konflikte dominieren zunehmend den Schulalltag **aller** SchülerInnen und LehrerInnen einer Klasse: Entweder durch das häufige oder ständige Austragen und / oder durch das viele Nachdenken und Sprechen über Ursachen oder Lösungen und / oder durch das stumme Empfinden der eigenen Verletzungen oder der unangenehmen, spannungsgeladenen Atmosphäre. Die Dominanz der Konflikte beschränkt sich auf den Schulalltag und d.h. vor allem auf die Unterrichtszeiten. Dennoch ist die Klassensituation auch immer mehr Gesprächsthema in den Familien der SchülerInnen und LehrerInnen sowie zwischen Eltern und LehrerInnen: SchülerInnen klagen ihren Eltern ihr Leid, gehen nur noch ungern in die Schule, fehlen häufig, werden öfters krank. LehrerInnen klagen ihren KollegInnen und LebenspartnerInnen ihr Leid, unterrichten zunehmend ungern in der Klasse, werden öfters krank. Eltern und LehrerInnen besprechen die Klassensituation öfter in Elternsprechstunden oder kommunizieren verstärkt brieflich. Verschiedene Lösungsversuche haben sich als untauglich erwiesen, weitere Lösungsideen werden nicht gesehen oder ihnen wird keine Chance auf tatsächliche Lösung der Konflikte eingeräumt. Zunehmend verbreitet sich Resignation, was die Veränderungsmöglichkeit der Situation betrifft. Die Issues „Verarschen", „Ärgern" und „Cliquen, die ..." sind immer zu beobachten und zu bearbeiten.

Dabei verstehen die SchülerInnen unter „Verarschen" eine ganze Bandbreite von Handlungen, die allesamt darauf abzielen, sich über jemanden (oder mehrere) vor der Klassenöffentlichkeit lustig zu machen. In der Regel haben solche Handlungen verbale Form: (abwertende) Äußerungen über anatomische Gegebenheiten, Kleidungsstücke, Verhaltenseigenarten, Sprach-

---

[3] Weitere Issues sind z. B. „Es ist zu laut im Unterricht, man kann nicht aufpassen", „Es gibt hier keine Solidarität", „körperliche Gewalt", „ungerechte Lehrer" usw.

gewohnheiten, über die Herkunftsfamilie, den Freundeskreis, die vermuteten Liebesbeziehungen usw. Oder auch Äußerungen, die bei situativ-auftretenden Ereignissen getan werden: ungeschicktes Verhalten (z. B. Stolpern), falsche oder richtige Antworten auf Fragen der Lehrperson, vermeintlich „dumme" Fragen, erhaltene Sanktionen usw. werden entsprechend laut kommentiert mit der Intention, die Klasse zum Lachen über die Person bzw. den Sachverhalt zu bringen. Oft haben „Verarschungen" auch nonverbalen Charakter: Plötzliches Wegziehen des Stuhles beim Hinsetzen, mit Papier oder anderen Gegenständen bewerfen, den Schulranzen ausleeren usw. Immer beziehen sich diese Handlungen auf die Klassenöffentlichkeit, d.h. je mehr MitschülerInnen sie mitbekommen, desto besser. Wir haben es meist mit einer „Verarschungskultur" zu tun, wo fast jeder jeden „verarscht", einige besonders viel von mehreren „verarscht" werden und die „Verarschungen" von den meisten als sehr verletzend, demütigend und nicht mehr als lustig empfunden werden. Dementsprechend hoch ist die Emotionalität des gegenseitigen Vorwurfs, ständig zu „verarschen" und anderen dadurch weh zu tun.

Im Gegensatz zu „Verarschen" sind unter „Ärgern" all jene Handlungen zu verstehen, die sich nicht auf die Klassenöffentlichkeit beziehen, sondern sogar eher möglichst unentdeckt oder nur wenigen anderen sichtbar sein und die eben den Empfänger ärgern sollen. Meist zielen solche Handlungen auf den Banknachbarn oder den Vorder- oder Hintermann des Handelnden ab. Typisches „Ärgern" ist z.B.: Hefte oder Federmäppchen bemalen, ständig irgendetwas ins Ohr reden oder singen, mit dem Zirkel stechen, etwas verstecken, usw.

Das Issue „Cliquen, die ..." bezeichnet als Oberbegriff mehrere Issues, die sich allesamt um Gruppierungen in der Klasse, die in irgendeiner Weise im Streit miteinander liegen, drehen. Immer ist mindestens eines von diesen Issues in Klassen zu beobachten. Beispiele sind: „Die Cliquen sind total starr, da kommt man gar nicht ran" (Wunsch nach Zugehörigkeit), „Die Cliquen sind total verfeindet, die bekriegen sich ständig" (Wunsch nach Frieden), „Es gibt eine Clique, und die bestimmt und beherrscht alles" (Wunsch nach Unabhängigkeit).

Interventionsstrategie

Wie unterstützt man als externe/r BeraterIn eine Klasse und ihre LehrerInnen bei der Veränderung ihres Konfliktklimas, so dass ein Empowermentprozess in Gang kommt, der zumindest bis Schuljahresende[4] lebendig bleibt? Folgende Strategie, die sich entlang der Zeitachse in fünf Phasen gliedert, hat sich bewährt:

Phase 1: Mobilisierung und Beauftragung

In der Regel wendet sich ein/e LehrerIn (meist die KlassenlehrerIn) an KISKO mit der Bitte um Unterstützung. Mitunter geht die Initiative aber auch von einer/m einzelnen SchülerIn oder von einer Mutter oder einem Vater aus. An das Erstgespräch mit der initiierenden Person schließen sich Gespräche mit der Schulleitung, möglichst allen die Klasse unterrichtenden LehrerInnen (im weiteren KlassenlehrerInnen genannt), der Klasse selber und den Eltern der Klasse (Elternabend)[5] an. In all diesen Gesprächen dreht es sich inhaltlich u.a. um: Problembeschreibungen, Konfliktgeschichte, Veränderungswünschen und möglichen Lösungsressourcen, Fokussierung auf bestimmte Veränderungsziele, Rollenklärung, formelle Beauftragung der externen BeraterInnen (insbesondere von den SchülerInnen) zur Konfliktbearbeitung. Ziel all dieser Gespräche ist zum einen ein klare Beauftragung der BeraterInnen zur Konfliktbearbeitung.[6] Zum anderen eine Mobilisierung von Engagement und lösungsorientierten (kognitiven und emotionalen) Einstellungen zum Konfliktklima bei den oben benannten Gruppen bzw. Personen. Die drei zentralen Themen sind dabei: Hoffnung, Schuld und Macht. Nur wenn sich im Verlauf der Gespräche bei allen problemrelevanten Personen wieder ein genügend hohes Maß an Hoffnung auf Verbesserung und auf den positiven Nutzen (wie

---

[4] Die meisten Konflikttrainings fanden zwischen Dezember und März statt.

[5] Die Erfahrung hat gezeigt, dass Elternabende nur dann wirklich gelingen, wenn die externen BeraterInnen auch die Moderation des Abends übernehmen, also nicht nur als Gäste, die ein Unterstützungsangebot vorstellen, anwesend sind. Denn dadurch können erstens die Eltern und LehrerInnen die BeraterInnen beim Arbeiten mit einer Großgruppe erleben und erhalten so einen Eindruck, wie diese auch mit der Klasse (d.h. ihren Kindern) arbeiten werden (wodurch das Maß an Angst bei den Eltern, ihr Kind könnte „fertig gemacht werden", sehr viel geringer wird). Zweitens wird so von vornherein das zwischen Eltern und LehrerInnen beliebte Spiel des Gegenseitigen Vorwurfs „Sie sind schuld, weil sie eine schlechte / inkompetente Mutter / Vater / LehrerIn sind" verhindert. Das Maß an Angst vor diesem Vorwurf und damit an Kampfbereitschaft ist nämlich bei Eltern wie LehrerInnen recht hoch.

[6] Erfolgt von einer Partei keine freiwillige und entschiedene Beauftragung, wird die Intervention abgebrochen. Die größte Hürde ist dabei: Wenn das externe Unterstützungsangebot im Erleben der SchülerInnen als „Kampfmittel" von ihren LehrerInnen im Intersystemkonflikt „Klasse versus KlassenlehrerInnen" verwendet wird (wozu LehrerInnen manchmal leider neigen), dann erfolgt keine Beauftragung durch die SchülerInnen.

Wachstumsmöglichkeiten für alle Beteiligten) von Konflikten, an Verzicht auf Schuldzuweisungen und Bereitschaft zur Veränderung, an Machtbewusstheit („Ich kann und will etwas bewirken") einstellt, hat eine Konfliktbearbeitung in Phase 2 Aussicht auf Erfolg.[7] Der Verzicht auf die Frage nach der Schuld fällt dabei allen Beteiligten am schwersten.

Phase 2: Konfliktbearbeitung

Sobald als möglich (i.d.R. zwei bis drei Wochen) findet nach dem Erstgespräch ein Konflikttraining mit der Klasse und einigen (am besten allen) KlassenlehrerInnen[8] statt. An zwei oder drei aufeinanderfolgenden Tagen mit Übernachtung in einem Jugendhaus werden die Konflikte nach allen Regeln der Kunst bearbeitet.[9] Das Setting wird dabei immer wieder variiert (getrennte Jungen- und Mädchengruppen, getrennte gemischt-geschlechtliche Gruppen, die LehrerInnen als eigene Gruppe, LehrerInnen und SchülerInnen zusammen in einer oder zwei Gruppen usw.). Je nach Issue erfolgt die Bearbeitung mehr auf der individuellen (etwa Konfrontation eines Schülers mit seinen destruktiven Handlungen), der gruppendynamischen (etwa bzgl. der Funktion des „Verarschens" für die Klasse) oder der strukturellen (etwa die nicht vorhandene Zeit zur regelmäßigen Reflexion im Schulalltag) Ebene. Zentral bei der Konfliktbearbeitung ist die Frage, wer welche Ressourcen mobilisieren kann und welche Veränderungsmöglichkeiten hat, damit eine für alle Beteiligten akzeptable Lösung (oder Teillösung) erzielt werden kann. Damit ein Übergang in Phase 3 möglich wird, ist es nötig, das Phase 2 hinreichend erfolgreich war. Nur wenn im Erleben gerade der SchülerInnen der überwiegende Teil der Konflikte gelöst und eine deutliche Klimaverbesserung erreicht ist, hat Phase 3 Erfolgsaussichten und wird sinnvoll. Diese „kritische Masse an Erfolg" ist je nach Klasse und LehrerInnen sehr unterschiedlich. Folgende Merkmale sind jedoch Konstanten einer „kritischen Masse":

- Die LehrerInnen erleben, dass die meisten SchülerInnen tatsächlich eine Veränderung sprich Verbesserung wollen und dass sie bereit sind, auch

---

[7] Auf all die Probleme der Wahrnehmbarkeit und Messbarkeit eines „genügend hohen Maßes" kann ich hier nicht näher eingehen. Wenn die Einschätzung der BeraterInnen die ist, dass das Maß nicht ausreicht, wird die Intervention beendet.

[8] Mit „KlassenlehrerInnen" sind all die LehrerInnen gemeint, die die relevante Klasse unterrichten.

[9] Es würde den Rahmen sprengen, im Detail die Methodik der Konfliktbearbeitung in Klassen auszuführen. Für grundlegende Ausführungen zur Theorie, Methodik und Strategie der Konfliktbearbeitung verweise ich auf die entsprechende Literatur, insbesondere auf Glasl 1994.

Verantwortung für das Gelingen des Unterrichts zu übernehmen (speziell was die Ruhe im Unterricht anbelangt).

- Die SchülerInnen erleben ihre LehrerInnen als Personen jenseits der Rolle, die auch über eigene Unzulänglichkeiten sprechen und gemachte Fehler zugeben. Die Erfahrung, dass sich „ihre" LehrerInnen in einen Dialog, der im Gegensatz zum Unterricht offen bezüglich Ausgang und mit Risiko (vor allem der Bereitschaft zur eigenen Veränderung) verbunden ist, begeben und sie so als Gegenüber ernst nehmen, ermöglicht eine Entdramatisierung, Entprojektionierung und eine konstruktive Kooperation zwischen SchülerInnen und LehrerInnen.

- Entscheidende Personen aus der Klasse (i.d.R. Repräsentanten von Gruppierungen) vereinbaren glaubhaft eine deutliche Reduzierung des „Verarschens" und „Ärgerns" (ein völliges Aufhören ist weder nötig noch möglich).

- Die bestehenden Gruppierungen („Cliquen") in der Klasse werden während der Tage in der „Freizeit" (d.h. zwischen den Arbeitseinheiten und am Abend / in der Nacht) von den SchülerInnen als deutlich durchlässiger erlebt als sonst. In ungewohnten Konstellationen führen die SchülerInnen ungewohnte Gespräche oder Aktionen durch (z.B. Zimmerparty) – und zwar ohne Planung seitens der Erwachsenen und ohne deren Anwesenheit![10]

Phase 3: Transfervereinbarungen

Die Tage der intensiven Konfliktbearbeitung schließen mit einer Arbeitsphase, in der die SchülerInnen mit möglichst allen KlassenlehrerInnen realisierbare Vereinbarungen darüber treffen, wie im Schulalltag – und d.h. ohne externe BeraterInnen – die erarbeiteten Lösungen abgesichert (1), die noch weiter zu bearbeitenden Konflikte bearbeitet (2), zukünftig entstehende Konflikte zügig und angemessen bearbeitet (3), die Eltern, die Schulleitung und alle nicht-anwesenden KlassenlehrerInnen informiert und eingebunden werden sollen bzw. können (4), und wie regelmäßige Selbstthematisierung der Systeme „Klasse" und „Klasse und die sie unterrichtenden LehrerInnen" in-

---

[10] Das geplante und absichtsvolle Zusammenstellen ungewohnter Konstellationen während der Arbeitseinheiten (Formelles System) braucht notwendig die Ergänzung durch ein freiwilliges „Mischen" der „Cliquen" im Informellen System („Freizeit"). Letzteres ist seitens der Erwachsenen weder plan- noch machbar. Lediglich sind Bedingungen zur Möglichkeit hierfür bereitstellbar, indem etwa übernachtet wird. Genau darin liegt auch der hohe Wert des Übernachtens.

stalliert werden kann (5). Zudem braucht es eine Vereinbarung darüber, ob und in welcher Form eine weitere Unterstützung durch die externen BeraterInnen stattfinden soll (6).

Da Punkt (5) die strukturelle Voraussetzung ist bzw. schafft, dass die Punkte (1), (2) und (3) realisiert werden können, liegt der Schwerpunkt auf (5). Denn die strukturell nicht vorgesehene und nicht verankerte Selbstthematisierung der gruppendynamischen Prozesse und Phänomene (wie z.b. Konflikte) während des Unterrichts ist gerade **die** Ursache auf struktureller Ebene, die ein Konfliktklima erst entstehen lässt. Diese Struktureigenart von Schule ist auch das Hindernis par excellence, an dem erarbeitete Konfliktlösungen und initiierte Empowermentprozesse mitunter gerne scheitern. Doch hierzu später mehr. Gearbeitet wird in Phase 3 vor allem mit dem Werkzeug des Unterstützungsmanagements und des Kompetenzdialoges[11] – in etwas modifizierter Form allerdings: Unterstützungsmanagement meint vor allem „die Mobilisierung, das Arrangement und die Vernetzung von Unterstützungsressourcen" (Herriger 1997, 91) zur Bewältigung und zum Gelingen der alltäglichen Lebensführung. Die „alltägliche Lebensführung" ist in unserem Fall das Zusammenleben der SchülerInnen und LehrerInnen während dem Unterricht. ExpertInnen hierfür sind die SchülerInnen und LehrerInnen, nicht die externen BeraterInnen. Deren Rolle ist jetzt weit mehr eine moderierende als führende, wie noch in Phase 2. Die Unterstützungsressourcen, die es braucht, um realisierbare Antworten auf die Fragen (1) bis (5) zu finden, liegen größtenteils in den SchülerInnen und LehrerInnen selbst. Entsprechend gilt es für die externen BeraterInnen, wieder in verschiedenen Settings (im Wechsel von Untergruppen- und Plenumsarbeit) Ideen konsensfähig zu machen, einzelne SchülerInnen zu ermutigen, ihre Fähigkeiten der Gruppe anzubieten sowie durch hinweisende Fragen dafür zu sorgen, dass bedacht und geplant wird, welche weiteren Ressourcen (wie z.B. das Einverständnis der Schulleitung für strukturelle Änderungen) von wem mobilisiert werden müssen. Auf die in Phase 3 oft gestellte Frage „Was machen wir wenn ..." (sich z.B. dieser oder jener Konflikt wiederholt oder jene Lösung sich im Alltag nicht bewährt) wird – im Sinne des Kompetenzdialoges – rückgefragt: „Was hast du vorgestern bei der Bearbeitung dieses Konflikts gemacht? Wie habt ihr den gelöst? Was war dazu nötig? Wer hatte was gesagt, getan? Wie könnt ihr ähnliches zukünftig machen, wer übernimmt dabei welche Aufgabe?" usw. Der Kompetenzdialog wird inhaltlich statt „von der Vergangenheit in die Gegenwart" auf „von der Gegenwart in die Zukunft" verschoben. Die aktuell gegenwärtigen Erfolge (Erfahrungen, Kompetenzen, Lösungswege) aus Phase 2 (die ja nur

---

[11] Für die Beschreibung dessen, was unter diesen beiden Begriffen zu verstehen ist, verweise ich auf Wendt 1995, Herriger 1997.

wenige Stunden zurück liegt) werden in Erinnerung gerufen und auf zukünftige Probleme / Konflikte angewandt, d.h. zukünftige Lösungswege werden jetzt gedanklich konstruiert. Bewährt hat es sich, wenn alle Vereinbarungen in Phase 3 (und auch in Phase 2) nach dem Prinzip der „Kleinen Schritte" getroffen werden, d.h. erstmal nur für einen kurzen Zeitraum von z.B. einer oder zwei Wochen. Danach gibt es ein Reflexionsgespräch, in dem die Alltagstauglichkeit der Vereinbarungen bewertet, Modifizierungen vorgenommen und neue Vereinbarungen wieder nur für einen beschränkten Zeitraum getroffen werden. Auf diese Art ist es einer Klasse und ihren LehrerInnen wesentlich einfacher, bis zum Schuljahrsende einen großen Teil an Vereinbarungen / Lösungen „durchzuhalten" als wenn gleich der ganze lange Zeitraum „in Angriff" genommen wird.

Phase 4: Punktuelle Begleitung

Je nachdem, was in Phase 3 an weiterer Unterstützung durch die externen BeraterInnen vereinbart wurde, erfolgt in den nächsten Wochen / Monaten nach dem Training eine punktuelle Begleitung des sich entwickelnden Empowermentprozesses. Dabei gilt es, eine Balance zu wahren zwischen „zu wenig" (dann schläft der Prozess ein) und „zu viel" externer Unterstützung (dann findet Selbstermächtigung der SchülerInnen und LehrerInnen gerade nicht statt, sondern Abhängigkeiten werden intensiviert bzw. konstruiert). Als Minimum an Unterstützung hat sich bewährt: Moderation eines Elternabends nach dem Training (Bericht über die Erfolge der Kinder), ein Reflexionsgespräch mit allen KlassenlehrerInnen, ein bis zwei Reflexionsgespräche gemeinsam mit der Klasse und dem / der KlassenleiterIn (frühestens zwei Wochen nach dem Training). Inhaltlich geht es darum, die bereits erfolgten Realisierungen der Transfervereinbarungen aus Phase 3 zu bewerten, gegebenenfalls Modifikationen oder neue Lösungswege zu vereinbaren. Der Fokus liegt bei all diesen Gesprächen auf den erzielten Lösungen / Erfolgen – und seien sie auch noch so klein. Die Aufmerksamkeit der Beteiligten wird darauf gerichtet, wie die (kleinen) Erfolge / Lösungen zustande gekommen sind, wie alle zum Gelingen im Schulalltag bereits beigetragen haben und was jede/r weiterhin zum Gelingen beitragen kann.

Phase 5: Abschied

Am letzten vereinbarten Reflexionsgespräch mit der Klasse erfolgt auch der Abschied mit einer Evaluation des gesamten Prozesses. Noch einmal werden – aus der Sicht der SchülerInnen, der LehrerInnen und der BeraterInnen – die Erfolge beschrieben, Vereinbarungen modifiziert oder neu getroffen, vorhandene und neu entstandene Lösungskompetenzen der Beteiligten für zukünftige Konflikte benannt.[12] Wenn es zum gesamten Prozess und zur Klasse passt, wird mit einem Ritual Abschied genommen, z.b. mit einem Feuerritual: alle nicht mehr benötigten Papiere und Plakate, die in den verschiedenen Phasen entstanden sind (und meist überwiegend Problembeschreibungen enthalten), werden gemeinsam verbrannt.

Wichtig ist festzuhalten: Die Konfliktbearbeitung und überwiegende Lösung der Konflikte (Klimaverbesserung) ist Voraussetzung und zugleich Beginn eines Empowermentprozesses, in dem es für SchülerInnen und LehrerInnen gilt zu lernen: erstens, dass jeder und jede auf seine Art Verantwortung für die Konfliktentstehung und damit auch für die -lösung hat, zweitens dass Konflikte eine sinnhafte Entwicklung / Veränderung ermöglichende Angelegenheit sind, drittens dass und wie sie sich gegenseitig erlauben, ihre Kompetenzen zur Konfliktbearbeitung der Gruppe anzubieten und einzusetzen und viertens wie bestehende Schulstrukturen eskalierend wirken und so variiert werden können, dass sich eine einigermaßen regelmäßige Selbstreflexion (des Zusammenlebens von SchülerInnen und LehrerInnen im Unterricht) entwickeln kann.

Alle vier Punkte sind im System Schule nicht selbstverständlich. Empowerment bedeutet für SchülerInnen und LehrerInnen also zuallererst einmal das Erlernen eines positiven Konfliktverständnisses und die Übernahme von Verantwortung für psychodynamische Gruppenprozesse, die unter bestimmten Strukturbedingungen stattfinden. Auf drei dieser Strukturbedingungen[13] möchte ich jetzt näher eingehen. Denn an ihnen wird auch die Grenze der Gestaltbarkeit und Verantwortbarkeit durch Schüler-Innen und LehrerInnen – und damit die Grenzen eines Empowerment-prozesses deutlich.[14]

---

[12] Es gibt auch den (eher seltenen) Fall, wo keinerlei Erfolge festgestellt werden können, wo trotz erfolgreichem Training drei Wochen später wieder das gleiche alte Konfliktklima und die gleiche Resignation herrscht. Dann kann man entweder wieder in die Analyse und Bearbeitung einsteigen (so es hierfür einen Auftrag gibt) oder auf achtungsvolle Weise das Scheitern thematisieren und aushalten. Hier liegt m.E. auch eine Grenze von lösungs- und ressourcenorientierten Konzepten wie dem Empowermentansatz. Denn es gehört zur Würde des Scheiterns (und damit zur Menschenwürde), dieses nicht „kleinzureden" durch gut gemeinte Umdeutungen oder Hinweise auf kleine Erfolge / Lösungen / Ressourcen.
[13] Über die Struktureigenarten von Schule ist mittlerweile viel geschrieben worden. Ich beschränke mich auf die drei, die m.E. am meisten zur Entstehung eines Konfliktklimas beitragen. Ansonsten verweise ich auf die entsprechende Literatur.
[14] Nebenbei: In den Schuljahren von 1990/91 bis 1995/96 führte das Schülerreferat des Erzb. Jugendamts München insgesamt 356 Seminare (Tage der Orientierung) für ebenso viele verschiedene Klassen durch. Davon dienten 157 Seminare der Konflikt-

Drei Struktureigenarten von Schule näher betrachtet

„Klasse" als virtuelles System

Eine Schulklasse weiterführender Schulen wird von n (der Buchstabe „n" wird als Variable verwendet) verschiedenen (i.d.R. zwischen 8 und 15) LehrerInnen unterrichtet. Das besondere am Subsystem[15] „Klasse und n LehrerInnen" des Systems Schule ist, dass eine Klasse keine reale Zeit mit allen sie unterrichtenden LehrerInnen auf einmal verbringt. Vielmehr unterrichten die LehrerInnen nacheinander in der Klasse. Gleiches gilt für das Subsystem „Klasse": Die SchülerInnen einer Klasse verbringen in der Schule keine reale Zeit als geschlossene Gruppe (d.h. kein Nicht-Mitglied ist anwesend). Beide Systeme bezeichne ich daher als virtuell. Systeme, deren Mitglieder reale Zeit als geschlossene Gruppe verbringen, nenne ich reelle Systeme. Das System „Klasse und 1 Lehrperson" ist so ein reelles. Unterricht heißt ja, dass alle SchülerInnen einer Klasse und eine Lehrperson in einem Zimmer sitzen, die Tür ist zu, kein Nichtmitglied ist anwesend und die Lehrperson unterrichtet. Unterricht als Arbeitsform findet also nicht im System „Klasse", sondern im System „Klasse und 1 Lehrperson" statt. Der entscheidende Unterschied zwischen virtuellen und reellen Systemen liegt in der Art der Entstehung: Ein reelles System wird von den Mitgliedern mittels Kommunikation und Handlung konstituiert (vgl. Luhmann 1988). Virtuelle Systeme sind solche, deren Mitglieder den Kern einer bestimmbaren, endlichen Anzahl von reellen Systemen bilden – d.h. sie alle sind auch Mitglieder in jedem dieser reellen Systeme – und die durch zirkuläre Interferenz dieser reellen Systeme entstehen. Die ein virtuelles System konstituierenden reellen Systeme bezeichne ich als dem virtuellen System zugeordnet.

In der ersten Unterrichtsstunde des neuen Schuljahres interagieren die SchülerInnen und Lehrperson 1 miteinander. Dabei beginnen sich die formellen wie informellen Normen, spezifischen Rollen und Rollenbeziehungen, Aktivitäten der Rollen, die kommunikativen, interaktiven und kooperativen Strukturen und eine eigene Identität des Systems „Klasse und Lehrperson 1" zu entwickeln. In der zweiten Stunde unterrichtet Lehrperson 2. Jetzt wiederholt sich der Vorgang bezüglich des Systems „Klasse und Lehrperson 2". Nun hat

---

bearbeitung, d.h. in 44% der Fälle entschieden sich die Klassen dafür, die „Tage der Orientierung" (statt für sonstige Lebensthemen) für die Aufarbeitung ihres Konfliktklimas zu nützen. Dieser hohe Prozentteil spricht für ein hohes Maß an strukturellen Ursachen eines Konfliktklimas.

[15] Zugrunde liegt die von Giesecke unter kommunikationswissenschaftlichen Gesichtspunkten weiterentwickelte Systemtheorie Luhmanns, vgl. Luhmann 1988 und Giesecke 1988.

Lehrperson 2 einen anderen Führungsstil, evtl. ein anderes Geschlecht, sie gestaltet den Unterricht anders, übt ihre Macht anders aus, setzt andere Normen, bietet andere Übertragungs- und Projektionsmöglichkeiten usw. Zudem ist das Fach anders und wird von den SchülerInnen anders interessiert. Mit anderen Worten: Es bilden sich andere formelle und informelle Normen, Rollen, Rollenbeziehungen, Normalformerwartungen usw. und eine eigene, andere Identität des Systems „Klasse und Lehrperson 2" aus. Nehmen wir der Einfachheit halber an, dass die n Fächer der Reihenfolge nach von n verschiedenen LehrerInnen unterrichtet werden, dann treffen wir in der n+1-ten Stunde wieder auf das System „Klasse und Lehrperson 1" zur zweiten Stunde im Fach 1. Bis dahin haben sich n verschiedene Systeme konstituiert. Die SchülerInnen sind mit n verschiedenen Normensystemen usw. konfrontiert worden und haben n verschiedene Normalformerwartungen bzgl. den n verschiedenen Systemen „Klasse und Lehrperson i" (Abk.: S_i) herausgebildet. Jedes der n Systeme muss mit seinen spezifischen Strukturen und Programmen von ihnen repräsentiert werden. Zudem müssen sie erinnern, welche Repräsentation zu welchem System gehört und wann sie abgerufen werden muss. Mit jeder weiteren Unterrichtsstunde im Fach i stabilisiert sich S_i und bildet so eine eigene Kultur, ein eigenes Klima heraus.

Die Klasse ist nun gerade nicht einfach ein Subsystem jedes S_i, sondern viel mehr. Seine Entwicklung schreitet durch die zirkuläre Interferenz sehr viel schneller voran als bei jedem S_i. Es stabilisiert sich damit auch deutlich schneller als jedes der S_i, wobei die Stabilität des virtuellen Systems sich im Gegensatz zu den zugeordneten reellen Systemen auf eine Wahrscheinlichkeitsverteilung (der Rollen, der Rollenbeziehungen, der Programme und Strukturen usw.) als Interferenzmuster bezieht. Aus Ökonomiegründen und um die Konfliktpotentiale zu minimieren, werden die Mitglieder des virtuellen Systems bestrebt sein, möglichst viele Rollen und möglichst viele der Strukturen und Programme als Invarianten zu konstruieren, d.h. als jedem der zugeordneten reellen Systeme zugehörig. Dies stellt überhaupt die zentrale Aufgabe des virtuellen Systems dar: Die Minimierung der Konfliktpotentiale, um die eigene Stabilität und Identität zu bewahren. Es wird seine zugeordneten Systeme entsprechend zu beeinflussen trachten. Da es sich schneller entwickelt als diese, hat es unter dem Aspekt Zeit hierbei gute Chancen. Die Minimierung der Konfliktpotentiale erfolgt m.E. durch Klarheit und durch die Konstruktion von Invarianten. Je klarer für jedes Mitglied des virtuellen Systems ist, wer in welchen zugeordneten System welche Rolle mit welcher Aktivität spielt und welche Rollenbeziehungen dort angefordert sind, und je weniger sich dies von einem zugeordneten System zum nächsten verändert, desto geringer werden die Konfliktpotentiale sein. Gleichzeitig darf dies nicht zur permanenten Krise in zugeordneten Systemen führen. Auch jedes zugeordnete

System ist bestrebt, die Konfliktpotentiale zu minimieren und bzgl. der Arbeitsprozesse Funktionalität etwa im Rollengefüge herzustellen. Man kann sich leicht vorstellen, dass dieser Vorgang zu jenem nur allzu leicht in Widerspruch gerät, dass also die Entwicklungsbestrebungen des virtuellen Systems häufig in Widerspruch zu denen der zugeordneten reellen Systeme stehen. Das virtuelle System hat also permanent eine immense Optimierungsaufgabe zu lösen. Was ist nun der Nutzen der Konzeption virtueller Systeme? Zum einen erhält man dadurch einen geeigneten begrifflichen Rahmen zur Beschreibung eines Sachverhaltes, der in der Literatur über das Themenfeld „Schule" viel zu wenig berücksichtigt ist. Zum anderen bekommt man eine Vorstellung, wieviel Konflikte allein nur durch die permanente Optimierungsaufgabe des virtuellen Systems Klasse entstehen müssen. Denn Konflikte sind sowohl Mittel als auch Nebenprodukt der Bearbeitung der Optimierungsaufgabe.

Unterricht als depersonalisierendes Arbeitsverfahren

Schulunterricht ist eine durch die Lehrperson fast vollständig geplante, inhaltlich wie methodisch festgelegte Zwangsveranstaltung für SchülerInnen. Diese haben keinen wirklichen Einfluss auf Inhalte, Methodik, Planung. Da die gesamte Kommunikation im Unterricht i.d.R. als eine Abfolge von dyadischen LehrerIn-SchülerIn-Interaktionen strukturiert ist (die sozial vorgesehene Rollenaktivität der Rolle SchülerIn ist: still sitzen und zuhören, mit der Lehrperson sprechen, still denken, still ins Heft oder an die Tafel schreiben), haben die SchülerInnen keine Möglichkeit, auf sozial erlaubte (d.h. vom Systemrepräsentanten LehrerIn erlaubte) Art mit- und untereinander zu kommunizieren, Kontakt zu knüpfen, sich in Beziehung zu erleben und Beziehung zu entwickeln. Da dies aber ein fundamentales Grundbedürfnis von uns Menschen ist, sorgen die SchülerInnen auf sozial-verbotene Weise für ihre Beziehungen untereinander – die üblichen „Unterrichtsstörungen" oder „Unterrichtstaktiken" (vgl. Heinze 1978 und 1980) entstehen.

Solche Unterrichtstaktiken, die Sanktionen und identitäts- und statusbedrohende Etikettierungen abwehren sollen, bestehen nach Heinze vor allem: in der Tarnung und Verschlüsselung unerlaubter Vorgänge; der Vortäuschung von Konformität (z.B. Mitarbeit vortäuschen); der Anwendung unerlaubter Mittel zur Einhaltung einer anderen Norm (z.B. Spicken); Verstecken und Untertauchen in der Gruppe oder in kontrollarmen Räumen (z.B. Toiletten). Die geltenden Normen werden dabei nicht öffentlich und offiziell angezweifelt, sondern mehr oder weniger heimlich unterlaufen.

Die Issues „Verarschen" und „Ärgern" (sowie noch etliche weitere) kommunizieren diesen Sachverhalt. Eine ihrer Hauptfunktionen besteht gerade im

Herstellen von Beziehung, im Aushalten und Durchbrechen der sozial geplanten und vorgesehenen Beziehungslosigkeit, also der Depersonalisierung.[16]

Selbstthematisierung und Zeit als verknappte Ressourcen

Untersucht man die selbstreferentielle Dimension des Systems Schule genauer, stellt man fest, dass es keine strukturell installierten und abgesicherten Selbstthematisierungsprozesse gibt. Den LehrerInnen wie SchülerInnen wird keine Arbeitszeit zur regelmäßigen Reflexion und Bearbeitung der psychodynamischen Gruppenprozesse zur Verfügung gestellt. Dies wäre aber gerade für eine adäquate Konfliktbearbeitung und Steuerung der n verschiedenen Systeme „Klasse und Lehrperson i" (S_i) nötig. Schule versteht Konflikte als Pannen, als Versagen der Lehrperson, als Verhaltensstörung eines Schülers – jedenfalls nicht als Lern- und Entwicklungsmöglichkeit, für die es Zeit (am Vormittag) bräuchte und in die es lohnt, Zeit zu investieren.

Im Hinblick auf diese drei Strukturmerkmale von Schule wird deutlich, wie schwierig es für LehrerInnen und SchülerInnen ist, realisierbare Transfervereinbarungen in Phase 3 sowie nachhaltige Konfliktlösungen in Phase 2 der Interventionsstrategie zu entwickeln. Denn: Lösungen und Vereinbarungen werden in einem n+1-ten reellen System „Klasse, LehrerInnen und externe BeraterInnen" getroffen, die sich in n verschiedenen reellen Systemen S_i sowie in einem virtuellen System „Klasse" bewähren müssen. Das heißt, das gerade das virtuelle System „Klasse" seine Optimierungsaufgabe völlig neu gestalten muss. Neue Konflikte entstehen so zwangsläufig als Mittel und Ausdruck der Bearbeitung des Optimierungsproblems. Zudem bräuchte es immer sehr viel mehr an Zeit für Selbstthematisierung, als im Schulalltag realisierbar ist. Empowerment im Hinblick auf diese drei Strukturmerkmale hieße m.E.:

1. Aufklärung über die drei Struktureigenarten durch die externen BeraterInnen, denn Wissen um die strukturellen Gegebenheiten ist Basis jeder nachhaltigen Veränderung.

2. Alle die relevante Klasse unterrichtenden LehrerInnen beginnen damit, regelmäßig in ihrem Unterricht Reflexionsgespräche mit den Schüler-

---

[16] In dem Maße, wie wir Menschen selber Anfänge setzen, in Beziehung zu Mitmenschen sind und zur Verwirklichung der Welt beitragen, in dem Maße entfalten wir nach Zink unser Person-Sein zur Persönlichkeit (vgl. Zink 1988 und 1994). Unterricht ermöglicht dies den SchülerInnen auf sozial erlaubte Art m.E. nur in einem sehr geringen Maße. Ich verweise hierzu auch auf Stigmatisierungsprozesse in der Schule (z.B. Tausch und Tausch 1991, Muck 1980, die umfangreiche Literatur über Beziehungsmuster, Unterrichtstaktiken und Brusten und Hurrelmann 1976, Heinze 1980).

Innen zu führen sowie das Maß an Depersonalisierung durch eine andere Unterrichtsgestaltung zu verringern.

3. Zudem gibt es regelmäßige Reflexionstreffen zwischen der Klasse und ihren LehrerInnen gleichzeitig, um das Zusammenspiel zwischen den n verschiedenen reellen Systeme „Klasse und Lehrperson i" und dem virtuellen System „Klasse" zu reflektieren und besser zu steuern. Diese Gespräche sollten, um erfolgreich sein zu können, von einer externen Person moderiert werden.

In meiner langjährigen Tätigkeit als Konfliktberater für Schulen habe ich die Realisierung von Punkt 1 meist, von Punkt 2 immer nur ansatzweise (d.h. eine oder zwei LehrerInnen begannen mit regelmäßiger Selbstthematisierung und leichten Veränderungen in der Unterrichtsgestaltung) und von Punkt 3 noch nie erlebt. Zu kostbar scheint die Zeit als Ressource zu sein, als dass sie in die Entwicklung von nachhaltigen Selbstthematisierungs- und Selbststeuerungsprozessen investiert wird. Daran scheitert dann mitunter auch ein Empowermentprozess. Lassen sich regelmäßige Zeiten zur Reflexion strukturell nicht installieren, bleibt der Klasse und ihren LehrerInnen nur, darauf zu setzen, dass ein Teil der Erfolge / Lösungen auch ohne weitere reflexive Aushandlungsprozesse bestand hat. Dies wird vor allem dann möglich, wenn es SchülerInnen und LehrerInnen gelingt, auf humorvoll-ironische Weise die Absurdität von Schule (und besonders der drei beschriebenen Strukturmerkmale) zu kommunizieren – ohne gegenseitigen Vorwurf, vielmehr mit einem leisen Einvernehmen. Wie der Sisyphus von Albert Camus, der über sein Schicksal hinauswächst und glücklich zu sein vermag, eben weil er die Absurdität seines Seins erkennt. Nur wer an Strukturen unbeschadet scheitern kann, sollte in der Schule Empowermentprozesse initiieren und entwickeln wollen. Denn die Wahrscheinlichkeit des Erfolges mit nachhaltigen, dauerhaften Strukturveränderungen (und nicht nur Klimaverbesserungen) ist m.E. eher gering.

Abschließend noch einmal eine Begriffsbestimmung: Was also bedeutet „Empowerment" im Kontext „Konfliktfeld Schule"? Zum einen das, was ich zu Beginn meines Beitrages hierzu gesagt habe: Eine achtungsvolle, stärken- und ressourcenorientierte Grundhaltung des Arbeitens mit Menschen und ein Veränderungsprozess bei LehrerInnen und SchülerInnen, in dessen Verlauf sie zunehmend mehr an Verantwortung für ihre Konflikte übernehmen und an Lösungskompetenz entwickeln. Drittens meint „Empowerment" aber auch den Versuch von SchülerInnen und LehrerInnen, gegen die Logik des Systems Schule Strukturen der Selbstthematisierung und Selbststeuerung im Schulalltag zu installieren. Dass sie hierbei nur selten erfolgreich sind (aber manchmal eben schon), liegt auf der Hand. Daher meint „Empowerment" viertens die Entwicklung der Fähigkeit, an wachstumsfeindlichen Schulstrukturen (wie die nicht vorhandene Zeit zur Reflexion) nicht zu verzweifeln, sondern das Nicht-Veränderbare auszuhalten und im Diskurs über schulische Absurditäten gelassen zu sein. Der Camussche Sisyphus als Topos des selbstbestimmten, selbstbemächtigten, „empowerten" Menschen? Aber ja doch!

Zwei Monate nach dem Konflikttraining: Peter antwortet auf meine Frage nach den Veränderungen im Klassenklima: „Also es ist schon besser, wir verarschen uns weniger und irgendwie verstehen wir uns auch jetzt besser." Sabine ergänzt: „Auch mit den Lehrern ist es weniger stressig. Und der Alois hilft jetzt anderen aus der Klasse manchmal, wenn die im Streit liegen und nicht mehr weiterkommen." „Wobei, manches hat sich echt nicht geändert ... also jetzt fliegen halt keine Federmäppchen mehr durch die Luft sondern Geldstücke", sagt Alois. Und Anja meint: „Dass wir jetzt mit Frau H. (die Klassenleiterin) alle zwei Wochen gemeinsam darüber sprechen, wie es hier jedem geht, also das ist schon eine Hilfe, das hat viel verbessert."

Literatur

Brusten, Manfred / Hurrelmann, Klaus [3]1976: Abweichendes Verhalten in der Schule. Eine Untersuchung zu Prozessen der Stigmatisierung. München.

Camus, Albert 1959: Der Mythos von Sisyphos: Ein Versuch über das Absurde. Hamburg.

Giesecke, Michael 1988: Die Untersuchung institutioneller Kommunikation - Perspektiven einer systemischen Methodik und Methodologie. Opladen.

Glasl, Friedrich [4]1994: Konfliktmanagement. Ein Handbuch für Führungskräfte und Berater. Bern.

Heinze, Thomas [2]1978: Unterricht als soziale Situation. Zur Interaktion von Schülern und Lehrern. München.

Heinze, Thomas 1980: Schülertaktiken. München.

Herriger, Norbert 1997: Empowerment in der Sozialen Arbeit. Eine Einführung. Stuttgart, Berlin, Köln.

Luhmann, Niklas 1988: Soziale Systeme. Grundriß einer allgemeinen Theorie. Frankfurt am Main.

Muck, Mario 1980: Psychoanalyse und Schule. Grundlagen, Situationen, Lösungen. Stuttgart.

SchülerInnenreferat im Erzbischöflichen Jugendamt München 1996: KISKO: Konflikte in Schulklassen kommunikativ lösen. Ein Angebot gegen Gewalt in der Schule. München.

Stark, Wolfgang 1996: Empowerment. Neue Handlungskompetenzen in der psychosozialen Praxis. Freiburg i. Br.

Tausch, Reinhard / Tausch, Anne-Marie [10]1991: Erziehungspsychologie. Begegnung von Person zu Person. Göttingen.

Wendt, Wolf Rainer (Hrsg.) [2]1995: Unterstützung fallweise. Case Management in der Sozialarbeit. Freiburg i. Br.

Zink, Dionys 1994: Impulse zur Weiterentwicklung einer sozialpädagogischen Berufsethik. In: Forum Sozial, Heft 3, 87 - 90.

Zink, Dionys 1988: Personalität und Solidarität: Grundlagen einer sozialpädagogischen Berufsethik. In: Sozial, Heft 2, 3 - 8.

Supervision und Empowerment: Durchblick macht stark!

Carmen Tatschmurat

> *Wer es könnte*
> *die Welt*
> *hochwerfen*
> *daß der Wind*
> *hindurchfährt*
>
> Hilde Domin

Frau S[1]., 40 Jahre, Biologin, befindet sich in einer beruflichen Umstrukturierungsphase. Sie erzählt mir in einer Supervisionssitzung immer wieder davon, dass sie an einer dringend anstehenden Konzeptentwicklung am Wochenende nicht weiterarbeiten kann, weil ein alter Onkel kommt, den sie lange nicht gesehen hat, und mit dem sie möglichst das ganze Wochenende verbringen möchte. Ich meine nicht richtig zu hören: Es hängt existentiell sehr viel von diesem Projekt für sie ab. Der Onkel wird vom Rest der Familie gut versorgt, es würde nach meinem Empfinden völlig reichen, mit ihm Kaffee zu trinken. Längere Zeit reden wir aneinander vorbei - ich halte innerlich stur an meiner Hypothese fest: „Arbeitsflucht". Ich merke, sie ist unglücklich, innerlich zerrissen, hat natürlich den Arbeitsdruck, versteht und anerkennt alles, was ich sage. Und kann mir dennoch nicht „folgen". Die Stunde endet offen, für uns beide unbefriedigend.

Einstieg in den supervisorischen Prozess: Das Abgleichen der Bilder

Was habe ich übersehen? Frau S. lebt seit ihrer Jugend in Deutschland, spricht akzentfrei Deutsch, ist frauenpolitisch aktiv, weltgewandt, „modern". Und: Sie ist gebürtige Ungarin. Ihr inneres Bild von „Familie" sieht aus wie in einem ungarischen Bilderbuch: Verwandte und Freunde, Freundinnen, die sich

---

[1] Namen und Daten in den Beispielen wurden geändert.

um den Esstisch versammeln, laute Gespräche, gutes Essen Inbegriff von Heimat, Freude, Geborgensein. Das Dabeisein ist eine selbstverständliche und gerne ausgeübte Pflicht. Über dem gesamten Familien- und Freundeskreis, der weltweit verstreut lebt, liegt das Trauma der Emigration. Frau S., die mittlerweile im dritten Land heimisch geworden ist, zieht buchstäblich Lebenskraft aus den raren Treffen mit der Familie und mit ihren guten Freundinnen, die für sie etwas endgültig Verlorengegangenes für kurze Zeit wiederherstellen. Ich habe mich täuschen lassen von ihrem Angepasst-Sein, von dem, was mir bekannt war, wo ich ankoppeln konnte. Mein Focus war zu eng nur auf das äußerlich sichtbare, das berufliche Problem gerichtet. Ihre eigene innere „Landkarte"[2], der Plan, nach dem sie ihren Lebensweg begonnen und fortgeführt hatte, wies eine Tiefenschicht auf, die mir als biographisches Datum zwar bekannt war, die ich aber unter der Prämisse des Primats der Erwerbsarbeit ausgeblendet hatte. Für diese Stunde fehlte an einem entscheidenden Punkt der „Durchblick", der Blick auf das Bild hinter dem Schein.

In einem systemischen Verständnis von Supervision sind beide, Supervisorin und Supervisandin, in ihren Handlungen gleichermaßen Teile des Prozessgeschehens. Die Supervisorin[3] fragt sich in die Geschichte der Supervisandin hinein aufgrund des Bildes, das sie sich von dieser gemacht hat. Im Laufe der gemeinsamen Gespräche wird sich auch die Supervisandin ein - mehr oder weniger deutliches - Bild von ihrer Beraterin machen und die Geschichten, die sie erzählt, diesem Bild anpassen. Gleichzeitig sind beide nur interpretationsfähig auf der Basis der lebensgeschichtlich entwickelten Deutungsmuster dahingehend, wie die Welt um sie herum beschaffen ist. Diese Bilder sind, wiewohl „gemacht", dennoch nicht beliebig: Der gesellschaftliche, soziale und kulturelle Kontext, in dem eine Person lebt, ermöglicht, befördert oder

---

[2] Der Begriff der „Landkarte" meint in der Systemischen Therapie und Supervision das Orientierungsmuster, mittels dessen jemand gelernt hat, seine Ziele zu erreichen: Manche Menschen kennen um im Bild zu bleiben nur einen einzigen Weg und es kommt darauf an, ihnen zu zeigen, dass es auch andere Straßen, dass es Busse, ja sogar Taxis gibt, um von A nach B zu gelangen.

[3] Es wird in diesem Text nicht mit dem grossen „I" gearbeitet, sondern systematisch-unsystematisch einmal die weibliche, einmal die männliche Form benutzt. Sollten dadurch beim Leser Irritationen entstehen, so ist das beabsichtigt. Es wird keineswegs unterstellt, dass es egal ist, ob eine Frau und eine Frau oder eine Frau und ein Mann in der Supervision, in der Beratung oder in der Sozialen Arbeit zusammentreffen, sondern es soll damit die Anfrage verbunden werden, was denn im Konkreten den „Unterschied, der einen Unterschied macht" (De Shazer 1995, S.23) ausmacht. Dieser Faden läuft untergründig mit, wird aber nicht eigens hervorgehoben. Zur Gender-Debatte und zur sozialen Konstruktion des Geschlechtsunterschieds in der Sozialen Arbeit s. Tatschmurat 1996.

behindert bestimmte Wirklichkeitskonstruktionen. Von einem solchermaßen sowohl systemisch-konstruktivistischen wie hermeneutischen Zugang aus diese Wechselbeziehungen in der Supervision näher zu betrachten, ist Thema meines Beitrages. Ich frage: Was passiert in der Verständigung über die und bei der gemeinsamen Re-Konstruktion von Wirklichkeit? Oder noch genauer: **Inwieweit können lebensgeschichtliche Erfahrungen so nutzbar gemacht werden, dass sich die Palette der Handlungsoptionen erweitert, dass also Empowermentprozesse in Gang gesetzt werden?** Dies gilt für Supervisandin und Supervisorin, und, sofern diejenige, die um Beratung ansucht, ihrerseits mit Klienten zu tun hat, auch für diese.

Ich behaupte: Je genauer die eine wie die andere sich der Bilder von der anderen, der Bilder, von denen sie vermutet, dass die andere sie von sich selbst und von ihrem Gegenüber hat usw. bewusst wird, je sorgfältiger sie sich auf den Prozess des **Durchblickens** einlässt, desto **stärker** werden beide in ihren Handlungen werden. „Stärker" meint hier: eindeutiger, klarer, profilierter, auch durchsetzungsfähiger. Idealerweise wird dabei nicht nur die eigene Geschichte sondern auch das gesellschaftliche Umfeld, die konkret-historische Entwicklung, innerhalb derer sich beide bewegen (in deren je eigener Deutung!), in den Blick geraten und so einer Aneignung und Veränderung zugänglich gemacht werden. Ich komme darauf im Zusammenhang mit dem eingangs geschilderten Beispiel zurück. Zunächst jedoch eine Skizzierung meines Verständnisses von Empowerment.

In einem weiteren Schritt wird gefragt, welche Wirkung diese in der Supervision erworbenen Sichtweisen auf die Arbeit des Supervisanden mit seinem Klienten (exemplarisch in der Sozialen Arbeit) hat. Analytisch ist dies ein Geschehen auf zwei zeitlich getrennten Interaktionsebenen: In der Supervision und in der sozialarbeiterischen Praxis vor Ort. Zudem laufen Erkenntnisprozesse innerhalb von mehreren Personen ab: Supervisandin, Klient(en) und Supervisorin. Die Supervisandin (Sozialarbeiterin) ist dabei die Schnittstelle, sie ist Teil beider Systeme. In diesem Beitrag geht es schwerpunktmäßig um die erste, die Meta-Ebene in der Supervision. Die Sozialarbeiter-Klient-ebene kommt immer wieder in den Blick, wird jedoch nicht systematisch thematisiert.

Empowerment: Eine Haltung

Empowerment-Konzepte sind eine „offene Einladung zur Entwicklung einer neuen Kultur des Helfens, die die Autonomie der Lebenspraxis und der Lebensentscheidungen der Adressaten Sozialer Arbeit anerkennt, und zukunftsoffene Prozesse des Erkundens, des Entdeckens und des Sich-Veränderns anstößt" (Herriger 1997, 209). So oder ähnlich lauten die Erklärungen der

Empowerment-Vertreterinnen.[4] Empowerment-Programme sind mit dem Anspruch angetreten, Ernst zu machen mit der Orientierung an den Fähigkeiten und Möglichkeiten der Klienten und deren Ressourcen. Dazu sollen vielfältige Methoden zusammengetragen bzw. entwickelt werden. Oft, so scheint es, ist man einfach froh, für höchst divergentes praktisches Handeln in den unterschiedlichsten Feldern ein gemeinsames Etikett gefunden zu haben. Dennoch ist Empowerment mehr als nur ein neuer Modebegriff.[5]

Es geht erstens um eine **Philosophie des Helfens** und eine Einstellung den Klienten gegenüber, die den Kopf freimacht, nach anderem auszuschauen als nur nach den Defiziten der zu Betreuenden. Der Focus liegt vielmehr auf ihren Überlebenskünsten, ihren gelingenden Strategien im Überlebenskampf[6,] ihren oft höchst intelligenten Umwegen, aber auch danach, wie ihnen das Leben durch das Zur-Verfügung-Stellen anderer Landkarten und das Einüben anderer Verhaltensmuster etc. erleichtert werden kann. So verstanden meint Empowerment eine Grundhaltung des professionell Tätigen, die „es ermöglicht, soziale Kräfte bei den Klienten zu wecken oder sie zu entdecken" (Pankofer/Weber 1997, 117). Auf der Seite des Professionellen bedeutet dies, sich bewußt mit den Klienten zu solidarisieren und durch ein Vorgehen der Offenlegung der Machtverhältnisse zwischen Helfer und Klienten die eigene Macht abzubauen (ebd.). Diesen Vorgang meint auch Silvia Staub-Bernasconi (1994) mit der Überführung von „Behinderungs-" in „Begrenzungsmacht" als einem zentralen Ziel Sozialer Arbeit.

Es gibt in der Praxis der Sozialen Arbeit eindeutige Grenzen für eine solche Vorgehensweise. Wenn das materielle Überleben nicht gesichert ist, wenn es keine Hoffnung darauf gibt, sich in einem Land in Freiheit und Würde niederlassen zu können, wenn aufgrund schwerer Erkrankung das Leben nicht wirklich selbst bestimmt werden kann, wenn massive Gewalterfahrungen zumindest vorübergehend handlungsunfähig machen, dann besteht sozialar-

---

[4] Die naheliegende Übersetzung von Empowerment mit „Ermächtigung" ist mir angesichts der Konnotation des Begriffs „Ermächtigung" mit den Hitlerschen „Ermächtigungsgesetzen" nicht möglich. Zum sprachlichen Bedeutungsumfeld von Empowerment im Deutschen vgl. Keupp/Stark 1993, S.40. Ich lasse den Begriff unübersetzt und erläutere ihn hier und dort, um einen spezifischen Aspekt zu betonen. Ich erwähne dies deshalb, weil damit bereits ein supervisorisches Grundsatzproblem angesprochen ist: Menschen assoziieren mit denselben Worten Unterschiedliches.
[5] Ich beschränke mich auf eine Skizzierung derjenigen Aspekte der Empowerment-Philosophie, die im Zusammenhang dieses Textes wichtig sind. Siehe dazu auch die theoretischen Beiträge in diesem Band.
[6] Das männlich-martialische Wort „Strategie" (Feldherrenkunst) wähle ich hier bewusst, denn subjektiv wird beispielsweise das Leben auf der Straße oder auch nur die ständige Auseinandersetzung mit Ämtern oft als Kampf empfunden.

beiterisches wie generell beratendes Handeln zuallererst darin, aktiv unterstützend zu intervenieren und Rahmenbedingungen zu schaffen, die Sicherheit und Heilung ermöglichen. Dies ist dann die situativ geeignete Form von Empowerment.

Zweitens wird unter Empowerment auch die **Bündelung spezifischer Methoden** verstanden (Pankofer/Weber 1997, 118). Diese Techniken, Verfahren und Programme sind einsetzbar in der Arbeit z.B. mit Familien, mit Wohnungslosen, mit Frauen oder Männern nach Haftentlassung, in der Erwachsenenpädagogik, in der Mädchen- wie in der Jungenarbeit, mit Migranten, ebenso wie in Betrieben, also in der ganzen Palette der Felder der Sozialen Arbeit. Sie sind zu sehen als Angebot an Menschen, die in Zeiten von Individualisierung, Umbrüchen und vielfältigen Identitätsangeboten ihr ganz persönliches Leben immer wieder neu zusammenbasteln müssen und denen es nicht in die Wiege gelegt ist, diese "Riskanten Chancen" (Keupp 1988) auch für sich zu nutzen. Dies gilt national wie im Verhältnis der reichen zu den armen Nationen. Welche Methoden dies im einzelnen sind, darauf wird hier nicht eingegangen; ich konzentriere mich vielmehr auf die Frage, wie eine solche Haltung durch biographische Reflexionen entstehen und stabilisiert werden kann.

Drittens können Empowerment-Aktionen auch ein **politisches Moment** enthalten, insofern Schritte eingeleitet werden in Richtung auf Herstellung von sozialer Gerechtigkeit. „Durchblick macht stark" ist die individuelle Seite; wenn daraus sozial verantwortliches und wirksames Handeln erwächst, ist die Machtfrage auch im Politischen gestellt.

Warum gerade heute die Anforderung, den „Durch-" und Überblick zu behalten, so wichtig geworden ist, kann hier nur angedeutet werden (vgl. dazu z.B. Beck 1986). Im Laufe der fortschreitenden Moderne sind dem Einzelnen immer neue Felder eröffnet worden, in denen er leben, lieben, arbeiten, Beziehungen knüpfen, Identität gewinnen kann. Mit den Zwängen der Vergangenheit sind aber auch die alten Eindeutigkeiten und Sicherheiten verschwunden. Sich hier mithilfe geeigneter Teile den (vermeintlich) ganz eigenen, individuellen Lebensentwurf zusammenzubasteln - den „richtigen" Lebenspartner, den „richtigen" Beruf, die „richtige" politische und ökologische Einstellung, die „richtige"" Gegend um Ferien zu machen, den „richtigen" Freizeitsport, die „richtige" Religionsgemeinschaft - erfordert ständig neue Entscheidungen auf der Basis neuer Informationen. An solchen Schnittstellen zwischen Wünschen und Entwürfen für das eigene Leben einerseits und gesellschaftlichen Strukturumbrüchen andererseits ist Supervision als Beratung in Übergangs- und Krisenzeiten anzusiedeln. Erwünscht ist ein Zuwachs an

Fähigkeiten und Möglichkeiten, im eigenen Leben (wieder) die Regie zu über- und/oder für die Klienten neu in den Blick zu nehmen.[7]

Der nächste Schritt: Biographische Revisionen

Supervision unterstützt Sozialpädagoginnen, Erzieherinnen, Psychologinnen, Theologinnen, Menschen in leitenden Positionen in Unternehmen, die Unüberschaubarkeiten, Komplikationen und Belastbarkeiten des Alltags aus eigener Kraft zu bewältigen und Neuorientierung zu erleichtern. Sie tut dies in spezifischer Weise: Indem sie den Expertinnen ein Forum der Reflexion und des Probehandelns bietet, erweitert sie deren Blick auf die eigenen Fähigkeiten, die in der Biographie angelegt sind und sie ermutigt, alte Wege zu verlassen und neue Pfade einzuschlagen, die vielleicht bisher noch niemand vor ihnen in der Herkunftsfamilie gegangen ist.

Die Professionellen fragen in der Regel um Supervision nach, weil sie nach Arbeitserleichterung bzw. Neuorientierung suchen. Oder sie möchten ihr Repertoire an Lösungsmöglichkeiten auf einer geschützten Bühne erproben, um dann „draußen" noch wirksamer zu agieren. Hier wirkt Supervision unterstützend, indem sie zusätzlich zu den ganz alltagspraktischen professionellen Handlungen der Feld-Experten eine zweite Ebene anbietet. Der Supervisor stellt sich als Mentor zur Verfügung, mit dem eigene Werte, Zielvorgaben, Geschichten, Ängste, Hoffnungen, Muster näher betrachtet und verändert, umgeschrieben oder anders zusammengesetzt werden können.

Damit stehen allerdings immer auch der eigene Lebensentwurf des Supervisors und seine sorgfältig konstruierten und argumentativ abgesicherten Identitäts-Patchworkteile zur Disposition. Das meiste davon wird langfristig stabil sein. Denn auch in Zeiten multipler Identitäten scheint es ein Bedürfnis nach einem klaren Muster, oder, musikalisch gesprochen, einem Grundakkord zu geben, nach etwas, das es ermöglicht, das Leben stimmig zu gestalten. Gleichzeitig gehört es zum Profil des Supervisors, dass bewährte Erklärungsmuster für eigenes Handeln immer neu hinterfragt und subjektiv verändert werden können. Die Verunsicherungen, denen der Supervisor in seinen Deutungsmustern und Handlungsoptionen immer wieder ausgesetzt ist, führen auf eine weitere Ebene, auf dessen eigene Kontroll-Supervisions- oder Intervisionsgruppe o.ä. Im supervisorischen Prozess, der in diesem Beitrag im Zentrum steht, können solche Verunsicherungen methodisch eingesetzt werden, sofern sie Beiträge zur Lösung anstehender Fragen der Supervisandin sind.

---

[7] Biographisch orientierte Prozesse stehen vor allem in der Einzelsupervision im Vordergrund, sind aber auch bei allen anderen Settings der Supervision mitangesprochen.

Von Bedeutung ist, dass alles, was im supervisorischen Prozess Thema ist, auf eine andere Weise auch auf der Ebene der konkreten Arbeit der Supervisandin/Sozialarbeiterin mit ihrem Klienten wieder auftaucht und besprochen werden kann.

Herriger (1997) weist darauf hin, dass die Entwicklung eines nach eigenen Maßstäben gelingenden Lebensmanagements vom Endpunkt her „bedeutungsoffen" sei. Weder Empowerment noch Supervision setzen von sich aus normative Maßstäbe. Was das „gelingende Leben" für jede Einzelne ist, kann nicht konzeptionell und inhaltlich festgelegt werden. In der Supervision muss es methodisch jedoch sehr wohl von Anfang an Thema sein: Die Supervisandin, und auf der nächsten Ebene deren Klientin, werden ermuntert, ihre Ziele zu bestimmen - und dazu zu stehen. Das heißt nicht, dass Supervision bzw. Soziale Arbeit kein ethisches Tun wären; beide bewegen sich innerhalb eines Ethik-Codes[8]. Keine normativen Maßstäbe zu setzen meint vielmehr, dass die konkrete Ausgestaltung ethischer Grundprämissen der Supervisandin und deren Klientin überlassen wird und keine Vorgaben für ein „richtiges" Leben gemacht werden.

Was macht die auf Emanzipation setzende Sozialpädagogin, wenn eine junge Frau in einem geschlossenen Mädchenheim trotz massiver Gewalterfahrungen es als ihr Lebensziel ansieht, anstelle einer Berufsausbildung den Traummann zu finden, "in Weiß" zu heiraten und alles zu tun, dass es dem Mann zu Hause gut geht? Sie wird trotzdem auf eine Berufsausbildung hinwirken, aber sie wird der Frau ihren eigenen Lebensentwurf nicht überstülpen (können).

So einfach dieses Beispiel klingt: Damit wird eine zentrale Problemebene berührt, die theoretisch wie alltagspraktisch nicht gelöst ist. Einerseits hat jede Frau das selbstverständliche Recht, an ihren Träumen festzuhalten und ihr Leben daraufhin auszurichten. Andererseits ist es unzweifelhaft, dass Geschlechterrollen in unserer Gesellschaft mit einem Überhang an Dominanz, an physischer und ökonomischer Macht auf der Seite der Männer ausgestattet sind. Nicht nur Sozialarbeiterinnen ist es eine Gewissheit, dass es nicht reicht, etwas für die Harmonie des Heimes und die Schönheit des eigenen Körpers zu tun, um heute als Frau ein gutes Leben führen zu können. Eine Berufsausbildung ist das Mindeste, was dazukommen muss. So kommt es in begleitender Unterstützungsarbeit in diesen Fällen darauf an, eine Sensibilisierung der Klientin für die geschlechtsbezogenen sozialen Komponenten ihrer Situation und ihrer Wirklichkeitskonstruktionen herbeizuführen (siehe dazu Schlippe/ Schweitzer 1997, 262 f.; Tatschmurat 1996). Das Ziel supervisorischer wie

---

[8] der in beiden Feldern noch nicht so weit abgesichert ist, dass er berufspolitisch verbindlich wäre.

sozialarbeiterischer Tätigkeit ist - ich wiederhole es - die Erweiterung von Handlungsoptionen. Für den Supervisionsprozess heißt das, dass sich Supervisorin und Supervisandin ihre eigenen Bilder und erarbeiteten Grundüberzeugungen bewusst machen und flexibel einsetzen lernen sollten, als Modell für die Klientin in der Sozialarbeits-Praxis.

Die Zukunft ist ungewiss - die Vergangenheit ändert sich ständig

Obgleich der Focus von Supervision auf der **beruflichen Orientierung** liegt, ist die **Persönlichkeitsentwicklung** untrennbar damit verbunden. Es ist m. E. geradezu ein Kennzeichen von Supervision, dass sie sich auf der Grenze zwischen den unterschiedlichsten Lebensbereichen des Menschen bewegt und den Blick immer wieder in die eine oder die andere Richtung schweifen lässt. Ohne das Einbeziehen und das Verstehen der Privatkultur(en) würde sie kläglich scheitern. Gerade in der Supervision zeigt sich immer wieder der Eigen-Sinn und auch die gestalterische Kraft des sogenannten Privatbereiches.

Beratende Berufe wie Supervision haben dort ihren Ort und ihre Legitimation gefunden, wo klare Trennungen zwischen den Bereichen und deren Logiken fragwürdig geworden sind und Orientierungsbedarf in größerem Umfang besteht. Jürgen Habermas fasste Anfang der Achtziger Jahre die Welt des Privaten, des scheinbar Selbstverständlichen, dessen, was individuell unterschiedlich ist und nicht interindividuell gemeinsam vorausgesetzt werden kann, in das Konzept der „Lebenswelt" (1981). Seine Frage war, wie Verständigung zwischen Menschen gelingen kann, deren Lebenswelten sich unterscheiden - und sie unterscheiden sich immer! - wobei diese Unterschiede aber in der Regel nicht direkt kommuniziert werden. Die Lebenswelt, zugleich Basis und Gegenstand der Kommunikation, ist symbolisch strukturiert. Diese symbolische Strukturierung speist sich, so Habermas, aus drei Ressourcen: Kultur, Gesellschaft, Persönlichkeit (1981, 209). Gleichzeitig werden diese drei Komponenten „im Kommunikationsprozess reproduziert und fortgebildet. Insofern sorgt kommunikatives Handeln für die symbolische Reproduktion der Lebenswelt im allgemeinen und für die soziale Integration der Gesellschaft im besonderen" (Preglau 1989, 203). Thema der Diskurstheorie Habermas' ist dann das Verhältnis von „System" als Bereich des (zweck-)rationalen, instrumentalen Handelns und „Lebenswelt" als Bereich des dialogischen, deutungsoffenen Handelns, im Ideal als „herrschaftsfreier Diskurs". Die Lebenswelt, so das (stark verkürzte) Resümee, sei zunehmend in Gefahr, von der instrumentellen Rationalität subsumiert zu werden.

Real sind heute, zu Beginn des Dritten Jahrtausend, vielfältige Überlappungen zu beobachten. Anleihen werden hier und dort gemacht, Symbole werden (nicht nur in der Werbung) ironisiert und umgedeutet, wer es kann, geht spielerisch damit um. Auch die räumliche und zeitliche Trennung von Öffentlichkeits- und Privatbereich ist durch die Kommunikationstechnologien immer mehr durchlöchert worden: Zwar werden die meisten Menschen das Handy während der Konferenz abschalten, wenn man es jedoch unmittelbar danach wieder einschaltet, ist vielleicht die Nachricht darauf gespeichert, dass Sebastian in der letzten Englischarbeit eine „Eins" bekommen hat, oder dass die kranke Nachbarin darum bittet, ihr auf dem Heimweg doch ein Medikament mitzubringen und abends auf einen Sprung vorbeizuschauen. Ebenso kann es jederzeit passieren, dass sich in der Mailbox des häuslichen Computers eine Nachricht oder ein zu bearbeitendes Dokument einer Kollegin befindet. Wo hört Arbeit auf, wo beginnt Freizeit? Die Grenzen sind in weit höherem Maße und für größere Bevölkerungsgruppen als bisher individuell festzulegen. Die Freiheit wächst - ebenso die Verwirrung. Es bleibt dem Einzelnen überlassen, die vielfältigen, eigentlich unvereinbaren Teilbereiche, die Puzzlestücke seines Lebens tagtäglich neu zu verbinden, um ein einheitliches Muster daraus zu gestalten. Obwohl nicht alle Bereiche beliebig und gleichgültig nebeneinander stehen (denn der - zumindest ideologische - Primat der Erwerbsarbeit ist ungebrochen), ist doch die Interdependenz von System und Lebenswelt bzw. die Dominanz instrumenteller Vernunft viel weniger eindeutig festzumachen als dies vor knapp zwanzig Jahren prognostiziert wurde. Neue Risiken, neue Chancen, neue Unübersichtlichkeiten beherrschen die Szene.[9]

Für systemisch orientierte Supervision heißt das: Der Blick ist auf die Berufssituation gerichtet, aber die Erleichterung über eine überwundene Krankheit, die aufbrechende Beziehungsproblematik weil der Partner arbeitslos ist oder die Veränderung der politischen Einstellung durch die ehrenamtliche Tätigkeit im Flüchtlingsheim - all dies ist in die Suche nach Ressourcen und Lösungen miteinzubeziehen. Und zwar gerade dann, wenn die Supervisandin selbst es nicht mit ihrer Berufsarbeit in Verbindung bringt.

Die Leiterin einer Einrichtung bindet ihren Lebens- und Berufsweg eng an den eines Mannes (den zu heiraten sie keine Chance hat) und vollzieht gerade dadurch selbst beachtliche Karriereschritte; ein Wissenschaftler riskiert einen Karrierebruch, um das Aufwachsen seines Kindes mitzuerleben und geht dafür für drei Jahre auf eine Teilzeitstelle; eine Betriebswirtin in einer Spitzen-

---

[9] Ich verzichte auf eine Zusammenfassung von Individualisierungsprozessen und den daraus folgenden Identitätsanforderungen. Siehe dazu z.B. Herriger 1997, S. 36 - 51; Hitzler/Honer 1994; Keupp 1988; Keupp/Höfer 1997.

position arbeitet grundsätzlich am Wochenende nicht, weil ihr der Sonntag buchstäblich heilig ist und sorgt dadurch für Irritationen; usw.

Beides, persönliche und berufliche Entwicklung, sind verknüpft über die **Biographie**. Und diese wiederum ist eingebunden in einen **gesellschaftlichen und historischen Kontext**. Keine der Ebenen darf ignoriert werden, es darf aber auch keine Vermischung erfolgen. Sich (z.B. mit Hilfe eines Genogramms) auf die Suche danach zu begeben, „wozu" jemand Sozialarbeiterin, Kriminalinspektor, Gynäkologin oder Künstlerin wurde, welche Familien-Themen er oder sie damit bearbeitet, welche geheimen Aufträge damit erfüllt werden, gehört zu den immer wieder aufregenden Erkundungsreisen in eigenes und fremdes Terrain. Ebenso aufschlussreich ist die Frage, wie gesellschaftliche Umbrüche (die Kapitulation des NS-Staates und der darauffolgende Wiederaufbau in westlicher wie östlicher Variante, die „Wende", der Krieg im ehemaligen Jugoslawien), in den einzelnen Lebensläufen (und in deren Interpretation!) ihren Niederschlag gefunden haben.

„Die Zukunft ist ungewiß, die Vergangenheit ändert sich ständig."[10] So formulierte einmal eine Kollegin das, was wir bewusst oder unbewusst tun, wenn wir mit den Daten und Ereignissen unseres Lebens umgehen. Menschen (re-)interpretieren, machen den Lebenslauf passend für eine Bewerbung, stellen Gemeinsamkeiten her, wenn sie eine Liebesbeziehung eingehen, erinnern sich im Kontext politischer Entwicklungen bestimmter Ereignisse, vergessen andere, zeichnen immer wieder ein etwas verändertes Bild dessen, was ihr Leben ausmacht. Die supervisorische Kunst besteht nun darin, diese Bilder soweit zu entschlüsseln, dass sie nutzbar gemacht werden können. Dazu ist es für die Supervisorin unumgänglich, sich mit den eigenen Erfahrungen und Bildern (oder blinden Flecken) zum gleichen Thema zu konfrontieren.

Und was haben die Klientinnen davon?

Das, was im supervisorischen Prozess zwischen Supervisorin und der Supervisandin passiert, wird, wie erwähnt, auf eine weitere Ebene transponiert: die Ebene des beruflichen Handelns der um Supervision nachsuchen Experten mit ihren Klienten.

Die Sozialarbeiterin Frau B. hat Frau R. zu begleiten, die mit 21 Jahren die Berufsschule erfolgreich abschließen soll. Vor allem das theoretische Lernen bereitet ihr aufgrund großer Wissenslücken erhebliche Schwierigkeiten. Frau R. hat eine schwere Kindheit und Jugend erlebt, es gab vielfältige Gewalt-

---

[10] Das Zitat stammt von Angelika Wetterer, die Quelle ist nicht mehr auffindbar.

und Suchtprobleme in der Familie. Sie selbst lebt derzeit nach einer gescheiterten Beziehung allein. Ihr Vater, der für diese Ausbildungsphase noch zahlen soll, tut dies nicht freiwillig, Frau R. muss gerichtlich gegen ihn vorgehen. Eine zentrale Erfahrung ihres Lebens ist, dass sie immer wieder verlassen wurde. Das setzte sich auch in ihren Beziehungen mit Männern fort. Die Sozialarbeiterin, die nur als Vertretung mit ihr arbeitet, ist sehr bedrückt durch das Wissen, dass auch sie wieder in das gleiche Muster passen wird: „Ich lasse dich im Stich." In einer Sitzung erzählt sie fast verzweifelt davon, dass Frau R. feststellte: „Ich musste immer alles alleine entscheiden."

Hier galt es, diesen Satz: „Ich musste immer alles alleine entscheiden" zunächst aus dem Kontext der Klientin zu lösen und die Sozialarbeiterin zu fragen: „Wie ist das bei dir, hast du immer Hilfe gefunden, wenn du etwas zu entscheiden hattest?" Auch im Leben von Frau B. war das oft nicht der Fall. Dies war zwar nicht immer leicht - im Endeffekt für ihre Entwicklung jedoch gut gewesen. Sie wäre nicht da, wo sie heute steht, wenn sie diese Erfahrung nicht gemacht hätte. In diesem speziellen Fall bewirkte tatsächlich eine einzige Frage eine **Umdeutung** von der als negativ gespeicherten Erfahrung hin zu deren emanzipatorischen Folgen. Dieser gelungene Reframingprozess[11] hatte Rückwirkungen auf den Umgang mit der Klientin: beide konnten es wesentlich entspannter angehen, dass sie nur eine befristete Zeit miteinander arbeiten würden und dass die Sozialarbeiterin sich von ihr trennen würde, ohne das Ende des Schuljahres mitzuerleben. Die Sozialarbeiterin Frau B. hatte dann auch mehr Vertrauen in die Fähigkeiten von Frau R., ihre finanzielle sowie ihre Wohnsituation und die Beziehungsproblematik alleine (oder mit punktueller Hilfe) zu lösen.

Was kann - im Sinne von Empowerment - das Ergebnis so verstandener Supervisionsprozesse für die Supervisandin und deren Klient, sowie für die Supervisorin sein? Ich nenne fünf Punkte.

Biographisch focussierte systemische Supervision

- öffnet den Blick auf das, was als Interpretationsmuster bei allen beteiligten Personen vorhanden ist, macht es transparent und damit verhandelbar,
- fordert und fördert die Reflexion der persönlichen Sinn- und Werte-Orientierung,

---

[11] Reframing meint, dass der Rahmen, innerhalb dessen ich ein Ereignis bewerte, gewechselt (neu gerahmt) wird und so eine unangenehme Erfahrung auch in ihrem positiven Konsequenzen gewürdigt werden kann (z.B. indem ich erkenne, dass ich dadurch etwas gelernt habe, gereift bin etc.).

- ermuntert dazu, die eigene innere Landschaft neu zu betrachten und zu vermessen und andere Landkarten zu erstellen, die dabei helfen können, ungewöhnliche Wege auszuprobieren,
- befähigt dazu, sich einander mit ethnologischem Blick wie Forscher in einer fremden Kultur zu nähern und neugierig zu sein für die Geschichten der „Fremden",
- zeigt auf, wie durch das Erlernen neuer Muster Handlungsmöglichkeiten erweitert und auch Felder strukturiert werden können, in denen etwas bisher weniger gut gelang.

Als Resümee kann festgehalten werden: Nicht nur zwischen Supervisorin und Supervisanden, sondern auch zwischen Praktiker und Klient stehen die Metaphern und Geschichten von dem, was ein gutes, ein „gelingendes Leben" heißt, zur Disposition. Immer wieder ist auf allen Ebenen zu überprüfen, inwieweit das bisher als sicher Geglaubte noch gilt und nützt.

Das Gleiche ist nicht dasselbe

Ich komme auf das Eingangsbeispiel zurück. Was hat das Dilemma von Frau S., die sich nicht zwischen ihrem ungarischen Onkel und ihren beruflichen Anforderungen entscheiden konnte, mit meiner eigenen Biographie zu tun?
Es gibt Parallelen - und Unterschiede. Auch meine Eltern sind Emigranten, Flüchtlinge. Meine Mutter kam als Sudetendeutsche bei Kriegsende nach Deutschland, meine Vater als Bürger der ehemaligen UDSSR ebenfalls etwa zu dieser Zeit. Die Tatsache, im „Exil" zu leben, lag auch bei uns zuhause immer in der Luft, und „Identität als Deutsche", „Heimat" usw. waren Themen, die mich lange umtrieben und auch meine Studienwahl Soziologie beeinflussten. Irgendwann habe ich mich dann entschlossen, die Position auf der Grenze zwischen den Welten produktiv zu nutzen und Supervision zu einem meiner beruflichen Schwerpunkte zu machen. Von der Familie erhoffte ich mir wenig, schon deshalb nicht, weil ich eine bürgerliche Großfamilie im positiven Sinn nicht kannte. Ich habe mich etwa, um nur ein Beispiel zu nennen, im ersten Semester des Soziologiestudiums intensiv mit Friedrich Engels, „Die Zukunft der Familie, des Privateigentums und des Staates" beschäftigt. „Kritik der bürgerlichen Familie" war damals eines der Themen der '68er, eine Facette des Versuchs der Aufarbeitung der NS-Vergangenheit, patriarchaler Strukturen und der Bewältigung des Aufwachsens in der "vaterlosen

Gesellschaft" (Mitscherlich 1983). Für mich war es zugleich wohl der Versuch der Rechtfertigung, dass Leben auch ohne Familie möglich ist.

Die Rückbesinnung auf die Frage, wie ich mit dem Leben „in der Fremde" bisher umgegangen war, führte mich in der Reflexion der Sitzung mit der Klientin zu der Einsicht, dass meine Vorstellung, ich könne sie aufgrund eines gemeinsamen Erfahrungshintergrundes unmittelbar „verstehen", falsch war. Vielmehr gab es in meiner Biographie und meiner Art des Umgangs mit teilweise identischen Puzzlestücken große Unterschiede. Meine Wirklichkeits-Konstruktion („Ich brauche keine Familie") ist eine von vielen möglichen. Für Frau S. war eine andere Konstruktion tragend.

Grundsätzlich gehört es nicht zum Setting der Supervision, Erkenntnisprozesse der Supervisorin einzubringen, auch wenn die Versuchung manchmal da ist. Einzige Ausnahme: Wenn es dem Weg der Supervisandin dient, sie voranbringt, oder wenn ein Zurückhalten blockierend wirken würde.[12]

Der politisch-historische Rahmen unserer beider Lebensgeschichten ist die Ordnung Europas und der Welt nach dem 2. Weltkrieg. Die Ideologien des „Kapitalismus" und des „Kommunismus", Schlagworte wie „Kalter Krieg" und „Eiserner Vorhang" beherrschen die öffentlichen und privaten politischen Diskurse in unseren Umfeldern. Unsere Eltern haben teilweise in diesem Kontext beruflich gearbeitet, wir sind beide mit dieser Teilung der Welt groß geworden. Nur war meine Trennung vom Herkunftsland meines Vaters hermetischer, Ungarn liegt näher, Frau S. wurde noch dort geboren und spricht die Sprache. Auch daraus erwuchs ein Gemisch von Überlappungen und Unterschieden, das, einmal reflektiert, zu neuen Öffnungen führte. Gleichzeitig konnte im supervisorischen Prozess ein gemeinsamer Schritt vollzogen werden. Es war klar, dass für Frau S. berufliche und familiale Anforderungen gleichwertig und nicht in eine Rangfolge zu bringen sind. Daher müssen, um Lebensqualität zu fördern, entweder beide Bereiche kompatibel gemacht, oder sie muss ermutigt werden, ihren Anspruch zu verändern. Indem dies von mir formuliert wurde, hatten wir beide auf unterschiedliche Weise die Chance, uns von alten Bildern, Mustern, Enttäuschungen und Hoffnungen zu verabschieden. Sie konnte ein bißchen mehr auf Abstand zur Familie gehen, ich konnte etwas mehr Familie zulassen. Zumindest punktuell gelang es uns beiden auf unterschiedliche Weise, die Welt - unsere je eigene Welt - „hoch(zu)werfen, daß der Wind hindurchfährt", wie Hilde Domin sehnsuchtsvoll formuliert.

---

[12] Auf die Frage, wie eine solche Thematisierung methodisch aussehen könnte, kann hier nicht eingegangen werden.

Noch eine Wirkung in meinem persönlichen Umfeld hatte diese kleine Episode. Der kurz danach erfolgte Besuch der Schwester meines Vaters aus seiner früheren Heimat (wir sahen uns das erstemal, mein Vater hatte sie fast 60 Jahre nicht gesehen) bekam durch diese Episode eine etwas andere Färbung, ich war etwas offener, etwas neugieriger, etwas „familienbewußter". Indem ich meine Einstellung zum Konstrukt „Familie" neuerlich überprüft hatte, wurde für meine eigene Lebensgestaltung eine Türe einen Spalt breit dahingehend geöffnet, die eigene Herkunftsfamilie in ihrer Bedeutung für meine Gegenwart deutlicher wahrzunehmen.

Literatur

Beck, Ulrich/Beck-Gernsheim, Elisabeth (Hrsg.) 1994: Riskante Freiheiten. Frankfurt/M.

Beck, Ulrich 1986: Risikogesellschaft. Frankfurt/M.

Domin, Hilde [5]1998: Hier. Gedichte. Frankfurt/M.

Habermas, Jürgen 1981: System und Lebenswelt. In: Ders., Theorie des kommunikativen Handelns. Band 2. Frankfurt/M., 171 - 294.

Herriger, Norbert 1997: Empowerment in der Sozialen Arbeit. Stuttgart, Berlin, Köln.

Hitzler, Ronald/Honer, Anne 1994: Bastelexistenz. Über subjektive Konsequenzen der Individualisierung. In: Beck, Ulrich/Beck-Gernsheim, Elisabeth (Hrsg.): Riskante Freiheiten. Frankfurt/M., 307 - 315.

Keupp, Heiner 1988: Riskante Chancen. Das Subjekt zwischen Psychokultur und Selbstorganisation. Heidelberg.

Keupp, Heiner / Stark, Wolfgang 1993: Zu diesem Heft. In: Blätter der Wohlfahrtspflege, Heft 2 ("Empowerment"), 40.

Keupp, Heiner / Höfer, Renate (Hrsg.) 1997: Identitätsarbeit heute. Frankfurt/M.

Mitscherlich, Alexander 1983: Auf dem Weg zur vaterlosen Gesellschaft. München.

Pankofer, Sabine / Weber, Klaus 1997: Empowerment. In: Grubitzsch, Siegfried / Weber, Klaus (Hrsg.): Psychologische Grundbegriffe. Reinbek, 117 - 118.

Preglau, Max 1989: Kritische Theorie: Jürgen Habermas. In: Morell, Julius u.a.: Soziologische Theorie. München, Wien, 194 - 214.

Schlippe, Arist von / Schweitzer, Jochen ³1997: Lehrbuch der systemischen Therapie und Beratung. Göttingen.

de Shazer, Steve ⁴1995: Der Dreh. Überraschende Wege und Lösungen in der Kurzzeittherapie. Heidelberg.

Stark, Wolfgang 1996: Empowerment. Neue Handlungskompetenzen in der psychosozialen Praxis. Freiburg.

Staub-Bernasconi, Silvia 1994: Soziale Probleme - soziale Berufe - soziale Praxis. In: Heiner, Maja u.a.: Methodisches Handeln in der Sozialen Arbeit. Freiburg, 11 - 101.

Tatschmurat, Carmen 1996: Feministisch orientierte Soziale Arbeit: Parteilich handeln, dekonstruktivistisch denken? In: Miller, Tilly/Tatschmurat, Carmen (Hrsg.): Soziale Arbeit mit Frauen und Mädchen. Positionsbestimmungen und Handlungsperspektiven. Stuttgart, 9 - 28.

Kann man Empowerment lernen? Und wie!

Sabine Pankofer

Die Frage, ob man Empowerment ‚lernen' kann, ist meines Erachtens sehr einfach mit ‚ja' zu beantworten. Aber natürlich kommt es auch darauf an, was man genau unter Empowerment versteht, denn Empowerment ist keine eigene Methode, sondern ein abstrakter Sammelbegriff für spezifische Formen des Handelns und Helfens. Damit gemeint sind zum einen „alle Möglichkeiten und Hilfen, die es Menschen ermöglichen, Kontrolle über ihr Leben zu gewinnen und sie bei der Beschaffung von Ressourcen zu unterstützen" (Stark 1993, 41). Zum anderen ist Empowerment der Effekt eines solchen Handelns, im Sinne von erlebter Stärke und Kontrolle über das eigene Leben auch bei solchen Menschen, die sich auf Grund von biografisch erworbenen Erfahrungen nicht unbedingt so erleben – und damit klassische ‚KlientInnen' Sozialer Arbeit sind. Um deren Empowerment möglich zu machen, braucht es spezifisch aktive UnterstützerInnen[1], die mit einem ressourcenorientierten Blick dazu beitragen, andere Perspektiven auf die bestehenden Problematiken zu entwickeln.

Wie gesagt: Empowerment ist keine Methode, sondern vielmehr eine spezifische Grundhaltung im Helfen, die einen oft allzu selbstverständlichen Blick auf die Defizite von Menschen überwindet bzw. überwinden hilft (vgl. Stark 1996; Keupp 1993). Ein Handeln unter einer solchen Maxime kann in verschiedenen Empowerment-Rollen zusammengefasst werden, wie z.B. die Rolle als Lebenswelt-AnalytikerIn, als kritische/r LebensinterpretIn oder als NormalisierungsarbeiterIn (vgl. den einführenden Artikel und Herriger 1997a, 33f.). Für mich als Hochschullehrerin stellen sich daher folgende Fragen: Wie kann die Entwicklung einer professionellen Identität im Sinne des Empowerments im Kontext eines Hochschulstudiums unterstützt werden? Das bedeutet: Wie kann Empowerment – verstanden als eine ressourcenorientierte Haltung, die sich an den Menschenstärken orientiert – praxisnah und theoriereflektierend an einer Hochschule gelehrt und gelernt werden?

---

[1] Dabei muss natürlich festgestellt werden, dass Soziale Arbeit nicht nur im Feld der professionellen psychosozialen Arbeit stattfindet, sondern auch in selbstorganisierten Formen, wie z.B. in Selbsthilfegruppen, Bürgerinitiativen oder anderen Partizipationsprojekten von BürgerInnen oder im ganz normalen Leben durch „alltägliche Helfer" (vgl. Nestmann 1988), worauf Theorien der Sozialen Unterstützung seit vielen Jahren explizit hinweisen.

(Von) Empowerment erfahren

Ausgangspunkt ist die Annahme, dass es keine Zauberei ist, Empowerment-Rollen kompetent und professionell auszufüllen, sondern dass es komplexer und unterschiedlicher Lernerfahrungen und Experimentiermöglichkeiten in der Aneignung dieser spezifischen professionellen Haltung bedarf. Das passiert zum einen im ‚ganz normalen Leben' durch eigene Erfahrungen des Miteinanders, aber auch in der Ausbildung. Ein Zugang dort ist eher theoretischer Art, indem das Konzept Empowerment dort kennen gelernt wird. Das Konzept des Empowerments ist mittlerweile auch im deutschen Sprachraum gut diskutiert[2] und die entsprechenden Quellen können im selbständigen und gemeinsamen Literaturstudium erarbeitet und kritisch diskutiert werden. Daneben bedarf es einer fundierten Ausbildung im Bereich Theorien Sozialer Arbeit als wissenschaftlichem Bezugsrahmen, um das Empowermentkonzept wissenschaftstheoretisch verorten und die eigene professionelle Kompetenz metatheoretisch reflektieren zu können.

Ein anderer Zugang erfolgt durch eigene Erfahrungen von Empowerment im Kontext der Hochschule. Dass eine Aneignung des Empowermentkonzeptes nicht durch bloßes Lernen und Reproduzieren von Fakten erfolgen kann, sondern auch eigener 'empowernder' Erfahrungen und Einsichten innerhalb der Fachausbildung für Sozialarbeiter- und SozialpädagogInnen[3] bedarf, liegt auf der Hand. Dazu braucht es entsprechende inhaltliche und methodische Ansätze. In Seminaren an einer Fachhochschule muss es daher darum gehen, ressourcenorientierte Lernerfahrungen im Sinne einer ‚erlernten Hoffnungsfreudigkeit' (vgl. Herriger 1997b, 73f.) zu ermöglichen, ausgehend von der Grundannahme, dass alle Menschen Potenziale der Selbstaktualisierung haben und diese weiter entwickeln können. In diesem Sinne ist die Ausbildung von SozialarbeiterInnen – neben einer fundierten Wissensvermittlung – anzulegen.

Empowerment in der Fachhochschule erleben und herstellen

Die Fachhochschule kann als Lern- und Lebensort von Studierenden und Lehrenden verstanden werden. Ziel der Ausbildung ist neben einer fachlichen Fundierung auf der Basis von wissenschaftlichen Konzepten die Entwicklung einer personalen Professionalität (vgl. Ulke et al. 1988). Vergleicht man nun die Intentionen des Empowerments (vgl. Stark 1993, 43) mit den Ausbil-

---

[2] Vgl. dazu die Literaturliste des einführenden Artikels von Pankofer.
[3] Ich benutze die Begriffe Sozialarbeit und Sozialpädagogik synonym.

dungszielen bzw. Standards für eine qualifizierte Lehre[4], zeigt sich ein hoher Grad an Deckungsgleichheit.

So dient Empowerment

- der Entwicklung von positiven, aktiven Gefühlen des „In-der-Welt-Seins";
- der Entwicklung von Fähigkeiten, Strategien und Ressourcen, um aktiv und gezielt individuelle und gemeinschaftliche Ziele zu erreichen;
- dem Erwerben von Wissen und Können, die zu einem kritischen Verständnis von sozialen und politischen Verhältnissen, aber auch der eigenen sozialen Umwelt führen.

In diesem Sinne bedeutet eine gelungene Ausbildung immer auch Empowerment. Um eine Ausbildung ‚gelingend' zu gestalten, braucht es – anlehnend an das Empowermentkonzept (vgl. Stark 1993, 43) – in der Lern- und Lebenssituation Hochschule Erfahrungen auf drei Ebenen, die im folgenden skizziert und diskutiert werden sollen: zum einen die individuelle Ebene und ein psychologisches Empowerment; dazu die Gruppenebene, wobei das Empowerment von Gruppen und Organisationen im Mittelpunkt steht. Abschließend werden Faktoren für Empowerment auf einer strukturellen bzw. politischen Ebene im Kontext der Hochschule benannt.

Psychologisches Empowerment

Ziel des psychologischen Empowerment ist es, aus einer Situation der Demoralisierung, Machtlosigkeit und Resignation heraus zu beginnen, Situationen in die eigene Hand zu nehmen und Stärke zu entwickeln und dabei den eigenen Wahrnehmungen zu trauern (vgl. Stark 1993, 43).

Was braucht es nun an einer Hochschule, um dies zu ermöglichen?

Studierende der Fachrichtung Sozialarbeit/Sozialpädagogik bringen häufig vielfältige Lebens- und Berufserfahrungen mit, die nicht zuletzt dazu beitrugen, sich für dieses Studium (häufig als Aufbau und Ergänzung vorheriger Ausbildungen) zu entscheiden. Auf ihre Studienmotivation hin befragt berichten viele Studierende von Erlebnissen der Entfremdung in ihrer vorherigen Arbeit, von geringer Sinnhaftigkeit und wenig Entscheidungsmöglichkeiten im professionellen Tun oder in der schulischen Ausbildung. Viele kommen erst nach einigen Umwegen zu diesem Studium und versprechen

---

[4] Diese Standards wurden im Kontext eines Leitbildentwicklungsprozesses an der Katholischen Stiftungsfachhochschule München erarbeitet.

sich von der größeren Praxisorientierung an einer Fachhochschule mehr Möglichkeiten, sich als Person und die eigenen Erfahrungen zu reflektieren bzw. Wissen über Zusammenhänge zu erweitern. Für viele bedeutet somit bereits die Entscheidung für das Studium psychologisches Empowerment.

Um nun psychologische Empowermenterfahrungen im Kontext von Lehrveranstaltungen verschiedenster Art (Seminar, Arbeitsgruppe, Vorlesung, Projekt etc.) zu ermöglichen, bieten sich Herangehensweisen an, die unter dem Begriff des „biografischen Lernens" (Herriger 1997b, 97f.) zusammengefasst werden. Ausgehend von dem Ansatzpunkt, dass zukünftige SozialarbeiterInnen als ‚Biografie-ArbeiterInnen' tätig sein sollen, ist eine Auseinandersetzung mit der eigenen Biografie bzw. Persönlichkeit zentrale Voraussetzung. Neben expliziten Angeboten an Selbsterfahrung (vgl. hierzu auch Irmler / Miller im gleichen Band) ist das m. E. auch mit relativ einfachen Mitteln im ‚ganz normalen Seminar' möglich – wenngleich mit anderer Intensität und Reichweite.

Dazu ein Beispiel: In Veranstaltungen zum Themengebiet Klinische Psychologie, in dem verschiedenste sog. Störungsbilder[5], wie z.B. Depression, Ängste oder psychotische Symptombilder etc. beschrieben und diskutiert werden, thematisiere ich mit den Studierenden, welche Übertragungsreaktionen[6] sie auf Filmbeispiele bzw. Praxisberichte haben. Ich lade die Studierenden zu intensiven Selbstreflexionen ein im Sinne von: „Überprüfen Sie Ihre Reaktion auf diesen Menschen, der als psychotisch gilt. Mit welchen Gefühlen reagieren Sie auf die hier zu betrachtende Situation und warum? Was erkennen Sie wieder?" und: „Zu welchen Gedanken oder Erinnerungen führen diese Gefühle in dieser Situation?" Diese Reflexionen bieten den TeilnehmerInnen Möglichkeiten an, eigene Gefühle und Wahrnehmungen zu erkennen, für sich zu deuten und auch mit den Wahrnehmungen anderer Personen zu vergleichen. In der Feststellung, dass dabei häufig Unterschiede zu erkennen sind bzw. eigene Muster des Denkens deutlich werden, liegt die Chance, das eigene Denken und Fühlen im Sinne des systemischen Paradigmas als eigene Konstruktionen wahrzunehmen, die wiederum auf der Basis lebensgeschicht-

---

[5] Der Begriff der ‚Störung' im Sinne einer Psychopathologie ist dabei äußerst kritisch zu hinterfragen (vgl. Fellner 1997). In einem sozialpsychologischen Verständnis werden sog. Störungen als Bewältigungsstrategien gedeutet, die erst durch sekundäre Stigmatisierung pathologisiert werden.

[6] Unter Übertragung verstehe ich im psychoanalytischen Sinn das Erleben von Gefühlen, Fantasien, Einstellungen und Abwehrhaltungen gegenüber anderen Menschen, wobei dieses Erleben auf Grund der unbewussten Aktualisierung einer früheren Beziehung zu einer veränderten Wahrnehmung führt und deshalb der Gegenwart nicht angemessen ist (vgl. Mertens 1997).

lich erworbener Erfahrungen gedeutet werden können[7]. Die spannenden Fragen dabei sind: Welches Gefühl war der erste Impuls? Wird dieser Impuls automatisch handlungsleitend? Wann oder wie kommen fachliche Konzepte bei diesen Überlegungen ins Spiel? Wie werden theoretische Konzepte wiederum emotional gedeutet: Als Störung der Gedanken und Gefühle oder als Entlastung im Sinne einer Kontextuierung der eigenen Erfahrungen?

Die Studierenden haben dadurch die Möglichkeit, ihre in bestimmten Situationen auftretenden Impulse intensiv wahrzunehmen und durch Reflexion in den Kontext persönlicher Erfahrungen zu stellen. So kann eine Selbstreflexion durch Selbstaktualisierung und Bearbeitung eigener Erfahrungen erfolgen – was eine unabdingbare Notwendigkeit ist, um Fachlichkeit zu entwickeln und z.B. Empowerment-Rollen kompetent füllen zu können. All dies gilt es zu identifizieren, zu reflektieren und im Sinne einer sich entwickelnden Professionalität zu modifizieren. Ziel ist es, nicht nur aus dem Bauch[8] heraus zu agieren, aber dennoch den eigenen Gefühlen und Wahrnehmungen zu trauen und sie ernst zu nehmen, dabei aber die eigene Psychodynamik und Übertragungsreaktionen im Sinne des Konstruktivismus nicht ungefiltert auf das Gegenüber – mit seiner/ihrer ganz eigenen Wirklichkeit (vgl. Watzlawick 1978) – zu übertragen. Lernen heißt dann, nicht nur (notwendige) Fakten zu lernen, sondern sich beim Lernen besser kennen zulernen.

Selbstaktualisierungen haben große Kraft und machen Aspekte der jeweiligen Person und ihres Prozesses transparent. Durch Selbstaktualisierungen können alle SeminarteilnehmerInnen an den Lernerfahrungen teilhaben, wodurch die TeilnehmerInnen wiederum zu einschätzbaren und damit 'sicheren' Gegenübern werden, was gruppenstabilisierende Wirkung hat – egal, wie groß die Gruppe ist. Die einzelnen TeilnehmerInnen entwickeln einen Zugang zu den eigenen Gefühlen und können – trotz theoretischer Lücken v.a. zu Beginn des Studiums – Stärken und Lust am Lernen entwickeln bzw. behalten. Erfahrungen wie diese können somit im Sinne von 'erlernter Hoffnungsfreudigkeit' als psychologisches Empowerment bezeichnet werden (vgl. Stark 1993, 43) – was nicht nur für die Studierenden, sondern auch für die Lehrenden gilt.

---

[7] Diese Reflexion erfolgt – je nach Kontext – eher individuell. Studierende berichten jedoch von nachhaltigen Erfahrungen auf Grund solcher Nachfragen, obwohl diese in Großgruppen nicht gemeinsam besprochen werden können.

[8] Unser Kollege Prof. Dr. Dionys Zink hat dazu den wunderschönen Ausdruck „ex hohlo baucho" geprägt.

Empowerment von Gruppen

Stark stellt fest: „Partizipative Entscheidungsstrukturen in Organisationen und Gruppen sind offensichtlich der Schlüssel zur Entwicklung von Selbstbewußtsein, der Wahrnehmung und Nutzung eigener Stärken – das, was mit psychologischem Empowerment bezeichnet werden kann. Empowermentprozesse fördernde soziale Systeme oder Organisationen mit partizipativen Entscheidungsstrukturen reduzieren Rollenkonflikte und verbessern das Kontrollbewußtsein der Mitglieder und erhöhen die Zufriedenheit der einzelnen" (Stark 1993, 43). Kennzeichen von „empowering organzations" sind demnach (ebd. 43):

- Möglichkeiten zu Mitarbeit in der Organisation,
- soziale Strukturen, die zur Weitergabe eigener Kompetenzen anregen,
- gemeinsame Entscheidungsfindungsprozesse,
- Durchführung gemeinschaftlicher Projekte und Aktivitäten,
- offene Leitungsstrukturen.

Im Sinne von Empowerment sind daher größtmögliche partizipative und prozessoffene Strukturen in der inhaltlichen Gestaltung von Seminaren und anderen Lehrveranstaltungen anzustreben. Empowermentorientierte Seminare sind – im Rahmen der thematischen Rahmenbedingungen – so zu strukturieren, dass zwar ein Gerüst gegeben ist, die Gesamtgruppe dann jedoch entscheidet, welche situationsorientierten theoretischen Inputs für die Gruppe notwendig sind. Das bedeutet: Es gibt keinen festen Seminarplan, sondern LeiterInnen und Gruppe entscheiden immer wieder gemeinsam neu darüber, welche theoretischen Informationen für die Bearbeitung des Falles notwendig sind und was für die jeweilig folgende Sitzung vorzubereiten ist. Die Verantwortung dafür, was und wie vorbereitet wird, trägt die Gruppe, die mit ihrem Angebot in Auseinandersetzung mit der Gesamtgruppe und den LeiterInnen tritt. Ein solches prozessorientiertes Arbeiten bedeutet daher, das Thema ‚Leitung' – und damit Macht – aktiv im Gruppenprozess anzugehen, zu thematisieren und zu gestalten.

Dafür sind Interaktionsregeln, wie sie Ruth Cohn im Konzept der themenzentrierten Interaktion entwickelt hat (zusammengefasst in Schmidbauer, 1999, 214), äußerst hilfreich:

- Jedes Mitglied ist sein/e eigene/r GruppenleiterIn, der/die aus der Gruppenteilnahme machen kann, was er/sie verantworten will.

- Persönliche Aussagen treten an die Stelle von unpersönlichen, allgemein gültigen Feststellungen, d.h. die Mitglieder sprechen von ‚ich' und ‚du' anstatt von ‚man' und ‚wir'.
- Alle Störungen in der Gruppe haben Vorrang.
- Feedbacks geben die Möglichkeit, mit sich selbst und neuen Erfahrungen bzw. Äußerungen zu experimentieren. Dabei kann gelernt werden, Feedbacks zu geben und mit erhaltenen Feedbacks konstruktiv (d.h. nichtdefensiv) umzugehen, indem sie ruhig angehört werden.

Dazu ein Beispiel, diesmal aus einem Studienschwerpunktseminar: In Planungssitzungen erklären sich einzelne oder kleine Gruppen bereit, Themen inhaltlich vorzubereiten und didaktisch umzusetzen. Daneben übernimmt in jeder Sitzung eine StudentIn die Tagesleitung mit der Aufgabe, gemeinsam mit den Leiterinnen[9] und den inhaltlich Verantwortlichen für die Sitzung über Struktur und Verlauf des Seminars zu entscheiden. Im Verlauf der Arbeitssitzung achtet sie auf Strukturierung, Pausen und Zeitplanung und unterstützt damit die inhaltlich Verantwortlichen. Durch ein solches aktives Annehmen von Leitung werden Moderationsfähigkeiten eingeübt und die StudentInnen lernen, sich mit der machtvollen Rolle der Leitung auseinander zusetzen. Ausführliches und differenziertes Feedback zu bekommen (ebenfalls eine wichtige Lernmethode) verhilft ihnen dazu, sich selbst in der ungewohnten und evtl. angstbesetzten Rolle ressourcenorientiert wahrzunehmen und experimentierfreudig zu sein. Aufgabe der Tages-, aber auch der Seminarleitung ist es, für aussagekräftige Feedbacks zu sorgen. Die Verantwortung für Inhalte und Gelingen des Seminars wird dadurch potenziell mehr zum Thema der ganzen Gruppe. Die Erfahrung zeigt, dass durch die Weitergabe eigener Kompetenzen die Gesamtgruppe stimuliert wird.

Erfahrungen in diesem Kontext zeigen, wie spannend sich Lernprozesse entwickeln können. Dazu ein Beispiel: Auslöser einer situativen Umgestaltung des Seminarprogramms war eine sehr kritische und abwertende Berichterstattung von einem Streetwork-Angebot in einer überregionalen Tageszeitung auf der Basis einer Beschlussvorlage für einen anstehenden Stadtratsbeschluss über die Weiterfinanzierung eines spezifischen Angebotes sozialer Arbeit im niederschwelligen Bereich. StudentInnen brachten diese Informationen zu Beginn eines Studienschwerpunktseminares ein, was im Sinne von ‚Störungen haben Vorrang' dazu führte, dass der Seminarverlauf von der Gruppe und den Leiterinnen der nächsten Wochen verändert wurde. Die Folgen waren er-

---

[9] Studienschwerpunkte im Hauptstudium werden in der Regel im Teamteaching geleitet. Im Studienschwerpunkt Resozialisierung haben Prof. Dr. Carmen Tatschmurat und ich eine erfolgreiche Tradition in dieser Arbeitsweise entwickelt.

staunlich: Statt theoretischer Trockenübungen zum Thema ‚Aufgaben der Wissenschaft / Hochschulen und politische Partizipation' entwickelte sich echte politische Einmischung in Form eines fachlichen Austausches mit den Verantwortlichen einer staatlichen Stelle. Der Dienststellenleiter reagierte auf den LeserInnenbrief, indem er eine ausführliche Kritik daran an die Gruppe formulierte. Diese Kritik wiederum wurde im nächsten Seminar von den Studierenden kritisch diskutiert und überlegt, welche Form und Inhalt einer Antwort Sinn macht. Es bildeten sich Untergruppen, die auf der Basis von Konzeptpapieren der Institution, die dem Seminar zugeleitet wurden, inhaltliche Stellungnahmen auf der Basis aktueller Sozialarbeitstheorien erarbeiteten. Danach kam es zu einem Fachgespräch mit einem Verantwortlichen der Institution, das von allen Seiten als fruchtbar und spannend bewertet wurde und zu weiteren Ideen für politische Aktivitäten führte.

Diese Aktion hatte neben der politischen Einmischungserfahrung eine empowernde Wirkung für die einzelnen StudentInnen, aber auch für die Gruppe an sich: Durch die Mitarbeit der SeminarteilnehmerInnen konnten neue Fähigkeiten herausgebildet werden, z.B. Transferkompetenzen von Theorie und Praxis und sozialarbeiterische Positionierungen von hoher Fachlichkeit – ganz im Sinne einer ressourcenorientierten Haltung, die sich an den Menschenstärken orientiert. Auf Grund des hohen Grades an Partizipation durch eine solche aktive Gestaltung von Seminaren können einzelne TeilnehmerInnen, aber auch die Gruppe als ganzes Selbstbewusstsein und Stärke gewinnen. Dadurch wird Macht im Sinne von Gestaltungsmacht, aber auch Verantwortung – ganz im Sinne des Empowerments – zwischen den Teilnehmerinnen, aber auch den LeiterInnen geteilt. Das bedeutet: Über individuelle Stärkung der einzelnen hinaus erfolgt Empowerment auf der Gruppen- und Organisationsebene in Form von partizipativen Entscheidungsstrukturen.

Empowerment auf der strukturellen Ebene

Diese Partizipationsformen haben auch Auswirkungen auf die strukturelle Ebene, wenngleich sie faktisch bestehende Machtunterschiede zwischen Studierenden und ProfessorInnen nicht grundsätzlich nivellieren können. Auf Grund der Systemlogik eines Ausbildungsapparates gibt es strukturelle Machtunterschiede zwischen den DozentInnen und den Studierenden, wobei die spannende Frage vor allem die ist, wie bestehende Machtbeziehungen aussehen müssen, damit strukturelles Empowerment entstehen kann. Nach Stark müssen dafür Rahmenbedingungen so gestaltet sein, dass die Individuen und die Organisation interagieren und sich gegenseitig fördern: „Eine fördernde Atmosphäre zur Teilhabe an den sozial relevanten Entscheidungen für alle Mitglieder, wie auch die spezifische Struktur von Organisationen und öffentlichen Einrichtungen und deren Beziehungen untereinander ist für strukturelles Empowerment kennzeichnend" (Stark 1993, 43).

Für den Kontext einer Hochschule bedeutet das mehreres: Zum einen verlangt es von den Lehrenden einen kooperativen Ansatz in den Lehrveranstaltungen und beim Entwickeln von Projekten und Arbeitsgruppen. Zum anderen verlangt es auf der hochschulpolitischen Ebene möglichst große Partizipationsmöglichkeiten der Studierenden bei wichtigen Entscheidungsprozessen. So sind die hochschulpolitischen Mitbestimmungsorgane mit entsprechenden Mitspracherechten auszustatten, wobei diese Verantwortung auch von den Studierenden getragen werden muss. Im Sprachgebrauch von Staub-Bernasconi kann es folgendermaßen formuliert werden: Strukturelles Empowerment entsteht dann, wenn die strukturelle Macht von den Studierenden – trotz aller möglichen Unterschiede zwischen Hochschulleitung bzw. MitarbeiterInnen – als gerechte und legitime Macht im Sinne einer ‚Begrenzungsmacht' (Staub-Bernasconi 1994, 28f.) erlebt wird.

Grundbedingung für eine solche partizipativ orientierte Hochschulkultur ist die Teilnahme von Studierenden an wichtigen Arbeitskreisen und Kommissionen, auch wenn sie keine offizielle Stimme haben. So wurden z.B. an unserer Hochschule in der Leitbildentwicklung die Studierenden während des ganzen mehrjährigen Prozesse aktiv mit einbezogen. Ihre Stimme war nicht nur bezüglich ‚Abstimmung', sondern vor allem in der inhaltlichen Gestaltung gefragt, was gerade in der Leitbildentwicklung ein zentraler Faktor ist, denn eine Entwicklung ohne die Einbeziehung der AdressatInnen geht an der Idee des Leitbildes vorbei.

Dafür braucht es DozentInnen und Studierende, die sich auf herausfordernde, aber manchmal auch anstrengende Aushandlungsprozesse einlassen, denn – wie unschwer zu erkennen ist – besteht im strukturellen Empowerment die größte Brisanz dieses Konzepts, denn es muss davon ausgegangen werden, dass Empowerment im Sinne tatsächlicher Veränderung von Machtverhältnissen nur solange ohne Widerstand geduldet werden wird, wie sich dominante Gruppen in ihrer Position nicht bedroht fühlen. Fingerspitzengefühl und „brennende Geduld" beider Seiten (Stark 1996, 41) sind dafür unabdingbar.

Literatur

Fellner, Markus 1997: Zum Krankheitsbegriff der Psychopathologie. In: Psychologie & Gesellschaftskritik Nr. 81, 21. Jg., 1997 / Heft 1, 5 - 21.

Herriger, Norbert 1997: Das Empowerment-Ethos. In: Sozialmagazin, 22. Jg., Heft 11, 29 - 35.

Keupp, Heiner 1993: Aufrecht gehen lernen. In einer Welt riskanter werdender Chancen: Eine Empowermentperspektive für die Arbeit mit Kindern und Jugendlichen. In: Blätter der Wohlfahrtspflege - Deutsche Zeitschrift für Sozialarbeit, Nr. 2, 140. Jg., 52 - 54.

Mertens, Wolfgang 1997: Psychoanalyse. München.

Nestmann, Frank 1988: Die alltäglichen Helfer. Theorien sozialer Unterstützung und eine Untersuchung alltäglicher Helfer aus vier Dienstleistungsberufen. Berlin, New York.

Schmidbauer, Wolfgang 1999: Wie Gruppen uns verändern. Reinbek bei Hamburg.

Stark, Wolfgang 1993: Die Menschen stärken. Empowerment als eine neue Sicht auf klassische Fragen von Sozialpolitik und sozialer Arbeit. In: Blätter der Wohlfahrtspflege, 140. Jg., 2, 41 - 44.

Stark, Wolfgang 1996: Empowerment. Neue Handlungsperspektiven in der psychosozialen Praxis. Freiburg i. Br.

Staub-Bernasconi, Silvia 1994: Soziale Probleme - Soziale Berufe – Soziale Praxis. In: Heiner Maja (Hrsg.): Methodisches Handeln in der Sozialen Arbeit. Freiburg i. Br., 11 - 101.

Ulke, Klaus Dieter (Hrsg.) 1988: Ist Sozialarbeit lehrbar? Freiburg i. Br.

Watzlawick, Paul 1978: Wie wirklich ist die Wirklichkeit? Wahn – Täuschung – Verstehen. München.

Empowerment im Studium
Fähigkeitsorientierte Familienrekonstruktionen zur Erweiterung der beruflichen Handlungskompetenz von Sozialpädagoginnen und Sozialpädagogen

Brigitte Irmler / Tilly Miller

Einleitung

Soziale Arbeit ist Unterstützungsarbeit. Unterstützt werden Menschen in besonderen Lebenslagen, insbesondere Einzelpersonen, Paare, Familien und Gruppen, die vor neuen Lebensanforderungen stehen und / oder existentielle Probleme zu bewältigen haben. Dabei handelt es sich häufig auch um Probleme, die SozialarbeiterInnen aus eigener Erfahrung mehr oder weniger bekannt sind: Partnerschaftsprobleme, Erziehungsprobleme, Abhängigkeiten, Selbstwertprobleme, Trennung, Tod, Alter, Krankheit, Armut, Behinderung, Ausgrenzung, Arbeitslosigkeit und anderes mehr. Soziale Arbeit in der Praxis beschäftigt sich mit alltäglichen Lebens- und Überlebensfragen, mit Brüchen und Umbrüchen, mit Entwicklungen und Suchbewegungen. Sie hilft Bewältigungsformen zu entwickeln und Ressourcen zu mobilisieren.

Empowerment-orientierte Soziale Arbeit richtet den Blick primär auf die *Bewältigungspotentiale* von Menschen und Gruppen, die vorhanden oder möglicherweise verschüttet sind und die es in welcher Schrittfolge und in welchem Ausmaß auch immer zu entdecken und (weiter) zu entwickeln gilt (vgl. Herriger 1997; Stark 1996).

Die Frage, die sich hier nun stellt, ist: Wie kann es SozialarbeiterInnen gelingen, AdressatInnen zu befähigen, ihr Leben soweit wie möglich selbst in die Hand zu nehmen und zu steuern? Um dies tun zu können, bedarf es ein hohes Maß an *fachlicher Kompetenz*, die *persönliche Kompetenz* mit einschließt und damit einhergehende *Fähigkeiten*.

Geißler/Hege entwickelten ein Kompetenzprofil zur beruflichen Identität und sprechen in diesem Zusammenhang von instrumenteller, reflexiver und sozialer Kompetenz.

„Instrumentelle Kompetenz ist die Beherrschung von Fähigkeiten und Fertigkeiten bis hin zu Verhaltensroutinen und die Verfügbarkeit von Fachwissen ...

Reflexive Kompetenz meint die Fähigkeit ..., die eigene Entwicklung in ihren prägenden Spuren nicht zu verlieren oder zu verleugnen, sondern sie in das berufliche Handeln zu integrieren ... Soziale Kompetenz meint die Fähigkeit, sich auf die Klienten mit ihren Bedürfnissen und Anforderungen einzustellen bzw. einzulassen, über die Situation und deren Bedingungen selbst nachdenken zu können und sich nicht in ihr zu verfangen" (Geißler/Hege 1988, 227, 229, 232).

Soll berufliches Handeln adäquat und effektiv sein, bedarf es dieser drei Kompetenzebenen, der damit verbundenen Fähigkeiten und deren integrative Verknüpfung.

Instrumentelle, reflexive und soziale Kompetenzen gelten sozusagen als Schlüsselqualifikationen Sozialer Arbeit, wenngleich festzustellen ist, dass die Differenzierung der dazu notwendigen Fähigkeiten in der Fachliteratur ausbleibt.

Am Beispiel von Familienrekonstruktionen, die in Form von Seminaren an der Katholischen Stiftungsfachhochschule München für StudentInnen angeboten werden, wollen wir diese Differenzierung vornehmen. Wir zeigen hier *einen* Weg auf, um die berufliche Handlungskompetenz von angehenden SozialarbeiterInnen im Sinne des Empowerments und damit verbunden der Fähigkeitsorientierung zu erweitern.

Der folgende Beitrag ist das Ergebnis einer gemeinsamen theoriegestützten Reflexionsarbeit der Autorinnen. Beide orientieren sich am systemischen Paradigma in der Sozialen Arbeit (vgl. Miller 1999; Irmler/Miller 1996). Brigitte Irmler ist darüber hinaus Familientherapeutin.

In der Beschreibung von Familienrekonstruktionen zeigen wir im Rahmen des Sozialarbeitsstudiums einen Weg auf, damit StudentInnen als zukünftige Professionelle eigene *Fähigkeiten* und Potenziale, aber auch Grenzen entdecken können, um diesen Entdeckungsprozess in ihr berufliches Handeln zu integrieren.

Konkret geht es um ein empowerment-orientiertes, fachlich-methodisches Selbsterfahrungsangebot im Rahmen des Studiums. Selbsterfahrung meint hier die Auseinandersetzung mit sich, der eigenen Biographie und des eigenen Familienhintergrundes in Bezug auf entwickelte bzw. nicht oder unzureichend entwickelte Fähigkeiten.

Die Seminare werden seit fünf Jahren von Brigitte Irmler angeboten. Sie sind von ihr auf die beruflichen und persönlichen Belange der StudentInnen hin entwickelt und durchgeführt worden.

Theoretischer Bezugsrahmen:
Jeder Mensch besitzt die Ressourcen, die er benötigt, um sich zu entwickeln und zu wachsen. Diese Annahme kennzeichnet den Ansatz von Virginia Satir

und ihren Umgangsstil mit KlientInnen. Ihr Wachstumsmodell beruht auf den Prinzipien der Gleichwertigkeit von Menschen, deren Wertschätzung und lebenslange Veränderungsfähigkeit. Auch wenn ungünstige äußere Umstände den äußeren Wandel begrenzen, sieht Virginia Satir stets die Möglichkeit der inneren Veränderung gegeben (siehe Moskau/Müller 1992, 8). Vor dem Hintergrund eines humanistischen Menschenbildes tragen alle Menschen, unabhängig von Bildung, Herkunft, Position, Geschlecht, körperlicher und geistiger Gesundheit, in sich Entwicklungspotentiale, die sich in einem fortlaufenden Prozess der Veränderung entfalten können. *Fähigkeiten* sind ein wichtiger Teil dieser Entwicklungspotentiale.

In der Familienarbeit, Familientherapie und systemischen Therapie geht es um die Befindlichkeit des Individuums in seiner psychischen und körperlichen Dynamik im Kontext seiner Systemeingebundenheit (vgl. Ludewig 1997). Das Individuum ist Mitglied sozialer Systeme, die Sinn und Orientierungsangebote bereithalten. Es übernimmt Rollen und Aufgaben, die über Kommunikation ausgefüllt und vermittelt werden. In der traditionellen Familientherapie wird die Wechselwirkung Person-Familie als tragend zugrundegelegt, durch die Entwicklungspotenziale wie auch -hemmnisse freigesetzt werden. Familie wird als das System betrachtet, in das Menschen nachhaltig eingebunden sind, gekennzeichnet durch eine hohe Emotionalitätsdichte und entsprechende Problembehaftetheit. Familien, in welcher Form auch immer, sind tragende Übermittlungssysteme von *Fähigkeiten*, um Lebensaufgaben zu meistern, um sich neuen Anforderungen zu stellen und um intrapsychische Konflikt-Situationen zu bewältigen. Familien und deren Mitglieder verarbeiten, kommunizieren und tradieren Muster: Denk-, Werte-, Regel-, Verhaltens- und Konfliktbewältigungsmuster. All diese Muster werden von Fähigkeiten mehr oder weniger gestützt und untermauert.

Von diesem Ansatz ausgehend konzentrieren sich die Seminare zur Familienrekonstruktion und die damit verbundene Skulpturarbeit und Genogramm-Arbeit unter anderem auf folgende Ziele im Rahmen der Selbsterfahrung:

- Die TeilnehmerInnen sollen darin unterstützt werden, eigene Fähigkeiten wahrzunehmen und zu benennen *und* ebenso Fähigkeiten, die in ihrem Familiensystem generiert werden;

- anhand rekonstruierter Problemsituationen soll erarbeitet werden, welche Fähigkeiten innerhalb Problemsituationen entwickelt werden konnten und welche ggf. auf der Strecke blieben.

Gerade bei der Rekonstruktion von Problemsituationen geht es nicht nur darum, Verletzungen und Brüche wahrzunehmen, sondern vor allem auch darum, das Lern- und Herausforderungspotential solcher Situationen zu rekonstruieren. Fähigkeiten werden ja nicht nur in positiv erlebten Lebenssituationen gelernt und entwickelt, sondern auch unter Bedingungen von negativem Stress, von Druck und Überforderung. Gerade diesen Punkt sehen wir in Bezug auf das individuelle und professionelle Selbstverständnis von SozialarbeiterInnen als bedeutsam. Empowerment heißt, AdressatInnen auch darin zu unterstützen, Problemsituationen auszuwerten, neue Lernprozesse zu vollziehen und bereits erworbene und neu gelernte Fähigkeiten miteinander zu verbinden.

In der Tradition Sozialer Arbeit werden Fähigkeiten eher mit dem Begriff der „Stärken" gleichgesetzt: „Mit den Stärken arbeiten" lautet ein Satz, der in klassischen Methodenbüchern nachzulesen ist. Stärken sind vom Begriff her eher unspezifisch. Dagegen sind Fähigkeiten auf das Handeln bezogen. Über Fähigkeiten sind Menschen in der Lage, ihre Grundbedürfnisse zu befriedigen.

Jedoch auch der Begriff der Fähigkeiten wird in der Fachliteratur relativ unpräzise behandelt. Häufig fehlen Definitionen und Explikationen (vgl. Miller in diesem Band). Auch die deutschsprachige Empowerment-Literatur lässt hier klare Definitionen vermissen. Der vorliegende Beitrag kann diese Lücke nicht schließen, jedoch soll der Fokus auf *Grundfähigkeiten* gerichtet werden, die Menschen brauchen, um ihr Leben im Kontext ihrer Systemeingebundenheit zu gestalten und um sich immer wieder auf neue Anforderungen einstellen zu können.

In der systemischen Literatur (vgl. Emlein 1995, Boszormenyi-Nagy/Spark 1981, Staub-Bernasconi 1994, Hellinger in Weber 1997) wird insbesondere nach der Qualität und der Balance von Austauschprozessen gefragt. Dies wird u.a. mit dem Begriffspaar *Geben und Nehmen* umschrieben. *Geben und Nehmen* müssen in Balance sein. Wer mehr *gibt* als *nimmt* kreiert einseitige Macht- und Abhängigkeitssituationen und läuft ggf. Gefahr, ausgebeutet zu werden bzw. sich selbst auszubeuten. Wer nur auf *Nehmen* ausgerichtet ist, bringt sich in Abhängigkeitssituationen, indem keine Möglichkeit besteht, Gleichwertigkeit herzustellen - häufig auch eine beschämende Situation (Hellinger in Weber 1997).

Silvia Staub-Bernasconi (1994, 20ff.) weist vor allem auf Behinderungsregeln im sozialstrukturellen Bereich hin, wenn *Geben und Nehmen* nicht ausgewogen sind, und spricht in diesem Zusammenhang von *Austauschproblemen*. Die Balance von *Geben und Nehmen* wird häufig geschwächt, wenn Merkmale wie Geschlecht, Ethnie, Religion, Gesundheit, Milieu, Arbeitslosigkeit, Verhaltensauffälligkeit u.a. gegeben sind, Merkmale also, die *strukturell* verankerte Teilhabeprobleme aufwerfen (Miller 1996, 117 f.).

Auffallend in der gängigen systemischen Literatur ist, dass die Kategorien *Nehmen und Geben* fast ausschließlich unter dem Aspekt der *Balance* oder

Austauschgerechtigkeit diskutiert werden, jedoch nicht unter dem Aspekt der *Fähigkeit*, nämlich der *Fähigkeit* des *Gebens und Nehmens*.
Eine auf *Grundfähigkeiten* bezogene Perspektive nimmt Heinz Strauß mit seinem Konzept der Systemenergetik ein. Strauß konzeptualisiert *Grundfähigkeiten, u.a.* des *Gebens und Nehmens*, des *Teilens und Bindens*, des *Brauchens*, des *Haltens und Lassens*.[1]
Wir machen im Rahmen dieses Beitrages lediglich kategoriale Anleihen aus diesem Konzept, ohne dessen theoretische Prämissen darzulegen (siehe dazu Strauß 2000; Monz/Strauß 1998). Wir benennen Grundfähigkeiten, um sie für die vorgegebene Zielsetzung und im Rahmen von Familienrekonstruktionen nutzbar zu machen. Unsere *Grundthese* ist folgende:

Personen und soziale Systeme (hier Familien) bedürfen ein Setting an Grundfähigkeiten, um Lebenssituationen zu meistern, um sich auf neue Anforderungen einzulassen und um gelingende, d.h. für alle Beteiligten zufriedenstellende und entwicklungsfördernde Austauschprozesse herzustellen.

Die Grundfähigkeit des *Gebens und Nehmens* ist eine wichtige Voraussetzung für die Grundfähigkeit des *Teilens*. Wer sich nicht *mitteilt*, belässt andere in Unwissenheit und öffnet jeglichen Spekulationen Tür und Tor. Wer nicht *teilt*, kann z.B. nicht *geben*, isoliert sich, geizt und verwehrt seinen *Anteil*.

Personen sind gefordert, sich immer wieder auf neue Entwicklungen und Umweltanforderungen einzustellen. Dies setzt voraus, Neues in das eigene Fühlen, Denken und Handeln zu integrieren (*nehmen*), Bewährtes zu er*halten*, *Halt* in sich selbst zu finden, schwierige Situationen *auszuhalten*, Entwicklungen im Blick zu *behalten* und auch eine soziale Struktur zu pflegen, die *Halt* gibt. Andererseits verlangt der Prozess des Wachsens und Entwickelns Gewohntes wie auch Nichtbewährtes *loszulassen*, weil ein rigides *Festhalten* im Sinne von Klammern möglicherweise neue Entwicklungsschritte verhindern würde. *Loszulassen* sind beispielsweise Denk- und Handlungsmuster, Vorurteile, Gewohnheiten, Lebensorte, Menschen ...

Der Eintritt ins Rentenalter bedeutet, neue Perspektiven, die mit Alter zu tun haben, *einzunehmen* sowie Strukturen und Orientierungen, die mit der aktiven Berufseingebundenheit einhergehen, *loszulassen* und sich davon zu verabschieden. Gelingende Veränderungsprozesse setzen in diesem Zusammenhang auch voraus, das, was geschieht und erlebt wird, mit anderen zu *teilen*, sich

---

[1] Heinz Strauß, appr. Psychotherapeut und Dipl.Sozialpäd. FH, Direktor des Lehr- und Forschungsinstitutes für Systemische Studien, München, entwickelt seit 1976 sein Konzept für Systemenergetik (früher Fähigkeiten aktivierende Therapie) als Münchner Schule systemischer Beratung und Therapie.

mitzuteilen, die Zeit anders *einzuteilen*, Erfahrungen anderer *anzunehmen* und dabei für sich wichtige eigene Orientierungen im Blick zu *behalten*.

Die Kunst der Kindererziehung ist, die Kinder im Laufe ihrer Entwicklung mehr und mehr zu *lassen*, sie trotzdem zu *halten*, eine gelingende Balance zwischen *Geben* und *Nehmen* herzustellen, wobei *Geben* und *Nehmen* in den verschiedenen Altersphasen und Lebenssituationen der Kinder wie auch der Eltern unterschiedliche Gewichtungen erfahren.

Gelingende Austauschbeziehungen setzen die Fähigkeit des *Brauchens* voraus. Wir müssen in der Lage sein, das, was wir *brauchen*, zu spüren, zu formulieren oder gar einzufordern. Wenn ein Elternteil ein Kind als Partnerersatz *nimmt*, dann lebt er sein *Brauchen* an der falschen Stelle, überfordert es oder *missbraucht* es gar - psychisch oder körperlich. Wenn Eltern zuviel Liebe *geben*, die das *Brauchen* übersteigt, ersticken sie möglicherweise die Entwicklungsprozesse ihrer Kinder, die sich dann innerlich zu schützen und zu stabilisieren versuchen, in dem sie die Liebe verweigern, also nicht *annehmen*.

Der Blick auf die Art und Weise der gelebten und nicht gelebten Grundfähigkeiten ist gleichzeitig der Blick auf die Qualität der Austauschbeziehungen und umfasst Fragen nach der Systemstabilität und nach vorhandenen Wachstums- und Entwicklungspotentialen. Grundfähigkeiten werden in der Primärgruppe entwickelt, also in der Ursprungsfamilie. Hier sind Muster festzustellen, die sich häufig über Generationen tradieren. So gibt es beispielsweise *Geber*-Familien, in denen man sich gegenseitig umsorgt und behütet - dies gelingt dann, wenn in diesen Familien auch *genommen* werden kann, wenn also *Geben und Nehmen* in Balance ist. Im Vergleich dazu gibt es regelrechte Raffer-Familien, wo alles Mögliche zusammengerafft wird: Informationen, Nahrung wird in sich hineingestopft, im Dachboden werden die Zeitungen gestapelt, jeder Pfennig wird zusammengekratzt, es wird gerafft, um möglicherweise psychisch nicht zu „verhungern". *Geben und Nehmen* sind hier aus der Balance geraten und können als Fähigkeiten nicht konstruktiv gelebt werden.

Stabile Austauschbeziehungen benötigen die Fähigkeit des *Bindens*, d.h. *Bindungen einzugehen*, *Verbundenheit* zu zeigen und *Verbindlichkeiten einzuhalten* im Sinne der Zuverlässigkeit. Über tragfähige *Bindungen* kann Loyalität, Integration, Identität, Nähe, Gemeinsamkeit und Gemeinschaft gelebt werden. Über *Bindung* werden wiederum Grenzen und Unterschiede erfahrbar, die im positiven Fall zur Toleranz, zum Verstehen, zur Großmut, zum Gewähren*lassen* und zu einer positiven Abgrenzung führen, im negativen Fall zu Spaltung und Ausgrenzung.

In der Ursprungsfamilie werden Bewältigungsstrategien gelernt, wie man mit Verlust, Kränkung, Ausgrenzung, Stress etc. umgeht, ob man sich *mitteilt*, ob man sich gegenseitig *Halt* und Unterstützung *gibt* oder ob sich das einzelne Familienmitglied alleine durchschlagen muss, ob man bei Konflikten *Gelassenheit* bewahrt etc. Ebenso werden Muster gelernt, um mit seinen physiologischen, sozialen und Ich-Bedürfnissen (vgl. dazu Maslow 1977) umzugehen.

Im Folgenden zeigen wir auf, wie im Rahmen von Familienrekonstruktionen fähigkeitsorientiert gearbeitet werden kann, damit angehende SozialarbeiterInnen ihre Fähigkeiten des *Gebens* und *Nehmens, Teilens* und *Bindens*, des *Lassen und Haltens* und *Brauchens* wahrnehmen und optimieren und in ihr berufliches Handeln integrieren können.

Zum Begriff der Familienrekonstruktion

Ursprünglich wurden Familienrekonstruktionen zur Selbsterfahrung von FamilientherapeutInnen entwickelt, um den Einfluss der eigenen Herkunftsfamilie auf die therapeutische Tätigkeit zu reflektieren.
„Ziel ist, sich von solchen Einflüssen da frei zu machen, wo sie das gegenwärtige Leben behindern, und sich gleichzeitig bislang noch ungenutzte Ressourcen für die eigene Identität zu erschließen ... Alte Lerninhalte hatten eine Bedeutung für das Überleben und halten sich daher so hartnäckig." (Schlippe / Schweitzer 1998, 219). Mittlerweile wurde der Ansatz auf die verschiedenen helfenden Berufe ausgeweitet.

Empowerment im Studium: Das Seminarangebot

Das Angebot ist als dreitägiges Blockseminar ausgeschrieben und für Studierende aller Semester geöffnet; es handelt sich um ein Wahlangebot, in dem kein Leistungsnachweis zu erbringen ist. Die TeilnehmerInnenbegrenzung liegt bei 20.

Ziele:
Das Seminar soll individuelle Entwicklungen in ihren prägenden Spuren entdecken helfen.

- Speziell soll der Umgang mit Werten und Regeln, die Art und Weise, wie Familienmitglieder nach innen und außen in Beziehung treten, wie sie mit Gefühlen und Ressourcen umgehen, gemeinsam erarbeitet und reflektiert werden.

- Gleichzeitig gilt es, eine *Verbindung* herzustellen zwischen früheren Lernerfahrungen und gegenwärtigen privaten wie auch beruflichen Denk- und Handlungsweisen. Die TeilnehmerInnen sollen darin unterstützt werden, die Bedeutung, die sie bestimmten Grundfähigkeiten *geben*, und die sie auf die Beziehung zu anderen Menschen, darunter auch AdressatInnen, übertragen könnten, zu erfassen.

- Die TeilnehmerInnen sollen die Möglichkeit erhalten, die gelernten Muster nach Tauglichkeit zu überprüfen und sie sollen Handlungsstrategien entwickeln können, um nichttaugliche Muster konstruktiv zu verändern.

- Das Angebot zielt darauf, eigene Fähigkeiten wahrzunehmen und zu benennen und ebenso Fähigkeiten, die im jeweiligen Familiensystem generiert werden. Anhand rekonstruierter Problemsituationen soll erarbeitet werden, welche Fähigkeiten innerhalb Problemsituationen entwickelt werden konnten und welche ggf. marginalisiert wurden.

Arbeitsansatz

Der Empowermentzugang in dem hier skizzierten Rahmen fokussiert die individuelle Ebene im Kontext familialer Eingebundenheit und ist im engen Sinne biografische Arbeit. Es geht um Selbstthematisierung, Spurensuche und Selbstvergewisserung. Der Weg zurück in die Herkunftsfamilie mündet in einen Weg nach vorne, bei dem es um Perspektiven und Zukunftsentwürfe geht. Herriger (1997, 97) formuliert dies wie folgt:
„Nicht eine rückwärtsgerichtete ‚biographische Archäologie' steht hier im Mittelpunkt. Biographisches Arbeiten bedeutet hier: die in die Zukunft hinein gerichtete Konstruktion von Lebensarrangements, die dem Betroffenen einen Zugewinn von Selbstverfügung, Lebensautonomie und Umweltkontrolle versprechen."

Im Mittelpunkt des Seminars stehen die TeilnehmerInnen mit ihrer Lebensgeschichte, mit ihren Ressourcen und Fähigkeiten, Fragen, Anliegen und Bedürfnissen sowie ihren Problemen. Sie werden *wahrgenommen* im Kontext ihrer Bedeutungssysteme, ihrer Vernetzung mit anderen Menschen und in ihrem Eingebundensein in äußere Lebensbedingungen.

Im Rahmen der Familienrekonstruktion wird der/die Einzelne vor allem vor dem Hintergrund der Ursprungsfamilie *wahrgenommen*, dem Ort des Gewordenseins. Ebenso wird die Ursprungsfamilie mit der weiteren Generation (Eltern, Großeltern) in *Verbindung* gesehen. Eine zentrale Rolle spielt auch die zeitgeschichtliche Einbettung der jeweiligen Generationenabfolge, um die Verflechtung individueller und gesellschaftlicher Faktoren zu erfassen. Durch einen solchen Zugang zeigt sich, wie eine Person interaktionell und traditionell verwoben und getragen war und ist.

Der Blick zurück dient jedoch nicht vorrangig der Frage, wie die Geschichte das Schicksal und die innere *Haltung* einer Person beeinflusst hat, sondern was die Person aus dem Vorgegebenen gemacht hat.

Der Blick zurück ermöglicht den eigenen Zugang zu individuellen und oft verborgenen Grundorientierungen, die das Denken, Fühlen und Handeln einer Person bestimmen. Er ermöglicht *wahrzunehmen*, was *Halt gegeben* hat und welche individuellen Fähigkeiten im familialen *Eingebundensein* entwickelt werden konnten. Der Blick zurück schließt durchaus belastende Situationen, die mit Verletzungen, Angst und Schmerz *verbunden* waren und sind, mit ein. Ein fähigkeitsorientierter Zugang wäre mehr als fragwürdig, würde alles, was mühselig und schwierig ist, ignoriert werden.

Die Vorbereitungsphase

Das Angebot beginnt mit der Vorbereitungsphase. Deren Kern ist das *Vorbereitungsgespräch*. Hierzu bedarf es eines geeigneten Zeitrahmens (ca.. 1½ Stunden), um Intention, Ziel des Seminars sowie Vorgehensweise und dessen Stellenwert im Studium darzustellen. Es bedarf Zeit für Fragen und es bedarf Raum für Bedenken und Vorbehalte. Die InteressentInnen werden darin unterstützt zu prüfen, ob das Seminar zum gegenwärtigen Zeitpunkt für sie passend und machbar ist, zumal es einen hohen Arbeitsaufwand erfordert und ein *Sich einlassen* in einen gemeinsamen Arbeits- und Selbsterfahrungsprozess.

Schließlich werden mit den TeilnehmerInnen *verbindliche Vereinbarungen* getroffen. So gilt für das ganze Seminar Anwesenheitspflicht und aktive *Teilnahme* (es gibt kein bloßes Zusehen!). Darüber hinaus haben alle TeilnehmerInnen in Vorbereitung auf das Seminar ein *Genogramm*[2] der Ursprungsfamilie anzufertigen. Das Genogramm ist die Arbeitsgrundlage für den Familienrekonstruktionsprozess.

---

[2] Genogramme sind übersichtliche Darstellungen von komplexen Informationen über Familiensysteme. Benutzt wird dazu eine bestimmte Zeichensprache. Es wird von der Herkunftsfamilie ausgegangen und umfasst bis zu drei Generationen (vgl. Schlippe/Schweitzer 1998, 130f.).

Der Auftrag für die Erstellung des Genogramms lautet wie folgt:

1. Erstellen Sie auf der Grundlage der angegebenen Symbolsprache ein Drei-Generationen-Genogramm ihrer Familie. Charakterisieren Sie die darin vorkommenden Personen mit drei Eigenschaften. Stellen Sie ihr Genogramm auf einem Flipchart dar, so dass es für die Gruppe identifizierbar wird.

2. Stellen Sie markante Daten und Ereignisse aus Ihrem Familienleben chronologisch dar: Angefangen mit den Kennenlernen-Daten der Eltern, Geburtstage, Todestage, Eheschließung, Trennung, Wiederverheiratung, Adoption, Ortswechsel, Erfolge/Misserfolge, Vorbilder, wichtige Bezugspersonen, Weltereignisse und deren Einfluss.

3. Überlegen Sie schon beim Sammeln und bei der chronologischen Darstellung, welchen Einfluss Ihre Herkunftsfamilie oder auch zeitgeschichtliche Ereignisse auf Ihre Berufswahl gehabt haben.

4. Greifen Sie einen Zeitabschnitt heraus, in dem Sie eine bestimmte Rolle in der Familie hatten. Finden Sie einen Namen für diese Rolle und überlegen Sie, ob diese Rolle von Bedeutung für Ihren zukünftigen Beruf haben könnte.

5. Sammeln Sie Fotos Ihrer Familie und bringen Sie diese mit.

Für die Erstellung des Genogramms haben die TeilnehmerInnen drei bis vier Wochen Zeit. Während dieser Zeitspanne haben sie zugleich die Möglichkeit, mit der Seminarleiterin Kontakt *aufzunehmen*. Manchmal kommen Bedenken seitens TeilnehmerInnen auf, ob sie im Seminar ihren familialen Hintergrund tatsächlich offen legen (*mitteilen*) können oder wollen. So gibt es immer wieder StudentInnen, die sich in dieser Phase entschließen, *nicht teilzunehmen*.

Die Vorbereitungsphase bringt den/die Einzelnen in intensiven Kontakt mit drei Generationen der Ursprungsfamilie. So gewinnt die Herkunftsfamilie der Eltern Kontur, z.B. durch Regeln, Wertvorstellungen und sich wiederholende Beziehungsmuster, die von einer zur nächsten Generation weitergegeben worden sind. Auf dem Weg der Erkundung wird konkret erlebt, wie Eltern, Geschwister, Großeltern, Verwandte auf familienbezogene Fragen reagieren, was gesagt und was nicht gesagt wird. Dies kann bereits wichtige Regeln und Tabus der Familie enthüllen. Eine Studentin erzählte, dass der Vater zu ihrer Überraschung viele Familienfakten *miteilte*, jedoch keinerlei emotionale Reaktionen (*Anteilnahme*) dazu zeigte. Das hatte sie noch nie so bewusst *wahrgenommen*. Möglicherweise wird auf dieser Erkundungsreise zum ersten Mal über Themen gesprochen, die bislang tabuisiert worden waren. Oder aber Eltern freuen sich über das Interesse ihrer Kinder und wollen am Ergebnis des Prozesses *beteiligt* werden. Eine Studentin berichtete strahlend, dass sie zu-

sammen mit der ganzen Familie das Genogramm gezeichnet hatte und dass sie beim Sammeln der Daten sehr unterstützt worden war.
Wenn die StudentInnen nach drei bis vier Wochen ins Seminar kommen, „*nehmen*" sie ihre Familie mit. Sie ist präsent. Verbunden damit sind viele Gefühle, z.B. Ängste, Unsicherheiten, aber auch Neugierde, Hoffnungen und Fragen.

Das Blockseminar

Bevor mit den Familienrekonstruktionen begonnen werden kann, muss ein Kontakt zwischen Seminarleitung und den TeilnehmerInnen und den TeilnehmerInnen untereinander hergestellt werden. Es bedarf eines intensiven gegenseitigen Kennenlernens und einer Selbstdarstellung der TeilnehmerInnen. Deshalb beginnt das Blockseminar mit einer ausgiebigen Vorstellungsrunde. Alle *teilen* sich und ihre Entdeckungsreise der Gruppe mit. Hier wird bereits die Fülle unterschiedlicher wie auch gemeinsamer Erfahrungen und Gefühle deutlich. Jede/r *teilt* das mit, was er/sie *mitteilen* möchte.

Die gesellschaftliche Regel: „Was in der Familie passiert, geht niemanden etwas an", wird durch dieses Vorgehen bewusst außer Kraft gesetzt und *losgelassen*. Dies gelingt durch einen Schutzraum, der durch eine klare Struktur und die Transparenz des Vorgehens, durch Toleranz und Achtsamkeit aufgebaut wird. Dieser Schutzraum ist notwendig für die Fähigkeit, sich *einzulassen*, des sich *Mitteilens*, der *Anteilnahme* und des sich *Beteiligens*, sowie der Fähigkeit, Rückmeldungen und Einschätzungen *aufzunehmen*, das Eigene darzustellen und es für Bedeutsam zu *halten*, *Verbindlichkeiten* einzugehen und offen zu formulieren, was jemand *braucht*.

Um gegenseitiges Vertrauen und Erfahrungsreichtum zu ermöglichen sind in dieser Phase drei Erlebnisebenen im Gleichgewicht zu halten:

- die Besinnung auf sich selbst,

- die Zuwendung zu und der Austausch mit einem Partner/einer Partnerin sowie

- der Erfahrungsaustausch in der Großgruppe (vgl. Nerin 1992, 85f.).

Es werden Zweiergruppen formiert, die während der ganzen Zeit des Seminars immer wieder zusammenarbeiten. Diese Zweiergruppen stimmen sich durch ausgewählte Übungen in die Arbeit und in das Thema ein. Bei der Zusammensetzung haben die TeilnehmerInnen freie Wahl und die Erfahrung hat gezeigt, dass das Finden und Auswählen in der Regel gelingt.

Der zeitintensive und behutsame Einstieg ist von zentraler Bedeutung, denn nur so kann es gelingen, dass TeilnehmerInnen Vertrauen zu sich, zur Gruppe und zur Seminarleitung gewinnen können und dass der Schritt in die aktive Arbeitsphase erfolgen kann.

Familienrekonstruktion im Plenum:

Auf die Einstimmungsphase folgen die Familienrekonstruktionen. Ihnen voraus gehen die von den StudentInnen mitgebrachten Fragen und Anliegen, die beispielsweise wie folgt lauten:

- Ich habe viel Ärger mit meiner Mutter und möchte mich mit ihr auseinandersetzen.
- Ich will von zu Hause ausziehen und habe Angst, dass meine Mutter wieder krank wird, d.h. in die Psychiatrie kommt. Was kann ich tun?
- Ich bin die Älteste von sieben Kindern. Ich möchte mir meine Rolle als Älteste ansehen.

Im Verlauf eines Seminars stehen drei bis vier individuelle Familienrekonstruktionen, die jeweils etwa zwei bis drei Stunden Zeit benötigen, im Mittelpunkt.

Zu Beginn der Familienrekonstruktion wird die mitgebrachte Frage präzisiert, ebenso wird das Genogramm dargelegt und ausführlich besprochen. Die Leitung überlegt zusammen mit dem/der StudentIn, welche Aspekte der Familiengeschichte zur Beantwortung der Frage ergiebig sein könnten. Daraufhin wird die entsprechende Situation in einer Skulptur dargestellt oder es werden eine Reihe verschiedener Skulpturen rekonstruiert und ergänzend dazu auch bestimmte Familiensituationen in Rollenspielen dargelegt. Dazu sucht sich der/die StudentIn VertreterInnen aus der Gruppe und besetzt die entsprechenden Rollen, auch die eigene. Er/sie bleibt als BeobachterIn außerhalb der Skulptur, wird aber im Laufe des Prozesses immer wieder miteinbezogen, sei es, um weitere Informationen, Gefühle, Erinnerungen *mitzuteilen*, sei es um Korrekturen *vorzunehmen*. Die Skulptur macht es möglich, dass bestimmte Arbeitsabschnitte unterbrochen und reflektiert werden (vgl. von Schlippe/Schweitzer 1998, 221). Wichtig ist vor allem, dass die betreffende Person immer wieder *mitteilt*, was sie während der Arbeit erlebt und was sie bewegt.

Ein Beispiel³

Lena ist die Älteste von sieben Geschwistern, die alle, bis auf eine Schwester, noch auf dem elterlichen Hof leben. Der Vater hat den Hof vor etwa drei Jahren an den zweiten Sohn übergeben und hat sich zurückgezogen; die Mutter arbeitet noch aktiv auf dem Hof mit. Die Nutznießung und Mitarbeit der Geschwister ist nach Meinung Lenas unterschiedlich und ungerecht verteilt. Lena wohnt in einem Nebenbau, der zum Hof gehört und zahlt dafür Miete. Bei Familienanlässen ist sie eingebunden, ansonsten fühlt sie sich relativ unabhängig von der Familie. Durch die räumliche Nähe zu ihr wird sie aber immer wieder in Konflikte einbezogen, z.B. wenn die Mutter mit dem was arbeitsmäßig zu tun ist, überlastet ist. Dann bekommt Lena eine Wut auf ihren Vater, von dem sie erwartet, dass er die Mutter entlasten möge und dass er für Ausgleich und Ordnung sorgt.

Lena möchte wissen, wie sie sich mit ihrem Vater auseinandersetzen kann. Dazu wird beschlossen, die aktuelle Familiensituation in Szene zu setzen. Die Studentin baut eine Familienskulptur auf. Mit Hilfe des Genogramms und weiterer Informationen, die von den SpielerInnen erfragt werden, fühlen sich diese in ihre Rollen ein und *teilen* ihre Befindlichkeiten, Gefühle, Gedanken und Bilder mit. Der psychodynamische Kosmos der Familie entfaltet sich. Ziemlich schnell zeigen sich Verstrickungen, Spaltungen und Schuldgefühle. Lena ist innerlich stark beteiligt, nickt, zeigt sich an manchen Stellen überrascht und emotional sehr bewegt, als ihr alter Ego ihr eigenes Erleben sehr differenziert zum Ausdruck bringt. In den einzelnen Etappen der Rekonstruktion wird deutlich, dass es in der Familie Polarisierungen gibt, dass die Mutter mit einigen Kindern *verbündet* ist und der Vater abgewertet und ausgegrenzt wird, sich hat ausgrenzen lassen und sich schließlich zurückgezogen hat.

Lenas Rolle als Älteste und damit Verantwortliche bekommt Kontur. Lena versucht in den elterlichen Konflikt regulierend einzugreifen. Dies tut sie in einer engagierten Art und Weise, die sie an sich selbst zunächst nicht *wahrgenommen* hatte. Lenas Vertreterin drückt aus, wie überfordert sie sich in dieser Rolle fühlt und wie bedürftig, indem sie den Kontakt zwischen ihren Eltern und den Eltern zu sich schmerzlich vermisst. Lena ist darüber sehr bewegt und ist gleichzeitig in der Lage, mit ihren eigenen Gefühlen und schmerzlichen Erfahrungen in *Verbindungen* zu kommen.

Durch die RollenspielerInnen wird die Spaltung in der Beziehung der Eltern deutlich, ebenso, dass die Geschwister für bestimmte Bedürfnisse der Eltern

---

³ Das Beispiel demonstriert nur einen Ausschnitt der Arbeit mit einer Studentin. Ihr Name wurde durch die Verf. geändert.

funktionalisiert werden. So fungiert beispielsweise der Hoferbe als eine Art Partnerersatz, indem er mit der Mutter die Alltagsarbeit bewältigt, seine Verantwortung als Hoferbe nicht voll übernimmt und auch nicht übernehmen kann. Die Mutter, die das eigentliche Sagen hat, gesteht sie ihm nicht zu und damit wird nochmals die Spaltung zu ihrem Mann deutlich. Das Muster des Hoferben ist Rückzug und Isolation und er wird darüber möglicherweise auch abgehalten, eine eigene Partnerschaft zu leben.

Auch die Rolle des Vaters wird näher beleuchtet mit dem Ergebnis, dass er gar nicht so hilflos ist, wie Lena ihn sieht. Er hat für sich mit Hilfe der Hofübergabe einen klaren Trennungsstrich zu seinen Hofverpflichtungen gezogen, dies jedoch nicht in Kontakt mit seiner Frau. Lenas Bild vom Vater verändert sich durch die Rekonstruktion. Sie entdeckt Klarheit in seinem Tun, wie auch plötzlich positive Kindheitserinnerungen in Verbindung mit seiner Person auftauchen.

Lena kann auch die Person der Mutter noch einmal deutlicher sehen, die arbeitet und anweist, jedoch wenig Zeit hat, auf die Bedürfnisse der Kinder, hier besonders die von Lena, einzugehen. Lena erkennt gleichzeitig in ihrem eigenen Verhalten Ähnlichkeiten mit der Mutter.

Entwicklungsschritte

Auf der Basis ihres *Wahrnehmens* und *Fühlens* gibt Lena im Rahmen eines weiteren Schrittes der Familienrekonstruktion die Verantwortung für das Zusammenwirken ihrer Eltern, die Bewältigung ihrer Konflikte und für die Bewältigung des Hofes zurück. Sie bringt zum Ausdruck, dass sie diese Verantwortung nicht mehr tragen (*an sich nehmen*) will. Gleichzeitig bedankt sie sich bei den Eltern dafür, was sie von ihnen bekommen hat. Gelernt habe sie selbständig zu sein und sich durchzusetzen.

Bei der Reflexion dieser Szene bringt sie der Gruppe gegenüber zum Ausdruck, dass sie sich wiederholt von zu Hause verabschiedet hat, jedoch immer wieder in die Verantwortungsübernahme zurückgerutscht ist. Jetzt sieht und erlebt sie die Zusammenhänge in der Familie und ihre Rolle in dem Gefüge.

Zum Schluss wird gemeinsam in der Gruppe überlegt, wie es Lena konkret gelingen kann, ihren eigenen Weg zu gehen und ihr Leben in die Hand zu *nehmen*.

Reflexion:

Lena ist sich bewusst, dass sie zu Hause immer wieder Gefahr läuft, Verantwortung für die Eltern zu *übernehmen*. Gelernt hat sie in ihrer Familie, selbstständig zu sein und sich für andere durchzusetzen. Das Problem ist, dass sie für sich nicht gut *nehmen* kann. Sie kann sich keinen Platz *nehmen*, geht über sich hinweg und *übernimmt* stattdessen Aufgaben für andere und *lässt* sich als Älteste für andere einspannen. Lernaufgabe im Sinne des Empowerment ist, die eigenen Bedürfnisse *wahrzunehmen*, sie zu leben, d.h. sie auch *mitzuteilen* und sich bei den anderen mit ihren Bedürfnissen durchzusetzen. Die schon früher erworbene *Durchsetzungsfähigkeit* kann sie hier gut für sich einsetzen, d.h. sie kann von dieser Fähigkeit profitieren.

Lena tut sich schwer, Konflikte auszutragen bzw. Konflikte *anzunehmen*. Vor allem kann sie ihren Ärger kaum *mitteilen*. Für Gefühle war in der Familie wenig Platz. Lena konnte nicht lernen, Gefühle *zuzulassen* und *mitzuteilen* und hat demzufolge auch wenig *Anteilnahme* erfahren. Anerkennung erhielt sie für Leistung und *Verantwortungsübernahme*, dabei konnte und musste sie die Fähigkeit der Selbständigkeit entwickeln. Ihre Selbständigkeit kann ihr jetzt helfen, um für sich adäquate Lebensräume zu suchen und zu finden - Räume, in denen sie Wertschätzung erfährt, zu mehr Selbstbewusstsein gelangt und auch Halt in sich selbst findet.

In Bezug auf die Familie wird deutlich, dass die Fähigkeit des *Gebens und Nehmens* nicht ausgewogen gelebt wird. Die Mutter *übernimmt* zuviel, der Vater zu wenig. Ein ähnliches Muster wird unter den Geschwistern gelebt. Ebenso ist die Fähigkeit des *Teilens* beeinträchtigt. Die Eltern *teilen* sich nicht mit, sind an den Aufgaben nicht gleichwertig *beteiligt*. Das Tun der Mutter ist auf das Funktionieren des Betriebes gerichtet, ohne *wahrzunehmen*, dass auch ihre Familie sie *braucht*. Sie *nimmt* wenig *Anteil* an den Bedürfnissen ihres Mannes und ihrer Kindern und nimmt auch eigene Bedürfnisse nicht wahr.

Eine Balance herzustellen zwischen *Geben und Nehmen* wie auch *Teilen* bedarf die Fähigkeit des *Lassens*. *Loslassen* erfolgt in der Familie eher durch den Vater und den Hoferben, jedoch sichtbar als Ausgrenzung, Rückzug und Isolation. Der Vater zieht sich zurück, ohne *wahrzunehmen*, was er, seine Frau und seine Kinder *brauchen*. So entsteht Isolation und Einsamkeit.

Aus der systemischen Perspektive werden in der Familie die Fähigkeiten in einer Art und Weise gelebt, die zwar eine gewisse Funktionsfähigkeit des Familiensystems erlauben, aber gekennzeichnet sind durch einseitige Abhängigkeiten, Belastungen und Ausbeutung. Es entstehen Spaltung, Isolation und Einsamkeit. Auffallend ist die Kraft und Energie, mit der die Familie den Alltag bewältigt, auffallend ist auch die Suche nach *Halt*.

Die für die Familie wichtigen Fähigkeiten für ihre Weiterentwicklung werden bereits ansatzweise gelebt. Dies betrifft z.B. die Fähigkeit des *Loslassens* (gelebt durch den Vater) und das *Sich Kümmern* (gelebt durch die Mutter und Lena) - jedoch geschieht dies in einer Art und Weise, die eine ausgewogene Balance nicht ermöglicht. Die Qualität der Austauschbeziehungen wäre hier beispielsweise im Rahmen von Familienarbeit zu verbessern, um Gleichwertigkeit und gegenseitige Entlastung herzustellen.

Ziel der Rekonstruktion ist nicht, Lena darin zu unterstützen, die Fähigkeiten des *Gebens und Nehmens*, des *Teilens* und *Lassens* zusammen mit ihrer Familie zu bewältigen, sondern diese Fähigkeiten für sich *wahrzunehmen* und Räume für deren Entwicklung zu suchen.

Ein weiterer Schritt der Auseinandersetzung wäre dann, was diese *Bestandsaufnahme* ihrer entwickelten und weniger entwickelten Fähigkeiten für ihr professionelles Tun bedeuten könnte.

Schluss

Das Seminar ist die Verknüpfung eines familientherapeutischen Zugangs mit Empowerment. Im Mittelpunkt stehen Grundfähigkeiten, die im biographischen Werden entwickelt oder weniger entwickelt wurden. Beides im Blick zu haben ist eine unverzichtbare Voraussetzung für die Selbstbemächtigung, denn das, was (noch) nicht zureichend entwickelt ist, muss ebenso *wahrgenommen* werden wie das, worüber jemand bereits verfügt. Erst im *Wahrnehmen* dessen, was fehlt, *lassen* sich Perspektiven entwickeln, wohin der Entwicklungsweg führen soll, hier: welche Fähigkeiten weiterentwickelt werden sollen und wo die Räume sind, dies tun zu können. *Die vorhandenen Fähigkeiten sind in diesem Prozess die stützenden Elemente, um den Entwicklungsweg zu gehen.*

Dadurch wird eine größere *Annahme* der eigenen Person sowie Selbstvertrauen erwirkt und es wird deutlich, dass die vorhandenen Fähigkeiten eine wichtige Ressource zur Entwicklung weiterer Fähigkeiten sind.

Empowerment im Rahmen von Familienrekonstruktionen bedeutet auch, sich gewahr zu werden, dass sich vor allem auch unter konflikthaften Bedingungen Fähigkeiten entwickeln und weiterentwickeln *lassen*. Wird das unter den Beteiligten verstanden und *zugelassen*, kann in jeder Lebenssituation Lernen und Entwickeln erfolgen.

Das Seminar ist vom Prinzip getragen, dass in der gemeinsamen Arbeit Fähigkeiten aktiv gelebt werden. Die StudentInnen *teilen* sich mit, *beteiligen* sich am Prozess der Arbeit und *nehmen* ihren *Anteil* wahr. Sie sind gefordert,

sich auf die Gruppe, auf das Seminar, auf ihre Rolle und die damit einhergehenden Bilder und Gefühle *einzulassen,* und sie sind gefordert, alte Bilder *loszulassen.* Durch die Aktivierung dieser Fähigkeiten entsteht im Seminar eine offene, aufeinander bezogene und lebendige Lernatmosphäre, die Lernen durch Erleben ermöglicht.
Nach Beendigung des Seminars ist es Aufgabe der Leitung, mit den TeilnehmerInnen individuell zu besprechen, welche Möglichkeiten es gibt, ihren Reflexionsprozess weiter zu verfolgen, sei es im Rahmen der innerhalb der Hochschule angebotenen Beratungen und Supervisionen oder im Rahmen von therapeutischer Hilfe.

Literatur

Boszormenyi-Nagy, Ivan/Spark, Geraldine M. 1981: Unsichtbare Bindungen. Die Dynamik familiärer Systeme. Stuttgart.

Emlein, Günther 1995: Die Balance von Geben und Nehmen. In: Familiendynamik. 20. Jg., Heft 1, 3 - 14.

Fischer, Hans Rudi (Hrsg.) 1991: Autopoiesis. Eine Theorie im Brennpunkt der Kritik. Heidelberg.

Geißler, Karlheinz A./Hege, Marianne [4]1988: Konzepte sozialpädagogischen Handelns. Ein Leitfaden für soziale Berufe. Überarb. Aufl., Weinheim, Basel.

Hahn, Kurt/Müller, Franz-Werner (Hrsg.) 1993: Systemische Erziehungs- und Familienberatung. Wege zur Förderung autonomer Lebensgestaltung. Mainz.

Herriger, Norbert 1997: Empowerment in der Sozialen Arbeit. Eine Einführung. Stuttgart.

Irmler, Brigitte/Miller, Tilly 1996: Der prozessual-systemische Ansatz von Silvia Staub-Bernasconi als Handlungsinstrument für die Praxis Sozialer Arbeit. In: Miller, Tilly/Tatschmurat, Carmen: Soziale Arbeit mit Frauen und Mädchen. Positionsbestimmungen und Handlungsperspektiven. Stuttgart, 58 - 83.

Ludewig, Kurt [4]1997: Systemische Therapie. Grundlagen klinischer Theorie und Praxis. In der Ausstattung veränd. Aufl., Stuttgart.

Luhmann, Niklas [2]1988: Soziale Systeme. Grundriß einer allgemeinen Theorie. Frankfurt/M.

Maslow, Abraham H. 1977: Motivation und Persönlichkeit. Olten und Freiburg i. Br.

Maturana, Humberto R./Varela, Francisco J. ²1991: Der Baum der Erkenntnis. Die Biologischen Wurzeln des menschlichen Erkennens. Bern / München.

Miller, Tilly / Tatschmurat, Carmen (Hrsg.) 1996: Soziale Arbeit mit Frauen und Mädchen. Positionsbestimmungen und Handlungsperspektiven. Stuttgart.

Miller, Tilly 1996: Der prozessual-systemische Ansatz von Silvia Staub-Bernasconi. In: Miller, Tilly / Tatschmurat, Carmen: Soziale Arbeit mit Frauen und Mädchen. Positionsbestimmungen und Handlungsperspektiven. Stuttgart, 29-57.

Miller, Tilly 1999: Systemtheorie und Soziale Arbeit. Ein Lehr- und Arbeitsbuch. Stuttgart.

Monz, Angelika/Strauß, Heinz 1998: Dissens und Konsens - oder: Grenze bedeutet Kontakt. In: Supervision - den beruflichen Alltag professionell reflektieren. In: Schriftenreihe Supervision der Österreichischen Vereinigung für Supervision. Innsbruck, 85 - 96.

Moskau, Gaby/Müller, Gerd F. (Hrsg.) 1992: Virginia Satir. Wege zum Wachstum. Ein Handbuch für die therapeutische Arbeit mit Einzelnen, Paaren, Familien und Gruppen. Paderborn.

Nerin, William F. ²1992: Familienrekonstruktion in Aktion. Virginia Satirs Methode in der Praxis. Paderborn.

Schlippe, Arist von/Schweitzer, Jochen ⁵1998: Lehrbuch der systemischen Therapie und Beratung. Göttingen.

Schweitzer, Jochen/Weber, Gunthard 1982: Beziehung als Metapher: Die Familienskulptur als diagnostische, therapeutische und Ausbildungstechnik. In: Familiendynamik, 7. Jg., Heft 2, April, 113 - 128.

Stark, Wolfgang 1996: Empowerment. Neue Handlungskompetenzen in der psychosozialen Praxis. Freiburg i. Br.

Staub-Bernasconi, Silvia 1994: Soziale Probleme - Soziale Berufe - Soziale Praxis. In: Heiner, Maja u.a. (Hrsg.): Methodisches Handeln in der Sozialen Arbeit. Freiburg i. Br., 11 - 101.

Strauß, Heinz 2000: Weniger ist mehr - Fähigkeiten als Musterbildner. In: Systemis - Zeitschrift für systemische Studien. München (in Druck.).

Weber, Gunthard (Hrsg.) ¹⁰1997: Zweierlei Glück. Die systemische Psychotherapie Bert Hellingers. Heidelberg.

Welter-Enderlin/Hildebrand, Bruno 1996: Systemische Therapie als Begegnung. Stuttgart.

Schlusstakt

Von der Durchhalte-Power zum Empowerment
Empowerment am Beispiel einer literarischen Figur, Teil 2

Tilly Miller

Warum gehst du nicht? fragt die weibliche Hauptfigur. *Warum gehst du nicht?* Mit dem *du* ist sie selbst gemeint, mit dem *du* ist aber auch ihr Mann, ein Alkoholiker, gemeint. Unzählige Male hat sie es sich vorgenommen zu gehen, unzählige Male hat sie darauf gewartet, dass er geht. Doch beide sind geblieben.

Die Frau eines Alkoholikers
das ist eine
die sich immer ins Unrecht setzt
wie sie sich auch dreht und wendet

Wenn sie versteht und versteht
und verzeiht
und den Weg ebnet
und die Verwandtschaft abwimmelt
und die Kinder beruhigt
Wenn sie bewundert
und tröstet
und glaubt und glaubt und glaubt
und hofft

dann ist sie ein selbstgerechtes Ekel
immer so verdammt perfekt
und fehlerlos
eine Allmächtige
die glaubt, sie kann Berge versetzen
und die Sünden vergeben
Es ist zum Kotzen
verflucht nochmal
wenn man ihren Heiligenschein sieht

Sie weiß um ihre Macht und findet sie widerlich. Sie weiß, dass er um sie weiß und dass er Angst vor ihr hat. Sie weiß um die Spiele, die sie spielen. Jahre drohte er ihr mit Selbstmord, und sie versteckte verzweifelt Scheren, Messer, Tabletten ... Dann hatte sie es aufgegeben, um sich die Kraft für ihre Kinder aufzusparen. Seither redet er nicht mehr von Selbstmord.

Sie hatte tatsächlich geglaubt, ihn erretten zu können, ihn, dem als Kind der Hund mehr bedeutete als seine Eltern, die nie nüchtern und nie zu Hause waren.

Du warst meine Sehnsucht
nach Nehmen und Geben
eine einzige große Antwort
auf mein Verlangen nach jemand
der mich braucht
Nur an deiner Seite wollte ich stehen
nur dir vertrauen
nur auf dich wollte ich bauen
dich nie im Stich lassen
was auch kommen mochte

Du warst eine so dreiste Herausforderung
daß kein Weg an dir vorbeiführte
du warst eine Aufgabe
die allzu schwierig war
und gerade deshalb bewältigt werden mußte
und ich wußte, daß du es bist
dem meine Kinder gleichen sollten

Und nun? Nun versteckt sie auch die Flaschen nicht mehr vor ihm. Im Gegenteil!

Je schneller du dich vollaufen läßt
um so früher schlaffst du ab
und um so eher habe ich wieder Zeit
für Dinge, die ich lieber tun möchte
als mir unentwegt
dein Gequatsche anzuhören

Sie kennt die Spiele, kennt die Mechanismen, beispielsweise wenn er sich nach einer Suffperiode als Familienoberhaupt aufspielt, nach Ordnung und Disziplin ruft, nach einem Sündenbock sucht und Abreibungen verteilt. Dann kriegt sie eine Wut, eine unsagbare Wut, die sie gelernt hat umzulenken, eine Wut, die, bräche sie erst einmal aus ihr hervor, ihn ertränken könnte. Dann gibt es wieder Momente, wo sie seine Worte auffängt, sie einatmet und an die sie glaubt - Worte, die besagen, dass er zum allerletzten Mal getrunken habe. Freilich, irgendwann glaubte sie ihm diese Worte nicht mehr. Aber die Hoffnung blieb!

Wie sie heißt, erfährt der Leser zunächst nicht. Das Individuelle scheint verloren gegangen zu sein, dagegen gibt es das Schicksal, ein Taumeln im Gewirr ihrer Beziehung, ein Feld voller Muster, dem sie nicht zu entfliehen vermag. Das ICH ist entrückt, beziehungsweise existiert nur noch in Zusammenhang mit dem DU. Und dieses DU sagt:

Ich liebe dich so unsäglich
niemand hat dich je so lieben können wie ich
Dies ist die Liebesgeschichte des Jahrhunderts
sie wird niemals vergehen

Sie fragt sich, wie es kam, dass sie ihn nicht mehr liebt.
dich?
nicht?
mehr?
liebe?

Sie verspürt Hass, den sie aber nicht verspüren darf, denn Hass hat es in ihrer Herkunftsfamilie nicht gegeben.

Was fängt man an
mit einem Haß
den es nicht geben darf?

Man sagt keine häßlichen Worte
Man flucht nicht
Man schreit nicht
Man knallt auf keinen Fall mit den Türen
Man zieht keinen Flunsch
Man wirft schon gar nicht mit Sachen
Man versucht besonders freundlich zu sein
wenn man haßt

Man würgt seinen Haß herunter
frißt ihn in sich hinein

*zeigt ihn nicht
gibt ihn niemals preis*

*Für mich war es nicht einfach
zu hassen
aber das Verhängnisvolle war
es nicht zu tun*

Wenn die Tage vergehen, und er sagt, dass er sie immer noch liebt, da spürt sie ihre Liebe. Ja sie liebt ihn, liebt, liebt, liebt ... doch: warum interessiert er sich nicht für ihre Gedanken, für das was sie tut? Warum interessiert er sich nur für ihren Körper?! Und für die Körper anderer Frauen?!

*Ich hasse dich ich hasse dich ich hasse dich
Ich fühle mich
von dir im Stich gelassen
weil du mich nicht so genommen hast
wie ich bin
sondern mich statt dessen
in eine Traumgestalt verwandelt hast
die ohne Eigenschaften ist
ohne Gedanken und ohne Stimme
nur eine Hülle
für die große selbstsüchtige
masochistische Liebe
die der Welt den Rücken zukehrt*

*Ich versuchte meine Welt umzumodeln
und sie dir anzupassen
suchte dich überall*

*Aber gefunden habe ich schließlich
mich selbst*

Sie begreift plötzlich, dass sie eigentlich keinen Namen hat, dass sie ihren Namen gegen einen anderen ausgetauscht hat und namenlos geworden ist. Sie versteht allmählich,

*wie man Menschen
ihres Eigenwertes beraubt
sie herabwürdigt und unschädlich macht
indem man ihnen den Namen wegnimmt*

Am Ende ihres Buches erfahren wir doch noch wie sie heißt, so, als ob sie sich selbst erst wieder daran erinnert hätte: Märta Eleonora Cavonius.

Märta geht es wie vielen der zahllosen Frauen von Alkoholikern. Sie sind Teil eines Systems, halten es aufrecht, geben ihren Anteil für eine Stabilität, die keine ist. Sie sind eingewoben in einen Strudel von Sehnsüchten, Abhängigkeiten, Liebe, Hass, lassen und halten, verharren, ausharren, Leid. Sie sind von der Erfahrung gezeichnet, dass Liebe nicht alles oder jeden retten kann und dass sie sich von Grundannahmen haben leiten lassen, die nicht tragfähig sind, - Grundannahmen, die Co-Abhängigkeit erzeugen und von Schuldgefühlen belastet werden. Sie spielen mit den Partnern ihre Spiele und entwickeln die dazugehörigen Muster. Die Spiele erzeugen keine Gewinner, sondern bestenfalls Möglichkeiten des vermeintlichen Selbstwertausgleichs. Erst recht nicht erzeugen sie Lösungen. Die Muster verdichten sich zu verhängnisvollen Verstrickungslabyrinthen.

Märta hat ihr Labyrinth durchlebt und hat mutig ihren Hass aufgespürt. Zuviel hat sie gesehen und gefühlt, um so weitermachen zu können, wie bisher. Viel zu viel weiß sie bereits über sich, über ihn, über ihre Beziehung. Plötzlich setzt sie an:

Es wird Zeit
daß wir unser schlechtes Gewissen
zum alten Eisen werfen, Schwestern

Diese Gesellschaft lebt
von unserem schlechten Gewissen

Man braucht sich nicht einmal
die Mühe machen
uns zu unterdrücken
solange wir uns selbst noch unterdrücken

Jetzt reicht es

Jetzt wird es Zeit
unser schlechtes Gewissen
zum alten Eisen zu werfen, Schwestern

Jetzt gilt es
daß wir uns zulassen

die Enttäuschung
die Wut

den Zorn
den Haß

Wenn wir genug gehaßt haben
stehen wir auf
und gehen

Märta weiß, dass das vielleicht nicht das Größte ist, sie weiß aber auch, dass sie es sich nicht leisten kann, es nicht zu tun. Der Weg ist Schritt für Schritt zu gehen ...

Empowerment und Literatur

In den verschiedenen Empowerment-Konzepten wird dem biographischen bzw. autobiographischen Lernen eine wichtige Bedeutung zugeschrieben (vgl. Herringer 1997, Stark 1996). Über die autobiographische Zugangsweise sollen Entwicklungsstränge, Fähigkeiten, Ressourcen entdeckt werden.

In den Horizont des biographischen Lernens lässt sich auch die Literatur einreihen. Mit ihren fiktionalen und faktionalen Figuren offeriert sie Lebensgeschichten, pointiert, gestrafft, nicht selten skurril. Kann Literatur empowern, wäre zu fragen? Ja, grundsätzlich kann sie es, freilich nicht bei allen LeserInnen, nicht immer und überall und selbstverständlich nicht jeder Text. Literatur kann Impulse geben, nachdenklich stimmen, Mut machen, Wege aufzeigen und vor allem kann sie über die literarischen Figuren Identifikationen erzeugen. Literarische Texte vermögen Grundsätzliches, Verallgemeinerbares aufzuzeigen und damit verbunden die Wechselwirkungen zwischen individuellen Verhaltensmustern und gesellschaftlichen Bedingungen.

Literatur bietet Sichtweisen, Verhaltens- und Handlungsweisen, Ideen, Anregungen und Entwicklungswege an. Allein von daher wird Literatur zur Ressource für die eigene Lebensbewältigung.

Am Beispiel Märte und John Franklin lassen sich die feinen Entwicklungsschritte entdecken, nicht unbedingt Quantensprünge (oder doch?), des weiteren ein inneres Kräftigerwerden, ein Mehr an Selbstvertrauen und Sicherheit, ein Mehr an Verstehen des eigenen Selbst und dessen, was drum herum geschieht, und vor allem ein Zuwachs von Mut, für sich einzustehen. Rückschritte und Fortschritte, Beharrungstendenzen, Weiterentwicklungen, Ängste und Hoffnungen sind eingewoben in ein Netz von nachvollziehbaren Strängen.

Literatur kann Spiegel aufzeigen, in die man hineinblicken kann, vielleicht mehrmals an der gleichen Stelle, oder die man an anderer Stelle hastig überblättert, sei es, weil sie (noch) zu stark schmerzen, irritieren oder ganz einfach nicht interessieren.

Literatur erlaubt über die Fremdthematisierung eine Selbstthematisierung; wie kraftvoll der Schwingungsgrad ist, ist wiederum abhängig von der Befindlichkeit des Selbst, von dessen sozialer Eingebundenheit und selbstverständlich auch vom Text. Literatur kann motivieren, den eigenen Lebensentwurf bewusst weiter zu skizzieren, ebenso erlaubt sie durch das Lesen ein Innehalten, eine aktive Stille, durch die möglicherweise neue Kräfte gebündelt werden können.

Soziale Arbeit, die empowern möchte, sollte sich deshalb auch diesen Zugang nutzbar machen. Texte unter der Empowerment-Perspektive auszuwählen könnte eine interessante Aufgabe sein, ebenso die Überlegung, ob man bestimmte Texte an AdressatInnen weiterempfiehlt oder im Rahmen von Gruppenarbeit oder Einzelarbeit miteinander diskutiert. Wichtig ist natürlich eines: die Freude am Lesen!

Literatur

Tikkanen, Märta 1981: Die Liebesgeschichte des Jahrhunderts. Roman in Gedichten. Reinbek bei Hamburg.

AutorInnenverzeichnis

Aßmann, Milly, geb. 1957, Diplomlehrerin für Kunsterziehung und Deutsch, berufsbegleitendes Studium Geistigbehindertenpädagogik an der Martin-Luther-Universität Halle-Wittenberg, seit 1995 Leiterin eines Heilpädagogischen Wohnheimes, Lehrbeauftragte für die Fachrichtung Geistigbehindertenpädagogik am Institut für Rehabilitationspädagogik, FB Erziehungswissenschaften der Martin-Luther-Universität Halle-Wittenberg.

Back, Ruth, geb. 1961, Diplom-Psychologin. Mehrjährige Tätigkeit als Psychotherapeutin in einer Fachklinik für suchtkranke Frauen sowie in einer psychosomatischen Rehabilitationsklinik. Seit 1995 beim Psychologischen Dienst des Sozialdienstes Kath. Frauen München. Arbeitsschwerpunkte: Arbeit mit Frauen in psychosozialen Notlagen, Wohnungslosigkeit, Gewalt- und Missbrauchserfahrungen, Schwangerschaftskonflikte. Weiterbildung in Transaktionsanalyse und in verschiedenen körperorientierten Verfahren. Mitherausgeberin der Zeitschrift „Psychologie und Gesellschaftskritik".

Bauernfeind, Claudia, geb. 1963, Diplom-Psychologin, Psychologische Psychotherapeutin, Gruppenanalytikerin (GaG), Supervisorin (DGSv), Lehrbeauftragte an der Universität Bamberg und der Kath. Stiftungsfachhochschule München.
Arbeitsschwerpunkte: Beratung, Diagnostik, Einzel- u. Gruppentherapie von Suchtmittelabhängigen; Jugendhilfe, weibliche Aggression, Sozialpsychologie, sexueller Missbrauch, niedrigschwellige Drogenarbeit.

Hoffmann, Claudia, geb. 1971, Diplom-Pädagogin; Studium der Erziehungswissenschaft mit Studienschwerpunkt Rehabilitationspädagogik in Halle; seit 1997 wissenschaftliche Mitarbeiterin am Lehrstuhl Geistigbehindertenpädagogik des Instituts für Rehabilitationspädagogik, FB Erziehungswissenschaften der Martin-Luther-Universität Halle-Wittenberg; Forschungs- und Arbeitsschwerpunkte: Enthospitalisierung, Erwachsenenbildung, Sterben, Tod und Trauer in der Arbeit mit geistig behinderten Menschen.

Irmler, Brigitte, geb. 1936. Sozialarbeiterin grad., Supervisorin, Paar- und Familientherapeutin. Seit 1971 Dozentin für Sozialarbeit/Sozialpädagogik und Praxisorientierte Ausbildung an der Katholischen Stiftungsfachhochschule München. Arbeitsschwerpunkte: Theorien der Sozialarbeit, Sozialpädagogische Handlungslehre, Systemische Familienarbeit/-therapie, systemische Einzel-, Gruppen-, Teamarbeit, Leitung der Psycho-sozialen Beratungsstelle für StudentInnen. Supervisionstätigkeit in unterschiedlichen Praxisfeldern der Sozialarbeit sowie therapeutische Arbeit mit Einzelnen, Familien, Paaren und Gruppen. Seit 1996 im Ruhestand und nebenberuflich an der Hochschule tätig.

Lüttringhaus, Maria, geb. 1964, Dr. phil., Sozialpädagogin (FH) und Diplompädagogin, seit 1991 Mitarbeiterin am Institut für Stadtteilbezogene Arbeit und Beratung (ISSAB) der Uni/GH Essen, tätig als Trainerin in der Aus- und Weiterbildung für öffentliche und freie Träger sowie verschiedene Träger aus dem Bereich Personalqualifizierung; Berufliche Schwerpunkte: Gemeinwesenarbeit; Stadtteilentwicklung; Aktivierungs- und Partizipationsformen; Sozialraum- und Ressourcenorientierung in der Jugendhilfe. Verschiedene Veröffentlichungen zu einzelnen Themenbereichen.

Miller, Tilly, geb. 1957, Dr. phil., Dipl. sc.pol.Univ; Studium der Sozialpädagogik (Dipl. Sozialpäd. FH.); Studium der und 2-jährige Weiterbildung in Literaturwissenschaft. Seit 1990 Professorin für Sozialarbeit/Sozialpädagogik und Politikwissenschaft an der Katholischen Stiftungsfachhochschule München. Davor knapp 10jährige Tätigkeit zunächst als Organisationsreferentin, dann als wissenschaftliche Assistentin an der Akademie für Politische Bildung in Tutzing.
Aktuelle Arbeitsschwerpunkte: Leitung des Studienschwerpunktes Erwachsenenbildung; Systemische Sozialarbeitstheorien; Team- und Netzwerkarbeit; Organisationsentwicklung und Sozialarbeitsmanagment; Soziale Arbeit, Politik und Gesellschaft. Verschiedene Veröffentlichungen zu einzelnen Themenbereichen.

Pankofer, Sabine, geb. 1964, Dr. phil., M.A. Studium der Psychologie, Sonderpädagogik, Soziologie. Mehrjährige Praxistätigkeit in verschiedenen Feldern der Jugendarbeit, Lehre und Forschung. Promotion zum Thema der geschlossenen Unterbringung von Mädchen. Seit 1998 Professorin für Psychologie und Soziale Arbeit an der Kath. Stiftungsfachhochschule München. Als Supervisorin (DGSv) und Trainerin tätig.
Arbeitsschwerpunkte: Jugendhilfe, geschlechtsspezifische Jugendarbeit, Jugendkriminalität, weibliche Aggression, Sozialpsychologie, Praxisforschung. Verschiedene Veröffentlichungen zu einzelnen Themenbereichen. Mitherausgeberin der Zeitschrift „Psychologie & Gesellschaftskritik".

Pflaumer, Elke, geb.1955, Dr. phil., Dipl. Päd., Dipl. Soz. Päd. (FH) Studium der Sozialen Arbeit, Erziehungswissenschaft, Sonderpädagogik, Philosophie und Public Health. Langjährige Praxistätigkeit in den Bereichen Resozialisierung /Rehabi-litation, Gesundheitsförderung, Ausserschulische Jugend- und Erwachsenenbildung sowie in Lehre, Forschung und Weiterbildung. Seit 1994 Professorin für Soziale Arbeit und Pädagogik an der Katholischen Stiftungsfachhochschule München.
Arbeitsschwerpunkte: Gesundheitsförderung, Jugendsozialarbeit, Team- und Personalentwicklung, Projektmanagement, Hochschuldidaktik und Qualitätsmanagement.

Quindel, Ralf, geb. 1966, Diplom-Psychologe, arbeitet an einer Dissertation zum Thema Empowerment und soziale Kontrolle in der Sozialpsychiatrie. Er ist tätig als Dozent für Psychologie und Supervisor an der Berufsfachschule für Logopädie/ LMU München, als Lehrbeauftragter an der Staatlichen Fachhochschule für Sozialpädagogik/ München und Mitherausgeber der Zeitschrift „Psychologie und Gesellschaftskritik".

Schachl, Tonia, geb. 1968, Diplom-Psychologin, Dr. phil., ist zur Zeit als wissenschaftliche Mitarbeiterin im qualitativ ausgerichteten Forschungsprojekt C2 des bayerischen Public Health Verbundes „Modelle der Einbindung von Selbsthilfe-Initiativen in das gesundheitliche Versorgungssystem" beschäftigt.
Forschungs- und Praxisschwerpunkte sind: Gesellschaftliche Randgruppen, Biographieverläufe und Transsexualität, Selbsthilfe im Gesundheitsbereich, Kooperationsberatung und -begleitung, Metaphernanalyse.

Schwarz, Rainer, geb. 1960, Dipl. Lehrer (Mathematik, Physik), Dipl. Päd., Dipl. Leitungsfachkraft für Soziale Einrichtungen (DV), seit 1995 wissenschaftlicher Mitarbeiter am Institut des Rauhen Hauses für Soziale Praxis *isp*, davor stellvertretender Jugendamtsleiter der Stadt Greifswald.
Arbeitsschwerpunkte: Organisationsberatung, Projektberatung, wissenschaftliche Begleitung und Erwachsenenbildung insbesondere in den Bereichen Sozialmanagement, Kriminalprävention und Jugendgewalt.

Tatschmurat, Carmen, geb. 1950. Dr.rer.pol., Promotion in Soziologie. Langjährige Forschungs- und Lehrtätigkeit an der Universität München. Seit 1991 Professorin an der Kath. Stiftungsfachhochschule München. Supervisorin (DGSv).
Arbeitsschwerpunkte im Rahmen der Hochschule u.a.: Soziale Arbeit mit Randgruppen, Geschlechterfragen, Soziologische Grundlagen und Gesellschaftstheorien, Praxisberatung und Supervision. Verschiedene Veröffentlichungen zu einzelnen Themenbereichen.
Als Benediktinerin Mitglied der Kommunität Venio OSB. In diesem Zusammenhang Tätigkeiten im Bereich spiritueller Angebote, u.a. Geistliche Begleitung, Exerzitienbegleitung.

Theunissen, Georg, geb. 1951, Dr. päd., Univ.-Prof., Ordinarius für Geistigbehindertenpädagogik am Institut für Rehabilitationspädagogik, FB Erziehungswissenschaften der Martin-Luther-Universität Halle-Wittenberg, Lehr- und Forschungsgebiete: Enthospitalisierung, Empowerment und Heilpädagogik, Verhaltensauffälligkeiten / psychische Störungen bei geistiger Behinderung, ästhetische Erziehung und pädagogische Kunsttherapie.

Trautwein, Heide, geb. 1953, Dipl. Päd., Dipl. Verw.wirt., seit 1992 wissenschaftliche Mitarbeiterin am Institut des Rauhen Hauses für Soziale Praxis *isp*, davor Fortbildungsreferentin beim Landesjugendamt Stuttgart.
Arbeitsschwerpunkte: Erwachsenenbildung (berufsbegleitender „Kontaktstudiengang Soziale Arbeit" an der Evangelischen Fachhochschule des Rauhen Hauses in Hamburg), Organisations- und Projektberatung in verschiedenen Feldern der sozialen Arbeit, Supervision.

Weyer, Bernhard, geb. 1968, Dipl. Sozialpädagoge (FH), Studium der Mathematik, Weiterbildung in Gruppendynamik und Gestalttherapie. Langjährige Tätigkeit in der Jugendarbeit (Schwerpunkte u.a. in der Aus- und Fortbildung von Multiplikatoren sowie in der Konfliktberatung für Schulen). Mittlerweile tätig beim Stadtjugendamt München in der Schulsozialarbeit sowie freiberuflich als Trainer in der Erwachsenenbildung und als Mediator in Schulen. Lehrauftrag für Sozialpädagogik an der Kath. Stiftungsfachhochschule München.

Bei Fragen zur Produktsicherheit wenden Sie sich bitte an:
If you have any questions regarding product safety,
please contact:

Walter de Gruyter GmbH
Genthiner Straße 13
10785 Berlin
productsafety@degruyterbrill.com